U0453180

本书获教育部人文社会科学研究青年基金项目资助，是课题"清代军机处职权的来源及其演变——以公文运转程序与政局变动为核心的考察"（立项号：12YJC810020）的阶段性研究成果，并获得"中央高校基本科研业务费专项资金资助"（supported by "the Fundamental Research Funds for the Central Universities"）（立项号：sk2011012）。

宋希斌 著

清代军机处职权的来源及其演变
—— 以公文运转程序与政局变动为核心的考察

The Source of Junjichu's Authority and Its Evolution in Qing Dynasty
—— Focus on the Procedures of Official Documents Operation and the Changing Political Situation

中国社会科学出版社

图书在版编目（CIP）数据

清代军机处职权的来源及其演变：以公文运转程序与政局变动为核心的考察/宋希斌著．—北京：中国社会科学出版社，2018.4（2019.3重印）

ISBN 978-7-5161-7516-3

Ⅰ.①清… Ⅱ.①宋… Ⅲ.①军机处—研究—中国—清代 Ⅳ.①D691.2

中国版本图书馆 CIP 数据核字（2016）第 018023 号

出 版 人	赵剑英
责任编辑	侯苗苗
特约编辑	沈晓雷
责任校对	孙洪波
责任印制	王 超
出 版	中国社会科学出版社
社 址	北京鼓楼西大街甲158号
邮 编	100720
网 址	http://www.csspw.cn
发 行 部	010-84083685
门 市 部	010-84029450
经 销	新华书店及其他书店
印 刷	北京明恒达印务有限公司
装 订	廊坊市广阳区广增装订厂
版 次	2018年4月第1版
印 次	2019年3月第2次印刷
开 本	710×1000 1/16
印 张	18.5
插 页	2
字 数	294千字
定 价	78.00元

凡购买中国社会科学出版社图书，如有质量问题请与本社营销中心联系调换
电话：010-84083683
版权所有 侵权必究

序

杜家骥

学界多称军机处与议政处、内阁为清廷重要的中枢机构，尤其是军机处，自雍正朝设立后，更成为辅助皇帝办理军国大政的机要部门，其研究意义不言而喻。然而，目前学界对这三个机构的研究还相当薄弱，比如，多数成果主要依据"会典"等政书所记载的内容，介绍其职官设置、职掌等，某些论著在相关内容方面有所扩大、补充，另外，是对该机构地位、性质作论述，表述个人见解。还有是对某些具体问题的考证，如军机处设立的时间，等等。这些因素导致我们对它们的了解还很肤浅，也正因此，在比较深层次的认识上，也就难免偏颇，甚至错误，以往就经常见到这类言论，因为这三个机构紧密相关，不妨对其不确切的认识均做介绍，以见深入研究的必要性。

比如有的清史教材，就称由于清前期皇帝强化皇权，而削弱议政处的议政王大臣会议权力，在康熙中期以后，议政王大臣会议已经名存实亡。实际上，在康熙中期至雍正朝设立军机处以前，议政王大臣会议的职掌仍很多，尤其是军事方面，历次战争的兵力部署、调拨、作战方略等等，皇帝都是命令议政王、议政大臣们会议，拿出具体方案。边疆民族事务也是如此。此外，皇帝惩治权势较大的王公、权臣，如审判皇八子胤禩及权臣贵戚年羹尧、隆科多等，也交议政处经办。也正因此，康熙中期以后，又将八旗高级武官护军统领、前锋统领，掌管边疆民族事务的理藩院满洲尚书，有督察审案之责的都察院长官满人左都御史，都扩增为议政大臣。乾隆朝前期，国家重大事务，皇帝也令议政王大臣们集议。以上史事，在《清实录》中有大量记载，有些档案也有这方面内容。还有的人说，康熙中期设立南书房，有削弱议政王大臣会议的用意。其实议政王大臣会议之所以在清前中期长期存在，与当时的满汉矛盾、战事较多有很大关系，议政王大臣会议成员主要是满人，不让汉人参加。而南书房的设立，正值三藩之乱满汉矛盾较尖锐之时，当时平三藩之乱的军务，都是满族的议政王大臣商讨，不少情况下是密议，无论档案还是典籍文献，都从未见到南书房的几个汉人文职词臣受康熙帝之命参与平汉人三藩之乱的军务，也没有为皇帝撰写这方面的谕旨。

　　再如称设立军机处，是为削弱内阁大学士的权力，军机处设立后，内阁已成"闲曹"。这种观点，直接影响对军机处职掌性质的认识。人们不禁要问，既然设立军机处以削弱内阁大学士的权力，为什么在军机处设立的雍正朝，却在内阁又增设协办大学士，并在不久后形成定制？再有，既然内阁已成闲曹，为什么清廷不索性将它取消，而让它与军机处长期并存，直至清末？实际上，即使军机处设立后，内阁所办理的政务也远多于军机处，现存的内阁全宗档案大大多于军机处的档案就是佐证。还有，既然设立军机处以削弱大学士的权力，为什么军机处中还要任用大学士为军机大臣，而且自军机处设立直至宣统三年，除同治元年至十年、光绪二十一至二十三年这十几年，其他长时间内，每年的军机处中都有大学士任军机大臣者，少则一二名，多则三四名。军机处的领班军机大臣（或称"领袖"），若非宗室亲王入值，也必以大学士为领班。大学士在内阁、军机处两处任职（军机大臣皆兼职，在本衙署另有职任），两处有职权，而且在军机处的军机大臣中被任以领班的重要位置，这究竟是在削弱其职权，还是增大其职权？其实，当时从来也没有人把军机处与内阁及大学士视作君权与相权矛盾的对立物，而是把军机处看作是内阁的分局，也可以说是办理内阁机要事务的"机要处"。之所以要设立军机处，个人认为当与清中叶以后清帝所应办理的政务已远较明代为多（如边疆民族事务、剧增人口之命盗案件的终审判决等等，再有，清帝又增加了需亲自处理的奏折，主动发布的上谕也大量增多）有很大关系，皇权专制高度发展下的皇帝精力有限，不得不重点专断机要政务，因而以军机处官员协助其办理繁多政务中有关军国大政的机要政务，内阁主要办理繁多的例行事务，二者也因此而长期并存。

　　如上的某些不确切的认识，主要缘于对这些机构尤其是军机处之研究尚不深入所致。

　　清史研究比其他断代史研究有个得天独厚的优越条件，就是有大量的清朝档案留存今世，只要肯坐冷板凳，潜下心来阅读档案（包括档案出版物），就一定会不断有新发现，还会感到有些论著所说的观点不完全或完全不符合史实，这些新发现往往会成为某些问题的研究得以突破的重要依据。这一点对于军机处的深入研究尤为重要，甚至可以说是必经途径，因为军机处档案有不少内容是实录、政书等文献典籍所没有记载或记载简略的，更重要的，是该档案公文反映着决策、批示形成的过程、环节，可了解哪一环节起什么样的作用，各环节的操作者是谁，皇帝、军机大臣、军机章京或其他官员在什么环节起什么作用，这些内容对深入研究军机处尤为必要，公文档案正是在研究这类问题上具有特殊价值。比如考察内阁及大学士的职权，就必须明了"题本"的办理程序与环节。题本，是官员向皇帝报告请示政务的公文，先经内阁大学士阅读，提出处理意见，写在票签上，称之为"票拟"，与题本一起交给皇帝，供皇帝裁决时参考。皇帝审阅题本内容，结合大学士的票拟意见，以红字作批示，称为"批红"，只有经皇帝批红的裁决文字，才具有可实行的法律效用。这一程序，体现了皇帝对政务如何办理的决定权，其关键环节是"批红"，内阁大学士的票拟只不过是为皇帝的裁决提供参考意见，所起到的是秘书的作用。但如果皇帝昏庸，对官员请示的政务是非不明、如何处理没有主见，或怠政，对官员请示的政务不作深入细致的思考，便依照大学士票拟的意见，而随意地作简单的"依议"批红，那么，大学士也就在票拟的环节上起到了重要作用，体现了其权力。如果皇帝荒政怠政而将批红交与太监去做，那么，该太监就行使了皇帝的批红裁决权，其权力甚至在大学士之上。总之，要想考察内阁及大学士的职权、权限，就必须明了题本的运行程序、办理环节，以及哪一环节的实际操作人及操作情况。作为与内阁同属中枢机构、协助皇帝办理政务的军机处，与此有类似之处。

对军机处的深入研究，选择切入点即从哪里入手，非常重要。宋希斌的博士论文《清代军机处职权的来源及其演变——以公文运转程序与政局变动为核心的考察》，应该说是一个较好的切入点。军机处的深入研究，重要之处或者说是关键之处是职权问题，而要弄清其职权，重要途径是分析其办理的公文。具体而言，就是要研究诸如军机处所办理的公文的来源，皇帝赋予军机处办理的制度及其嬗变，了解军机处在办理这些公文中所起的作用、职权所在等问题。由此着手，才能切中肯綮。本书正是从这方面入手，对军机处的主要职掌，诸如撰拟上谕、协助办理的题本、奏折等等进行分析，考察在办理这些公文的过程中，军机处人员在哪些环节起作用，起什么作用。以这种方法对军机处的职权进行研究，可以得出较实在的、比较可信的看法。作者正是通过这些工作，揭示了以下事实，并据此提出自己的看法：军机大臣参议清廷机要政务的职权，是承袭议政王大臣会议。清初，上谕之撰拟及发布本归内阁，议政处等机构有时也参与。出于保密需要，皇帝有时还会交与在皇宫内值的官员拟写，经御览批准后，交兵部加封递达承旨人，这实际就是后世廷寄的雏形。雍正朝设立军机处，因内值大臣多被选派入军机处办差，以致撰拟廷寄渐成军机处的专责。到乾隆十三四年间，谕旨撰拟渐转归军机章京负责，而由军机大臣审定。廷寄的格式也渐趋规范，至嘉庆二年九月初最终定型。军机处辅助皇帝办理奏折的职权，也多承袭自内阁大学士。康熙朝时，就曾有将奏折发交大学士之事，或令其会议奏折所涉及的政务、或令其暂时收贮、或令其转交，已略具后世军机处办理奏折之雏形。随着奏折使用的扩大，仅凭皇帝一己之力无法周览全部奏折。到了乾隆年间，军机处成为辅助皇帝批答奏折的专门机构，军机处得以全面参与清廷政务。经长期实践，辅助皇帝办理奏折渐成军机处之专责，也形成了固定的办理模式。在奏折批答过程中，军机处承担备皇帝咨询、奏折转发、直接批答奏折及审核奏折所奉朱批等职能。由此，军机处得以固定地参与清廷决策。此外，军机处还辅助皇帝办理题本，这一点因未载诸史籍，历来为公私史家所忽略。作者通过查考"上谕档"得知，自乾隆朝始，皇帝为提高题本的处理效率，常令军机处参与题本的批答，主要有四种方式：协助皇帝办理题本的改签；代内阁批答题本；暂存待办题本；适时提奏皇帝处理题本。以上作者所做的工作，其中所表达的观点可进一步讨论，而从诸多档案中所揭示的人所未知的军机处办理政务时的深层史事情节，则为以后研究提供了重要的内容、可贵的参考。作者还结合相关资料，论述乾隆嘉庆时期军机处职权的扩大、规制的发展与完善。这些努力，无疑将军机处的研究向前推进了重要的一步，这也正是此部作品的主要贡献所在。

清后期尤其是鸦片战争以后军机处职权的演变，也是目前军机处研究的薄弱环节。此书从清后期政局的变动考察军机处职权的演变：由兴办洋务、办理外交而设立总理各国事务衙门，分析其对军机处职权的影响。从"辛酉政变"后太后垂帘、亲王辅政相结合的政治体制下，二者的权力矛盾，以及光绪朝帝后两党权力之争，考察其对军机处行使职掌的影响。这些研究，对理解军机处职权在晚清的波动，也有重要参考意义。

军机处是一个既重要又复杂的研究课题，所应深入考察的问题相当多，比如，雍正朝是否就已有军机大臣参与奏折的处理，尤其是雍正七年冬雍正帝身体出现问题以后？此后直至光绪二十七年改题为奏以前，奏折的处理及相关制度经过了怎样的演变？再如，军机处参与批答的题本，与不参与批答的题本有何不同，说明什么问题？还有，如军机处为皇帝撰拟的上谕中，其廷寄的对象都是什么官员，有无京官，说明什么问题？封交中央各部院的军机"交片"之制，其具体情况又如何？军机大臣在协助皇帝办理机要政务中，是如何体现其权力的？军机大臣中满汉人之间有无职权区别，所谓军机领袖尤其是宗室亲王为领袖者，其权势如何？军机处与内阁长期并存，在协助皇帝办理中枢政务上有无分工意义？等等，都有待学界进一步研究。也希望希斌君再接再厉，在军机处的研究上取得新的突破。

2014 年 4 月于南开大学

目　　录

第一章　绪论 …………………………………………………………… 1

　　第一节　研究回顾及问题的提出 …………………………………… 1

　　　　一　对军机处创设时间的研究 …………………………………… 1

　　　　二　对军机处职掌的研究 ……………………………………… 4

　　　　三　对军机处的地位和性质的研究 …………………………… 5

　　第二节　本书的框架及主要内容 ………………………………… 10

第二章　军机处职权溯源 ……………………………………………… 14

　　第一节　清前期内阁大学士及议政王大臣会议职权的考察 …… 14

　　　　一　清前期内阁大学士票拟本章的职权 ……………………… 14

　　　　二　清前期"御门听政"与内阁大学士参议

　　　　　　政务的职权 ………………………………………………… 18

　　　　三　清前期议政王大臣会议及其职权 ………………………… 26

　　第二节　清初奏折的发展及其对中枢决策体制的影响 ………… 30

　　第三节　雍正朝奏折制度的发展及军机处的创设 ……………… 40

　　　　一　雍正朝公文的制度改革及其影响 ………………………… 40

　　　　二　雍正朝中枢决策机构的变革 ……………………………… 49

第三章　乾隆朝军机处职权的形成及发展 …………………………… 55

　　第一节　乾隆朝本章制度的变革及其影响 ……………………… 55

　　　　一　乾隆朝奏折制度的发展和完善 …………………………… 55

　　　　二　乾隆朝本章的精简 ………………………………………… 61

　　　　三　题本与奏折之间的关系 …………………………………… 67

　　第二节　乾隆朝军机处的发展 …………………………………… 72

一　乾隆朝军机处职权之扩张 …………………………… 73
　　二　乾隆朝军机处规制之发展 …………………………… 75
　第三节　乾隆朝军机处参与中枢决策的方式 ………………… 79
　　一　军机处协助皇帝处理题本 …………………………… 79
　　二　军机处辅助皇帝处理奏折 …………………………… 90
　　三　军机处负责谕旨之撰拟及发布 ……………………… 98
　　四　军机处参与中枢决策的其他方式 ………………… 107

第四章　嘉庆朝军机处职权的巩固与完善 ……………………… 114
　第一节　嘉庆朝本章制度的完善 …………………………… 114
　　一　维护题本在上行文书中的地位 …………………… 114
　　二　发展并完善了奏折制度 …………………………… 117
　第二节　嘉庆朝军机处规制的完善 ………………………… 121
　　一　军机大臣的人数及选任资格渐成定例 …………… 122
　　二　军机章京职责日明，考选日严 …………………… 127
　　三　军机处基本职掌定型 ……………………………… 133
　第三节　军机处与内阁之间的行政关系 …………………… 137
　　一　军机处与内阁合作处理某些题本 ………………… 137
　　二　军机处协助皇帝追查内阁工作的失误 …………… 139
　　三　军机处代理内阁部分职责 ………………………… 141

第五章　晚清外交体制的变革及其对军机处职权的影响 …… 145
　第一节　总理衙门的创设与军机处职权的变化 …………… 145
　　一　清廷对外机构的沿革及其对军机处职权的影响 … 145
　　二　总理衙门设立的过程及其意义 …………………… 153
　第二节　总署与军机处之间的关系 ………………………… 159
　　一　总理衙门在制度上对军机处的沿袭 ……………… 159
　　二　军机处与总理衙门之间的行政关系 ……………… 163

第六章　晚清政局变动对军机处职权的影响 ………………… 184
　第一节　咸同之际军机处职权的波动 ……………………… 184
　　一　咸丰朝末年军机处职权的萎缩 …………………… 184

二　"祺祥"时期军机处职权的行使…………………… 192
　　三　"祺祥政变"及清廷中枢决策权的重新分配…… 199
第二节　垂帘听政体制下军机处职权的消长…………………… 208
　　一　慈禧与奕訢通力合作与秘密争斗时期………………… 209
　　二　慈禧与奕訢公开对峙时期……………………………… 217
　　三　慈禧专权渐成时期……………………………………… 237
第三节　光绪帝亲政时期军机处职权的行使…………………… 249

结　语 …………………………………………………………… 268

　　一　军机处职权的扩大经历了一个渐进的过程…………… 268
　　二　军机处的职权多有承袭前代之处……………………… 269
　　三　军机处职权的发挥多受政局变动及
　　　　人事更迭等因素的影响………………………………… 269

参考文献 …………………………………………………………… 271

后　记 ……………………………………………………………… 281

第一章 绪论

第一节 研究回顾及问题的提出

军机处为清代政治体制中最具时代特色的政治机构,它影响清代政治行政达一百八十余年之久,是清廷大政所出的宰辅之区,撰文研究者颇多。总的来说,学界对于清代军机处的研究大多集中于如下几个方面。

一 对军机处创设时间的研究

军机处创设的具体时间,由于官方史书记载的阙失,及相关史料记载互异,至今尚无定论。通观各家观点,关于军机处成立的时间,大致"有雍正四年下半年说"、"雍正七年说"、"雍正八年说"和"雍正十年说"。

"雍正十年说"出自《清史稿·职官志》的记载[1],这年三月是雍正帝命铸给办理军机银印之时[2],此应该是军机处公开办公的时间。"雍正七年说"支持者最多,影响也最大。"雍正七年说"有一个共同的论据,即王昶在《军机处题名记》中的记载:"先是,雍正七年,青海军兴,始设军机房,领以亲王大臣。"[3] 后刘锦藻在编撰《清朝续文献通考》时,在军机处所加按语中明确注明"创于雍正七年"[4]。因王昶在乾隆朝任军机章京近二十年,"曾两次入军机处做军机章京,对于

---

[1] 赵尔巽等:《清史稿》,卷一一四,"职官志一",中华书局1977年版,第3270页。
[2] 《清世宗实录》,卷一一六,雍正十年三月庚申,中华书局1985年版,第541页。
[3] (清)王昶:《军机处题名记》,收于梁章钜《枢垣记略》,卷二十二,"诗文三",中华书局1984年版,第269页。
[4] 刘锦藻:《清朝续文献通考》,卷一一八,职官四,"军机处",考8773上,浙江古籍出版社2000年版。

军机处掌故比较熟悉",有学者因此断定"王昶的说法是可以信赖的"①。《清史稿·军机大臣年表》中也有"雍正七年六月始设军机房"②的记载。

"雍正八年说"以刘子扬(即吕钊)先生为代表,刘先生主要以现存军机处档案为判断依据,"在军机处档案中有嘉庆初年形成的《汉军机处档案总册》一本,这项档册,是为当时统计军机处档案的总目,其册内所记之档案,起自雍正八年八月,迄于乾隆六十年。在该册首页记称:'雍正自八年始设军机处,所以各种折、档,俱自八年始存。'查阅军机处各项档案,确为八年始存。"③ 赵志强先生在对军机处现存档案,特别是满文档案做了详细的调查考证后,指出:据嘉庆初年形成的《满军机档案汇总册正副本月折》载,满文月折包自"雍正八年十二月起,至雍正九年六月止,月折共一包";汉文月折包,《汉军机档案总册》虽有"雍正八年十月、十二月,共二包"的记载,但目前军机处满汉文《录副奏折》内均不见"十月"的档案,其余各种满文档案,均自雍正八年十二月始存。据此,赵先生认为,军机处应该成立于雍正八年十二月。④ 而且赵志强先生还新发现了一件乾隆十九年三月十九日军机大臣傅恒等人上报的奏片,其内容有"臣等之军机处,于雍正八年十二月才设立"之语,更证明了雍正八年设立军机处的论点。除档案之外,可为八年说提供辅证的是光绪朝《大清会典事例》所载乾隆四十八年的上谕:"……第自雍正八年设立军机处以来,五十余年,所有谕旨批奏事件,未经发抄者甚多……"⑤ 此外,《枢垣记略》、

---

① 南炳文:《军机处设立时间考辨》,中国人民大学清史研究所:《清史研究集》第四辑,四川人民出版社1986年版,第415页。
② 赵尔巽等:《清史稿》,卷一七六,"军机大臣年表一",第6229页。本书注第一次出现用全称,其余只注卷、条名、页码。
③ 李鹏年、刘子扬、秦国经等编:《清代中央国家机关概述》,黑龙江人民出版社1983年版,第59页注脚。另,刘先生在《清代军机处的设立及其性质》(《历史教学》1963年第3期)及《清代的军机处》《历史档案》1981年第2期均表明这一观点。
④ 赵志强:《军机处成立时间考订》,《历史档案》1990年第4期。
⑤ (清)昆冈等修:《大清会典事例》(光绪朝),卷一〇一五,"翰林院八","职掌四",中华书局1991年影印本,第530页。

《枢垣题名》等书的序中，均记军机处创设于雍正八年。①

另外，也有专家指出军机处设立于雍正四年。据俞炳坤先生的考证，此观点最早由台湾学者李宗侗提出，后又得到傅宗懋先生的赞同和支持②。持此论者多认为军需房为军机处的前身，并把军需房设立时间作为军机处设立之始。李宗侗在《清代中央政权形态的演变》一文中明确指出，雍正四年下半年是军机处的前身"军需房成立的最始年月"③。俞炳坤先生曾撰《军机处初设时间新证（上）——兼与七年说和八年说商榷》一文支持四年说，俞先生指出："怡亲王、福宁安等早在雍正四年冬已经参与密办军需事务，充任军需大臣之职，成为世宗筹划西北用兵的重要谋士和顾问"④，"至少在雍正五年二月，'军需房'作为一个实体确实业已存在。它有明确的职责——办理军需；有首领长官——办理军需大臣，由怡亲王等兼任；有下属司员——由内阁中书、侍读学士等中下级官员兼任；有办公处所——乾清门外直房，板房数间；还有为履行职掌而进行的种种活动。"⑤

由上述可见，问题的焦点逐渐集中在军机处的发展历程上。正如《清史研究概说》一书所说："执雍正四年下半年说、七年说及八年说的部分学者，都认为军机处从产生发展到正式定名，经过军需房、军机房、军机处三个阶段，并把军需房之设置时间作为军机处设立之始，只是在军需房的设立时间上有分歧。"⑥

另有学者则另辟蹊径来探讨军机处设立的时间，郭成康先生所撰《雍正密谕浅析——兼及军机处设立的时间》一文即是其中的佳作，为该问题的探讨提供了新的思路。郭先生"通过奏折制度及随之而来的

---

① 梁章钜所著《枢垣记略》一书原序中记载："自雍正庚戌设立军机处，迨兹九十余年"。清道光时人吴孝铭《枢垣题名》（光绪八年重修刊本）一书，在书的序言中说："军机处之设立，始于雍正八年"；吴孝铭《军机章京题名》（沈云龙编：《近代中国史料丛刊》第五十五辑，第544册），松筠在其序言中有"我朝自雍正八年设立军机处"之语。

② 俞炳坤：《军机处初设时间新证（上）——兼与七年说和八年说商榷》，《历史档案》1991年第3期，第86页。

③ 李宗侗：《清代中央政权形态的演变》，存萃学社编《清史论丛》第二集，沈云龙编《近代史料丛刊·续编》第六十四辑第632册，第138页。

④ 俞炳坤：《军机处初设时间新证（上）——兼与七年说和八年说商榷》，《历史档案》1991年第3期，第92页。

⑤ 同上文，第89页。

⑥ 杜家骥：《清史研究概说》，天津教育出版社1991年版，第108页。

密谕的演变，把军机处的出现纳入更深远的历史背景下去研究"①，指出：军机处之设立是雍正帝在以密折密谕推行秘密政治的实践中，"发现并确定了最便于独揽乾纲的权力配置格局"，军机处的设立是个缓慢的渐进过程，建议将军机处设立的时间模糊处理，以雍正年间较为稳当。②

二 对军机处职掌的研究

邓之诚在《谈军机处》一文中对军机大臣之职任做过较为详细的叙述③，后经诸位学者的研究，军机处职任被归纳为：草拟谕旨辅助皇帝处理奏折；日值内廷以备皇帝顾问咨询；参议国家大政，有事则由皇帝交付军机大臣会议，或会同相关衙门会议；参与重要官员的任免与考核；以钦差的身份去地方办差；审核内阁所撰拟的文字；查核档案卷宗，为皇帝提供决策参考。④ 总体来说，诸家之言未能脱离光绪朝《大清会典》及《枢垣记略》对军机处职责的记载。

在讨论军机大臣职任的同时，学者对军机章京的职任也多撰文讨论。关于军机章京的职任，光绪朝《大清会典》记载为："军机章京，掌分办清汉字之事"⑤，军机处的日常文字工作，如撰拟谕旨、处理文书、记注档册、撰拟文稿等均归其办理⑥。然而，军机章京实际职任十分广泛，远逾《大清会典》中所载的内容。据刘绍春在《军机章京职权责利的若干问题》一文中指出，军机章京的职任有草拟谕旨、参与司法审判、扈从皇帝出游、随大臣出差办事、纂修方略等等。⑦ 此外，赵惠蓉《清廷军机处与军机章京》也对军机章京的日常职务有所论述。

---

① 郭成康：《雍正密谕浅析——兼及军机处设立的时间》，《清史研究》1998年第1期，第1页。

② 同上文，第11页。

③ 邓之诚：《谈军机处》，载《北京大学百年国学文粹·史学卷》，北京大学出版社1998年版，第33页。该文为邓之诚于1937年12月在燕京大学历史系学会召开的史学座谈会上的讲演词，后经王钟翰先生笔录整理，收入《清史杂考》，中华书局1963年版，第272页。

④ 刘子扬：《清代的军机处》，《历史档案》1981年第2期；李鹏年、刘子扬、秦国经等编：《清代中央国家机关概述》，第61页；张德泽：《清代国家机关考略》，中国人民大学出版社1981年版，第25页。

⑤ （清）昆冈等修：《大清会典》（光绪朝），卷三，"办理军机处"，第23页。

⑥ 李鹏年、刘子扬、秦国经等编：《清代中央国家机关概述》，第54页。

⑦ 刘绍春：《军机章京职权责利的若干问题》，《史学集刊》1993年第4期，第21—23页。

学界关于军机处职权的研究，尤其是军机处如何辅助皇帝处理奏折，多停留在光绪朝《大清会典》和《枢垣记略》的相关记载上，尚有很多模糊之处。① 而军机处辅助皇帝处理奏折正是其成为中枢决策机构的一个重要条件，关系匪浅，实有进一步细化研究的必要。

三 对军机处的地位和性质的研究

关于军机处的地位，学者多以内阁为参照物来考察②，认为军机处设立之后，因所经办的奏折多涉清廷机要政务，军机处职掌日广，尤其是军机处撰拟上谕发布廷寄的职掌，使得政务的处理绕开了内阁，从而削弱了内阁的权力，"取代了议政王大臣会议，成为凌驾于内阁之上的中枢机构"③。

关于军机处的性质，多数学者认为军机处是皇权加强的产物，适应了清代皇帝的专制集权，将传统的皇权专制主义推向了巅峰。论述此点者甚多，几成学界公论，此不赘述。然而，也有学者认为军机处设立之初并无意于加强皇权、削弱内阁的职权。军机处的设立，"与独裁政治的背景及发展，不宜过分强调。"④ 对此，高翔先生也持肯定态度⑤。关于内阁与军机处之间的关系，也有学者提出了新的看法。高翔在《也论军机处、内阁和专制皇权》一文中认为，清代内阁一直在权力上受到严格的制约，内阁与皇权之间"并不存在根本性的矛盾冲突"⑥。军机处设立以后，"内阁大学士获得了比较固定地参与最高决策的权力"⑦，内阁作为清廷的最高行政机构，"承担了大量繁重的日常工作，

---

① 参阅刘子扬《清代的军机处》，《历史档案》1981年第2期，第101页；朱金甫：《清代奏折制度探略》，《历史档案》1981年第2期，第132页；庄吉发：《清代奏折制度》，台北故宫博物院1979年版，第65页；秦国经：《清代的奏折》，《清史论丛》2000年号，中国广播电视出版社2001年版，第205页。

② 赵希鼎：《清代内阁与军机处》，《开封师院学报》1962年第3期；吕钊：《清代军机处的设立及其性质》，《历史教学》1963年第3期，第13页；王思治：《清承明制说内阁》，《清史论丛》2000年号，第88页；李宗侗：《清代中央政权形态的演变》，存萃学社编：《清史论丛》第二集，收于沈云龙编《近代中国史料丛刊·续编》，文海出版社1979年版，第六十四辑，第632册。

③ 陈生玺、杜家骥：《清史研究概说》，第110页。

④ 庄吉发：《清代奏折制度》，第67页。

⑤ 高翔认为雍正帝设立军机处主要是为了完善或方便皇帝独裁，而不是加强独裁权威。（高翔：《也论军机处、内阁和专制皇权》，《清史研究》1996年第2期，第20页。）

⑥ 高翔：《也论军机处、内阁和专制皇权》，《清史研究》1996年第2期，第22页。

⑦ 同上文，第25页。

而这显然是军机处所不能也无法取代的"①。刘绍春所作《嘉庆整顿军机处维护双轨辅政体制》一文，认为军机处与内阁之间是分工合作的关系，"军机处成立之后，大量的例行题本、一般刑钱事务由内阁公开处理，军机处则成为负责传达皇命、办理和监督机密文书运转的御前机要办公中枢。"②

同时，学界普遍认为，正是由于军机处与奏折的运作结合起来，才使得军机处成为清廷的一个中枢决策机构。庄吉发先生曾指出："奏折制度与办理军机处结合以来，办理军机处乃成为清代中央政令所出之所。"③ 高翔先生认为奏折对于军机处的存在有着非同寻常的意义，"军机处在清代长期存在，在很大程度上得益于奏折制的广泛推行，因为奏折制使皇帝独裁权力空前扩大，需其亲自处理的事务不断增加"，以至不得不设专门的机构，即军机处以相协理。④ 有关清代奏折制度最具代表性的专著首推庄吉发先生所著《清代奏折制度研究》和杨启樵先生的名著《雍正帝及其密折制度研究》二书。⑤ 至于专论奏折的论文更是数不胜数，因王剑先生已经撰有《近50年来清代奏折制度研究综述》⑥一文对奏折的研究概况加以论述，兹不赘述。

目前，学界对于军机处的研究存在的不足大致有如下几点：

第一，目前的研究多集中于军机处定型之后的一般层面上的描述，对于军机处职权的发展历程及军机处行使职权的详情尚欠细致的描绘，故而有必要对此再进行深入的研究。造成该研究缺陷的原因在于相关史料的匮乏，前辈学者研究军机处所用史料多集中在光绪朝《大清会典》和《枢垣记略》等为数不多的资料之上，较少涉及军机处所存档案。

第二，对近代以来军机处的探讨较少，尤其是军机处与总理衙门之间的关系，尚少专文论述者。笔者所见研究该问题的专论仅有傅宗懋先生《清代总理衙门与军机处之关系》一文，在文中傅宗懋先生认为

---

① 高翔：《也论军机处、内阁和专制皇权》，《清史研究》1996年第2期，第26页。
② 刘绍春：《嘉庆整顿军机处维护双轨辅政体制》，《清史研究》1993年第2期，第90页。
③ 庄吉发：《清代奏折制度研究》，第94页。
④ 高翔：《也论军机处、内阁和专制皇权》，《清史研究》1996年第2期，第26页。
⑤ 详参庄吉发《清代奏折制度》与杨启樵《雍正帝及其密折制度研究》两书相关章节的论述。
⑥ 王剑：《近50年来清代奏折制度研究综述》，《中国史研究动态》2004年第7期。

"总署之权，实与军机处相埒。盖以同光以来，对外之交涉，重于对内之施政，事繁而势重，殆属必然……"① 萧一山认为："总署有渐夺军机处实权之趋势"，总署"职权直加乎军机处"②。王钟翰先生称："迄于咸丰十年，军机之权，转而移于总理衙门。"③ 似乎总署侵夺了军机处的职权，并取代军机处成为晚清的另一个中枢决策机构。

但是，吴福环先生并不赞同此观点，他认为：军机处的"职能和地位并没有因总署的设立而失落。反之，总署大臣只有身兼军机大臣才位高权重，总署章京只有兼行军机处者才可查阅密折，总署所奉谕旨仍交军机处密寄，一些重要情报仍需军机处抄录知照，总署所奉上谕、朱批奏折及一些重要文件，仍要交回军机处保存。这说明，在清中央政权，总署的地位是不能与军机处并列的。"④ 由于吴先生未将此观点进一步阐发，故尚有深入研究的必要。

第三，关于近代军机处职权波动的问题，也是研究中的一个盲点。虽有某些著作已论及此点，但尚欠深入，现举其荦荦大者如下：

高中华所著《肃顺与咸丰政局》一书，是学界第一部系统论析肃顺生平、思想、活动，及其在晚清政治中的地位与作用的专著，全书的第一章和第五章涉及晚清军机处。在书中，作者指出咸丰末年"肃顺通过逐步控制军机大臣，进而掌握了中枢之权"⑤。此情形至祺祥时期尤甚，形成了以肃顺为核心，包括载垣、端华和军机大臣诸人的"热河集团"⑥。这个集团在祺祥时期控制了军机处，束缚了军机处职权的发挥。该书以肃顺为主旨，故而对军机处受制于肃顺等人仅是泛泛论之，尚有进行更深入探讨的必要。《奕䜣慈禧政争记》是宝成关先生于1980年出版的专著，全书内容以慈禧与奕䜣之间在政治上的争斗为核心，以双方权势的变化为线索，来探讨晚清政局的变化。虽未直接论及军机处的职权，但因此时奕䜣以亲王入主军机处，且军机大臣多为奕䜣亲信之臣，故而慈禧与奕䜣的争斗也不可避免地影响到军机处职权的发

---

① 傅宗懋：《清代总理衙门与军机处之关系》，中华文化复兴运动推行委员会主编：《中国近代现代史论集》第七编，台湾商务印书馆1985年版，第186页。
② 萧一山：《清代通史》，第四册，华东师范大学出版社2006年版，第1页、第3页。
③ 王钟翰：《清史杂考》，人民出版社1957年版，第275页。
④ 吴福环：《清季总理衙门研究》，文津出版社1995年版，第51页。
⑤ 高中华：《肃顺与咸丰政局》，齐鲁书社2005年版，第15页。
⑥ 同上书，第256页。

挥。林文仁先生所著《南北之争与晚清政局（1861—1884）——以军机处汉大臣为核心的探讨》一书，主要从南北党争的角度来分析晚清重要政治事件的发展，勾勒了一幅晚清政治斗争的百态图。① 虽然本书研究重点在汉军机大臣之间的南北之争，但是军机大臣之间的内耗，制约了军机处职权的有效发挥却是不争的事实。惜全书主旨为军机大臣之间的派系之争，未将军机处职权的发挥置于考察的重点。

以上三部专著都已涉及晚清时期的军机处在职权行使之时饱受政局及人事变动的困扰，惜未进行专门深入的论述。

综上所述，学界对于清代军机处的研究尚有深入研究的必要。本书将以军机处职权的变化为核心，使用新的史料和研究方法，力求有所突破，将清代军机处的研究推向更深。

在史料应用上，本书以近年来全文影印出版的"上谕档"作为核心史料。"上谕档"蕴含着十分丰富的内容，不仅有明发上谕、寄信谕旨，而且还有军机处在办理日常政务过程中所产生的大量文书，如朱谕、奏折、御制诗、军机处奏片、军机处交片、军机处所进名单、缺单、照会、咨文、札文、函件以及各类清单、科举试题等等。这些文书的内容涉及清廷政务的各个方面，为探讨军机处的日常职掌及其与清廷中央各衙门之间的行政关系提供了直接的史料。但是，目前学界在军机处的研究中尚未对"上谕档"加以系统的利用。与"实录"所载内容相比，"上谕档"中的内容更加原始，也更能反映出公文在军机处运作之详情。尤其是某些政务虽然在"实录"和"上谕档"中都有记载，但所能代表的公文环节却不同。"实录"所记往往是公文运作的最后环节，"上谕档"所记较多地显示了中间环节，将二者联为一体则获得了一个相对完整的公文运转程序。这样不但可形象地描述出清廷公文的运转程序和中枢决策过程，而且能更好地理解军机处在中枢决策体系中所居的地位，对探讨军机处职权发挥的详情也大有裨益。

在研究方法上，本书主要通过公文的运转程序来探讨政治机构的职权及其与其他机构之间的行政关系。公文为政情输送的载体，中枢决策的依据，它的运转程序所体现的是各行政机构之间的权力配置和行政关

---

① 林文仁：《南北之争与晚清政局（1861—1884）——以军机处汉大臣为核心的探讨》，中国社会科学出版社2005年版。

系。所以，公文运转程序的详情恰恰是将军机处研究引向深入的关键点。

然而，此点却被学界所普遍忽视。以奏折为例，学界目前的研究尚未脱离"就事论事"的窠臼，主要集中考察奏折的起源、考证奏折最早出现时间、奏折书写的格式、奏折的语言风格、奏折的内容、奏折的进呈与传递、奏折的批阅、奏折的回缴、奏折的保密等等，未能"全面地考察作为非常制的奏折对清代的'常制'的深层影响"。① 实际上，奏折与军机处职权之间有着密不可分的关系。辅助皇帝办理奏折不但是军机处的日常工作之一，而且是军机处职权的重要体现方式。正是由于军机处与奏折的运作相结合，才使得军机处成为清廷一个中枢决策机构。同时，目前学界对于清代奏折批答的详细过程，以及军机处在其中所发挥的作用尚多模糊不清之处，故本书将对此进行更深入细致的探究。

总之，本书将主要从清廷公文的运转程序入手，力求在军机处职权的来源、演变及其与各衙门之间的行政关系等问题上有所突破。因对清廷中枢决策影响至深的公文主要是题本和奏折，所以本书将重点关注这两类公文的运转程序。通过军机处设立所造成的二者在运转程序上的变化，来探讨军机处对清廷决策施加影响的方式，进而勾勒出军机处职权的演变历程。

本书重点解决了三个问题：一是勾勒军机处职权的来源及演变过程。顺康时期，清廷在中枢决策过程中出于政务保密及提高行政效率的目的而采取的某些措施，如皇帝选择亲信大臣内直、由专门的机构辅助皇帝办理本章、机要政务由专门机构负责等等，多被军机处所承袭并加以规范化。本书考察的重点是军机处如何辅助皇帝处理题本与奏折以及从中所体现出来的职权、军机处在决策过程中居于何种地位、军机处通过何种方式对清廷决策施加影响。同时，利用军机处与内阁之间往来的公文来论述二者的行政关系。二是澄清某些关于总理衙门行政地位的误解。在同光两朝的"上谕档"中保留了很多军机处与总理衙门之间往来的公文，这些公文不但可以说明两个衙门之间的公文关系，而且反映

---

① 王剑：《近50年来清代奏折制度研究综述》，《中国史研究动态》2004年第7期，第27页。

了二者的行政关系。本书即以这些公文为主要史料，以公文运作为切入点，探究二者在清廷政治结构中的关系，得出总理衙门并非决策机构的结论。三是描述晚清政局变动和人事更迭等因素对军机处发挥职权所造成的影响。

第二节　本书的框架及主要内容

清代军机处之所以成为清代的中枢决策机构，关键在于它能够辅助皇帝处理本章，成为清廷政情的总汇及政令的下发机构。因此，本书将通过清代公文的运转程序来探讨清代军机处职权的构成及其演变，并以此为切入点来探讨军机处在清廷中枢决策体系中的地位，及其与内阁、总理衙门之间的行政关系。

全书主线有二：一个是清代题奏本章制度的发展及其演变的过程；另一个是军机处本身制度的完善过程。正是由于奏折使用范围的扩大，逐渐由非正式的私人通信转变为正式的国家公文，依靠皇帝一人之力难以周密地办理，才使得军机处得以参与到奏折的批答过程，逐渐成为清廷的中枢决策机构。由于军机处在清廷政务处理过程中发挥的作用越来越重要，为便于职权的发挥，军机处本身的规制也日趋严密，日常工作也渐趋规范化。但是，正规化的军机处其职权的发挥并非恒定的，清廷政局的变动及军机处人事上的安排都会对军机处职权的发挥产生影响，此点又会映射在清廷的公文运转程序上。

本书主体部分有五章。第二章是对军机处主要职权的溯源。本章内容涉及顺治、康熙、雍正三个朝代，主要内容为该时期，清廷两个最重要的决策机构内阁和议政王大臣会议的参与中枢决策的主要方式及其职权的表现形式。《大清会典》将军机处主要职权归纳为"掌书谕旨，综军国之要，以赞上治机务"，[①] 即颁布政令和参与机要政务。在乾隆朝之前，清廷政令之颁布主要依靠内阁，会议机要事务则多被纳入议政王大臣会议的职权范围。内阁主要通过票拟题本及御门听政时与皇帝面商

[①]（清）托津等纂：《大清会典》（嘉庆朝），卷三，"办理军机处"，沈云龙编《近代中国史料丛刊·三编》，第六十四辑，第641册，文海出版社1991年版，第79页。

政事而对清廷的中枢决策产生影响，内阁大学士偶尔也协助皇帝办理某些奏折。在乾隆朝，军机处发展成为清廷的中枢决策机构，它不仅侵夺了议政王大臣会议专办机要政务的职权，而且成为辅助皇帝处理奏折的专门机构，同时还插手题本的处理。所以，军机处在职权上多有承袭内阁及议政王大臣会议之处，故专列军机处职权溯源一章对此进行考察。

第三章为全书的核心内容，所论述的中心内容为乾隆朝军机处职权的形成，即军机处基本职权确立的过程及其主要表现。本章内容分为三节，第一节主要集中论述奏折在乾隆朝逐渐成为清廷重要的上行文书。因奏折使用范围的扩大，皇帝一人已难以独自承担全部奏折的批答，遂以军机处为辅助机构。由此，军机处经办之事渐渐突破专办西北军务的职责，成为辅助皇帝处理奏折的专门机构。本章第二节的内容集中讨论军机处正规化的问题。虽然军机处很长一段时间内是一个临时办差机构，但是由于它承担了辅助皇帝批答奏折的工作而地位日隆。为更好地履行该项职责，军机处本身的规制也日趋严密，相关制度逐渐正规化。本章第三节内容则是对军机处参与中枢决策方式的考察。本节主要内容有三：一是对军机处辅助皇帝处理题本的职权的考察；二是对军机处辅助皇帝处理奏折的职权的考察；三是对军机处撰拟及发布谕旨的职权的考察。此外，乾隆朝军机处尚有"公启"这一特殊文书，是目前学界研究所未涉及者，故专文论述之。

第四章内容论述的主体是嘉庆朝军机处基本职掌的定型。本章内容分三节，分别从奏折制度的进一步完善、军机处基本规制的最后定型及军机处与内阁之间的行政关系这三个方面来论述嘉庆朝军机处的阶段性特点。从总体上考察，嘉庆朝是军机处最终定型的时期，军机处经过雍正乾隆两朝的发展，到此其各项规制才最终确定下来，并被后世所沿用。此后，军机处职权方面较少有质的变化，仅在具体实施时，因时局及人事安排上的原因而稍有波动。这些波动将集中在最后两章予以论述。

此三章的内容在逻辑上可视为一个整体，主要是围绕清廷题奏本章及其运转程序的变化来探讨清廷的中枢决策体制。由于奏折政治地位的提升及使用范围的扩大，使得皇帝出于便于政务处理的需要而以军机处为辅助机构，进而引发了军机处职权及地位一系列的变化。军机处草创于雍正朝，发展完善于乾隆朝，定型于嘉庆朝，其与内阁之间的关系也经历了由"内阁之分局"①到独立于内阁之外的中枢决策机构的转变。推动军机处逐步成为中枢决策机构的动力之一就是清代奏折制度的发展。正是由于奏折对于皇帝周知政情和巩固皇权所具有的特殊意义，才使得其在清廷政务处理中发挥的作用越来越重要，逐渐成为清廷的正式上行公文，进而导致了军机处成为专办奏折的中枢决策机构。

军机处各项规制于嘉庆朝最终定型后，历经道光咸丰两朝，在制度层面较少有显著的变革。但是由于受政局变动及人事更迭等因素的影响，军机处的职权在实际运作中却有一番波动，并且与晚清的重要政治事件紧密相关。文中最后两章即专门探讨军机处职权在晚清政局变动之下出现的波动。

晚清政局的一个重要特点是清廷的内政多受国外侵略势力的影响。晚清中外交往日深，清廷却坚持"以地方办外交"的外交体制，这种滞后的外交体制难以适应新的外交局面，中外交流不畅的情形屡见不鲜。此种情形，不但使得西方各国大为不满，而且对军机处固有职权的发挥也产生了消极的影响。尤其是第二次鸦片战争期间，中外沟通转圜之事多交由军机处负责。由政府中枢决策机构办理外交事务，也是清廷政治体制所难以接受的。所以，设立一个专管外交事务的机构就成为当务之急。在这种形势之下，总理衙门应运而生。因为设立总理衙门的特定政治环境以及外交事务在晚清的特殊地位，使得总理衙门与军机处之间的关系极为复杂。总理衙门不但在制度上多有承袭军机处之处，而且在职权上涉及清廷政务各个方面。所以，有些学者将总理衙门误认为是一个类似军机处的决策机构。然而军机处与总理衙门之间的文书往来，揭示了二者之间的行政关系，军机处依然是决策机构，总理衙门仅是一个执行机构，并非决策机构。此即是第五章所论述的主要内容。

第六章内容主要分析晚清政局变动下军机处职权的波动。咸丰朝末年，清廷处于内忧外患的境地，因军机大臣的能力难以胜任这一非常时期的辅政职能，故而咸丰帝不得不在军机处之外寻求新的政策咨询人。肃顺等御前大臣遂渐受咸丰帝重用，并开始以会议政事的形式参与到决策之中，这无疑是部分地剥夺了军机处的参政权。咸丰病逝后，确立了赞襄政务王大臣辅政的政治体制。在该体制之下，军机处几被以肃顺为

---

① （清）赵翼：《檐曝杂记》，卷一，"军机处"，中华书局1982年版，第1页。

核心的赞襄政务王大臣所控制，其职权之发挥更受限制。"搁车"事件又几使军机处成为皇权的对立面。不久，慈禧与奕訢联合发动"祺祥政变"，确立了垂帘听政与议政王辅政的政治体制。奕訢以议政王入主军机处，将军机处重新纳入皇权的势力范围。但是，这一政治体制使得皇权不再是一个整体，从而为日后军机处职权的波动埋下了隐患。

晚清军机处职权的波动与奕訢政治地位直接相关。与奕訢慈禧政争的三个阶段相重合，军机处职权的波动也经历了三个阶段：慈禧与奕訢通力合作与秘密斗争时期；慈禧与奕訢公开对峙时期；慈禧专权渐成时期。在第一个阶段因为慈禧政治上尚欠成熟，在政务处理中较多地仰仗奕訢为其出谋划策。所以，奕訢得以借机手握大权。因奕訢个人的能力及其在清廷具有较高的政治地位，使得军机处职权借此获得了较为宽松的发挥环境。从第二个阶段开始，奕訢开始在与慈禧的较量中步步后退，军机处的职权随之也受到了较多的约束。至第三个阶段，慈禧独揽朝政之势已成，通过"甲申朝变"将全部军机大臣换为自己亲信。此后，军机处唯慈禧马首是瞻，职权进一步下降。

至光绪帝亲政，慈禧由台前退居幕后。光绪帝虽然可以披阅奏折，但是很多政务的处理还是要事先向慈禧请示，事后向慈禧汇报，皇权处于一种不完整的状态。由于权力之争，慈禧与光绪之间的裂痕越来越大，清廷朝臣内部也渐成帝后两党对峙之势。军机处在参议政务之时屡受帝后党争的干扰，从而影响了军机处职权的发挥，进而使清廷难以及时有效地做出决策。帝后党争又不可避免地使得许多政务在处理过程中带着派系斗争的色彩，使军机处在参与决策时也被派系之间的纷争所困扰。在此阶段，军机处在发挥职权时在二派政治势力之间依违两可，显得游移不定。直至戊戌政变之后，慈禧重掌朝政，军机处此种情形才告结束。此后，清廷形势江河日下，军机处职权的行使窒碍之处颇多，政务处理也日趋混乱。直至宣统三年四月，军机处被裁撤，退出历史舞台。

第二章 军机处职权溯源

在军机处位居中枢决策核心之前,清廷中枢决策机构主要是内阁与议政王大臣会议。内阁大学士掌票拟本章、参议政务及撰拟上谕之权,议政王大臣会议掌会议机要政务之权,偶尔也对外发布政令。雍正朝后,二者职权多有被军机处所承袭者。故欲明了军机处职权的来源,需先对内阁及议政王大臣会议的职权有所了解。

第一节 清前期内阁大学士及议政王大臣会议职权的考察

清初内阁大学士参与中枢决策的职权,曾随着内阁制度的变革而几经起伏,直至康熙亲政后,才得以制度化。大致来说,顺治、康熙两朝内阁大学士参与清廷中枢决策的途径主要有二:一是票拟本章;二是参与"御门听政"。

一 清前期内阁大学士票拟本章的职权

清廷入关前,曾设文职机构文馆,天聪十年三月,改文馆为内三院:内国史院、内秘书院、内弘文院,设大学士、学士等职。内三院开始在一定程度上参与议政,其中尤以内秘书院为甚。秘书院大学士范文程,"所领皆枢密事,每入对,必漏下十刻始出,或未及食息,复奉召入。凡宣谕各国敕书,率撰拟以进"①。因范文程为皇太极心腹,以大学士身份参与议政,且日值内廷,虽六部贝勒与诸王贝勒亦不得干预。有学者称此时的"内三院已隐然粗具内阁的规模,且包括翰林院的

---

① 王钟翰点校:《清史列传》,卷五,"范文程传",中华书局1987年版,第258页。

职掌。"①

顺治元年五月，清廷入主北京。摄政王多尔衮谕令在京内阁等衙门的前明官员，以原官同满官一体办事②。前明的内阁制度被清廷全部承袭，然此时，尚沿袭入关前的"内三院"之名，仅负责票拟官民奏闻之常事，机要本章不经内三院。顺治元年六月，大学士冯铨、洪承畴力图使内院恢复明内阁票拟本章之旧制，启奏多尔衮："臣等备员内院，凡事皆当与闻。今各部题奏，俱未悉知，所票拟者，不过官民奏闻之事而已。夫内院不得与闻，况六科乎？倘有乖误，臣等凭何指陈？六科凭何摘参？按明时旧例，凡内外文武官员条奏，并各部院覆奏本章，皆下内阁票拟。已经批红者，仍由内阁分下六科，抄发各部院，所以防微杜渐，意至深远。以后用人行政要务，乞发内阁票拟，奏请裁定。"多尔衮"是其言"。③但仅一年之后，就因清皇族担心大权旁落及清廷汉官内部的党争，内阁票拟之权被取消，恢复旧制。④对外宣称是因陈奏本章"照故明例，殊觉迟误"，各部院以及各省文武官员奏章不必再经由内院大学士票拟，"即刻速奏，候旨遵行"。⑤

此后，各部院衙门奏事，面奉谕旨后，回衙门录出票签，送内院照票批红发科。"今各部奏疏，但面承朕谕，回署录出，方送内院"⑥，内院仅司照票批红发科而已。但因该做法多有舛错，遂于顺治十年正月，改为"上批满汉字旨发内院，转发该科"⑦，皇帝亲笔将旨意批于本章之上，下内院转发相关衙门。旋即因章奏繁多，若直接交送内院，易滋弊窦，于是顺治帝便在太和门内择一便室，钦定大学士、学士姓名班次，分两班轮流入值，协助皇帝批阅本章。"本章或上亲批，或于上前面批。若有应更改之事，即面奏更改。"⑧ 至此，内阁大学士权力稍张，通过票拟本章开始较为全面地参与到清廷政务的决策之中，甚至可就皇帝决策中的不妥之处发表意见，奏请更改。但是，此时大学士所作多为

---

① 王思治：《清承明制说内阁》，《清史论丛》2000 年号，第 82 页。
② 《清世祖实录》，卷五，顺治元年五月癸巳，中华书局 1985 年版，第 58 页。
③ 同上书，顺治元年六月戊午，第 60 页。
④ 王思治：《清承明制说内阁》，《清史论丛》2000 年号，第 84 页。
⑤ 《清世祖实录》，卷十五，顺治二年三月戊戌，第 132 页。
⑥ 《清世祖实录》，卷七十一，顺治十年正月癸酉，第 561 页。
⑦ 同上书，顺治十年正月甲戌，第 562 页。
⑧ 《清世祖实录》，卷七十八，顺治十年十月戊子，第 619 页。

承旨批本，票拟本章缺乏自主性。

至顺治十五年七月，顺治帝仿照明制，令"除去内三院秘书、弘文、国史名色"，销毁内三院旧印，仿照明制，改称内阁，另设翰林院。① 因此时清廷章奏殷繁，内阁遂成专管票拟之机构。"内阁之设，因章奏殷繁一时遽难周览，故令伊等公同看详，斟酌票拟，候旨裁定。……各衙门本章，或定议请旨，或两可奏请，必须详酌事情，明晰票拟，以候朕裁。"② 此后，内阁大学士得以掌握本章的票拟权，即参议政务的权力，皇帝掌最后裁定权，两权遂得以分离。

由前述可知，顺治朝之内阁尚属草创时期，本章批答程序尚未形成严格的规范，故前后几经变化。但是，这一时期所确立的两个原则，却对后世影响深远。一是皇帝钦定亲信之臣内值，赞襄政务；二是设专门机构辅助皇帝办理奏章。本章由内阁票拟，提出初步意见后，再交由皇帝最后裁定。

顺治十八年二月，康熙帝继位，由四辅臣辅政。六月诏令罢内阁，复内三院旧制。③ 四辅臣遂得以操权柄。康熙八年，康熙帝亲政，恢复内阁制度。此时已无大学士内直，而代之以御门听政，内阁办理题奏本章遂成定制。内阁大学士通过批答本章得以固定地参与中枢决策。

题本与奏本是清廷各部院衙门及内外臣僚向中央奏报政务的文书，是清前期最重要的上行的公文，也是清廷中枢决策的依据。清制，题本奏报公事，本上用印，奏本奏报私事，本上不用印。地方官员的题本和奏本、京官的奏本均交通政使司转交内阁，是为通本。《大清会典事例》载："顺治二年定，在外督、抚、镇、按等官一应汉字本章，暨在京各衙门除题本外，一切奏本，不分公私，均赴司投进。"④ 经由通政使司检查格式内容无违式情形，再交内阁。部院各衙门奏报公事的题本或直接交内阁，或在御门听政之时面交皇帝⑤，再转交内阁，此为

---

① 《清世祖实录》，卷一百一十九，顺治十五年七月戊午，第924页。
② 《清世祖实录》，卷一百二十六，顺治十六年五月己巳，第976页。
③ 《清圣祖实录》，卷三，顺治十八年六月丁酉，中华书局1985年版，第73页。
④ （清）昆冈等修：《大清会典事例》（光绪朝），卷一〇四三，"通政使司·题本"，中华书局1911年影印本，第445页。
⑤ 据康熙朝《大清会典》（沈云龙编《近代中国史料丛刊·三编》，第七十三辑，第711册），卷四十一，"礼部·听政仪"载：御门听政时，奏事各部院"堂官捧举奏章，先谒案前，跪置毕，转至东旁，西向跪奏"。关于部院题本的进呈，详情参见后文。

部本。

通本到阁，若只有汉文而无满文者，则由汉本房满中书将汉文译为满文，"或全部译，或止译贴黄"①，侍读校阅，侍读学士总稽译文后送至满本房。满本房中书将贴黄所译成之满文缮为正文，经侍读、侍读学士校阅后，交汉票签处。部本由满汉两种文字写成，则毋庸翻译，直接交送汉票签处。汉票签处职司票拟，票拟或拟单签，若有两种以上意见，则拟双签、三签、四签，并加说贴申明，以供皇帝采择。康熙亲政后，内阁"大学士、学士共同票拟"②。行之既久，本章票拟便形成了较为固定的办理模式。③

拟好的汉文草签与题本移交满票签处，满票签处根据汉文签再草拟满文票签，送大学士阅定后，再缮写满汉文合璧正签。满票签处中书将夹入正签之题本送交批本处。由批本处转内奏事处太监呈送皇帝。皇帝阅本章及内阁所拟票签，或依所拟，或将票拟稍作改定，或于多签中选择一签。若皇帝对内阁所拟意见不满意，则将题本折角，谓之"折本"。若有改签本章，则由皇帝特降谕旨。阅毕，所有题本交内奏事太监发回批本处。批本处将皇帝阅定的票签以满文批于本章之上，连同折本交满票签处中书带回内阁。内阁学士再将皇帝阅定之签文用红笔以汉文批于本上。凡批红的本章，交收发红本处，六科给事中每天定时从内阁将红本领出，抄发各相关衙门执行，是为"科抄"。折本则存留内阁，待积攒到一定数量后，在皇帝御门听政之时集中办理。

前述内容为清雍正朝之前，内阁票拟权之沿革及题奏本章批答的大

---

① （清）允禄等监修：《大清会典》（雍正朝），卷二，"内阁"，沈云龙编《近代中国史料丛刊·三编》，文海出版社1994年版，第七十七辑，第761册，第60页

② （清）伊桑阿等纂修：《大清会典》（康熙朝），卷二，"内阁"，第37页。（清）允禄等监修：《大清会典》（雍正朝），卷二，"内阁"，第60页。

③ "由于长期经验的积累，使票拟逐步形成了一套相当固定而又完备的票拟程式。今据文献记载和内阁编撰的《满汉票签部通本样式》和《外藩表笺票签式样》来看，内阁的学士、中书等官在日常的票拟过程中，经常要参照票签程式，'依式求彼'。因此所有的票拟，几乎全被纳入死板的格式之内。"（鞠德源：《清代的题奏文书制度》，《清史论丛》第三辑，第223页。）再由它书佐证可知，在康熙朝便已形成相对固定的票拟模式。康熙四十六年谕："闻内阁诸臣常将部院题奏本章，驳回删改。近为内阁侍读奏补盛京员缺事，屡次驳回。果有不当，则有票拟之例在。题奏本章，擅自驳回删改，殊为可骇。俟进京时察奏。"（《大清会典事例》（光绪朝），卷十四，第179页。）谕旨中"果有不当，则有票拟之例在"之语，可见当时票拟已有惯例可循。

致程序。从公文运作的程序中可知，内阁为清廷政情的总汇之所，内阁大学士通过票拟题本掌握参议政务的权力，并得以参与清廷中枢决策。此外，"御门听政"也是内阁大学士参与清廷中枢决策的一种重要方式。

二 清前期"御门听政"与内阁大学士参议政务的职权

据《大清会典》所载，清廷御门听政始于顺治二年①，但是当时尚非定制。自康熙元年起，御门听政成为清廷经常性的政治活动，并于康熙帝亲政之后渐成定制。"康熙六年七月己酉，圣祖仁皇帝亲政，行庆贺礼。是日，御门听政，嗣后日以为常。"② 然而，鳌拜当权时期，常于御门听政时无视皇帝，"施威震众，高声喝问"，"稍有拂意之处，即将部臣斥喝。"③ 直至康熙八年，康熙帝铲除鳌拜后，真正掌握了政局，以行使皇权为基本特征的御门听政才名实相符。

御门听政是康熙朝最重要的中枢决策形式。康熙是中国历史上出了名的勤政，其最主要的表现即是御门听政的频繁举行。如朝廷无重大变故或出巡之事，康熙几乎坚持每天听政，其听政数量之多远逾寻常帝王。因此，对御门听政这一康熙朝重要的政务处理方式进行探讨，对于了解清代康熙时期的中枢决策体制及内阁大学士在决策过程中所拥有的权力都有着重要的意义。

御门听政若在宫内则御乾清门，若"驻西苑，则御勤政殿举行此典礼"④。关于御门听政，《大清会典》、《清圣祖实录》及《康熙起居注》等清代文献均有记载⑤，为研究康熙时期御门听政的情形提供了基本的

---

① （清）允禄等监修：《大清会典》（雍正朝），卷五十八，"礼部二"，第3631页。
② 据王薇老师在《御门听政与康熙之治》[《南开学报》（哲社版）2003年第1期] 一文中的观点：各文献对于康熙帝御门听政的起始时间的记载有二：一为康熙元年，"朕听政三十年来，无日不见诸大臣共相咨议。"参见章梫《康熙政要》卷一；《清圣祖实录》康熙二十九年十月壬戌条亦有"朕三十年来每晨听政"之语。一为康熙六年，参见《大清会典事例》卷三九九，《礼部朝会》。
③ 《清圣祖实录》，卷二九，康熙八年五月戊申，第369页。
④ （清）赵慎畛：《榆巢杂识》，下卷，中华书局2001年版，第234页。
⑤ 康熙十八年之前的听政情况多载于《清圣祖实录》之中，《康熙起居注》中所记甚为简略，因为清廷不允许起居注官将听政详情载诸史册。至康熙十八年九月，情况发生了变化，康熙帝谕令大学士和起居注官增加起居注的内容："朕每日听政时，起居注官除照常记注外，其一切折出票签，应加酌定者，皆国家切要政务，得失所系。今后有折出票签酌定时，仍令起居注官侍班。"（《康熙起居注》第一册，康熙十八年九月二十二日，中华书局1984年版，第435页。）

史料。据康熙朝《大清会典》记载，御门听政有着严格的礼仪及程序：

> 每日皇上御乾清门听政，设御榻于门之正中，设章奏案于御榻之前。部院大小官员，每日早赴午门外齐集，春夏于卯正一刻，秋冬于辰初一刻。进至中左门候。春夏于辰初初刻，秋冬于辰正初刻。进至后左门，该值侍卫转奏。候传谕进奏，值日侍卫随诸臣俱至乾清门丹墀东旁西向排立。起居注、满汉官于丹墀西旁，东向立。皇上御门升坐，侍卫从丹陛下石栏旁东西排立。起居注官由西阶升至檐下侍立，部院大小官员按日轮班，依次由东阶升，堂官捧举奏章，先诣案前，跪置毕，转至东边旁，西向跪奏。如应用绿头牌启奏事宜，亦由堂官捧至御榻前，西向跪奏。各官俱照品次，跪于堂官之后，每一衙门奏事毕，各官仍由东阶，照品序退。次一衙门进奏，如前仪。①

各部院奏事之时，如果宗人府有事奏报，则冠诸衙门之首。然后按照吏部、户部、礼部、兵部、工部、理藩院、都察院、通政司、大理寺的次序轮班奏事。余者按各自经管事务的类型附于前述衙门之后。如太常寺、光禄寺、鸿胪寺、国子监、钦天监奏事，附于礼部之后；督捕、太仆寺奏事，在兵部之后；五城奏事，在都察院之后。前为第一班奏事衙门，第二班奏事者为内阁、翰林院、詹事府，以及九卿会奏和科道官条陈事宜，因其所奏之事多涉机要政务，故安排在诸部之后，以求保密。第三班为刑部单独奏事，因刑部所奏多为重大刑案，事关人命，需要充裕的时间详审案情。各衙门奏事毕，"随侍卫由后左门出"②。内阁大学士、学士留下捧折本面奏皇帝请旨。折本处理毕，大学士、学士退出，皇帝还宫。③ 至此，整个御门听政结束。可见，御门听政具有严格的程序与复杂的仪式。这套仪式对突出皇权的至高无上及维护清廷的政治层级有着重要的意义。

---

① （清）伊桑阿等纂修：《大清会典》（康熙朝），卷四十一，"礼部·听政仪"，第2008页。此处所载仪式与雍正朝《大清会典》所记雷同，可见御门听政在康熙雍正年间变化不大。
② 同上书，第2011页。
③ 此内容根据康熙朝《大清会典》总结，原文参见该书卷四十一，"礼部·听政仪"，第2010—2011页。

御门听政除了礼仪上的象征意义之外，对于清廷政务的处理也有实际的意义。御门听政主要有两方面的内容，一是在京各部院衙门向皇帝面奏政事并递交题本。清制，"在外督、抚、镇、按等官，一应汉字本章及在京各衙门除题本外，一切奏本不分公私，俱赴通政司投进，违式者一体参驳。"① 可见，奏报部院政务的题本并非由通政司投进的。是直接投递到内阁么？恐非如此。康熙朝《大清会典》中载：御门听政时，奏事各部院"堂官捧举奏章，先谒案前，跪置毕，转至东旁，西向跪奏"②。原来，各部院衙门的题本是在御门听政之时进呈皇帝的。但是，此仅为孤证，不足以服众。史籍中另有若干旁证可支持此论点。

考之《康熙起居注》可知，只有皇帝因故不御门听政，各部院本章才可直接交送内阁。如康熙十一年十一月十三日，"圣躬偶尔违和，不御门，部院衙门章奏奉命送内阁"。③ 值得注意的是，凡皇帝令各部院章奏交内阁转奏之日，"起居注"中便无康熙帝御门听政的记载。康熙十三年五月初九日，康熙帝"命内阁嗣后汇进部院各衙门章奏"④。此后，直至六月初三日止，"起居注"中未有御门听政之记载，此因皇后丧葬故也。在康熙十六年五月初四日，"上移驻瀛台，命自明日起，各部院章奏俱送内阁"⑤。此后，直至五月初八日止，期间"起居注"中亦未有御门听政的记载。康熙十七年十一月二十六日，"是日，以皇太子出痘，自二十七日起至十二月初九日止，各部院衙门章奏，俱命送内阁"⑥。在这段时间内，康熙帝亦未举行御门听政。最具代表性的例子是康熙帝在孝庄皇太后临终之际多日不御门听政，这期间部院衙门章奏俱交内阁。史载："太皇太后圣体违豫，上日夜在慈宁宫，令各衙门本章俱交送内阁。及太皇太后宾天，上居丧次，晨夕哀恸，不御门者几

---

① （清）昆冈等修：《大清会典事例》（光绪朝），卷一〇四三，"通政使司·题本"，第445页。

② （清）伊桑阿等纂修：《大清会典》（康熙朝），卷四十一，"礼部·听政仪"，第2009页。

③ 《康熙起居注》，第一册，第64页，康熙十一年十一月十三日甲申。中华书局1984年版。原文为："圣躬偶违和，不御门，部院衙门章奏奉命送内阁。"

④ 同上书，第162页，康熙十三年五月初九日。

⑤ 同上书，第305页，康熙十六年五月初四日。

⑥ 同上书，第389页，康熙十七年十一月二十六日。

两月。"① 由此可以得出结论，御门听政的一个重要目的是为了接收在京各部院衙门的题本，否则，便无必要在"起居注"上将"各衙门章奏交与内阁"不厌其烦地记载了。

此外还有两个旁证：一个是如果各部院无本章入奏，则不举行御门听政。康熙二十三年四月二十四、五月初五两日，各部院各衙门"无本章入奏，上不御门听政"。② 由此可知，部院进呈本章与御门听政之间有着因果关系。另一个是《康熙起居注》中有内阁学士取本的记载。御门听政之时，各部院大臣奏毕退出后，专门有内阁学士进御前取本。如，康熙二十二年正月十八日，康熙帝举行御门听政，各部院衙门奏毕，康熙帝谓"取本学士等曰：'顷徐元文条奏所言极当，尔等可令速行翻译。'"③ 再，康熙二十二年二月初六日，"奏毕，出。学士张玉书、金汝祥随进御前取本"④。又，"康熙二十五年十一月初一日，辰时，上御乾清门听政，部院各衙门官员面奏毕。学士李光地、赛弼汉收本……"⑤若各部院启奏之时，无本章进呈御前，则此学士所取之本为何，便无法解释了。由此可以断定，京城部院衙门题本很多是由部院大臣在御门听政之时进呈御前，然后再由内阁学士取至内阁票拟。

皇帝不御门之日，各部院本章，除由皇帝主动下令交内阁外，还可由内阁官员主动请旨交内阁。《大清会典》载："（康熙）二十四年谕，大朝期各部院本章交送内阁，雨雪日期仍请旨交内阁。"⑥ 若皇帝出巡，各部院章奏则由内阁定期汇总递至行宫，汇送的间隔时间在皇帝巡幸之前视路途远近酌定。如康熙十七年九月初十日，孝庄皇太后幸遵化温泉，康熙帝随行，"起居注"载："部院各衙门章奏，每间三日，内阁官员驰送行在亲理。"⑦ 又如，康熙二十年十一月十四日，因平定三藩，云南全省底定，康熙帝决定亲诣孝陵，"躬行诏告"，下令："自本日为

---

① 《康熙起居注》，第三册，第1717页，康熙二十七年正月二十三日。
② 《康熙起居注》，第二册，第1173页、第1179页。另外，《康熙起居注》第1378页、第1388页、第1465页、第1495页、第1505页均有类似记载。
③ 同上书，第945页，康熙二十二年正月十八日。
④ 同上书，第954页，康熙二十二年二月初六日。
⑤ 同上书，第1555页，康熙二十五年十一月初一日。
⑥ （清）允禄等监修：《大清会典》（雍正朝），卷五十八，"礼部二"，第3633页。
⑦ 《康熙起居注》，第一册，第389页，康熙十七年十一月二十四日。

始，部院本章着每日交送内阁，由内阁两日一次汇送。"① 只有在此类情况下，题本与奏本才是全部先经内阁递达御前，内阁才可能先于皇帝掌握政务全貌，并初步拟定意见以供皇帝采择。

由前述内容可知，御门听政的一个重要目的在于接收部院本章。因此，这就要求皇帝必须要经常举行御门听政，以求了解政情，防止被内阁票拟所左右。这或许也是康熙帝常年坚持御门听政的原因。

御门听政的第二个内容是处理折本。折本处理在各部院官员奏事退出之后，由学士中年轻力壮者捧本面奏请旨②。启奏之时，需要将本章内容熟记背出，否则"易以讹误被议"③，多有视其为难事者。史载：满汉学士捧折本启奏之时，"率系背诵，凡记忆未熟，及清语生疏者，每或遗忘、舛错，视为难事。"④

若皇帝在京因故无法御门听政，各部院衙门章奏则直接交内阁汇集转奏，有紧要折本则召入大学士面商办理。⑤ 若皇帝出巡，则御行宫或帷幄召见内阁大学士和学士面商折本，一切因陋就简，仪式较在京御门听政时简单。据《康熙起居注》记载：康熙二十二年四月二十一日，"上由西华门出西直门，幸玉泉山。各部院衙门奏章，俱交内阁。命学士萨海扈行，其满汉大学士及众学士俱更番赴玉泉启奏折本。"⑥ 因玉泉山离京师不远，故令大学士轮番去玉泉山捧折本面奏请旨。若巡幸之地距京师较远，则不可能令大学士轮番赴行宫请旨了。折本的处理由扈从之内阁大学士和学士面奏请旨。如康熙二十二年九月，康熙帝巡幸五台山，中途驻跸大马家庄。九月十四日"戌时，上御行幄，内阁扈从学士阿兰泰、石柱、图纳捧折本面奏请旨。"⑦ 康熙二十三年六月十七

---

① 《康熙起居注》，第一册，第778页，康熙二十年十一月十四日。
② 《康熙起居注》中康熙二十三年十一月三十日记载："上又谕大学士等曰：'部院大臣年老者，藉以料理政事，不以筋力为礼。即如尔勒德洪亦有足疾，原无碍于机务。顷尚书李之芳赍捧折本匣，以衣裘厚重，偶致失足，此等倘或至损伤，朕心深为不忍。以后本匣可令侍郎、尚书内年力少壮者捧进。谕部院官知之。'"（参见《康熙起居注》，第二册，第1257页。）
③ （清）吴振棫：《养吉斋丛录》卷五，北京古籍出版社1983年版，第56页。
④ （清）赵慎畛：《榆巢杂识》，下卷，中华书局2001年版，第234页。
⑤ 《康熙起居注》，第一册，第639页，康熙十九年十二月初五日，载："是日以前，各部院本章，每日俱交内阁汇进。有紧要折本，仍召满大学士等入，商确批发。"
⑥ 《康熙起居注》，第二册，第994页，康熙二十二年四月二十一日。
⑦ 同上书，第1069页，康熙二十二年九月十四日。

日，康熙巡幸"驻跸长泉"，"晚刻，上御行幄，扈从学士等以折本请旨。"① 康熙五十三年七月二十日，康熙帝驻跸行宫，"上御行宫。大学士松柱、学士查弼纳、敦拜、关保以折本请旨。"② 故而大学士、学士常伴康熙帝身边，协助其办理政务。

在办理折本之时，康熙帝与大学士之间多就政务进行深入细致的讨论，该情形多被载于"起居注"中。在整个讨论过程中居主导地位的自然是康熙帝的意见。如，康熙十八年九月二十三日，康熙帝举办御门听政时，部院官员退出后，内阁大学士、学士捧折本面奏请旨，其中有折本"为会推福建布政使事"，康熙帝首先发表意见："于成龙居官有年，闻其人素有才能，足以办事。""大学士明珠奏曰：'诚如圣谕。'大学士索额图奏曰：'臣亦闻其才堪办事，先任司道时，曾经保举。'"③ 明珠与索额图明显是阿附康熙帝。又如，康熙十八年十一月十二日，御门听政时，针对"科员公参江抚慕天颜，部议应降四级留任事"折本一件，康熙帝首先发表意见，"这所奏可依部议"，"慕天颜夙有才干，但操守不廉，若操守能守廉，其才尽可任用。"大学士索额图随即附议："臣等亦闻此人操守不清。"大学士明珠回奏："此人若能改守清操，有何可议。"④ 此处，大学士的意见显然以康熙帝的意志为转移。

但是，在折本处理时，大学士并非只是一味地阿附康熙帝。大学士的意见也有与皇帝相左之时，甚而有大学士等坚持己见迫使康熙帝改变原意之事。其中以君臣之间关于治理黄河的讨论最具代表性。河务为康熙朝最为重要的政务之一，因此，君臣之间多就治理黄河的分工、筹款、官员选拔及其管理进行反复的讨论。在这些讨论之中，康熙帝如果发觉自己的意见并不完全正确则会采纳臣下的意见。康熙四十五年正月，河督张鹏翮、两河总督阿山提出在泗州之西开河，如此则"淮河水势既分"，"不但泗州、盱眙积水消减，而洪湖水不致泛滥，亦有利于高堰"⑤，使淮安、扬州、凤阳等地受益。但是，由于朝臣"毫不谙练河务"，对于整个工程的进行犹豫难决，故以内阁官员领头，九卿一

---

① 《康熙起居注》，第二册，第1191页，康熙二十三年六月十七日。
② 《康熙起居注》，第三册，第2103页，康熙五十三年七月二十日。
③ 《康熙起居注》，第一册，第436页，康熙十八年九月二十三日。
④ 同上书，第463页，康熙十八年十一月十二日。
⑤ 《康熙起居注》，第三册，第1932页，康熙四十五年正月初十日。

致奏请，希望康熙帝"亲临河上，指授方略"。康熙对此予以拒绝，"朕屡经躬阅河道，凡河工利病，地方远近，应分应合，应挑应筑之处，知之甚明"。且认为南巡对"濒河官民不无劳扰"，拒绝南巡。① 四日后，九卿又坚请皇帝亲临河上勘探才能开工，"皇上如不亲往，诚非臣等所能身任"②。其后数月之内，九卿多次上奏请求皇帝亲行查勘，但是康熙认为南巡实无必要，坚不允许。后至腊月二十三，虽然清廷已经封印，大学士马齐、张玉书、李光地等亲赴乾清门，"以九卿奏请溜淮套河工，恭请圣驾亲临折子，票拟'上亲往'字样进呈"。康熙帝愤而传谕："昨已有谕旨云，朕不去，尔等又为何票拟'准往'字样？……河上事朕知之甚悉，亲往亦可，不往亦可。……尔等可持折去，另票进呈。""朕断然不往，尔等不得再三奏请。"③ 直至腊月二十七，皇太后再下懿旨："事关重大，诸大臣合词恳请"，希望"皇帝亲往指授，实有裨于地方生民"；"开河之事，关系万民生命，皇帝当亲往指示为是"。④ 正是由于大臣与太后的坚持，使得康熙意识到非自己御驾亲往才可保工程万全，决定于次年春季进行第六次南巡。正是康熙采纳了诸位大臣的意见南巡亲临河工现场勘查，发现工程选址"地形甚高，虽开凿成河亦不能直达清口"，且"开河必至毁民田庐坟冢"，极为不当，故而此项工程被断然取消。⑤ 此次康熙南巡发现工程中潜在的问题，使祸患在萌芽之前即被扼杀。

　　同时，大学士还是康熙帝处理折本时的顾问。若本内有不明之处，康熙帝多借此机会咨询大学士和学士。康熙十九年三月二十五日，御门听政时康熙帝就"为吏部题补翰林院侍讲事"折本内容咨询大学士，"上曰：'前考取六卷，思格则原系第二，为人如何？'索额图奏曰：'人亦可用。'上问：'学问何如？'明珠奏曰：'学问亦可。'上命以思格则补授侍讲。"⑥ 又如，康熙十九年九月初四日，大学士、学士于御门听政时，捧折本"吏部题补山西布政使事"面奏请旨。康熙帝遂将

---

① 《康熙起居注》，第三册，第1933页，康熙四十五年正月初十日。
② 同上书，第1935页，康熙四十五年正月十四日。
③ 同上书，第2060页，康熙四十五年十二月二十三日。
④ 同上书，第2061页，第2062页，康熙四十五年十二月二十七日。
⑤ 《清圣祖实录》，卷二二八，康熙四十六年二月甲辰，第288页。
⑥ 《康熙起居注》，第一册，第515页，康熙十九年三月二十五日。

本内举荐之巴锡、那鼐学识人品询问大学士,"上曰:'那鼐似可,尔等知之否?'大学士勒德洪、明珠奏曰:'臣等曾识其人,似属可用。'上又问:'巴锡何如?'勒德洪奏曰:'其人平常。'明珠奏曰:'臣在部时不及见之,闻系庸碌之人。'上曰:'可将那鼐补授。'"① 此并不限于官员的任命,在其他政务的处理过程中康熙帝也有咨询内阁大学士之事。康熙二十年正月,因道员栢成栋揭参甘肃巡抚巴锡等贪婪不法,吏部上题本奏请派大臣前往审理。此本经内阁票拟递至御前,康熙将其折发交内阁。正月三十日御门听政之时,内阁大学士、学士捧此本面奏请旨。康熙帝首先询问大学士意见,"尔等之意云何?""大学士明珠奏曰:'臣等之意,既经揭告,应审虚实。'汉大学士等言:'从无据揭纠参之例,今既题参,自应遣官审理。但署官诘告上司,实非善政。如审实,则上司自当处分;若涉虚,则诘告之人自应从重议处,以惩凶顽。'"② 满汉大学士的意见被康熙帝采纳。类似情形多载于《康熙起居注》,兹不赘述。

从以上记载可见,一是康熙帝对政务处理持有一种谨慎的态度,在决断之前如有疑问,常在御门之时询问大学士的意见;二是大学士的意见对康熙帝决策具有很大的参考价值,这也是大学士参与中枢决策的途径之一。

但是,大学士若在康熙帝就折本询问之时,将一己私意掺杂其中,就会出现借公营私之事。明珠就曾利用康熙帝的信任,多借奏事之便暗中施展手腕,结党营私排挤政敌。举例而言,康熙二十六年久旱不雨,康熙帝令侍读学士兼起居注官德格勒打卦占卜天气。德格勒在解释卦辞时说,只有除去小人才能降下甘霖③,并以"阴乘阳势,逼近九五"之言暗指所谓"小人"即是明珠。后此事被明珠得知,遂多次借机排挤陷害德格勒。康熙二十六年五月十四日御门听政时,康熙帝办理"库勒纳题参本衙门侍读学士德格勒"一折本,康熙帝认为,虽然德格勒"学问浅陋",但其"无甚大罪",应予以宽免。明珠则进言:"德格勒本系满洲,而假借道学之名,深可厌恶,应交该部严加议处。"④ 康熙

---

① 《康熙起居注》,第一册,第608页,康熙十九年九月初四日。
② 同上书,第657页,康熙二十年正月三十日。
③ (清)震钧:《天咫偶闻》,卷二,北京古籍出版社1982年版,第43页。
④ 《康熙起居注》,第二册,第1626页,康熙二十六年五月十四日。

帝没有采纳，德格勒被宽免。时隔不久，德格勒删订"起居注"稿，明珠"嗾人劾其私抹'起居注'，论死"，打入大狱。① 御史郭琇在参劾明珠奏章中所开列的明珠罪状声称："阁中票拟皆出明珠指麾，轻重任意"及明珠假借皇权市恩立威之事，"凡奉谕旨或称善，明珠则曰'由我力荐'；或称不善，明珠则曰'上意不喜，我从容挽救'"②。

由上可见，康熙朝内阁大学士可在御门听政之时经常觐见皇帝，参议政务，并对政事发表自己的意见，从而在某种程度上对皇帝的决策产生影响。

除前述两项职权之外，内阁还掌撰拟上谕之权。康熙朝《大清会典》载："凡颁发各部院衙门上谕，大学士等奏呈御览后，用朱笔誊写黄折，传该衙门堂官亲领。"③ 在内阁还专设"上谕簿"，用来登记每日所颁上谕。各部所奉上谕，多由内阁拟好后传各衙门堂官到内阁亲领④，或由面奉谕旨的大学士传达⑤，或由内侍卫传旨大学士再行向下传达⑥。上谕事关清廷政令之发布，内阁所握之权不可谓不重。康熙朝时，南书房偶尔也撰拟上谕⑦，但尚未形成制度，不足以影响内阁撰拟上谕的职权。⑧

三 清前期议政王大臣会议及其职权

议政王大臣会议肇始于满洲旗制设立之初的联旗议政制度，日后渐

---

① （清）震钧：《天咫偶闻》，卷二，第43页。
② 赵尔巽等：《清史稿》，卷二百六十九 列传五十六，"明珠传"，第9993页。
③ （清）伊桑阿等纂修：《大清会典》（康熙朝），卷二，"内阁"，第39页。
④ 同上。
⑤ 康熙十三年二月初十日，"大学士图索传旨：今后吴三桂伪书，伪牌，不必具奏……著传谕。钦此。"（中国第一历史档案馆：《清康熙十年至十八年上谕选载》，《历史档案》1982年第2期，第20页。）此为大臣单独奉旨之例。也有多名大臣集体面奉谕旨后，再传谕各部院衙门之事，如康熙十八年七月二十八日，"召大学士明珠、李霨，尚书宋德宜、左都御史魏象枢，学士佛伦，入乾清宫，面奉上谕：……著传谕齐集诸臣，咸令知悉。"（《清康熙十年至十八年上谕选载》，《历史档案》1982年第1期，第30页。）
⑥ 康熙十七年二月二十六日，"内班侍卫头领票色传谕大学士索额图、勒德洪、明珠曰：出征王、贝勒及各官员，为国征讨贼寇，平定地方……"（《清康熙十年至十八年上谕选载》，《历史档案》1982年第1期，第28页。）
⑦ 康熙十七年五月初十日载："已时，上手敕谕臣士奇：尔在内办事有年，凡密谕及朕索览讲章、诗文等件，纂辑书写甚多，实为可嘉……"（《康熙十七年南书房记注》，《历史档案》1995年第3期，第9页。）
⑧ 朱金甫：《论康熙时期的南书房》，《明清档案与历史研究论文选》，上册，国际文化出版公司1995年版。

成后金及清政权的一种重要的政务处理方式和辅政机构。崇德年间，由于皇权的加强，皇帝已将议政王大臣会议成员的任用、职掌的行使纳入皇权的范围之内。①

清廷入关后，多尔衮以摄政王的身份掌握朝政，以诸王、贝勒商讨国政"盈廷聚讼，纷纭不决，反误国家政务"，限制他们参与朝政，"不令诸王、贝勒、贝子、公等入朝办事"。②议政王大臣会议职权基本上处于受限制的境地。只是到摄政末期，议政王会议的职掌才开始扩大。

顺治七年至康熙十二年，是议政王大臣会议职掌最广泛的时期，权限亦达顶峰。该时期议政王大臣会议的成员迅速扩充，职掌显著扩大。据杜家骥先生在《对清代议政王大臣会议的某些考察》一文的考察，在议政王大臣会议所掌议的政务中比较有影响的是："第一，谳断刑狱，议处宗室王公及满汉大僚，复审重大刑名案件"；"第二，议处宗室王公、满洲大臣爵职的承袭"；"第三，商讨军务，议定对策及出兵方略"；"第四，对汉藩王及其下属的处理"；"第五，议处少数民族问题"；"第六，调处满汉矛盾，维护满足统治者的经济利益"；"第七，奉旨铨选重要官员"；"第八，惩治渎职官员，整饬吏治"；"第九，议定典章制度，改革、完善行政制度"。③康熙十二年后，议政王议事范围有所缩小，除了八旗内部的一般性政务外，议政王大臣会议之事集中在军务、少数民族事务、边界事务及重大刑案等方面。④

议政王大臣集议政务，多是奉旨会议，何事交议政王大臣会议则由皇帝决定，故议政王大臣会议的议事职能多为被动行使。如，顺治九年十一月，"平南将军固山额真金砺等以福建余孽，盘踞海澄，请增发大兵攻取，移文兵部。兵部具题。命议政王大臣会议。"⑤顺治十年正月，"达赖喇嘛奏言，此地水土不宜，身既病，从人亦病，请告归。上命议

---

① 杜家骥：《对清代议政王大臣会议的某些考察》，《清史论丛》第七辑，中华书局1986年版，第117页。
② 《清世祖实录》，卷五十三，顺治八年二月己亥，第423页。
③ 杜家骥：《对清代议政王大臣会议的某些考察》，《清史论丛》第七辑，第118—119页。
④ 同上书，第121页。
⑤ 《清世祖实录》，卷七十，顺治九年十一月癸亥，第557页。

政王贝勒大臣会议具奏。"① 顺治十八年正月，"议政王、贝勒、大臣遵旨详议祀典"。② 偶尔皇帝还会特别指明需要密议。顺治十二年三月，"初吏科副理事官彭长庚、一等精奇尼哈番许尔安各上疏称颂睿王元功，请复爵号，修陵墓。下议政王、贝勒、大臣会同斟酌密议具奏。"③

除奉旨会议政务外，议政王大臣作为一个整体，也偶有主动上奏之事。如康熙十三年十一月，"议政王大臣等疏言，经略莫洛若进四川，西安空虚，应发大兵驻防。"④ 此为议政王大臣在军事部署上主动奏请之例。康熙十四年五月，"癸亥，议政王大臣奏，布尔尼反，既伏诛。其父阿布奈现禁盛京，应立斩；妻郡主归伊父安亲王；其子于军前正法；女入官。"⑤ 不仅如此，议政王大臣还有主动集议之事。如顺治十年七月，"戊戌，和硕叔郑亲王传集诸王、贝勒、贝子、内大臣、固山额真、内院大学士、六部都察院堂官会议，以今年雨涝异常，奏请暂停宫殿工程，以钱粮赈济军民。"⑥ 虽然此次集议范围不限于议政王大臣，然而却以议政王大臣为领头，且所有议政王大臣均位列其中。由此可见，在某种情形之下，议政王大臣可对清廷政务办理主动施加影响。

议政王大臣会议政务的程序大致有三：一是政务未经他人拟议，直接由皇帝交议政王大臣会议。如顺治十四年四月，顺治帝"谕议政王贝勒大臣等，速议弭盗安民之策以闻。"⑦ 二是某政务经某衙门初步拟议后，皇帝认为所议办法不妥，交议政王大臣再次会议。如顺治十一年十月，顺治帝出于谨慎办理死刑案件的目的，专下谕旨：此后，凡是重囚案犯之题本"三法司照常核拟进奏"，然后顺治帝再"批议政王、贝勒、大臣详确拟议，以凭定夺施行"。⑧ 三是某政务先前已经过议政王大臣的会议，但是皇帝认为所议不当，重新发交议政王大臣会议。如康熙四年正月，"议政王大臣等遵旨议覆山西道御史季振宜停止考满一疏，应如所请"，康熙帝批准该建议，并同时谕令议政王大臣再议"今

---

① 《清世祖实录》，卷七十一，顺治十年正月戊子，第565页。
② 《清圣祖实录》，卷一，顺治十八年正月己巳，第44页。
③ 《清世祖实录》，卷九十，顺治十二年三月庚子，第708页。
④ 《清圣祖实录》，卷五十，康熙十三年十一月庚申，第656页。
⑤ 《清圣祖实录》，卷五十五，康熙十四年五月癸亥，第708页。
⑥ 《清世祖实录》，卷七十七，顺治十年七月戊戌，第607页。
⑦ 《清世祖实录》，卷七十四，顺治十年四月壬子，第584页。
⑧ 《清世祖实录》，卷八十六，顺治十一年十月丁丑，第681页。

既停考满，京察之法，应否复行。"①

议政王大臣将会议之结果奏至御前供皇帝采择，若皇帝通过，则成为最后之决议，交发相关部门执行。所以，议政王大臣会议对于清廷中枢决策的影响力极为重大，以至于顺治末年各衙门将"不能即结"之事，擅自奏请"与议政王、贝勒等会议"②。

议政王大臣会议除会议政务之外，还负责政令的传达，其所传政令以军务为主。这主要是因为，议政王大臣会议所议之事多为保密性较高的军国大事，以议政王承旨传达而不假手内阁更有利于保密。现试举几例予以说明。康熙十二年十二月，康熙帝给议政王大臣等发去调军驻防的命令一道，"谕议政王大臣等，大兵进征楚蜀。若须援兵，自京发遣，难以骤至，且致士马疲劳。兖州地近江南、江西、湖广，太原地近陕西、四川，均属东西孔道，可发兵驻防，秣马以待，所在有警便实时调遣。可令副都统马哈达领兵驻兖州，扩尔坤领兵驻太原。"③ 调兵命令发至议政王大臣等，毋庸置疑是令议政王大臣传达给相关人等。康熙十三年八月，"谕议政王大臣等，闻岳州三面临湖，贼于陆路一面浚壕筑垒，据守颇坚，难以进取。应令将军尼雅翰率兵沿流赴江西，与副都统甘度海兵合。并率袁临总兵赵应奎，由袁进复长沙，夹攻岳州。相度便宜以行。"④ 此调兵谕旨也是由康熙帝直接交付议政王大臣，再传达给前线统兵将领。除了调遣军队外，议政王大臣所传达谕旨还有涉及军事处分者。康熙十六年四月，"谕议政王大臣等曰：西安将军佛尼勒，出征四川保宁，亏损官兵，贻误大事。可罢其将军，革去世职，留所袭伊父拜他喇布勒哈番，令署西安将军事。"⑤

议政王大臣会议与内阁相比，具有如下几个特点⑥：一是议政王大臣会议的人员构成上，多以宗室贵族及满洲人为主，与满汉兼用的内阁相比，议政王大臣会议具有浓厚的民族性和贵族政治特点。二是从规置上看，议政王大臣会议不属于国家正规衙署，无明确的职掌，无正规的

---

① 《清圣祖实录》，卷十四，康熙四年正月甲辰，第209页。
② 《清世祖实录》，卷一〇三，顺治十三年八月癸巳，第801页。
③ 《清圣祖实录》，卷四十四，康熙十二年十二月庚申，第587页。
④ 《清圣祖实录》，卷四十九，康熙十三年八月己未，第643页。
⑤ 《清圣祖实录》，卷六十六，康熙十六年四月乙亥，第856页。
⑥ 详参杜家骥《对清代议政王大臣会议的某些考察》，《清史论丛》第七辑，第123页。

行政体制，无固定的缺额。三是从职掌上看，议政王大臣会议所议政务均为清廷的机要之事，远不及内阁票拟题本所涉之事范围广、数量大。康熙帝曾多次声称议政王大臣"会议之事，俱系国家重大机密事务"①，"议政所关，殊为机密重要。"② 议政王大臣会议所议政务甚至连内阁都不知详情。康熙十八年，因平定三藩战争正在紧要关头，"军务孔急，凡有会议，俱用白本启奏，不拟票签"③，议政王大臣会议奏章多未经内阁票拟便直接进呈御览。在实践上，内阁与议政王大臣会议之间在某种程度上形成了分工，内阁掌寻常政务，议政王大臣掌议军国重务。《啸亭杂录》记载："国初定制，设议政王大臣数员，皆以满臣充之，凡军国重务不由内阁票发者，皆交议政大臣会议。"④ 赵翼也说："机务出纳悉关内阁，其军事付议政王大臣议奏。"⑤

从总体上看，顺治康熙两朝，清廷中枢决策的主要机构为内阁和议政王大臣会议，决策的依据主要是题本和奏本，上谕的撰拟与下达主要依靠内阁，间或有事关军务的政令由皇帝直接交付议政王大臣会议传达。内阁与议政王大臣会议之间已有所分工，前者主要经办日常政务，后者多办理以军务为主的机要之事。然而，随着奏折文书使用的扩大，该体制渐被打破。

第二节 清初奏折的发展及其对中枢决策体制的影响

奏折，在清代公私记载中，常被称作密折、折子、札子、奏书、奏疏等等⑥，是清代臣工一种直接上书皇帝的上行文书。虽然奏折与清朝

---

① 《清圣祖实录》，卷三十一，康熙八年八月戊戌，第415页。
② 《清圣祖实录》，卷一百二十，康熙二十四年三月乙丑，第258页。
③ 《康熙起居注》，第一册，第467页，康熙十八年十一月二十二日。
④ （清）昭梿：《啸亭杂录》，卷四，"议政大臣"，中华书局1980年版，第93页。
⑤ （清）赵翼：《檐曝杂记》，卷一，第1页。
⑥ 关于奏折被称为奏书、奏疏、奏章之事，可参见白新良先生《康熙朝进折人员考略》一文（收于《清史考辨》，人民出版社2006年版，第281页）。

以前各个时代的章奏、奏疏等公文有一定的联系①，但它在清代是自成体系的，制度上的发展也最完备、对朝政的影响也最重大。康熙朝是清代奏折发展的一个重要时期，虽然该时期的奏折传递、办理及保存方面不像后世那么严格正规，但已渐成规模，多被后世所继承。此处笔者依据已刊的康熙朝满汉奏折，对康熙朝奏折的运转程序，内阁大学士、学士在奏折批答过程中发挥的作用及其对后世的影响做初步探讨。

康熙朝时奏折已经开始出现在清廷的政治生活之中。康熙十九年五月十五日，康熙帝以天旱言于九卿、詹事、科、道掌各官，令其将"政事未当"之处奏闻。②"未时，阁臣偕诸臣捧所书札子入，上御乾清门，逐一详览。"③ 此处所记札子即为奏折。④ 此后，"折子"、"具折"、"折奏"等等与奏折相关的词汇在《康熙起居注》中屡屡出现，奏折开始在清廷的政治生活中发挥作用。其中不乏康熙帝主动令大臣上折言事的记载。康熙四十五年三月初八日，康熙帝即曾面谕席哈纳说："会试将御史塞克图点监试内外帘两处，此朕之误也。尔拆封见其错误，即当具折来奏。尔等果能举奏朕错误处，朕惟自喜悦，岂有责备之理？事多致错，亦理之常。"⑤ 可见，此时的奏折不是限于极个别的人使用的机密文书，已经开始在一定范围内被承认与运用。到康熙五十五年九月，已经是"三品以上大臣俱用折奏"，并且科道参劾官员"亦可缮折具奏"。⑥

白新良先生曾对康熙朝进折人员的身份进行过考证，指出：

---

① 清代之前，历朝也存在臣民向皇帝秘密奏报政务的文书，只不过在不同时期，不同的人对这种特殊的奏章称呼不同而已。详参王剑《明代密疏研究》，第一章，"明代以前密疏言事的历史考察"，中国社会科学出版社2005年版。
② 《康熙起居注》，第一册，第541页，康熙十九年五月十五日。
③ 同上书，第543页，康熙十九年五月十五日。
④ 关于清代的奏折产生于何时史家多有争论，大致说来有两种观点：一是认为它发轫于顺治朝。证据是《大清会典事例》（光绪朝）第十三卷所记载的一条上谕：顺治"十三年谕，先来科道及在京满汉各官员奏折，俱先送内院。今后悉照部例，迳谒宫门陈奏。"二是认为清代奏折始于康熙朝。此说见于吴振棫在其所著《养吉斋丛录》一书，"康熙二十五年，上谕：'各省晴雨不必缮黄册特本具奏，乘奏事之便写细字折子附在疏内以闻。又三十五年以通州运米事，敕直隶巡抚作速详察，即缮写满文折子具奏。是其时已有折子之目。'"（吴振棫：《养吉斋丛录》，卷二十三，北京古籍出版社1983年版，第244页。）
⑤ 《康熙起居注》，第三册，第1951页，康熙四十五年三月初八日。
⑥ 同上书，第2313页，康熙五十五年九月三十日。

康熙朝进折人员，以其身份和所属机构大致可分为五类。其一是宗室姻亲、汉族异姓王公及内务府等皇室服务系统；其二是中央官员系统；其三是地方官员系统；其四是内外蒙古各部王公及青藏、准噶尔蒙古外藩系统；其五是难以归入上述各类的其他人员。①

奏报途径因各具奏人的实际情况不同而稍有不同，大致说来，奏折进呈御前有四种途径：

其一是通过"内班侍卫陈奏"。此种投递方式以第一类进折人员为主。此点白新良先生在《康熙朝进折人员考略》一文中有言，"正是因为奏折最初使用范围仅仅限于皇室戚属，故而其投递渠道不经通政使司、内阁而是迳交诣宫门交侍卫人等转递。"② 此不赘述。

其二是直接面呈皇帝。此以中央官员为主，多在御门听政之时呈递。考之《康熙起居注》可知，在御门之时多有官员将奏折进呈皇帝之事。康熙四十五年三月初四日，康熙帝御畅春园内澹宁居听政，大学士、九卿入奏时，"具折呈览。上阅之，置于座侧。"③ 又，山东巡抚赵世显曾奏请于济南临清开炉鼓铸铜钱，九卿会议不准，于康熙四十五年十一月十九日启奏，康熙帝令九卿等将此事与"山东来年钱粮折取小钱、铜器事"一并会议，缮折呈览。④ 康熙四十五年十一月二十九日，九卿将此事"具折呈览"，康熙帝谕令："兹事如所议行。"⑤ 康熙朝后期，这类康熙帝令诸臣议覆之事，多以奏折形式奏覆。如，康熙五十三年三月十二日，大学士松柱等遵旨就两浙盐差人选一事询问九卿，副都御史吕履恒、大理寺少卿俞化鹏举荐监察御史陶彝，认为其"操守清廉，才能优长"⑥。松柱随后在御门听政之时，便将此事缘由"具折呈览，并以原疏覆请"。⑦ 由《康熙起居注》记载可知，涉及官员任免之事，若需征求九卿意见，康熙帝多令内阁大学士询问九卿，然后大学士

---

① 白新良：《康熙朝进折人员考略》，《清史考辨》，第280页。
② 同上书，第281页。
③ 《康熙起居注》，第三册，第1948页，康熙四十五年三月初四日。
④ 同上书，第2045页，康熙四十五年十一月十九日。
⑤ 同上书，第2049页，康熙四十五年十一月二十九日。
⑥ 同上书，第2079页，康熙五十三年三月十二日。
⑦ 同上书，第2079页，康熙五十三年三月十二日。

缮奏折覆奏，在御门听政之时面呈康熙帝。可见，用奏折覆奏在康熙朝后期已经成为一种惯例。

其三是地方官派遣家人或亲信赍递至京城投递。此类可分为两种情况，一是直接递至宫门然后进呈皇帝。此为众所周知之事，毋庸赘言。二是奏折递至在京为官的亲属（多是亲子）手中，然后再由其亲诣宫门呈进。这是因为具折官员认为家人愚昧不谙礼节，怕递折时有不敬之处，故令左京为官之子转递。陈诜在其折内即有"臣家人俱极愚蠢"之语，恳请康熙帝允准将奏折由儿子翰林院编修陈世倌赍进。① 赵申乔亦言"臣无谙事家人，为此具折差役赵亦普交付臣在京亲子赵熊诏赍捧，谨具奏闻"②。

其四是委托中间人转奏。此以宋荦递折为代表。康熙四十二年四月，康熙帝在管理苏州织造李煦的奏折内朱批：宋荦"以后有奏之事，密折交与尔奏"③。在宋荦所具奏折中也多有托付李煦转递之语，"臣备有土产枇杷果，少展微诚，附织造臣李煦家人恭进"。④ 杭州织造孙文成也曾代递过仇兆鳌请安折⑤，广东巡抚法海代递过李秉忠奏折⑥。另外奉旨出差的京官，康熙帝也会赋予其临时具折权力。如张汧案审理过程中，康熙帝谕令派出官员"尔等往审此事，须就款鞫问，不可蔓延，若蔓延，则牵累者多矣。倘有别事，尔等即来密奏"⑦。差使办完具折言事的权力也随即取消。此类官员上折"多通过当地督抚或内务府派出机构主持官员转递"。⑧ 如曹寅就先后为户部江南司员外郎戴宝⑨、江宁平粜兼兵部郎中查尔勤⑩、扬州平粜兼内阁侍读觉罗塞墨⑪代递过奏折。

---

① 中国第一历史档案馆编：《康熙朝汉文朱批奏折汇编》，第一册，档案出版社1984年版，第483页。
② 《康熙朝汉文朱批奏折汇编》，第一册，第696页。
③ 同上书，第83页。
④ 同上书，第119页。
⑤ 《康熙朝满文朱批奏折全译》，第912页，第2301则。
⑥ 同上书，第1213页，第3057则。
⑦ 《康熙起居注》，第三册，第1768页，康熙二十七年四月二十七日。
⑧ 白新良：《康熙朝进折人员考略》，《清史考辨》，第295页。
⑨ 《康熙朝汉文朱批奏折汇编》，第一册，第862页。
⑩ 同上书，第862页、第911页、第993页。
⑪ 同上书，第946页；第二册，第40页。

这种多样化的奏折递送方式，从一个侧面表明康熙朝奏折制度尚欠完善，在操作过程中尚有许多随意性。但是，该时期的奏折已具备了后世奏折最主要的几个特点，即直达御前、保密性强和办理迅速。奏折最具特色之处，也是奏折与题奏本章最本质的区别在于，奏折是皇帝与具奏人之间直接的交流。这样更便于奏报内容的保密，也更有利于皇帝周知政务及皇权的自由发挥。

白新良先生认为：正是通过奏折这一公文，"康熙帝绕过了内阁而与六部二院大小九卿建立了直接的联系，同时开创了中央官员具折请旨这种中枢决策的新形式"，"突出了康熙帝在中枢决策中的地位和作用，同时也进一步提高了中枢决策的准确程度。"① 白先生此言，主要是从政情获取的角度来言。奏折的使用确实扩大了康熙帝获取政情的途径，使康熙帝在中枢决策过程中居于更主动的地位。然而，对于康熙朝内阁大学士在奏折批答过程中的作用却少有论及，故有必要就此问题做一番探讨。

奏折递至御前，康熙帝一直坚持亲自披览，"凡一切奏折，皆朕亲批，诸王文武大臣等知有密折，莫测其所言何事，自然各加警惧修省矣"②。甚至康熙帝在右手有病无法书写时，也要坚持用左手批旨，而不假手旁人。康熙五十四年十月初四日，康熙帝就曾面谕大学士松柱等说："朕于各处奏折内，朱笔谕旨皆出朕一手，并无代书之人。此番出巡，朕以右手病，不能写字，用左手执笔批旨。故凡所奏事件，惟朕奏者知之，此外无有知之者。"③ 但果真如康熙帝所言，奏折内容没有第三者知道么？实情未必如此。

据相关史料推断，在康熙朝后期，康熙帝已经开始将奏折内容透露给官员。康熙五十五年十月初一，御门听政时，康熙帝借陈瑸奏折所奏内容劝谕诸大位臣要谨守人臣之礼，"巡抚陈瑸近日折奏，修理雷州海塘，朕心疑之，未经说出。及细访，方知陈瑸濒海地土甚多。观其所奏，用心太巧，内存私意，殊非大臣之体。"④ 康熙五十五年五月十三日，康熙帝谕大学士马齐曰："览今岁总督、巡抚等奏折，山西、陕

---

① 白新良：《康熙朝进折人员考略》，《清史考辨》，第291页。
② 《清圣祖实录》，卷二七〇，康熙五十五年十月甲午，第646页。
③ 《康熙起居注》，第三册，第2203页，康熙五十四年十月初四日。
④ 同上书，第2315页，康熙五十五年十月初一日。

西、河南、山东麦子丰收，直隶地方分数未经奏闻，麦子价值京师尚未甚减。"① 可见，事实并非如康熙所言，有些奏折是可以言之旁人的。而哪些奏折可言，哪些不可言，选择权掌握在康熙帝之手。康熙帝曾言：各人所上奏折视其内容"可发出者朕即发出，不可发出者留中。"② 由此可知，奏报不同内容的奏折的保密等级也不同。以奏折书写为例，原则上奏折应由具折人亲笔书写，然而请安折及平常奏折请人代笔亦是可行之事。如查弼纳就曾在奏折中禀报康熙帝："奴才之请安折、平常奏折，遵旨均著奴才衙门笔帖式缮写，密折由奴才亲书。"③ 由此可以推断，康熙帝所发交的是臣下请示一般性政务的奏折。

奏折发到何处？康熙帝并未明言。从史籍中透露出的点滴信息可以断定，所发出的奏折多交内阁大学士办理。康熙四十五年十二月，康熙帝召大学士马齐到乾清门，令奏事沙孜、来保传谕："川陕总督博济（《清圣祖实录》载川陕总督为傅齐）有密折奏言，商州之贼已遣兵擒获等语。此亦何密之有？是不过小寇，发兵前去，即可尽擒，朕早已有旨矣。著以此折示大学士等。"④ 此折当是康熙帝所言可以发出之折，接收奏折者为大学士。奏折内所奏之事，则是需要大学士办理之事。

由相关记载可知，康熙朝大学士在奏折的处理过程中，发挥如下几种职能：

其一，内阁大学士持康熙帝发交的奏折与九卿或诸部会议政务。

奏折所奏政务，若有应行与九卿或六部衙门会议者，康熙帝则会将奏折发交内阁大学士，令其与相关部门会议覆奏。如在赵弘燮所上奏折内即有康熙帝亲笔朱批："又奏报事一折，当有速议处，故不发回。"⑤ 此表明赵弘燮曾有奏折因康熙帝需要与诸臣会议商办而并未即刻发回。从《康熙起居注》中可初步断定，这类奏折多交内阁大学士，令其与九卿，或相关部门会议后再行覆奏。康熙五十五年十月初一日，康熙帝在御门听政之时手执张伯行之折，令大学士、学士、九卿、科、道近前，斥责张伯行奏请建立社仓之事，虽然"行诸议论，甚为可听，即

---

① 《康熙起居注》，第三册，第2284页，康熙五十五年五月十三日。
② 同上书，第2313页，康熙五十五年九月三十日。
③ 《康熙朝满文朱批奏折全译》，第1519页，第3651则。
④ 《康熙起居注》，第三册，第2062页，康熙四十五年十二月二十八日。
⑤ 《康熙朝汉文朱批奏折汇编》，第一册，第373页。

见之文字，亦是可观"，但"行之一年内尚为有益，及二三年后则无益矣"。康熙帝"又顾大学士马齐曰：'尔等将此张伯行所奏社仓折子，会同九卿，并问张伯行，果有何良法可行？会同详议具奏。'随将折子交与大学士马齐。"① 此处奏折是先交与大学士，然后由大学士与九卿等再行会议。又如，康熙五十五年，"礼部尚书陈诜以年老乞休，缮折具奏"②。是年四月十一日，御门听政之时，康熙帝谕令大学士松柱等说："著问伊，可以勉强行走，仍著行走。"③ 大学士松柱等遵旨询问九卿，九卿皆言"陈诜尚能行走"，松柱即于四月十三日御门听政之时"以原折覆请"，康熙帝谕："陈诜身体尚能行走，仍著行走。"④ 由此可见，在康熙朝后期，康熙帝根据奏折所奏政务的性质，多有将奏折交内阁大学士令其与九卿会议之事。内阁大学士奉旨手持奏折与九卿会议，在会议中居主导地位者自然为内阁大学士。

其二，内阁大学士暂时收贮奏折。

康熙朝惯例，奏折朱批之后多发交原具折人，偶有不发出者，奏报者多会在后续奏折中特加声明。赵弘燮曾在康熙五十三年四月十一日呈递奏折五件，但仅发回四件，特具折奏明"一本未蒙发回"。⑤ 这些暂不发回的奏折有些则由康熙帝交由内阁收贮。如康熙五十六年七月，大学士等"覆请修筑和硕亲王薄科多之府估计折子"，康熙帝曰："王年老衰迈，尔衙门将此折子收贮。"⑥ 康熙五十六年，河南宜阳知县张育徽因加征火耗虐民激起民变，巡抚张圣佐、总兵冯君倪不能平定。康熙帝遂派刑部尚书张廷枢、内阁学士勒什布前往平定。事后，对此事负有责任的张育徽拟绞监候，李锡论斩。张廷枢差使办完之后，具折奏报后续事务，并奏请回京。因折内所涉之事有不宜付诸实施者，康熙帝便令内阁将张廷枢奏折收贮。此事载于《康熙起居注》：

（大学士等）又覆请尚书张廷枢等，将李锡等刑讯，承认口

---

① 《康熙起居注》，第三册，第2316页，康熙五十五年十月初一日。
② 同上书，第2275页，康熙五十五年十月十一日。
③ 同上书，第2275页，康熙五十五年十月十三日。
④ 同上书，第2276页，康熙五十五年十月十三日。
⑤ 《康熙朝汉文朱批奏折汇编》，第五册，第501—502页。
⑥ 《康熙起居注》，第三册，第2410页，康熙五十六年七月初六日。

供，又审兰阳县之事已毕，奏请回京一折。又差郎中何顺等往拿袁盖一折。上曰："李一宁等之事，已经审奏，袁盖等差官往拿。将此二折收贮，此内所审游击二员，审议死罪，但此等人亦属难得。彼时兵民混杂，伊等领兵杀贼，安能分别孰为良民？似此定以斩罪，谁肯拼死效力？此事姑收贮。"①

又如，康熙五十七年正月二十日，朱天保等奏请复立允礽为太子，康熙帝亲自诘问，得知朱天保此举是受其父朱都纳和戴保所指使，奏折亦是此二人所作，康熙帝遂下令将朱都纳和戴保锁拿，并将朱都纳交与诸皇子、大臣严审。②康熙五十七年二月十八日，刑部侍郎锡鼐、刘相会同满洲九卿、詹事、科、道遵旨将朱都纳等议罪，"戴保改拟立决"③，缮写奏折上奏，康熙帝传旨："交内阁。"④意味着此折交内阁暂存待办。至二月二十六日御门听政之时，内阁大学士等才又以此事请旨。⑤以上诸事例说明，康熙帝将奏折交内阁暂时收存，已是康熙朝处理奏折的惯常方式。

其三，内阁大学士将奏折转交相关衙门办理。

康熙五十六年五月，广东提督王文雄曾奏"蓝分大山贼百余名，抢去种地之人，官兵追赶，始行放回。现在查拿贼犯奏闻一折。又从化县等处地方紧要，宜添设兵防守一折"。因此前"赵弘灿、杨琳陛见时，曾将缘由奏过。适法海折奏云：已差一守备，务令缉拿，如不能获，即将伊参奏论斩"，所以康熙帝怀疑王文雄此折是为了掩饰"缉贼未获"而奏。为求得实情，康熙帝谕令大学士马齐："将此二折交该部，俟法海奏折到日，一并具奏。"⑥又康熙五十三年五月，户部"奏请洋缎等缎匹应减少，五倍子等药应停止解送一折"，康熙帝认为：此事"事关钱粮"，而户部折"所议不明白"，令大学士等将此折发回户部"再行

---

① 《康熙起居注》，第三册，第2462页，康熙五十六年十一月二十四日。
② 同上书，第2483—2486页，康熙五十七年正月二十。
③ 同上书，第2490页，康熙五十七年二月十八日。
④ 同上书，第2491页，康熙五十七年二月十八日。
⑤ 《清圣祖实录》，卷二百七十七，康熙五十七年二月乙巳，第720页。《康熙起居注》，第三册，第2492页，康熙五十七年二月二十六日。
⑥ 《康熙起居注》，第三册，第2390页，康熙五十六年五月初七日。

详议"。①

另外，康熙帝偶尔也将某奏折直接交内阁大学士批答。康熙朝尚无军机处设立，奏折由康熙帝自己亲批。但是在某些情况下，康熙帝也会将个别奏折交内阁批发，这主要因为内阁大学士多是康熙帝信任之人，且交发奏折的内容不涉机密。康熙五十五年，户部宝泉局"炉头徐宗礼等请预支半年工价，俟钱铸出之日，按卯扣还"，户部尚书赵申乔认为炉头所言情况属实，具奏折恳请康熙帝批准。康熙帝认为：赵申乔曾反对炉头预支钱粮，现今又奏请预支，"看伊奏折，意在侥幸即行。今将此折驳回，着于本上用印。尔衙门批发可也"②。从此段言语可知户部此奏折由内阁大学士带回内阁，遵照康熙帝旨意批发。又如，康熙五十六年七月二十日，康熙帝将九卿奏报各处田苗的奏折交内阁大学士阅看，大学士等"细阅奏折覆请。上曰：'今年禾苗甚好。近京米价顿减，今甚贱矣。此处米价尤贱，由此再贱，即于农人无益。'马齐奏曰：'今年各处田苗甚好，皇上犹将仓中所有烂米发出，赏给兵丁，买米之人少，所以米价甚减。'上曰：'九卿奏折，朕知道了。尔等票签具奏。'"③可见九卿所上奏折，康熙帝并未亲自在折上批答，而是交由内阁"票签具奏"。此处康熙帝习惯性地借用了题本处理中的专用词汇"票签"，也许康熙帝认为此类无关紧要的奏折可照题报票签之惯例交内阁批发。

此外，内阁大学士还可为康熙帝批答奏折提供建议。康熙帝在御门听政之时，也多就奏折所涉政务咨询内阁大学士，此事多在君臣面商折本之后。举例而言，康熙五十六年七月初六日，内阁大学士覆请折本一件，其内容为工部所题"宝源局铸钱所收铜、铅及商人所欠铜铅数目"，康熙帝认为本内所奏不明，"众商人历年所欠铜铅，或系王纲明等前欠铜斤项内者，或系别项"，因此令内阁大学士将此事"问工部及内务府总管"。④后工部和内务府总管覆奏，上"查明众商人历年所欠铜铅是否王纲明等旧欠铜项"折子。七月二十日御门听政之际，内阁大学士马齐认为，"观所奏折子，众商人等所欠铜铅是否王纲明等旧

---

① 《康熙起居注》，第三册，第2090页，康熙五十三年五月十八日。
② 同上书，第2245页，康熙五十五年正月十九日。
③ 同上书，第2415页，康熙五十六年七月二十日。
④ 同上书，第2410页，康熙五十六年七月初六日。

欠，并未声明"，康熙帝采纳马齐意见，再令"查明具奏"。①

总体上来说，康熙朝奏折的批阅权还是把持在皇帝一人手中，内阁大学士虽偶有辅助康熙帝处理奏折之事，但不是经常性的，亦未形成规范的制度。所以，奏折在交发时，难免会有错误发生。如康熙五十四年，散秩大臣鄂洛曾先后两次具奏折请将"伊子鄂尔河善发往陵上住扎，请将拖沙喇哈番与伊孙鄂尔和承袭"。康熙帝一折已经朱批允准，另一折交与大臣，结果却错交礼部。礼部遂遵定例议驳。此事详情载于《康熙起居注》，为便于理解，全文摘录如下：

> 大学士松柱，学士查弼纳、敦拜、星俄特、常寿以折本请旨：覆请礼部覆原任散秩大臣鄂洛奏请将伊子鄂尔河善发往陵上住扎，请将拖沙喇哈番与伊孙鄂尔和承袭，不准行一疏。上曰："鄂洛曾奏二折，朕甚怜悯，一折上已朱批，准其所请。一折交与大臣等，何以错交该部，如此议奏耶？查取原批折子，一并具奏。"②

综上所述，康熙朝的奏折制度已具雏形。奏折内容大多不被外界所知，基本上是一种较为绝密的上行文书。而且，奏折的使用范围和奏报的政务都较窄，所以通常情况下康熙帝可凭一己之力承担几乎全部的奏折披阅工作，尚不需要专门的辅助人员和机构。只是康熙帝偶尔会将某些内容不十分紧要的奏折交内阁大学士协助办理，然尚未形成严格的制度。此时的内阁大学士已稍露辅助皇帝处理奏折之端倪，大学士此项职能后因兼领军机大臣而被带入军机处，成为军机处的重要职掌之一，其发展演变的轨迹则在后文详述。

虽然奏折在康熙朝已开始在清廷的政治生活之中发挥作用，但还停留在原始阶段，康熙帝仅视奏折为题本与奏本的补充，是传统题本与奏本之外的另一条政情输入的渠道。此时的奏折尚不能算是一种正式的公文，所以，官员多在用奏折请示政务后，再以题本的形式正式奏请。甚至出现某政务已经过九卿议覆，尚待官员具题之事。康熙五十五年七月十六日，康熙帝曾说："浙省数州县地方雨水颇大，朕先闻知，即着预

---

① 《康熙起居注》，第三册，第2415页，康熙五十六年七月二十日。
② 同上书，第2198页，康熙五十四年九月二十五日。

为酌议具奏。传谕九卿，业已议覆，专俟该抚具题。"① 康熙帝在使用上也极力避免将二者混淆，如"诸省田禾收成，米谷价值"须用奏折奏报，不允许行诸题本，否则将被题参。② 可见，题本在清廷前期中枢决策机构中依然居于十分重要的位置。专掌票拟题本的内阁及大学士是辅助皇帝办理政务的主体，也是中枢决策体系中的重要环节。

然而，随着奏折使用范围的扩大，题本的地位开始有所动摇，进而内阁及大学士参与决策的职权也受到削弱。

第三节 雍正朝奏折制度的发展及军机处的创设

雍正朝是一个承前启后的时代。雍正时期的中枢决策体制依然是沿袭前朝旧轨，内阁和议政王大臣会议还是雍正朝主要的中枢决策机构，题奏本章则是主要的政治信息传送的载体，其处理方式也与前朝类似。但是，雍正于四十五岁即位，正值春秋鼎盛之际，且熟悉政务，对于官场及皇族之积弊了然于胸③。因此，为维护自己的统治，雍正帝在位期间，对中央政府的决策体制进行了大刀阔斧的改革，使其更便于皇权的自由行使和政务的高效处理。在雍正帝诸项改革措施中，对清廷后世的制度演变和政局发展产生深远影响者莫过于以奏折为核心的公文制度改革和以创设军机处为核心的中枢决策机构的改革。

一 雍正朝公文的制度改革及其影响

雍正时期的公文制度在沿袭前朝的基础上又有所革新。在公文制度方面最大的变革是奏折使用的推广和奏折制度的完善。该变革对雍正朝乃至清廷的中枢决策体制都产生了深远的影响，直接推动军机处成为中枢决策机构之一。

---

① 《康熙起居注》，第三册，第2297页，康熙五十五年七月十六日。
② 同上书，第2311页，康熙五十五年九月二十四日。
③ 佐伯富先生认为，"其时最大弊害有二，一为满洲贵族之擅权，彼等以征服者姿态出现，主张享有各种特权，且干预储贰之建立，侵及君主。另一为官僚之朋党。"详情参见杨启樵《雍正帝及其密折制度研究》，"佐伯序"，上海古籍出版社2003年版。

（一）重新规范并发展了以题本和奏本为核心的文书制度

雍正时期，题本和奏本依然在清廷政务处理方面发挥着主要的作用。"凡是重要事务的决策，一般须由地方督抚及中央部院衙门正式具题始予讨论并获批准。"① 但是，在雍正初年题奏本章的使用却出现了许多不规范之处。不少官员将题本和奏本混用，或者不遵守题奏本章的格式，在使用上多有疏漏，如遗漏贴黄、书写不规范等。这主要是由康熙朝中期以后奏折对题本和奏本冲击，和这两种公文本身存在的缺陷造成的。② 所以，为了维护题本和奏本在上行文书中的地位，更好地发挥其作为政治信息输入的功能，清王朝对题奏本章的使用重新予以规范。

雍正三年四月，礼部奏请："直省督抚将军提镇题奏事件本式，会典原有定例，理应画一。今直省题奏，同属一事，任意参差，与例不合。嗣后，一切钱粮、刑名、兵马及地方民务所关公事，皆用有印题本；其本身事件，俱用奏本，不准用印。如有违式者，通政使司查参，交部议处。"③ 雍正帝予以采纳。雍正七年八月，清廷又采纳大学士陈元龙的建议："督抚题奏事件，本后贴黄，务令融会全疏之始末，节其繁冗，撮其紧要"，"至于缮写本章，必遴选善书之人，照部本式样缮写，以昭敬谨之意，违者分别议处。"④

与此同时，清廷还重申官员在使用题本与奏本上奏时，要注意两者在内容上及应用范围上的区别："嗣后举劾属官及钱粮、兵马、命盗刑名，一应公事照例用题本；其庆贺表文，各官到任接印、离任交印及奏奉到敕谕、颁发各直省衙门书籍，或报日期，或系谢恩，并代通省官民庆贺陈谢，或原题案件未明，奉旨回奏者，皆属公事，应用题本；各官到任、升转、加级、纪录、宽免、赏罚，或降革留任，或特荷赏赉谢恩，或代所属专员谢恩者，均应用奏本，概不用印。"⑤

清廷除了在内容上重新对题本和奏本有所区别并固定之外，还采取了其他措施以保障题奏本章的有效运作。

---

① 白新良：《清代中枢决策研究》，辽宁人民出版社2002年版，第218页。
② 此段文字主要参考白新良先生所著《清代中枢决策研究》一书中的第五章写成，并稍有变化。
③ 《清世宗实录》，卷三十一，雍正三年四月己卯，第471页。
④ 《清世宗实录》，卷八十五，雍正七年八月癸亥，第140页。
⑤ （清）昆冈等修：《大清会典事例》（光绪朝），卷一〇四二，"通政使司·题本·体制"，第445页。

第一，在题本奏报政务的范围有所扩大。本来"直省督抚咨部升补之佐杂要缺，向不具题"，雍正十三年正月，清廷从吏部之请，规定：此后"按月汇题，候旨补放"。①

第二，采取措施保证题奏本章所奏报信息的客观准确。多年来督抚会稿具题多流于形式，"凡居不同城者，主稿者多一面具题一面知会，至参劾属员，多有先拜疏而后补揭者"②，使会稿具题"和衷共济"的作用大打折扣。因此，清廷特别规定"凡地方大事及大计、军政等，督抚必先公同商酌具本。其余一切本章及荐劾人员，俱各自呈请"③。

第三，采取措施保证题奏本章输入渠道的畅通。为了保证题奏本章顺利递达御前，清廷于雍正二年规定：停止通政司"驳回本章"④，并取消行之已久的对贴黄字数的限制，"一应条奏紧要本章，务须详明畅达，其贴黄亦不得遗略含混，均不限定字数。"⑤ 同时，还对公文传递的时限做了更加严格的要求。雍正三年规定："各督抚将军副都统提镇等，将本章拜发日期于批回内注明，投到通政使司时，按限查核，途中或猝遇大雨，或阴雨连绵，或河水暴涨，并路途泥淖，即将此等情由，系专差赍送者，取具经过地方官印结，系驿递驰送者，由该地方官出具印结，均呈报通政使司，免其迟延处分。倘有无故迟延，及提塘沉压情弊，查出照例议处。"⑥

第四，加强题奏本章的保密措施。事成于密而败于露，政务的处理尤当注意缜密。雍正帝特别重视题奏本章的保密工作，为此，还专门制定了一系列的保密措施。雍正五年，清廷规定，凡涉及紧要之事的题奏本章，必须要"将副本揭帖，用密封字样投递。通政使司收到密封副本，堂官亲拆，别载册籍，封固收存。各部院收到密封揭帖，堂官亲拆，交司官密行收存，敬谨办理。其督抚提镇有紧要事件及缉拿人犯之案，移咨各部院，亦密封投递。其知照各省督抚提镇文书亦必密封递

---

① 《清世宗实录》，卷一五一，雍正十三年正月庚子，第869页。
② 《清世宗实录》，卷三十七，雍正三年十月戊寅，第550页。
③ 同上。
④ （清）昆冈等修：《大清会典事例》（光绪朝），卷一〇四二，"通政使司·题本·格式"，第444页。
⑤ 同上。
⑥ （清）昆冈等修：《大清会典事例》（光绪朝），卷七〇〇，"通政使司·题本·程限，第449页。

发，该督抚提镇亲拆收存。"① 针对各省督抚投递随本揭帖载时"别项预投"的做法所导致的泄密事件，雍正帝特别下令，强调："督抚提镇凡有揭帖，均随本章同发。其揭帖封套，注明月日，开单送通政使司稽核。于送本次日，发提塘分投各衙门。如提塘私行探报，先期传播者，查出送刑部治罪。"② 雍正十二年八月，通政使司参议保柱认为：各省具题本章之随本揭帖在本章递到通政司的第二日即由提塘分送各部院衙门，而内阁收到本章后，尚须进行翻译缮写才能进呈御前，"各衙门开视揭帖，转在进呈之先"，不利于本章内容的保密。提议应该改变随本揭帖的运转程序，通政使司在将本章送到内阁后，应"仍将揭帖加谨收存，俟五日后，再行分送"。③ 此建议被雍正帝采纳。

上述诸项措施的目的是为了更加有效地发挥题本和奏本在清廷政治生活中的作用，保证下情上达和信息渠道的畅通，提高政务处理的效率，这也维护了题本和奏本在雍正朝中枢决策体系中的地位。

题本和奏本承担着主要政情传送的功能，奏折作为二者的补充开始在清廷中枢决策体系中发挥出越来越重要的作用，成为雍正帝获取地方政情和处理政务的重要辅助工具。

（二）逐步完善了奏折制度，提高了奏折在中枢决策中的地位

诚如白新良老师所述，奏折在雍正朝"进一步得到推广并在国家政治生活中发挥着更加重要的作用"④。与康熙朝相比，有具折奏事权力的官员数目增多，奏折数量激增。据统计，康熙时期，具折言事官员不过一百余人，奏折总数有九千余件。而雍正时期，具折言事的官员已经骤升至一千二百余人，奏折总量约四万件。⑤ 奏折涉及的内容也更加广泛。经过几十年的发展，雍正时期奏折所奏之事涉及边疆军务、地方政

---

① （清）昆冈等修：《大清会典事例》（光绪朝），卷一一四，"吏部处分例·漏写本章"，第474页。
② （清）昆冈等修：《大清会典事例》（光绪朝），卷一○四二，"通政使司·题本·接受本章"，第447页。
③ 《清世宗实录》，卷一四六，雍正十二年八月戊申，第818页。
④ 白新良：《清代中枢决策研究》，第222页。
⑤ 同上书，第223页。

务、少数民族、官吏贤否、民情风俗及雨旸水旱等方面。① 此时的奏折已经成为题本奏本之外另一种重要的上行文书。为使奏折在政务的处理中更稳定和高效地发挥作用，雍正帝采取诸多措施以完善之。

首先，雍正帝创设奏折缴批制度以防泄密。雍正朝之前，奏折经御览发回后多由具折官员自己保存，这使得很多奏折掌握在私人手里，不利于政情的保密。雍正帝即位后，开始着手改变这种情况。康熙六十一年十月二十七日，康熙帝驾崩的第十四天，雍正帝严令内外文武大臣官员将从前领奉的康熙帝朱批谕旨"敬谨封固进呈，若抄写、存留、隐匿、焚弃，日后发觉断不宽宥，定行从重治罪"，以防"不肖之徒指称皇考之旨，捏造行事"，而且规定"嗣后朕批密旨，亦著交进，不得抄写存留。"② 随后，针对各官员朱批缴进日期迟早不一的现象，雍正帝又规定："凡接到朱批者，仍照旧乘便呈缴。若具奏此事，应将原批一并呈进。如所批查办之事，尚未就绪，准将朱批存留，俟办理具奏之时，一同呈缴。"③ 鉴于某些官员并未严格遵守奏折缴进制度，雍正十一年十一月，雍正帝再次强调："凡折奏大员，即将从前奉到朱批逐一查明封缴。倘再任意稽迟，或至遗漏，一经查出，必加严处。"④ 奏折缴批制度的确立，不但防止了奏折内容，尤其是皇帝朱批在更大范围的扩散，而且使得大批的奏折档案得以保留至今。

其次，创建奏折录副制度以防散佚而备查阅。所谓录副，即在文件正本之外另抄一副本留底，以防文件遗失或被篡改。此制原用于各省督抚题奏事件，目的是防止灾害给档案造成损失，杜绝书吏隐藏擅改档案的弊端。⑤ 雍正七年，吏部大堂失火，吏部所存档案焚毁，造成档案文书损失巨大。雍正帝下谕："嗣后各部院衙门存贮档案之处，应委笔帖

---

① 对此，白新良先生认为可将雍正朝奏折划分为三类：一是各地民情风俗以及雨旸、收成等不值得具题之事，二是不宜公开具题之事，三是地方紧急机要之事，必须迅速上达者。详情参见《清代中枢决策研究》一书，第223、224页。
② 《世宗宪皇帝上谕内阁》，卷一，康熙六十一年十一月二十七日，《景印文渊阁四库全书》，商务印书馆1986年版，第413册。
③ 《清世宗实录》，卷九十六，雍正八年七月乙亥，第286页。
④ 《清世宗实录》，卷一三七，雍正十一年十一月甲辰，第753页。
⑤ 雍正帝曾指出：各衙门"收贮卷案，封禁虽严，而翻阅查对不能脱书吏之手，盗取文移，改易字迹，百弊丛生，莫可究诘"。参见《清世宗实录》卷五，雍正元年三月乙酉，第114页。

式等官，轮班值宿巡查。至内阁本章，及各衙门档案，皆应于正本外立一副本，另行收贮。如本章正本系红字批发，副本则批墨笔存案。其他档案副本，或另用钤记以分别之。不但于公事有益，且可杜奸胥滑吏隐藏改换之弊。"① 录副制度自此广泛推行。后又因"各部院议覆事件，副本内不载案呈，日后案牍繁多，难以查校"，大学士九卿等建议"应将各部院议覆副本，与通政使司送进原题副本，联合一处，专派满中书二员，汉中书四员，敬谨收掌。"② 录副制度更趋严密。

随着奏折使用的扩大，在决策的过程中发挥的作用越来越重要，保存奏折的副本的重要性也随之凸显。军机处成立后，奏折的录副成为其日常工作之一。普通奏折由军机处方略馆人员抄写，机密奏折则交与军机章京抄写。录副奏折一般为草书，无须正楷。抄录时奏折的内容及朱批谕旨一律用墨笔。抄录的奏折与原折的内容是一致的。录副的行款格式不限，文尾用"某年某月某日奉朱批"的方式抄录批示文件，有的加"钦此"二字结束。皇帝在原折片上所作夹批录副时也需要照录，并在该行上方注明"朱"字。

奏折录副制度的确立，不但便于随时翻阅旧档，为清廷决策寻找依据，而且有利于对清代军机处档案文书的保管，为后世留下了丰富的资料，具有现实与历史的双重意义。

（三）明确题奏本章与奏折之间的关系

雍正朝时期的奏折，虽然制度上渐趋完善，使用范围逐步扩大，在中枢决策过程中发挥的作用也越来越重要，但是，雍正帝并未将其作为正式的公文。该时期主要的上行公文依然是题本和奏本，奏折在某种程度上还是题奏和奏本的补充。所以，尽管在很多时候君臣之间通过奏折和朱批已就某政务达成一致意见，但还是不得不通过题本交内阁票拟的形式来完成最后的决策。雍正朝摊丁入亩政策的制定便是一个绝佳的范例。

雍正元年六月，山东巡抚黄炳奏报山东纳税不均，"各州县往往有田连阡陌而全无一丁者，有家无寸土而承办数丁者"，以奏折请示雍正

---

① 《清世宗实录》，卷八十七，雍正七年十月乙巳，第158页。
② 《清世宗实录》，卷九〇，雍正八年正月乙未，第215页。

帝将山东地丁银"援照浙省之例，摊入地亩输纳"①，未获允准。雍正元年七月十二日，直隶巡抚李维钧再上奏折，说："直省丁银，偏累穷黎，若摊入田粮内征收，实与贫民有益。"②并提出已将此事正式具题请旨，雍正帝对此表示同意。是年九月，户部经讨论决定"应如所请，于雍正二年为始，将丁银均摊地粮之内，造册征收"③。考虑到此举事关重大，雍正帝便又命九卿、詹事、科道会同确议具奏。然而，九卿所议却是要求"令该抚确查各州县田图，因地制宜，作何摊入田亩之处，分别定额，庶使无地穷民，免纳丁银之苦；有地穷民，无加纳丁银之累。"④此建议被雍正帝斥为"不据理详议，依违瞻顾"，下令"仍照户部议行"。⑤直隶摊丁入亩获准后，雍正帝又下令山东巡抚黄炳"差人往北直探访"施行的效果，黄炳于十一月上折表示："如彼处施行有成效，来春亦应具本题请。"⑥

可见，即便是在奏折内已经获准的建议，如果要付诸实践，地方官员也必须要通过题本上奏经内阁票拟才具备法律效力。雍正帝并未打算以奏折代替题本，内阁决策的合法性必须予以维护，即所谓的程序决定合法性。雍正八年七月，雍正帝特就此做出专门说明：奏折的使用是为了"公听并观"，"周知外间之情形耳，并非以奏折代本章"⑦。这是由当时的奏折的性质决定的。

首先，此时的奏折是皇帝与官员之间私密的交流工具，尚非正式的文书，故其内容不便为外人所知。若"将应用本章具奏之事，概用奏折"，不但"日后恐无凭据"⑧，而且不利于各部门之间的协调。例如，年羹尧遣人护送辉特台吉济克济札卜"由锡喇他拉移游牧于伊族公巴济处"，"止用密折具奏，并无报部，亦无行文与将军傅尔丹及该扎萨克等"，致使济克济札卜的属下"人畜散毙""谬乱已极。"⑨

---

① 《雍正朝汉文朱批奏折汇编》，第一册，第391则，第497页。
② 同上书，第537则，第658页。
③ 《清世宗实录》，卷十一，雍正元年九月甲申，第203页。
④ 同上书，雍正元年九月戊戌，第209页。
⑤ 同上。
⑥ 《雍正朝汉文朱批奏折汇编》，第二册，第199则，第251页。
⑦ 《清世宗实录》，卷九十六，雍正八年七月甲戌，第284页。
⑧ 《雍正朝汉文谕旨汇编》第一册，第16页，第24则。
⑨ 《清世宗实录》，卷三十二，雍正三年五月丙辰，第491页。

其次，雍正朝虽然扩大了具折言事官员的范围，但具折权还是某些官员的特权。能否获得此项特权，不是依靠官员本人的资历或是品级的高低，而是依靠其与皇帝之间的关系如何。所以，很多品级较低的官员有具折之权，而其上司反无此权力，这显然不符合尊卑长幼、等级有序的政治生活准则。如将奏折视为正式公文，则难免会出现下级以朱批为借口"挟制上司，肆志妄行"、"愚弄属员，擅作威福"之事，甚至可能会有地方督抚以奉到朱批为由挟制部臣之事发生。① 这无疑会导致政令混乱和权力失衡的局面。

所以，除了某些"确然可行"之事，雍正才将其"批发该部施行，若介在疑似之间，则交与廷臣察议"外，通常情况下，都要求具折人在接奉朱批后遵照正常程序，以题本上奏。② 因此，奏折在雍正朝始终处于一种非正式公文的地位，其使用也被控制在一定的范围之内，"没有对题奏本章的地位和作用造成较大的冲击和影响。"③

（四）创立新式下行文书——"廷寄"

廷寄为清代特有之下行文书，创始于雍正年间。廷寄的撰拟与下达均不由内阁，而是承撰人面承谕旨拟好，呈交皇帝批准，封缄严密，交到兵部由驿站直达传递给地方官员，具有保密性强和传递迅速的特点。

廷寄由"朱笔谕旨或特谕演进而来"。④ 朱谕本为帝王亲书，在康熙年间偶有廷臣代笔之事⑤，自雍正初年始，亲重王大臣代为拟写密谕之事渐多⑥。雍正帝宠臣张廷玉就曾代帝王拟写朱谕：康熙六十一年十一月，康熙帝崩逝，"是时，梓宫在乾清宫，上以东厢为苦次，席地而坐，晨昏涕泣，群臣入奏事，则忍泪裁断。凡有诏旨，则命廷玉入内，口授大意，或于御前伏地以书，或隔帘授几，稿就即呈御览。每日不下十数次，皆称旨。"⑦ 张廷玉承旨于雍正帝前面书，写毕呈皇帝御览后

---

① 《清世宗实录》，卷九十六，雍正八年七月甲戌，第285页。
② 同上书，第284页。
③ 白新良：《清代中枢决策研究》，第227页。
④ 庄吉发：《清代奏折制度》，第78页。郭成康：《雍正密谕浅析——兼及军机处设立的时间》，《清史研究》1998年第1期。
⑤ 中国第一历史档案馆：《康熙十七年南书房记注》，《历史档案》1995年第3期，第9页。
⑥ 郭成康：《雍正密谕浅析——兼及军机处设立的时间》，《清史研究》1998年第1期。
⑦ （清）张廷玉：《张廷玉年谱》，卷一，中华书局1992年版，第18页。

直接发下，已粗具后世廷寄的运作模式。当时，张廷玉奉特旨以礼部侍郎兼内阁学士衔"办理翰林院文章之事"①。雍正三年七月，张廷玉以户部尚书署大学士事，因内阁书写谕旨多有讹舛，张廷玉办事谨慎，故书写谕旨之事渐多。雍正帝曾言："朕嗣统以来，元年、二年内阁面奉之旨书写时，动辄讹舛，自张廷玉为大学士，听朕谕旨，悉能记忆，缮录呈览，与朕言相符，盖记载一事，良非易易，毫厘千里之差，不可不慎。"②据郭成康先生考证，从雍正三年始，以内阁大学士承旨，交兵部封发的汉文谕旨逐渐增多，这些谕旨多以信件的方式由兵部直接寄到当事人手中，已具廷寄之雏形。"本属内阁职掌的参预机务、撰拟诏旨的权力已在君臣不经意间，悄悄地剥离出来，置于皇帝的直接控制之下。"③

据《枢垣记略》所载，成熟的廷寄的格式为：以"军机大臣字寄某人"或"军机大臣传谕某人"为开头④，接着以"某年某月某日奉上谕"的形式标明所奉上谕的时间，然后叙述上谕的内容，最后以"遵旨寄信前来"为结尾⑤。此为军机处专掌廷寄之权后的格式。其实在军机处成立之前，便已有与此格式相仿的寄信文书出现。在《雍正朝汉文谕旨汇编》一书中收录有寄信文书一件，与廷寄格式十分相似：

> 雍正五年七月十一日，大学士富宁安、朱轼、张廷玉面奉上谕，龙神散布霖雨福国佑民，功用显著。朕在京中虔设各省龙神像位，为各省祈祷。今思龙神专司各省雨泽，地方守土大臣理应虔诚恭奉。朕特选各省龙神大小二像，可著该省督抚迎请恭奉本地，虔诚展祀。尔等可寄信前往。钦此。遵旨寄信前来。⑥（着重号为笔者所加，所标记的内容为廷寄特有的套语）。

---

① （清）张廷玉：《张廷玉年谱》，卷一，第18页。
② 《清世宗实录》，卷八十七，雍正七年十月乙丑，第170页。
③ 郭成康：《雍正密谕浅析——兼及军机处设立的时间》，《清史研究》1998年第1期，第5页。
④ （清）梁章钜：《枢垣记略》，卷十三，第136页，载："行经略、大将军、钦差大臣、将军、参赞大臣、都统、办事领队大臣、总督、巡抚、学政曰：'军机大臣字寄'，其行盐政、关差、藩臬曰：'军机大臣传谕'。"
⑤ 同上。
⑥ 《雍正朝汉文谕旨汇编》，第一册，第273页，第384则。

从文中内容可知，该件上谕是在富宁安、朱轼、张廷玉面奉谕旨后，以寄信的形式直接寄到承旨人手中的，其运作模式与廷寄类似。

所以，至迟在雍正五年廷寄便已经出现在清代的政治生活之中了。虽然此类文书能保存至今者数量尚少，但是"就其撰拟机构、针对对象、重要机密程度以及传递方式而言，显然是对前此下行文书的一个突破，对于文书保密以及提高中枢决策执行效率都起着重要的作用"①。

军机处成立之后，因最早参与廷寄拟写之人大多入值军机处，故而此项职权渐成军机处的专责。此后，廷寄文书在乾隆朝又有所发展，它对皇权的巩固及各中枢决策机构地位的消长产生了重要的影响。②

二 雍正朝中枢决策机构的变革

雍正朝的中枢决策机构基本上是对顺治康熙两朝的沿袭，内阁依然在中枢决策体制中占有重要地位，但议政王大臣会议的地位则稍有下降。在继承的基础上，雍正帝又有所创新，对后世最具影响力的是创立了军机处，并使之在中枢决策中发挥作用。

雍正帝即位之初，创设总理事务王大臣作为君主理丧期间处理国家政事的一种新形式，其职权仅限于接收本章、传达谕旨、会议某些事件。总理事务王大臣所接收的本章既不包括雍正帝原来藩邸本章，也不包括外廷官员所进奏折；所传谕旨，也须随时记档，以备查核；所议政务也处于雍正帝的严格控制之下。所以，这一临时性的机构并未对雍正朝的中枢决策产生实质意义上的影响。自雍正元年四月雍正帝御门听政后，总理事务王大臣实际上处于名存实亡的境地。雍正三年三月，雍正帝下令撤销了总理事务王大臣。③

议政王大臣会议依然是雍正帝的辅政机构，以雍正帝设置军机处为分界线，其地位与职能的发挥分为前后两个阶段。前一个阶段，议政王大臣会议沿袭康熙朝传统的工作范围和职能，在很多政务的决策方面扮演了重要的角色；到后一个阶段，议政王大臣会议的职能开始被军机处所替代，渐成有名无实之局面。

---

① 白新良：《清代中枢决策研究》，第228页。
② 因涉及雍正朝与乾隆朝的比较，为了论述的方便，及更好地认识清代廷寄的全貌，笔者将在下一章专门论述，此处略。
③ 关于雍正初年的"总理事务王大臣"，白新良先生在《清代中枢决策研究》一书中论述甚详，此不赘述。详情参见该书第192—194页。

从雍正帝即位到军机处成立的这段时间内，出于维护旧制以稳定政局的目的，雍正帝仍视议政王大臣会议为一个重要的决策机构，把很多政务交其处理。议政王大臣会议经办之事大致包括对西北青海、准噶尔两地用兵；处理宗室内部事务及统治集团内部斗争；处理蒙古、西藏事务；处理俄罗斯、朝鲜等邻国关系；处理东北地区及八旗事务等①。其中，尤以清廷对西北青海、准噶尔蒙古用兵为重。可以说，"本时期的议政王大臣会议明显地表现出军事色彩。"②

但是，由于担任议政王大臣者"半系贵胄世爵"③，多年的养尊处优，使这些人丧失了先祖那种四征不庭的勇武淳朴之风，多为"不谙世务"④之人。议政王大臣行政能力的缺乏，影响了该机构职能的发挥。而且，按照满洲旧制，满蒙都统尚书等大多可兼议政大臣，人员庞杂，不利于机要事务的保密。同时，雍正帝对议政王大臣也缺乏信赖。因为在雍正即位之前，很多议政王大臣是他的政敌允禩、允禟、允䄉的支持者。其中，隆科多、苏努、满都护等就先后被作为政敌而清洗。雍正六年之后，政治地位已渐趋稳固的雍正帝开始采取措施逐步削弱议政王大臣会议的权力。雍正六年十月，雍正帝首停宗室诸王管理旗下事务，并规定："此内王公等所有职掌，除宗人府外，其余兼管之处，俱著停止。"⑤ 交议政王大臣会议之事，多数雍正帝已经有明确的态度，徒走形式而已。⑥ 雍正七年六月，在对准噶尔大举用兵之际，雍正帝设立了军机处专办西北军务，正式任命怡亲王允祥及大学士张廷玉、蒋廷锡"密为办理""军需一应事宜"。⑦ 此后，不但西北军务不再交议政王大臣会议讨论，而且原来习惯上属于议政王大臣会议的政务也交军机处经理，其议政的职能大大削弱。⑧ 从雍正九年九月到雍正帝驾崩这段时

---

① 详情参见杜家骥《康熙以后的议政王大臣会议》，《南开学报》1985年第1期。白新良：《清代中枢决策研究》第五章。
② 杜家骥：《康熙以后的议政王大臣会议》，《南开学报》1995年第1期，第57页。
③ （清）昭梿：《啸亭杂录》，卷七，"军机大臣"，第212页。
④ 同上。
⑤ 《清世宗实录》卷七十四，雍正六年十月癸巳，1106页。
⑥ 白新良：《清代中枢决策研究》，第五章，第199页。
⑦ 《清世宗实录》，卷八十二，雍正七年六月癸未，第83页。这是军机处公开的时间，此前军机处已经秘密存在，并在暗中筹划西北军务。
⑧ 详情参见白新良《清代中枢决策研究》，第五章，第200页。

间内，雍正帝没有召开过议政王大臣会议。雍正八年十一月，雍正帝以"降旨特交事件""持久尚未办理"为由，设置"稽察钦奉上谕事件处"，"专任稽察督催之责"，在此机构内工作的满司员，"即用议政处办事之员"。① 此举对于议政王大臣会议来说无异于釜底抽薪。

军机处本为筹备西北军务而秘密设立之机构②，因军机处位于近御之处③，易于保密。并且，在军机处行走之大臣熟悉政务，是雍正帝亲信之人，排除了宗室贵族和众多的议政王大臣对政事的干扰。所以，议政王大臣会议参议机务之权遂转移至军机处。史载："设立军机大臣，择阁臣及六部卿贰熟谙政体者兼摄其事……然后机务慎密，议政之弊始革。"④

军机处公开之后，其职责很快由原来的密办西北军需扩展为有关西北军务的"所有应行事宜"⑤。雍正十年，雍正帝命礼部铸造"办理军机印信"，"贮办理军机处，派员管理，并行知各省及西北两路军营"⑥，军机处初具正式衙门的规模，其经办之事由西北军务，渐扩至西藏、蒙古、八旗、宗室等方面。⑦ 雍正时期，军机处参与中枢决策的途径有二：

一是参议政事。因入值军机处的大臣日值内廷，雍正帝多就近向其询问某些政事处理的意见。尤其是被雍正帝视为股肱臂膀之臣的张廷玉，"内直趋承，无日不蒙召对，每有刍荛一得之见，或口奏或具折，皆请皇上特颁谕旨，宣播于外。"⑧ 雍正八年八月十九日，京师地震，雍正帝遂召见张廷玉"询问民间疾苦，廷玉一一陈奏。随降旨：遴选

---

① 《清世宗实录》，卷一〇〇，雍正八年十一月庚寅，第334页。
② 此事在史籍中的记载颇多。王昶《军机处题名》载："先是雍正七年青海军事兴，始设军机房。"（梁章钜：《枢垣记略》卷二十二，"诗文三"，第269页）赵翼于《檐曝杂记》"军机处"条中称："雍正年间，用兵西北两路……始设军机房于隆宗门内。"（该书卷一）。清仁宗在上谕中也称："自雍正年间初设军机处……本为筹办军务。"（梁章钜：《枢垣记略》，卷一，"训谕"，第7页。）
③ 赵翼称：雍正年间，"始设军机房于隆宗门内。"（赵翼：《檐曝杂记》，卷一，"军机处"，第1页。）
④ （清）昭梿：《啸亭杂录》，卷七，"军机大臣"条，第212页。
⑤ 《清世宗实录》卷九十四，雍正八年五月丁丑，第260页。
⑥ 《清世宗实录》卷一一六，雍正十年三月庚申，第541页。
⑦ 详情参见白新良《清代中枢决策研究》，第五章，第204页。
⑧ （清）张廷玉：《张廷玉年谱》，卷三，第42页。

科道官员多人，分路查勘省视，赏赉安插，无令一人失所。"① 但是，由于当时担任军机大臣者，如张廷玉、鄂尔泰等人，均是谨言慎行之人，故较少留下记载召见内容的文字。② 此外，军机处还经常性地奉旨议事。雍正帝会将某项政务交由军机大臣讨论，先由其拟出初步的意见，然后交雍正帝批准。此事在《清世宗实录》之中多有收录，如雍正十年四月，办理军机大臣遵旨议覆黑龙江将军卓尔海等奏请于呼伦贝尔地方派遣军队筑城种地之事。③ 同年五月，军机大臣又议覆各省驻防八旗查明余丁数目，添设兵丁事宜。④ 六月议奏将"应发黑龙江等处人犯，遣往北路军营"之事。⑤ 奉旨议政成为军机处参与中枢决策最直接的方式。

二是撰拟并传达上谕。军机处成立之前，清廷"没有固定的办理谕旨文书的专门机构"⑥，撰拟谕旨多由内阁、翰林院或南书房承担。一般谕旨主要是通过内阁颁发，或直接下达于部院各衙门或承旨者。军机处成立后，撰拟谕旨渐成其专责，谕旨的下发也逐渐固定为两个途径，一个是通过内阁公布的明发上谕，另一个是通过军机处直接寄给有关官员的寄信谕旨，称"廷寄"。⑦ 通过这个方式，保证了皇帝所做的决策能够顺利下达到相关部门。尤其值得注意的是，在《清世宗实录》内，雍正十年以前谕旨的发布途径，多为"谕内阁"及"谕议政王大臣、谕大学士等"，雍正十年以后则常"谕办理军机大臣等"，其次数不少于"谕内阁"的次数。可见，此时的军机处已是清廷决策过程的一个重要环节了。

但是，此时的军机处尚未完全和内阁分离，尚未取得和内阁并立之

---

① （清）张廷玉：《张廷玉年谱》，卷二，第33页。
② 张廷玉将所有奏稿焚毁"从未留片稿于私室"（《张廷玉年谱》，卷三，第43页）；鄂尔泰则凡是涉及"朝政民务，一字一句，皆不肯宣示外人。即容安等，亦不得与闻。"（鄂容安：《鄂尔泰年谱》，中华书局1993年版，第106页。）
③ 《清世宗实录》，卷一一七，雍正十年四月戊申，第556页。
④ 《清世宗实录》，卷一一八，雍正十年五月庚申，第561页。
⑤ 《清世宗实录》，卷一二〇，雍正十年六月辛未，第588页。
⑥ 《雍正朝汉文谕旨汇编》，"前言"，广西师范大学出版社1999年版，第1页。
⑦ 同上。

地位。① 究其原因有二：一是在军机处的人事安排上，军机处与内阁之间存在着密切的关系。首先，内阁大学士在军机处起主导作用，在军机处设立之初（雍正七年、八年、九年），除怡亲王允祥外，所有充任军机大臣者均是内阁大学士。如武英殿大学士马尔赛、保和殿大学士张廷玉、文渊阁大学士蒋廷锡。尽管在雍正十年之后，大学士在军机处所占比例有所下降，但是军机大臣中的"领班"，即所谓的"首席"、"首揆"、"首枢"必为大学士担任。史称：军机处"自亲王以下，其领袖者必大学士"②。其次，雍正朝军机章京均由内阁中书充任。军机章京是军机处处理日常文档的主要力量，军机处设立之初，并无此职，所有缮拟诏旨均由军机大臣自己拟写。到后来军机大臣开始自带军机章京从事文字工作，如雍正十年，张廷玉、鄂尔泰担任军机大臣时，张携中书四人，鄂携中书二人，诣乾清门帮同从事存记及缮写事宜，此为军机章京使用之始。因最初军机大臣多由内阁大学士入值，所以早期的军机章京多由内阁中书充任。《内阁小志》载："凡内外大臣折奏有不交部，即令中堂议覆者，泊廷寄各省谕旨，始皆园直人为之，有满舍人舒赫德、雅尔哈善，汉舍人吴元安、蒋炳，原不换班，长侍内中堂。"③ 王昶在《军机处题名记》中载："军机处……其属例用内阁中书舍人。"④ 龚自珍言："雍正辛亥（雍正九年）前，大学士即军机大臣也，中书即章京也。"⑤

二是在权力职能上，在军机处成立之后相当长的时间内，内阁职能并未受到明显的削弱。尽管雍正朝时由于奏折使用的推广，君臣之间通过奏折和朱批交换对政务的处理意见，在很大程度上削弱了题奏本章的功能，进而也部分地削弱了内阁的权力。但是，此时的奏折依然是一种

---

① 李宗侗先生在其《清代中央政权形态的演变》（收于存萃学社编《清史论丛》第二集，沈云龙编《近代史料丛刊·续编》第六十四辑，第632册。）一文中认为此时军机处遂与内阁并立。

② 赵尔巽等：《清史稿》卷一〇七四，"大学士年表一"，第6089页。

③ （清）叶毛凤：《内阁小志》，"军机房"，顾廷龙主编：《续修四库全书》，上海古籍出版社1995年版，第751册，第279页。

④ （清）王昶：《军机处题名记》，梁章钜：《枢垣记略》卷二十二，"诗文三"，第270页。

⑤ （清）龚自珍：《上大学士书》，《龚自珍全集》第五辑，上海古籍出版社1999年版，第322页。

非正式的上行公文，尚未取得合法的地位。至少在乾隆中叶以前，内阁一直居于清廷中枢决策的核心。军机处仅经办雍正帝特交之事，尚未形成定制，也缺乏稳定性。内阁作为传统的中枢决策机构，一直以处理题奏本章为专责，有严格的制度和规范来保障自己的权力。而军机处成立伊始，尚无此专责。加之雍正帝勤政，所有奏折均亲自披阅，从不假手外人，故此时的军机处并不能直接参加奏折之批答。此时的军机处尚未成熟，尚不足与内阁分庭抗礼。①

综上所述，雍正朝军机处的职权尚未突破西北军务的范畴。由于原有的承办军务和机要事务的议政王大臣会议逐渐丧失议政功能，且难获雍正帝的信任，故渐渐有名无实。军机处则因保密性好和工作效率高，且入值者均为雍正帝亲信，所以能补充因议政王大臣会议失效所产生的行政空缺。由此，军机处得到了发展的契机。雍正十年之后，军机处经办之事日广，逐步成为中枢决策过程中一个重要环节。但是，此时的军机处尚属于草创阶段，且奏折还未取得正式公文的地位，故军机处的职权及行政地位都受到极大的限制。终雍正一朝，尽管军机处已获较大发展，但并未摆脱"内阁分局"（赵翼语）之地位。直至乾隆朝，军机处开始参与奏折之批答，才渐与内阁分离，位列清廷中枢决策机构。

---

① 在史籍记载中，军机处多被视为内阁的分支，而非内阁的对立物。赵翼认为："军机处为内阁之分局。"（赵翼：《檐曝杂记》，卷一，"军机处"，第1页。）席吴鏊在《内阁志》中叙述内外廷出现的过程，视军机处为内阁之分支。他说："大学士佐理机务，得不时召见，其治事未尝不在阁。雍正中以边事设军需房于隆宗门外（后又谓之军机房）……（军机大臣）常居中候伺，日一再见，遂不至阁。……其后又以起草复奏、寄字外省与夫阁务有特建者，皆自内主之。""其久入直者亦不复至阁"，由此大学士遂有内廷与外廷之别。甚至光绪帝也认为："军机处为行政总汇，雍正年间，本由内阁分设。"（《清德宗实录》，卷五六四，光绪三十二年九月甲寅，第467页。）

第三章　乾隆朝军机处职权的形成及发展

乾隆朝是军机处职权形成与扩张的关键时期，正是在这一时期军机处确立了中枢决策机构的地位。军机处之所以能由雍正朝所设的一个临时机构发展为与内阁并立的中枢决策机构，最重要的原因就是军机处被乾隆皇帝选中作为辅助办理奏折的专门机构。由于乾隆朝奏折已成清廷正式上行公文，无论数量还是所涉政务范围都有极大扩张，乾隆帝不得不依靠军机处来辅助处理奏折。军机处渐掌办理奏折之责，成为奏折批答过程中一个重要的环节。由此，军机处确立了中枢决策机构的地位。通过辅助皇帝处理本章（主要是奏折，偶尔处理题本），军机处攫取了内阁的部分职权。

第一节　乾隆朝本章制度的变革及其影响

军机处中枢决策机构地位的确立与奏折成为清廷正式公文有着密不可分的关系。由于乾隆朝奏折使用的扩大，乾隆帝选中军机处作为专门的辅政机构来协助处理数量庞大的奏折。由此，军机处得以经常性地参与奏折的批答，并形成了较为严格的制度，最终成为清廷中枢决策机构之一。而奏折的正规化又与题本、奏本在清廷地位的下降有关，故开辟专门章节探讨乾隆朝本章制度的变化。

一　乾隆朝奏折制度的发展和完善

公文高效有序地运作是政权稳固的重要条件。与前朝相比，乾隆朝初年是题本、奏本和奏折三种上行文书并行。不同的是，乾隆朝的奏折使用范围更加广泛，奏报内容涉及面也越来越广。①

首先，有权具折官员范围扩大。雍正朝，拥有具折奏事权的官员"京官自翰林、科道、郎中以上，外官自知府、道员、学政以上，武官自副将以上，旗员自参领以上"②。除此之外则是一些由雍正帝特准的职衔较低的官员和中央出差的御史、给事中等官员。乾隆帝即位后，进一步扩大了有具折上奏权的官员范围。乾隆三十六年二月，准三品官城守尉缮折言事。③乾隆三十九年十二月，谕令各省盐政、关差具折奏事，"如遇新异案件及有关紧要者，即应就所闻见据实奏闻"，"无得视非职所当言，概行缄默"。④乾隆四十一年六月，谕令"道员中有委署两司者，俱准其照藩臬一体具折奏事"。⑤乾隆五十二年六月，通谕各省总兵遇有紧要事件准其专折具奏。⑥其次，奏折涉及的内容更加广泛。雍正朝，奏折内容除军机要务外，尚有循例奏报保举、参劾官员及奏报收成雨旸、灾害、官吏贤否等地方情形的内容。乾隆朝，除上述内容外，还不断增加新内容。乾隆三年七月，乾隆帝谕令通政使司按季将驳回本章情况汇折奏闻，"以存慎重"。⑦乾隆五年十一月，下令各地督抚岁奏民数谷数。⑧二十四年二月，下令各省督抚于属员贤否三年汇奏一次，"以重官方"。⑨二十六年正月，定京官于京察前一年十月将属员贤否具折密奏。⑩二十八年七月，命各省督抚年终折奏各省发遣新疆人犯有无脱离及是否拿获情形。⑪可见，乾隆朝奏折无论是从具折官员的范围还是奏报的内容都较雍正朝有了长足的发展。相应的，奏折在清廷中枢决策体系中的地位也日趋重要。

鉴于奏折在政务处理方面的作用越来越重要，为了保证奏折的高效

---

① 关于乾隆朝的奏折制度，白新良先生在《乾隆朝奏折制度探析》（《南开学报》1999年第4期）一文言之甚详，文中多有借鉴之处，获益良多，在此致谢。
② 《清世宗实录》，卷六四，雍正五年十二月丁亥，第980页。
③ 《清高宗实录》，卷八七八，乾隆三十六年二月丁丑，中华书局1985年版，第756页。
④ 《清高宗实录》，卷九七二，乾隆三十九年十二月壬辰，第1279页。
⑤ 《清高宗实录》，卷一〇一一，乾隆四十一年六月癸亥，第575页。
⑥ 《清高宗实录》，卷一二八三，乾隆五十二年六月癸丑，第189页。
⑦ 《清高宗实录》，卷七三，乾隆三年七月己卯，第167页。
⑧ 《清高宗实录》，卷一三〇，乾隆五年十一月戊辰，第892页。
⑨ 《清高宗实录》，卷五八〇，乾隆二十四年二月甲子，第407页。
⑩ 《清高宗实录》，卷六二九，乾隆二十六年正月甲子，第14页。
⑪ 《清高宗实录》，卷六九〇，乾隆二十八年七月庚申，第727页。

第三章　乾隆朝军机处职权的形成及发展

运作，乾隆帝先后出台了一些措施，进一步完善了奏折制度。

一是严密奏折保密制度。保密性强是奏折区别于题奏本章的重要特点，也是奏折独具的优势之一。康雍以来，奏折在保密方面有着极其严格的规定：具折人不得泄露奏折内容；重要奏折必须亲笔书写，不得假手幕僚；官员之间不得互相探听奏折及朱批内容；严禁将奏折朱批内容引入题本。

乾隆帝在此基础上，进一步严格了奏折的保密制度。乾隆八年七月，乾隆帝颁谕旨，强调"嗣后凡密奏事件，未经发出之先，即上司属员，概不得互相计议参酌，如有漏泄通同，一经发觉，按其情事轻重，分别治罪。"① 同年十月，乾隆帝因广西巡抚杨锡绂奉到朱批后"每多扬言于人"，再颁谕旨："嗣后各省督抚除以奏代题事件奉旨之后始许通行，其余奏报大概情形，并密请训示，以及褒嘉申饬之奏折，一概不许轻泄一字。如有抄录咨行，仍然宣泄，经朕访闻，必交部严加议处。"② 为防止奏折在录副时泄密，乾隆帝还特谕各省督抚于密奏属员贤否折外另缮清单，"朕披阅后，将原单留存，以备稽考"。③ 如有官员违反保密规定，则毫不留情地予以申饬或处罚。如乾隆七年十二月，乾隆帝以鄂容安、仲永檀二人"将密奏密参之事，无不预先商酌"而斥其结党，并各予处罚。④ 乾隆十四年四月，乾隆帝因新任湖北巡抚彭树葵"将前抚陈宏谋所奉朱批移咨刑部"，而予以申饬，并下令该部将其咨文"改正批发"。⑤

同时，乾隆帝也以身作则，凡属机密奏折，如督抚奏属员贤否折，"从未发出"。⑥ 如有奏折需发交部议，则将其抄引朱批部分删去。终乾隆一朝，奏折保密制度得到了很好的坚持。

二是统一奏折的格式。这个工作主要集中在奏折的书写和封装之上。在书写上，为便于阅读，乾隆帝要求奏折上的字迹必须清晰，严禁字画粗劣、字迹细微、丢字漏字。如有违反者，轻则申饬，重则处分。

---

① 《清高宗实录》，卷一九七，乾隆八年七月庚戌，第535页。
② 《清高宗实录》，卷二〇二，乾隆八年十月壬戌，第609页。
③ 《清高宗实录》，卷一四四二，乾隆五十八年十二月辛未，第259页。
④ 《清高宗实录》，卷一八一，乾隆七年十二月癸卯，第335页。
⑤ 《清高宗实录》，卷三三八，乾隆十四年四月丁亥，第664页。
⑥ 《清高宗实录》，卷一〇三〇，乾隆四十二年四月丁酉，第804页。

乾隆三十六年十二月，乾隆帝就斥责总兵官德滋奏折字画过于细微，"一望模糊，几不可辨"。① 乾隆四十一年十二月，乾隆帝又指斥富察善奏报民数谷数折及粮价清单字迹过小。② 乾隆四十四年八月，乾隆帝因各部院奏折和外省督抚奏折书写看语的格式不统一，传谕各省督抚："嗣后奏折，凡看语，俱空一格缮写，以清眉目。"③ 乾隆五十八年二月，又规定，具折官员"务将所署职任，明白缮写折内"。④

此外，针对地方官员具折之时，在折内有称臣者，有称奴才者，这一参差不齐的情况，乾隆帝特令地方督抚"嗣后除本身谢恩等私事外，于一应公务折内均宜书臣，以昭画一"。⑤ 乾隆三十四年，乾隆帝再强调"督抚等奏折有关系地方公务及应行交部事件，俱令称臣"，令福建巡抚温福"嗣后除请安折谢恩折等外，其奏事具折著照例称臣。"⑥ 乾隆三十五年二月，乾隆帝又传谕贵州巡抚喀宁阿，"嗣后除请安谢恩外，其奏事具折俱著照例称臣。"⑦

在奏折的封装上，为了防止奏折在递送途中出现磨损的情况，乾隆帝特别规定，奏折夹板外面要用纸封固。若是紧要奏折，则必须用报匣。⑧ 乾隆四年七月，署广东提督副都统保祝因所奏之事紧要，"恐致过迟，仰恳天恩，俯准将报匣由驿递送，以速机宜"，获得乾隆批准。⑨ 至于奏折封面上的书写内容，也有严格规定。乾隆帝特命各省督抚根据奏报事情的重要程度，"务须酌量先后次第，并将第一折、第二、三折缮写黄签粘贴封函之上，以便次第披览"。⑩ 但是，禁止将所奏事由开注于封面之上。乾隆五十九年十二月十一日，乾隆帝因闽浙总督伍拉纳、福建巡抚浦霖在奏报"漳州被水无需接济，及收缴小钱毋庸给价等折"时"将所奏事由全行开注折封之外"，斥责其"开写糊涂，实属

---

① 《清高宗实录》，卷八九九，乾隆三十六年十二月乙酉，第1111页。
② 《清高宗实录》，卷一〇二二，乾隆四十一年十二月戊申，第702页。
③ 《清高宗实录》，卷一〇八九，乾隆四十四年八月己巳，第625页。
④ 《清高宗实录》，卷一四二三，乾隆五十八年二月辛卯，第42页。
⑤ 《乾隆朝上谕档》，第四册，第148页下。
⑥ 《乾隆朝上谕档》，第五册，第992页下。
⑦ 《乾隆朝上谕档》，第六册，第15页下。
⑧ 关于奏折报匣的使用，乾隆朝规定甚严。普通的奏折只允许用夹板，只有事涉机密之奏折才准用报匣经由驿站投递，详情见后文。
⑨ 《清高宗实录》，卷九十七，乾隆四年七月甲戌，第480页。
⑩ 《清高宗实录》，卷一四六二，乾隆五十九年十月丁卯，第541页。

非是","设遇地方机密事件不必拆封业已宣露,殊非慎重封章之意"。①

三是严密奏折的递送。奏折投递的原则是寻常事务由具奏人差家人或兵弁赍递,机要紧急事务则使用驿站投递。如果官员不遵制度,无论是将寻常事宜擅用驿递,还是将机要奏折差私人赍递,都将受到相应的处分。乾隆十二年四月,山西安邑、万泉两县发生民变,巡抚安必达以家人赍递奏折入京,乾隆即加斥责:"即因此事驰驿奏闻,亦何不可?"② 乾隆五十九年八月,陕西巡抚秦承恩奏报邪教情形一折,因其"差人赍送,以致二十余日方始奏到",被乾隆帝叱责:"于此等要务却不由驿具奏,国家安设驿马何用?""秦承恩何不晓事体缓急若此,著交部严加议处。"③ 更多官员则因常事入奏擅动驿递而受到斥责。如乾隆二十四年十二月,江苏巡抚陈宏谋因擅动六百里驿递奏报非紧要事务而被申饬。乾隆二十九年五月,陕甘总督杨应琚以不关军机之常务用驿递送,被乾隆告诫:"嗣后凡遇此等奏折,止须委妥协弁役或家人等赍奏,不得仍前动用驿马,以重台站。"④ 乾隆三十二年十二月,肃州总兵俞金鳌因具折奏报起程日期动用驿马而遭申饬。为此,乾隆帝通谕各级官员:"嗣后非遇紧要公务,概不准由驿驰奏。倘有不谙轻重,复蹈此辙者,定行照例议处。"⑤ 然而,擅动驿站之事依然不绝于书。

乾隆帝对动用驿站投递奏折的控制可谓苛刻,非奏报紧急政务的奏折禁止动用驿站,概由具折人自行派人赍送。结果出现很多低级官员无力承担赍递奏折费用之事,甚至有因长官拒绝支付路费而致属员自缢。⑥ 所以,乾隆朝常有官员提议以驿站投递奏折。乾隆四年七月,署广东提督副都统保祝上奏:"遣员赍折,往返即须三月,事关紧要,恐致过迟,仰恳天恩俯准将报匣由驿驰送,以速机宜。"乾隆谕令:"寻常事件,仍遵旧例;紧要事件,刻不容缓者,原应由驿递送也。"⑦ 婉转地予以否决。乾隆三十一年,山东布政使颜希深提议:"各省督抚藩

---

① 《乾隆朝上谕档》,第十八册,第368页下。
② 《清高宗实录》,卷二八九,乾隆十二年四月乙亥,第769页。
③ 《清高宗实录》,卷一四五九,乾隆五十九年八月乙亥,第478页。
④ 《清高宗实录》,卷七一〇,乾隆二十九年五月乙卯,第929页。
⑤ 《清高宗实录》,卷八〇一,乾隆三十二年十二月庚辰,第800页。
⑥ 乾隆三十三年,因总兵明达拒不支付赍递奏折的开销,导致守备甘廷亮自缢身死。事载于《清高宗实录》卷八二四,乾隆三十三年十二月。
⑦ 《清高宗实录》,卷九七,乾隆四年七月甲戌,第480页。

枭陈奏事件,俱由驿递送",乾隆指责其"过为计较",再次否决。① 无奈之下,某些俸禄较薄的官员为节省费用,被迫减少用奏折奏事,或在同时写好的不同奏折上开注不同的日期,由一人赍递到京师,然后分日投递,以求蒙混。对此,乾隆帝斥责说:"向来各省督抚提镇,遇有陈奏事件,往往令赍折差弁分日呈递,希图惜费见长,最为陋习。"②

尤其值得一提的是,出于奏折的保密要求及安全赍递的目的,乾隆帝还对报匣的使用做了严格的规定。

报匣亦称折匣,是清代皇帝为防奏折泄密而赐给地方官员用来奏事的小匣子。地方官员拥有报匣,即意味着皇帝准许他以私人身份向皇帝报告事务。由于密奏是川流不息地递呈的,所以依据路程的远近和递呈次数的疏密,发给各人的封匣多少不等,一般为二至八只。报匣为木质,据《奏折谱》载:"折匣长八寸八分,阔四寸八分,高一寸五分。内用黄绫裱底,外用黄漆漆之。"③ 匣外有铜锁,配有二把钥匙,一把随报匣赐给大臣,一把由皇帝亲自保管。只有皇帝及上奏之大臣才能开启报匣,其他官吏不准也不能开启报匣。

据杨启樵先生考证:"康熙朝可能尚无报匣",雍正朝"偶一用之"。④ 在乾隆朝,很长时间内,仅少数官员拥有报匣。据查,乾隆四十二年正月二十日,"各省督抚内,曾经赏给报匣者系高晋、李侍尧、钟音、文绶、杨景素五人。"⑤ 不但人数少,而且拥有报匣的官员也不固定。某人在任某职期间所赏给的报匣,在离任时是需要缴回的。如乾隆四十二年,湖南巡抚敦福缘事降调,便"将原赏报匣二个缴回"。⑥ 再如,郝硕在任山东巡抚时曾赏过报匣,其调任江西巡抚后,因原赏报匣被缴回,而奏请赏给新报匣。⑦ 保宁"在将军任内接收奏事报匣二个",在补授四川总督后,咨问军机处"所有本任内应否请领报匣"。⑧

---

① 《清高宗实录》,卷七七一,乾隆三十一年十月戊午,第466页。
② 《清高宗实录》,卷一三九五,乾隆五十七年正月己亥,第738页。
③ (清)饶旬宣:《奏折谱》,第25页。转引自杨启樵《雍正帝及其密折制度研究》,上海古籍出版社2003年版,第177页。
④ [日]杨启樵:《雍正帝及其密折制度研究》,第177页。
⑤ 《乾隆朝上谕档》,第八册,第518页下。
⑥ 同上书,第736页下。
⑦ 同上书,第901页下。
⑧ 《乾隆朝上谕档》,第十三册,第159页上。

各地缴回之报匣"照例交内奏事处敬谨收贮"。①

由于奏折使用规模的扩大，且奏折渐成清廷正式的上行公文，乾隆朝时报匣的使用范围也随之扩大。先是，乾隆四十二年正月二十日下旨各省督抚"通行赏给"报匣。②后又规定"各省督抚遇有升迁调任，其原赏报匣应即带往新任备用。所有接任之员若未经赏过报匣者，即令其自行奏请赏给"。③如此一来，便省去许多周折。最后，规定只有递送紧要政务的奏折才可用报匣。乾隆四十八年二月初八日，乾隆帝下令："各省督抚有陈奏事件除由驿驰递应用报匣外，其差人赍递之折除地方情形、题升调补，寻常事件仍用夹板，遇有紧要事件亦用报匣装贮以昭慎重。"④鉴于报匣内所装均是紧要公文，乾隆帝特别强调："各驿递送报匣，只用一人，殊属轻忽"，"军机要务，非寻常事件可比，若只用一人，或偶尔坠马，或偶遇疾病，必至贻误，关系匪轻"，谕令递送报匣"务派二三人飞递"。⑤

总的来说，乾隆朝奏折使用范围日益扩大，相关制度日趋严密。这些都推动了奏折从秘密文书到公开文书的转化。奏折渐由君臣间的私人通信上升为国家正式公文，在清廷中枢决策中发挥着越来越重要的作用。与奏折地位日隆相反，题本和奏本作用日降。乾隆十三年奏本被废止，奏折成为与题本并行的上行公文。

二　乾隆朝本章的精简

随着奏折使用的扩大，皇帝需要批阅的公文越来越多，所涉政务范围也越来越宽广。为更有效地发挥公文输入政情的功能，提高政务处理的效率，乾隆帝采取措施精简公文。这些措施包括废止奏本、精简题本和简化奏折三个方面。

（一）废止奏本

废止奏本，其目的是精简公文，提高工作效率，保证信息流通畅达。题本与奏本是清前期两种最主要的上行公文，原则上公事用题本用印，私事用奏本不用印。但何谓公事，何谓私事，很多时候并不是那么

---

① 《乾隆朝上谕档》，第七册，第369页下。
② 《乾隆朝上谕档》，第八册，第518页下。
③ 同上书，第736页下。
④ 《乾隆朝上谕档》，第十一册，第588页上。
⑤ 《清高宗实录》，卷三百二十九，乾隆十三年十一月癸酉，第453页。

泾渭分明的。所以，在使用的过程中经常出现将二者混淆的情况。如乾隆四年三月，乾隆帝赏赐直省督抚《世宗文集》。因为这是"赏赐本人祗领之书"，各省督抚循例应用奏本谢恩。但是各省督抚在上奏时，"或用奏本，或用题本"，未能划一。因此，通政使司就此特别规定，"嗣后有赏赐书籍，如系概行颁发各衙门存贮交代者，谢恩应用题本；若赏赐本人祗领者，谢恩应用奏本。如代署官一人谢恩者，亦用奏本。如有违例误用者，通政使司照例题参"。① 仅赐书谢恩一项就分得如此烦琐，有题有奏，推而广之，日常政务千头万绪，地方官自然更加无所适从了。可见题奏并行的公文制度给官员造成困惑，不利于政务的高效处理。加之该时期奏折使用范围日广，其内容也涵盖公与私各方面，因此对"公题私奏"的制度造成了极大的冲击。在此形势之下，以私事为核心内容的奏本就显得多余了。

为了精简公文，提高办事效率，乾隆帝于十三年十一月颁布谕旨，废止奏本。"向来各处本章，有题本、奏本之别。地方公事，则用题本；一己之事，则用奏本。题本用印，奏本不用印。其式沿自前明。盖因其时纲纪废弛，内阁、通政司假借公私之名，以便上下其手。究之同一入告，何必分别名色。著将向用奏本之处概用题本，以示行简之意，将此载入会典。"②

奏本废止后，地方督抚提镇奏报政务的主要公文变为奏折和题本，奏报紧急要务或内容有不宜公开者用奏折，其余则用题本。这样，不但便于地方督抚提镇对公文类型的分别，而且在一定程度上提高了公文处理的效率。

(二) 精简题本

为提高题本的处理效率，清廷对行之已久的题本进行了适当的精简，主要包括简化题本格式和裁减题本的数量两项内容。

题本的使用虽然历经多年，但其格式尚欠统一，故其内容或繁或简，不利于政务的高效处理。针对此缺陷，清廷对题本格式做了统一规定。乾隆十五年九月，山西、山东两省分别进呈的乡试题名录，山西所进之本，"但就本年科举而言，词甚简明"，而山东所进之本"则将节

---

① 《清高宗实录》，卷九十六，乾隆四年七月丙午，第458页。
② 《清高宗实录》，卷三二九，乾隆十三年十一月丙子，第457页。

年所奉谕旨及科场条例全行叙入，连篇累牍，不胜繁冗"。于是，乾隆帝命内阁会同通政使司将各省所进本章"通行查核，分别定式通行，以昭朕崇实行简之意"。遵照该指示，内阁、通政使司将所存红本通查一遍，"除一切钱粮、命盗案件及因事敷陈等本情节各殊者应听各省据事办理外"，其通行典礼及循例题报之本章，如乡试题名录、乡试入闱、耕耤日期、学政报满、各省考试教职、节妇请旌、照旧缉拿、过失杀人等案，"于红本内择其词意简明者各一件，拟作定式"，"通行各省遵照办理"。① 格式既定，有利于题本处理效率的提高。

在数量上，一些无关要务的题本也被裁减。乾隆二十五年五月，乾隆帝指示：八旗放官、改授庶吉士、盛京庄头粮石数目、口内庄头粮石数目等四件部本，玉粒告成、乡饮酒礼、恭缴邮符、各省耕耤日期、各省将军副都统提镇奉到敕谕恩诏、各省副都统提镇加级纪录谢恩、各省三年有无成效事件、各省并无匪类在营假冒食粮、督抚代藩臬谢恩、在籍翰林等官员病故等题本均因无关紧要而被裁。② 乾隆二十八年十月，乾隆帝下令将各省经通政使司恭进皇太后、皇后之乡试录及礼部恭进皇太后、皇后之会试录、登科录等题本裁革。③ 类似举措尚多，兹不列举。

（三）简化奏折

乾隆时期，拥有上奏折言事权的官员数量增多，奏事范围扩大，奏折在文书中的地位也进一步提高，在政治生活中发挥的作用也越来越重要。为保证奏折能准确迅速地传递给中央，乾隆朝对行之已久的奏折制度进行了必要的改革，其中心内容是化繁为简，以保证奏报重要政情的奏折能在第一时间上报朝廷，获得优先办理。奏折的简化分两个阶段进行。

第一个阶段是变专折具奏为年底汇奏。

废止奏本和精简题本之后，奏折在清廷中的重要性日渐彰显。为保证重要政务能在第一时间得到高效的处理，乾隆帝按奏报内容将奏折分为两类：一类是奏报地方紧要机密政务的奏折，此类奏折必须专折具

---

① 《清高宗实录》，卷三七二，乾隆十五年九月甲寅，第1113页。
② 《清高宗实录》，卷六一三，乾隆二十五年五月庚午，第897页。
③ 《清高宗实录》，卷六九七，乾隆二十八年十月丁未，第810页。

奏，在最短时间内报知皇帝；另一类则是一些奏报地方例行之事的奏折。为了保证第一类奏折能迅速处理，乾隆帝逐渐将第二类内容的奏折由专折具奏改为年底或正月汇奏，以便集中统一处理。

乾隆三十七年，大学士舒赫德等奉旨将各省汇奏事件详细查核，拟定各省统一汇奏时间，"各省督抚甄别教职等十二款定于年内即行具奏，其藩库实存银数等六款定于开印后即行具奏。"① 是年五月，获乾隆帝批准。此后，针对各地实情，又将应行汇奏事件有所调整。至乾隆四十年，各省年内应行汇奏之事为："民数谷数、甄别教职、甄别佐杂、甄别年满千总、扣展属员公出日期、各省官员不准滥行宴会、盘查各属仓库、交库银号无弊、各属城垣完固、各项改修缓修船只、各省估变物料。"②

虽改为汇奏，但有着很严格的要求，"如有逾违定限及遗漏不行具奏之处"，由军机大臣"查明参奏，请旨将该督抚等交部察议"。③ 乾隆三十九年正月，萨载、三宝因将汇奏之事视为具文，办理迟滞，而受申饬。④ 裴宗锡亦应"办理殊为拘缓"被申饬。⑤

到乾隆四十四年正月，乾隆帝认为年底汇奏之折还是过多，命大学士于敏中"将各省汇奏事件详细酌议，其各款内除款项必应专折具奏者仍照旧办理外，其款项相仿可归并一折者，酌令汇折分单具奏，以归简易"。⑥ 经过调整，除"民数、谷数、各属城垣完固、交库银号无弊、发遣新疆人犯有无脱逃"是分折具奏外，性质相同的政事被归并为一折。其中，"甄别教职、甄别佐杂、甄别年满千总"三折归并一折；"官员不准宴会换帖、官员扣展公出日期"二折归并一折；"各项改修缓修船只、估变物料数在二百两以下"归并一折；"盘查各属仓库、藩臬实存银数"归并一折；"拿获寻常案犯、拿获新旧盗案记功记过、命盗案已未结各数、盗窃案已未获各数"归并一折。⑦

第二个阶段是"改奏为咨"。

---

① 《乾隆朝上谕档》，第七册，第 838 页上。
② 同上书，第 839 页下。
③ 《乾隆朝上谕档》，第十册，第 108 页下。
④ 《清高宗实录》，卷九五〇，乾隆三十九年正月庚申，第 879 页。
⑤ 同上书，乾隆三十九年正月壬戌，第 881 页。
⑥ 《乾隆朝上谕档》，第九册，第 548 页下。
⑦ 同上书，第 549 页上。

第三章 乾隆朝军机处职权的形成及发展

"改奏为咨",即将前文所提到的在年底用奏折汇奏之事改为用咨文的形式咨报军机处及各部院统一办理。① 这是对前一阶段改革的深化和发展,目的是将例行之事从奏折中剔除,确保只有机要之事才可使用奏折。该措施是对奏折特殊地位的维护,避免了奏折沦为一般性的公文,保证奏折所奏政务可优先办理。

此举施行的确切时间已难以考证,但从《乾隆朝上谕档》中所收录的一件军机处咨文可推断其大致时间为乾隆五十九年。因内容重要,故全文抄录如下②:

> 办理军机处为咨覆事,照得各省汇奏各款,奉旨改为咨报一案,先经河南巡抚穆咨呈请示,业由本处核明各款分别于十月十一月先后出咨,毋得迟逾咨覆该抚,并通行知照各省在案。兹据山西巡抚蒋移咨前事等因。查奉旨**改奏为咨**,系专指**年底及正月汇奏各例折**而言,该抚自可查照本处前咨办理。惟单内所开各款内各属支给过遣犯口粮奏销一款,各省均汇题不奏,并不归本处查核,应咨该抚一律改题。至寻常汇题汇咨各件,均不在原奉谕旨之内,仍循旧依限办理。可也。(着重号为笔者所加,下文同)
>
> 右咨
>
> 山西巡抚
>
> 　　　　　　　　　　　　　　　五月二十六日

该咨文所透露出的信息如下:

一是"改奏为咨"出台的时间应是乾隆五十九年五月二十六日之前。因为此咨文是为解答山西巡抚对"改奏为咨"的疑问所发,故政策出台应在此之前。二是"改奏为咨"所涉及的奏折是"年底及正月汇奏各例折"。所以可断定,改奏为咨的目的是要将例行之事剔除于奏

---

① 关于改奏为咨后政务的办理程序,在史籍中记载颇少,仅在"上谕档"中偶见蛛丝马迹,在乾隆朝"上谕档"中收录有军机处咨文一件,其内容为:"办理军机处为咨覆事,照得各直省年底汇奏事件,奉旨均著改为咨报军机处及各部院汇齐办理。……"(《乾隆朝上谕档》,第十八册,第124页上)可知地方官员是将汇奏之事改为咨报军机处及相关各部院衙门统一办理。

② 《乾隆朝上谕档》,第十七册,第934页上。

折之外，将奏折所报之事限定为紧要政务。三是"改奏为咨"后，各省咨文发出的时间应在年底的十月和十一月，并由军机处负责查核办理。

该政策出台后，因各个地方政情各异，年底汇奏各款也多有不同之处，所以各地方督抚将军纷纷将不明之处或难以施行之处咨询军机处核准。

有询问某事是否应行改咨者，如喀什噶尔参赞大臣有三项事务询问是否遵照改咨。① 陕西巡抚以"藩司应行具奏银号无弊一件、臬司应行具奏清查保甲一件"是否遵新例办理，咨询军机处。②

有官员认为所奉到的政令不符合当地实情，行文军机处以确定是否应改奏为咨。如直隶总督咨问"直隶省尚有雇用民车数目一项"，未列于军机处所开应行改咨各款之内，"是否仍须照例具奏，亦应改为咨报"。③ 随后，直隶总督又因"估变物料、坐省家人、首县承值宴会，暨官旗民荒地有无续垦各等款年例汇奏事件"未在军机处咨文中开列，再次咨询军机处。④

有的地方官员则认为"改奏为咨"后，不利于某些地方政务的处理，建议还是按照旧例办理较为妥当。如某地方将军认为当地"水师营巡海战船六只，凡系大小拆修之年，向系前一年将应修之处，恭折具奏，奉到朱批后始行将应用物料题请转行南省，于次年运送到营，修竣后造册题销。今若改为十月咨报恐物料不能及时运送"，请求"仍照向例改为十月办理"。⑤

也有人误解了"改奏为咨"的政策，将原本应行题报之事，一律改为咨报。如宁夏将军咨问"官兵各项军器细数"、"每年佐领防御等官坐补"、"新升协领兼管佐领"这三款向来是题本上报，"应否遵照新例改于十月间咨部，统入年底汇奏，抑或照旧具题"。军机处于乾隆五十九年八月十二日作出答复，这三款"既向例缮本具题，与本处原议

---

① 《乾隆朝上谕档》，第十八册，第49页上。
② 同上书，第124页上。
③ 同上书，第227页上。
④ 同上书，第278页上。
⑤ 同上书，第123页上。

专缮折具奏事件不同",应照旧办理。① 陕西巡抚也以年终具奏"学政声名"一事是否改咨询问军机处,军机处指出此事"与寻常照例汇奏事件不同,仍应专折具奏"。②

因为先前所令各省"改奏为咨"的各款未将各省实情考虑周全,所开列之事此地有而彼地无,故乾隆帝不得不重新核实规划,以期统一。乾隆六十年六月二十六日,永琅等将毋庸专折具奏之事开单上奏乾隆帝,获得批准。在其所开单内,除将用题本上报之事与用奏折上报之事进行了划分外,还有如下几项政务被追加为应行"改奏为咨":

事涉吏部者有,"各省官员捐垦荒地、大挑一等举人到省甄别补用、各省书院掌教年满"三款;事涉兵部者有"派往屯防换班官兵起程日期"一款;事涉刑部者有"拿获逃遣审明办理、抽取课金采获铜觔数目、滩地租银、海岛居民并无增添偷住"四款;事涉礼部者有"统计逃遣、州县等官分赔盗赃"二款;事涉工部者有"修造战船"一款。③ 共计十一款。

加上前面提到的年底汇奏,共计二十二项政务由用奏折上报改为咨报。恰如乾隆所言,所有改咨各款,"皆属寻常按例之件",其目的是"庶删其烦复,而仍综其大纲,于法制更为周密"。④

经过上述改革,奏本被废止,题报被精简,奏折的使用更加规范和高效。此后,清廷上行公文中居主要地位的,只剩题本和奏折两种类型。其中题本为奏报寻常政务所用,奏折专为奏报关系紧要政务所用。二者互有分工,相互合作,共同构成了清廷政情输入的主要渠道。

三 题本与奏折之间的关系

乾隆十三年十一月奏本被乾隆帝下令废止后,题本与奏折成为清廷两种主要的上行文书,这两种文书在清廷中枢决策体系中分别担负了不同的功能,两者既有分工,又有合作。

就递达御前的途径而言,奏折直达御前,题本则由通政使司转递御前。就所奏之事而言,二者各有侧重。奏折主要是奏报机要紧急事务或者一些非例行公事的工具,当然其中也不乏奏报地方雨水粮价等例行之

---

① 《乾隆朝上谕档》,第十八册,第124页下。
② 同上书,第277页下。
③ 同上书,第641页下。
④ 《清高宗实录》,卷一四八一,乾隆六十年六月乙巳,第784页。

事。虽然奏折在乾隆朝已经是清廷的正式公文，但是它一直具有很浓的君主和臣僚之间私人通信的性质，"私"的色彩较为浓厚。这或许可以理解为什么乾隆帝一直要强调奏折的递送不准随意动用驿站，而由私人投递。题本所奏之事则更多的是例行之事，或者是有先例可循之事。与奏折相比，题本"公"的色彩更加浓厚。对清廷而言，题本的使用具有维护现行体制和礼法的功能。这既是清廷一直对题本的格式要求苛刻的原因，也是题本在乾隆朝乃至以后相当长的时间内一直存在于清廷政治生活之中的原因。乾隆十五年，乾隆帝就山东巡抚准泰以奏折参劾滋阳县知县方琢一事提出批评："此等事件，向例俱系具本题参，即或先行折奏，亦应声明另疏具题，并非应密之件，乃仅以折奏了事，既与体制未协，而于办理地方事务，亦失慎重之意。"① "体制"与"慎重"正是使用题本的深意所在。同时，题本还承担着大量例行公事的奏报工作，从而维护了奏折专管奏报机要紧急政务的地位。

在奏本废止后，清廷上行文书为题本与奏折，两者之间的关系渐趋固定。即地方政务，一般均先由督抚等地方官员先行以奏折奏报请旨，待得到乾隆帝批准后，再行以题本的形式正式奏请。或者是奏报同一政事的奏折与题本同时拜发，一般都是奏折先行递至御前，并且奏折中都会有"另疏具题"之类的文字表明题本随后即到。为了使各地官员正确使用题本和奏折，乾隆帝先后对"以折代题"或"重题轻奏"的现象提出批评。前文所引山东巡抚准泰之事，便是众多事例中的一件。此外，乾隆十八年六月，乾隆帝虽然同意山东巡抚开泰奏请移设驿站之事，但还特意提醒他："此事例应具题，饬部议复。勿以奉到朱批，即谓已经允准，辄抄录咨部，遂不复具题也。"② 可见，奏折上的朱批并非完全意义上的最终决策，奏折并不能完全取代题本。乾隆三十八年六月，浙江三宝分别以奏折和题本报告拿获匪棍骆正修，而在拜发次序上，却是先行"拜发题本"，数日后"方行具折"，乾隆对此大加责难："缓急倒置，殊属不合。"③ 乾隆四十九年三月，乾隆帝又以四川总督李世杰对川匪周仕贵等结众抢劫一案"仅具疏题报，并未具折陈奏"而

---

① 《清高宗实录》，卷三六四，乾隆十五年五月甲辰，第1008页。
② 《清高宗实录》，卷四四一，乾隆十八年六月己亥，第736页。
③ 《清高宗实录》，卷九三七，乾隆三十八年六月甲辰，第608页。

传旨申饬。①

另外，针对地方官奏报政务屡禁不止的题奏重复的现象，乾隆帝多次发出申饬的谕旨。乾隆五十八年九月，乾隆帝颁谕："各省督抚往往因无事可奏，将地方例应具题之件复行折奏，以见其留心办事，而总不计及动劳驿马。朕日理万机，于臣工章奏，披览从不惮烦。但此等重复之事，徒劳案牍，实属无谓。嗣后应用折奏者，不必复行具题。其应具题者，即不得再用折奏，以归简要。"② 为明确二者之间的关系，使各省督抚有所遵循，乾隆帝特令王大臣等议奏相关条款。乾隆六十年六月，王大臣覆奏，乾隆帝批准，下发各地方督抚执行。覆奏全文为：

> 臣永琅等谨奏为会同核议具奏事，窃照各省督抚题奏事件办理未能画一，经军机大臣奏明交与臣等会同详查分别应奏应题，妥议具奏。臣等伏查各省督抚办理地方事务如系奉旨交办、特旨垂询及命盗邪教重案、贪劣不职属员、事涉更定旧章、关系民瘼，并一切紧要事宜亟须办理者，自应随时具折陈奏，以昭慎重。若寻常事件宜本系照例题报之件，部中俱有例案可稽，册档可核，自毋庸复行具奏，致兹烦复。臣等谨将事隶各部条款汇齐逐加查核，除年底汇奏事件业经奏准改咨，由部汇核具题，毋庸再议外，其余地方寻常事件各省有循例具题，仍复具折陈奏者，有各省俱系题达而一二省独用折奏者，又如命盗案件本案业经题结，其案内续参人员，即可一律题参，复间有具折劾参者，办理均未画一。又如丞倅牧令题升调补等事，如实系边疆、苗疆及沿河、沿海暨省会紧要缺分，原准专折奏请，其余升调各缺自应循例具题，即间有人地实在相需，历俸未满三年、五年于例稍有未合者，亦不妨于疏内声明，听候核准。而督抚等因有专折保奏之例，率行纷纷渎恳，亦非澄饬吏治杜绝夤缘之道。又地方照例办理事件，各省有只奏不题者，亦应照年底汇奏事例一体改咨，随案报部用备查核，毋庸专折具奏以归简要。臣等谨会同悉心妥议具奏，并开列清单恭呈御览。俟钦定后再行文各省督抚一体遵照办理。谨奏。

---

① 《清高宗实录》，卷一二〇一，乾隆四十九年三月癸卯，第57页。
② 《清高宗实录》，卷一四三七，乾隆五十八年九月丙午，第205页。

乾隆六十年六月二十六日奉旨依议。钦此。①

其后附有目录一件，内容详细开列了"应循例具题，毋庸再奏"的各项事件。其中隶属户部之事有"接收交代、盘查仓库实贮无亏、督抚经征各关税课有盈余无绌及节省水脚银两、狱囚并递解军流口粮报销"；隶属吏部之事有"丞倅牧令等官题升调补并非边疆苗疆沿河沿海及省会繁要缺分、候补试用人员遇缺分别补署、州县告病勒休改教及姻亲回避、因公降革处分照例开复、疏防盗案处分"；隶属兵部之事有"副将以下题升调补并非沿边沿海要缺、参游以下告病勒休等项及姻亲回避、节省马价银两各省俱归入朋马题销，惟广东广西具折陈奏"；隶属刑部之事有"寻常命盗案件、命盗等案题结后续参州县等官"；隶属礼部之事有"各省亲见七代、各省五世同堂、耆民请旌、改铸印信关防"；隶属工部之事有"修建城垣衙署仓库营房等项动用银两、开采硝磺铅觔、估变衙署及入官房屋等项"。② 此后，题本与奏折奏报的内容有了比较严格的区分。

由上文诸例可见，乾隆帝的政治观念是题本与奏折并重。奏折为周知政情的工具，奏折所奉朱批对官员施政具有指导作用。但对清廷而言，朱批并非正式的决策，正式的决策要以题本票拟来完成。奏折不能取代题本在清廷决策中的地位。

如果说在地方政务的奏报上题本和奏折之间的关系主要表现为分工的话，那么中央各部门的题本与奏折更多地表现为合作关系。简单说来，奏折有奉朱批"该部议奏"者，乾隆帝多将奏折发交军机处，面谕军机大臣该如何拟旨。奏折交到军机处后，则由军机处转交内阁，再由内阁传集各相关部门抄录办理。各部门覆奏之时，多会用题本奏报。此类题本到阁之时，由军机处再奏报乾隆帝。如果部议结果与军机处面奉谕旨不同，则由军机处依乾隆帝之意拟旨，随本同时进呈御前。乾隆四十九年十二月二十一日，山西巡抚农起奏请"以太原府知府蒋兆奎升补河东运使"，奉朱批"该部议奏"，同时军机处面奉谕旨："俟部覆时，拟写准行谕旨。"此折由军机处交内阁发抄吏部办理。吏部因蒋兆

---

① 《乾隆朝上谕档》，第十八册，第640页上。
② 同上书，第641—642页。

第三章　乾隆朝军机处职权的形成及发展

奎"与例不符议驳",乾隆四十九年十二月二十四日,吏部议覆本到阁。军机大臣随即奏报乾隆帝,并遵旨拟写准行谕旨与题本同时进呈御前。① 有时军机处面奉谕旨为"如该部议驳,即写准行谕旨进呈",如:

> 本年正月二十五日,刘裁奏请以常兴调补赤峰县,以景文补授滦平县一折,奉朱批该部议奏。钦此。又奉旨如吏部议驳,即拟写准行谕旨。钦此。兹据吏部知会照例议驳,臣等谨拟写准行谕旨进呈。谨奏。
> 乾隆五十二年二月二十三日奉旨,常兴著照该督所请行。②

漕运总督毓奇奏请李开第留任一折的办理,堪称二者合作的范本,全文如下:

> 查本年十月二十四日,漕运总督毓奇奏请仍留推升都司之卫守备李开第,以裨漕务一折,奉朱批该部议奏。钦此。又奉旨如兵部议驳,写准行谕旨。钦此。今据兵部照例议驳,于本日具题,臣等谨写准行谕旨随本进呈。谨奏。
> 乾隆五十一年十一月二十四日奉旨,李开第著照该督所请行。钦此。③

如部议准行,内阁也拟依议票签,则军机处不必再拟准行谕旨,而以内阁票签为准。如:

> 查十月初五日李世杰等奏请以睢宁县丞张裕升署灵璧县知县一折,奉朱批该部议奏。钦此。又奉旨如吏部议驳即写准行谕旨进呈。钦此。今吏部业经议准具题,内阁票拟依议签于本日进呈。是以臣等未经另写谕旨。谨奏。
> 乾隆五十二年十一月初十日④

---

① 《乾隆朝上谕档》,第十二册,第422页下。
② 《乾隆朝上谕档》,第十三册,第713页下。着重号为笔者加,以下引文同。
③ 同上书,第599页上。
④ 《乾隆朝上谕档》,第十四册,第59页上。

如果各部对交办的奏折亦无法做出准确决断，则以题本上奏请旨。题本到内阁时，军机处则遵乾隆帝前旨拟写谕旨提奏。如：

> 查上年十二月二十一日，闽浙总督李侍尧等奏请以建安县知县李堂调补闽县知县一折，奉朱批该部议奏。钦此。又奉旨如吏部议驳，即写准行谕旨进呈。钦此。今吏部以可否准调之处双请，内阁票拟双签，谨遵旨将准行单签谕旨进呈。谨奏。
>
> 乾隆五十三年二月十六日奉旨李堂著准其调补，余依议。钦此。①

由上文可见，奏折到达御前之时，乾隆帝已经有所决定。但是，要形成合法的决议，必须走题本奏报的程序。题本赋予决议合法性。此情形再次表明，奏折为政情输入的工具，各部以题本覆奏是政务得到最终处理结果的一个必要步骤，也是决策合法性的需要。奏折与题本合作完成了整个决策。

第二节　乾隆朝军机处的发展

乾隆朝公文制度的改革，直接导致了中枢决策机构的变革和决策机构之间权力分配的变化。乾隆朝中枢决策机构的变革主要表现为：军机处规置的正规化，逐步由临时机构发展成为固定的中枢决策机构。与之相反，内阁的决策地位则渐呈下降之势，议政王大臣会议逐步淡出中枢决策体系，最终被废止。乾隆一朝，清廷的中枢决策体制完成了由内阁和议政王大臣会议并立向内阁和军机处并立的双轨辅政体制的过渡。②

乾隆帝即位伊始，即享有丰富的政治遗产：政局稳定、皇权巩固，没有康熙帝及雍正帝那样险恶的政治环境。奏折制度经过康熙、雍正两朝的发展渐趋完善，成为君主了解下情的一个重要渠道。雍正帝所创之军机处虽尚待完善，但已成为便于皇权发挥的一大利器。所以，乾隆帝

---

① 《乾隆朝上谕档》，第十四册，第174页上。
② "双轨辅政体制"一词笔者首见于刘绍春所作《嘉庆整顿军机处维护双轨辅政体制》（《清史研究》1993年第2期）一文。

无须在决策体制上进行更多的创新，只需在前朝基础上加以扩大和完善即可达到政务高效处理及皇权巩固的目的。

一 乾隆朝军机处职权之扩张

乾隆朝时，军机处在皇权的庇护下，通过侵夺内阁和议政王大臣会议的权力，渐成中枢决策中的一个重要机构。军机处职权日广，相关制度趋于完善，是乾隆时期中枢决策体系中最为显著的一个变化。

军机处本为雍正帝秘密办理西北军务而设，至雍正末年军机处已经开始在中枢决策中扮演一个重要的角色。但是，由于军机处草创之初，规制尚未完善，所经办之事以边疆战事及民族事务为主，未能脱离"内阁之分局"的局面。乾隆帝即位伊始，囿于传统，首裁军机处而代之以总理事务王大臣。这一方面说明了乾隆帝对雍正帝所创天子居丧期间以总理事务王大臣经办政务制度的遵循，另一方面则表明此时的军机处在政务处理方面的潜力尚未完全发挥出来。但是，总领"总理事务王大臣"事务的庄亲王和果亲王为乾隆帝的父辈，"他们与乾隆帝的特殊血缘关系以及行辈较高限制了乾隆帝皇权的发挥"，"为时不久，乾隆帝与他们二人之间即发生了矛盾和裂痕"。[①] 所以，乾隆二年十一月，乾隆居丧期满，便裁撤总理事务王大臣，复设军机处。除庄亲王和果亲王外，其余总理事务王大臣全部进入军机处。

乾隆朝复设军机处后，军机处的职权较雍正朝有了极大的扩张。大致来说，乾隆朝军机处职权的发展可分为三个阶段。[②]

第一个阶段，从乾隆二年十一月军机处复设到乾隆三年年底。这段时间内军机处开始突破雍正朝的旧轨，也是军机处与乾隆帝相互磨合的时期。在军机处复设之初，乾隆就规定，军机处的职责除了办理军务外，还要就近办理皇帝特召交出之事。据实录记载："但目前两路军务，尚未全竣，且朕日理万几，亦间有特召交出之事，仍须就近承办。"[③] 军机处经办之事已经开始突破雍正时期的旧有范围[④]，开始办理

---

① 白新良：《清代中枢决策研究》，第247页。
② 此处借鉴白新良先生所著《清代中枢决策研究》一书的观点，参见该书第六章，第二节。
③ 《清高宗实录》，卷五七，乾隆二年十一月辛巳，第930页。
④ 据白新良先生考证，雍正朝时期的军机处主要涉及西北军务、八旗、东北、西藏、蒙古边藩等。参见《清代中枢决策研究》一书，第247页。

一些皇帝特旨交出之事。同时，乾隆也有意识地将本非军机处经管的一些政务特旨交给军机处去处理。如乾隆三年七月，乾隆帝将有关苗疆叛乱之事交由军机处办理，① 而此类事情在雍正朝是归"苗疆事务王大臣"经办的。

第二个阶段，从乾隆四年到乾隆十三年，这是军机处权力迅速增长的阶段。主要表现在三个方面：一个是军机处所撰写的廷寄谕旨数量激增；二是军机处议政范围增多；三是军机处经办其他事务开始增多。②

此时，随着奏折使用范围的扩大，需要乾隆帝处理的奏折数量也与日俱增。所以，乾隆帝不可能像雍正帝那样每件奏折都予以详细的阅读批示。一般的奏折，乾隆帝只批寥寥数语即交奏事处发出。在《宫中档乾隆朝奏折》中，可以看到很多奏折仅批一个"览"字或"知道了"而已，这与雍正朝的奏折上动辄上百字的朱批不可同日而语。内容重要或事关机密的奏折，为求处理允当，乾隆帝则于折上批复"即有旨"、"另有旨"，将奏折交发军机处议覆或召见军机大臣面授机宜，由军机大臣拟旨，经过御览修改后，交兵部捷报处由驿站以廷寄形式发出。所以，与雍正朝相比，军机处所撰拟的廷寄在数量上激增，涉及内容也更广泛。廷寄数量增多表明内阁颁布政令的权力被军机处侵夺。由于廷寄的内容无论机密程度还是重要性都较内阁票拟的题本及明发谕旨为高，所以乾隆朝军机处在中枢决策体制中已居于一个很重要的地位。

由于军机处承办廷寄，所以其工作也由单纯地草拟谕旨转为赞画议政。行之既久，乾隆帝将经过简单批示的奏折下发至军机处，由军机大臣拟出详细意见，经御览批准后以廷寄发出。相应的，由于奏折涉及内容宽泛，军机处所议政务在数量和范围上都有了突破性的发展。在第一个阶段，军机处的工作范围未脱雍正朝之窠臼，军机处所议政事，寥寥可数。乾隆四年以后，议政在数量上激增，在范围上远逾昔日密办西北军务之时。③ 自乾隆五年之后，有关湖广、广东苗乱以及后来进行的瞻对、金川、西藏等地的军事活动也被纳入军机处日常职责之内。同时，所有与军事活动相关的事务，如与安南、俄罗斯等邻国之间的交涉，以

---

① "贵州总督张广泗折奏，湖广运往接济黔省米石，请存贮新疆等处，此事着办理军机大臣等密议具奏。"参见《清高宗实录》，卷六十七，乾隆三年七月甲戌，第164页。
② 白新良：《清代中枢决策研究》，第248页。
③ 详情参见白新良先生《清代中枢决策研究》一书，第249—250页。

及云南边境地区安全事务也成了军机处分内之事。这表明,军机处已由承办西北军务的机构发展成为处理所有军务的机构。

不仅如此,由于军机处保密性好,且军机大臣均为乾隆帝信赖之人,加之军机大臣日值内廷便于宣召,所以乾隆帝便将很多原本由内阁九卿处理的行政事务径交由军机处办理,或令军机处参议其中。① 由此,乾隆帝通过军机处将重大政务处理的主动权掌握在自己手中。军机处则通过参议的方式,逐步侵夺了内阁的部分权力。

乾隆十四年正月,鉴于军机处在中枢决策中所发挥的重大作用,乾隆帝下令改铸军机处印信,将雍正十年所铸之"办理军机印信"改铸为更加正规的兼有满汉文的"办理军机事务印记"的印信。以此为标志,由雍正帝所创设的军机处正式成为清廷的中枢决策机构。此后,议政王大臣会议所经管的事务几乎全部转移到了军机处。"从乾隆十四年至乾隆二十四年,由议政王大臣参加讨论事务总共不过十来次,而且其中还是由军机大臣和议政王大臣共同讨论。乾隆二十四年以后,议政王大臣会议的活动完全停止。"②

二 乾隆朝军机处规制之发展

与权力的扩张相适应,军机处亦日趋正规化。它的主体结构和基本规制大致形成于乾隆朝。主要反映在如下三点:

(一) 军机大臣的人数及选任资格渐成定例

军机大臣的人数,虽然在《大清会典》中明确记为"无定员"③,但其员额在实际的操作中是有可循之例的。考之钱实甫所撰《清代职官年表》(此考察未计入值亲王),在乾隆朝同时入值军机处者大多为六至七员,嘉庆朝则以四至五员为常,后遂成惯例,道、咸、同、光几朝概以四至六员为率。

军机大臣的任用资格,亦大致定于乾隆朝。从品级上看,在雍正朝时,多以正一品和从一品的官员入值军机处,乾隆朝入值军机处者基本上是从二品以上的官员,此后遂为定制。从入值者的本职来看,雍正朝

---

① 宋希斌:《论清代军机处的创立及其正规化》,《历史教学》2005 年第 11 期,第 67 页。
② 白新良:《清代中枢决策研究》,第 253 页。
③ (清) 昆冈等修:《大清会典》(光绪朝),卷三,"办理军机处",第 20 页。

初任军机大臣的有京官（大学士）、地方官（如提督哈元生）；① 到乾隆朝时，入值者多为京官，尤以尚书、侍郎为多，偶有以地方官（如盛京将军阿兰泰）入值。

另外，军机大臣共同进见皇帝承旨的制度也确立于乾隆朝初期。乾隆初年"惟讷公亲一人承旨"②，至傅恒为领班军机大臣时，傅恒"自陈不能多识，恐有遗忘，乞令军机大臣同进见。于是遂为例"③，时在乾隆十三、十四年之间。军机大臣共同承旨既可免大臣遗忘之虞，又可防个人弄权之弊，更有利于军机处辅政职能的发挥。

（二）军机章京之职责日明，人员日广

军机章京是军机处办理文书事务的官员，据嘉庆朝《大清会典》记载：军机章京，"掌分办清字、汉字之事。缮写谕旨、记载档案、查核奏议。"④ 草拟谕旨是军机章京最重要的职责，该职责的确立也经过了一个演变的过程。

雍正朝，军机处谕旨皆由军机大臣负责撰拟，乾隆初年也是如此。后随着军机处经办之事日广，该职责渐转由军机章京负责，军机大臣只负责审查详核。此变化始于乾隆十四五年傅恒为领班军机大臣之时，赵翼详细记载如下：

> （乾隆初年）拟旨犹军机大臣之事……迨傅文忠公恒领揆席，满司员欲藉为见才营进地，文忠始稍假之。其始不过短幅片纸，后则无一非司员所拟矣。文端见满司员如此，而汉文犹必自己出，嫌于揽持，乃亦听司员代拟。相沿日久，遂为军机司员之专职。⑤

王昶也说：起初，军机大臣"每被旨，各归舍缮拟，明日授所属进之。后大臣避专擅名，乃令所属具草，视定进呈"。⑥ 此后，虽偶有特

---

① 雍正年间军机大臣的详情可参见赵志强《雍正朝军机大臣考补》（《历史档案》1991年第3期）一文。
② （清）赵翼：《檐曝杂记》，卷一，"军机大臣同进见"条，第4页。
③ 同上。
④ （清）托津等纂：《大清会典》（嘉庆朝），卷三，"办理军机处"，第100页。
⑤ （清）赵翼：《檐曝杂记》，卷一，"军机处"，第1页。
⑥ （清）王昶：《军机处题名记》，梁章钜《枢垣记略》卷二十二，"诗文三"，第271页。

别机要的谕旨仍由军机大臣亲自草拟,但是绝大多数的谕旨则归军机章京草拟。军机大臣与章京之间分工明确,不但提高了军机处的工作效率,而且有责权明确的效果。

军机章京职责日重,其选拔范围也渐放宽。雍正朝之军机章京多由军机大臣在自己所管阁部中挑选,尤以内阁中书为多,故王昶曰:"军机处……其属例用内阁中书舍人。"① 至乾隆朝,军机章京的选任范围开始扩大,内阁及各部院衙门司员均得选用。史载:挑选军机章京"旧只内阁保送中书,继而亦有六部尚书司员。工部虽保送,而司员邀用者独少,盖以衙门次序在后故也。"② 乾隆十三年,军机处曾开列一份军机章京名单,从中可知,当时兼任军机章京的职名包括顺天府府丞、内阁侍读、内阁中书、吏部郎中、理藩院员外郎、兵部主事、户科给事中、户部司库、兵部笔帖式、工部主事等③,几乎涉及中央所有的要害部门。如此一来,军机处便囊括了清廷中央各重要部门的精英,便利了各部之间工作的协调,及相关政务的处理。军机处由此成为无所不综之机构。

(三)军机处的主要职责逐渐定型

据嘉庆朝《大清会典》载,军机处"掌书谕旨,综军国之要,以赞上治机务。常日直禁庭以待召见。"④ 其主要的职责为参议政事,协助皇帝处理政务。军机处日常经办诸务中,有二项最为重要:一为以协助皇帝处理奏折。每日皇帝将阅过的奏折发到军机处,由军机大臣携入向皇帝请示应拟意见或处理意见。"凡发下各处奏折,奉朱批另有旨、即有旨及未奉朱批者,皆捧入以候旨。承旨毕,乃出。"⑤ 二为撰拟上谕,上谕有明发上谕和廷寄两种。凡谕旨明降者为明发上谕,军机处述旨后"则下于内阁",谕旨"特降者为谕,因所奏请而降者为旨,其或因所奏请而即以宣示中外者亦为谕。其式,谕曰内阁奉上谕,旨曰奉旨,各载其所奉之年月日拟写述上"。⑥ 谕旨不由内阁明降而由军机大

---

① (清)王昶:《军机处题名记》,梁章钜《枢垣记略》,第270页。
② (清)姚元之:《竹叶亭杂记》,卷一,中华书局1982年版,第19页。
③ (清)梁章钜:《枢垣记略》,卷六,"恩叙一",第53页。
④ (清)托津等纂:《大清会典》(嘉庆朝),卷三,"办理军机处",第79页。
⑤ 同上书,第80页。
⑥ 同上,第81页。

臣密封发出者为廷寄，"径由军机处封交兵部捷报处递往。视事之缓急或马上飞递，或四百里、或五百里、或六百里加紧。其式，行经略大将军、钦差大臣、将军、参赞大臣、都统、副都统、办事领队大臣、总督、巡抚、学政，曰军机大臣字寄；行盐政、关差、藩臬曰军机大臣传谕，皆载奉旨之年月日"。①

王昶曾于乾隆二十四年十一月充军机章京②，在其所作《军机处题名记》一文中记载了军机处的日常职责：乾隆朝时，军机处有"恭拟上谕"之责，"惟军机处恭拟上谕为至要"③；若"内外臣工所奏有旨敕议者"，则交军机处"各审其可否以闻"，"内外臣工所奏事经军机大臣定议，取旨密封"。④《军机处题名记》与嘉庆朝《大清会典》所记内容大致相同，显然，乾隆朝时军机处撰拟谕旨的职掌就已确立。

军机处其余的职掌，也在乾隆朝基本确定下来。如会典所载军机处在官员选任时有进单之责：凡是"文武官特简者"、"差特简者"、西北两路大臣期满换防者、文武官员在军机处记名者，届期"承旨则进其名单缺单"，请皇帝简放。⑤军机处履行该职掌时所产生文件在乾隆朝"上谕档"中多有收录，如乾隆三十一年十一月，军机处上奏："查向来遇有吏部请旨知府员缺，臣等将军机处记名同知知州及记名知县二单同吏部交来记名单一并进呈，并于拟写空名谕旨内填写所遗员缺，恭候简放。"⑥乾隆四十六年三月十八日，军机处在遵旨"查奏告假翰林余集等考差单内未经注明缘由"时，指出"查向来京员升迁事故，除由吏部题本者知会军机处外，其余一应事故各该衙门俱不知会。惟奏事处遇应进考单时，将单内人员有无事故向军机处询问，军机处亦不能尽知，只就所知者告令添注。是以单内有已注者，有未注者，其未注缘由实系吏部及各衙门未经一律知会之故"。⑦显然，考差进单及官员选任进单已经是军机处的日常职掌，各衙门与军机处在此事上已形成稳定的

---

① （清）托津等纂：《大清会典》（嘉庆朝），卷三，"办理军机处"，第82页。
② （清）梁章钜：《枢垣记略》，卷十八，"汉军机章京题名"，第203页。
③ （清）王昶：《军机处题名》。收于梁章钜《枢垣记略》卷二十二，"诗文三"，第270页。
④ 同上。
⑤ （清）昆冈等修：《大清会典》（光绪朝），卷三，"办理军机处"，第83—85页。
⑥ 《乾隆朝上谕档》，第五册，第13页下。
⑦ 《乾隆朝上谕档》，第十册，第420页上。

合作关系。

综上所述,乾隆朝是军机处日渐成熟的时期。军机处之所以在乾隆朝发生上述变化,主要是出于乾隆帝强化皇权及便于政务处理的目的。乾隆帝秉承前朝加强皇权的传统,致力于自身权力的巩固与加强,并建立了一套以皇帝为核心的中枢决策体制。在该体制之中,军机处和奏折发挥着至关重要的作用。军机处入值人员是皇帝特选的亲信大臣,有职权而无品级,日值内廷,便于召见,直接处于皇权的控制之下。奏折原本是皇帝与亲信大臣之间的秘密通信,不经过内阁,是皇帝直接掌握的另一个重要的政情输入渠道。乾隆帝将奏折提升为正式的公文,而不得不寻找一个专门辅助处理奏折的机构,军机处遂承担了此责。行之既久,军机处成为奏折批答过程中一个重要的环节。军机处的地位也因此发生了质的变化,成为清廷一个重要的中枢决策机构,进而改变了顺治、康熙、雍正三朝的中枢决策体制,对清代历史产生了深远的影响。

第三节 乾隆朝军机处参与中枢决策的方式

乾隆朝建立了以皇帝为核心,以内阁与军机处为辅弼的中枢决策体制。在该决策体制中内阁与军机处分工合作,共同承办清廷的诸多政务。内阁在清廷中枢决策中的地位,已于前文做了详细的考察。本节主要考察军机处参与清廷中枢决策的方式。厘清此点,不但有助于了解乾隆朝清廷中枢决策的过程,明确军机处在决策程序中所居位置,而且有利于考察内阁与军机处之间的行政关系。

一 军机处协助皇帝处理题本

乾隆朝中枢决策体制中最大的变化在于军机处职权的确立,逐渐成为清廷中枢决策体制中的重要组成部分。在此体制之内,题本的运转程序在前朝的基础上又有所变化。顺治、康熙、雍正三朝题本的处理过程类似,已论述于前,此不赘述。下文主要论述题本的运转程序在乾隆朝所发生的某些变化。

在乾隆朝之前,题本的处理主要由内阁承担。票拟题本既是内阁协助皇帝处理政务的主要方式,也是内阁权力之所在,即所谓"大学士于军国事无所不统,其实每日所治事则阅本也"。① 在历朝所修《大清会典》中也无军机处参与题本批答的记载,似乎军机处与处理题本之间并不发生行政关系。然而,事实并非如此。乾隆朝中期,军机处确立了中枢决策机构的地位后,开始参与到题本的批答之中。其主要形式如下:

(一)军机处协助皇帝办理题本改签

所谓"题本改签",是指内阁在将票拟好的题本进呈皇帝后,如皇帝不同意内阁票签的意见,而下令内阁重新票拟,或直接拟好交内阁发出。② 通常情况下,改签过程中,皇帝直接面对的是内阁,不存在中间的环节。然而,在军机处成为决策机构后,在很多题本改签的情形中,军机处成为联系内阁与皇帝之间的一个重要环节。很多题本"改签"的内容或者是由军机处传至内阁,或者是先由军机大臣草拟,然后上呈皇帝,经皇帝许可后,发交内阁照签办理改签。

这些由军机处所草拟的、被用于"改签"的上谕,多被收录在《乾隆朝上谕档》之中。该档册收录了乾隆朝军机处所承办上谕,其中某些上谕的末尾有"交内阁改签"或"某部本改签"的字样,由此即可判断,这些上谕的内容是被用作改签某件题本的。如:

> 乾隆十七年二月二十八日奉旨:"胖子依拟应斩,著监候,秋后处决。伊主巴喜虽无在场喝令情事,但违禁重利放债,且令家人住宿索讨,殴毙护军,情殊可恶。仅拟降调不足蔽辜,巴喜著革职发往拉林种地,余依议。"钦此。
> 　　　　　　　　　交内阁改签③(着重号为笔者所加,下文同)

由上文可知,对于涉案人员巴喜的处分内阁原拟票签为"降调",然而乾隆认为巴喜"仅拟降调不足蔽辜",应将其改拟为"革职发往拉林种地"。"交内阁改签"几个字不但表明此件上谕被用于题本"改签",而且说明它是由军机处交到内阁的。又如:

---

① (清)席吴鏊:《内阁志》,顾廷龙主编:《续修四库全书》,上海古籍出版社1995年版,第751册,第267页上。

② 据记载,内阁票签奉"特旨改标为改签"。事见周寿昌《思益堂日札》,五卷本,卷一,"内阁票签",中华书局1987年版,第218页。

③ 《乾隆朝上谕档》,第二册,第595页上。

第三章 乾隆朝军机处职权的形成及发展

同日（乾隆十九年六月十三日）奉旨："戴章甫著从宽留任，其应行革任之处，仍著注册；常福著销去加四级，免其降级。"钦此。

改签吏部本①

此件"改签"的主要内容是乾隆帝对吏部所议戴章甫、常福二人处分的修正。文末所注"吏部本改签"表明它是为改签吏部所上题本而拟。军机处则负责将改签的内容传知内阁，内阁遵旨改签。

上述两例均表明，内阁在进行题本改签时，所循之旨是经由军机处传达至内阁的。此外，军机处有时还直接草拟题本改签所需的上谕。在"上谕档"中收录的几件军机处奏文，清晰地表明了军机处的此项职能。现试举一例如下：

臣等遵旨将吏部议处本内所有从宽免其降革各堂官，及升任之员，俱经拟入改签谕旨进呈，至例不出名之司员兆柱等七员，亦经吏部议有降调革职处分。臣等谨一并拟写从宽留任改签谕旨。合并陈明。谨奏。

（乾隆三十五年）十二月十四日②

上文内的"臣等"是指当时入值的军机大臣③，"拟入改签谕旨"和"臣等谨一并拟写从宽留任改签谕旨"表明，"吏部议处本"这件题本改签所需谕旨是由军机处草拟的。又如：

本年九月十四日兵部进呈议处宁夏将军伟善革职一本，奉旨："俟伟善覆奏折到日另降谕旨。"钦此。今已奉有清字谕旨，臣等拟写改签谕旨进呈，俟发下后交内阁照例批发。谨奏。

（乾隆三十八年）十月初三日④

---

① 《乾隆朝上谕档》，第二册，第754页下。
② 《乾隆朝上谕档》，第六册，第467页上。
③ 由于在"上谕档"中收录的很多奏文没有落款，所以难以直接断定其作者。但是，由于"上谕档"是军机处专有档案，故而笔者认为，在"上谕档"中出现的"臣等"为军机大臣的概率比较大。
④ 《乾隆朝上谕档》，第七册，第457页下。

上文"臣等拟写改签谕旨进呈，俟发下后交内阁照例批发"之语，直接说明军机处将"改签"所需谕旨拟好后，先要进呈皇帝御览，得到允准后再交内阁，由内阁照此改签题本。

如果将"上谕档"中收录的"改签"与《清高宗实录》中所记内容相结合，则得到一件题本改签的完整运转程序，从而揭示了某项政务的处理过程。现以乾隆十九年鄂容安参劾刘霖案为例予以说明。

乾隆十九年正月，两江总督鄂容安以题本参奏"兴化县知县刘霖办赈米色不纯，短少升合，又亏空帑项二千余两，请革职发审"。① 此本经内阁票签后，于正月二十六日呈递御前，乾隆帝认为处罚过轻，应予以严惩以儆效尤，遂令军机处拟写改签谕旨。本日，在军机处所记"上谕档"册中有如下记载：

> 乾隆十九年正月二十六日奉旨："刘霖承办赈务，将米石搀和糠秕，短缺升合，此与寻常侵欺帑项不同。灾民嗷嗷待哺，为民父母者，即实心办理，如数给发，尚恐其不免饥馁。而乘机侵克，罔恤民命，此岂有人心者？该督抚访查确凿，自应严参，照例请旨革职拿问。若仅照常题参审讯，何以惩儆贪邪？刘霖著革职拿问，所有搀和米色及亏缺帑项，一并严审究追，按律定拟具奏。嗣后有似此，而该督抚仍视为泛常，不照例革职拿问者，该部即治督抚以徇庇之罪。该部知道。"
>
> 　　　　　　　　　　　　　　　　　　　　　　　交内阁改签②

内阁据此改签，作为最终的处理结果，将此件题本处理完毕。《清高宗实录》中所收记载的该案件最终处理结果是上文的翻版③，只不过去掉了上文中着重号标出的内容，这表明经由军机处发出的谕旨被内阁严格遵循，具有最高决策的性质。

题本"改签"是皇帝自由意志的发挥，是皇权至高无上的表达。从一些关于官员赏罚的题本"改签"中还可以看出，皇帝常用"改签"

---

① 《清高宗实录》，卷四五五，乾隆十九年正月己卯，第931页。
② 《乾隆朝上谕档》，第二册，第731页上。
③ 《清高宗实录》，卷四五五，乾隆十九年正月己卯，第931页。

这一方式，使自己的意志凌驾于成规之上，通过对官员赏罚的变更，达到惩处或笼络官员的目的。

乾隆十七年二月，因派查通州三仓大臣旺札勒等奏称："现在盘量中西二仓，米数短少"，请将相关仓场侍郎及其属员等交部追赔。此时距离上届盘查"甫过一年"，所以乾隆帝认为，上届所派查验通州三仓王大臣和亲王弘昼、达勒党阿、刘统勋等办事"并未实心，不过奉行故事，甚负任使之义，其罪尚浮于仓场侍郎之庸懦失察也"，下令将相关人等"交部严察议奏"。① 吏部议覆本经由内阁递至御前，乾隆帝认为吏部及内阁循惯例所议处罚偏轻，罚不当罪，便发布上谕令军机处转交内阁，然后内阁据此改签吏部所上题本。军机处交到内阁的"改签"内容如下：

> 乾隆十七年三月十八日奉旨："前派和亲王弘昼等查验通州三仓，原以王大臣为朕信任之人，自无欺隐也。查而不实，则如勿查。弊之不厘，查于何有。使王大臣等，彼时盘出短少，则应著落该仓场侍郎赔补。今于王大臣盘验后，未逾数月，而短少如许，是其咎不在仓场侍郎，而在王大臣也。其仓场侍郎应赔之米，著加恩宽免，令和亲王于伊俸米中如数扣抵。宗人府所议停止弘昼亲王俸之处，著加恩宽免。达勒党阿、刘统勋俱著革职，从宽留任。彭维新从宽免其革去职衔。余依议。"钦此。
>
> <u>交内阁改签</u>②

此段处理意见也被原封不动地载入《清高宗实录》，是该事件的最终处理结果。③ 又如，在乾隆十七年四月二十五日的"上谕档"中有如下记载：

> 奉旨广禄、允祹、允禧、泰裴英阿著加恩从宽罚尚书俸五年，嵩椿、恒鲁罚侍郎俸三年，其允祹、恒鲁罚俸之处，俱著记注于纪

---

① 《清高宗实录》，卷四〇八，乾隆十七年二月戊戌，第346页。
② 《乾隆朝上谕档》，第二册，第598页上。
③ 《清高宗实录》，卷四〇八，乾隆十七年二月戊戌，第346页。

录抵销。钦此。

四月二十五日交内阁改签①

此件由军机处交至内阁的公文，是乾隆帝为笼络臣下而法外施恩的"改签"。无论是"严惩"还是"施恩"，都可看到军机处的身影，军机处与题本的改签有着密切的关系。

综上所述，军机处在题本"改签"过程中扮演着两个角色。一个是乾隆帝的"传声筒"，将乾隆帝旨意传知内阁；一个是"改签"所需上谕的直接草拟者。军机处将拟好的改签谕旨进呈御览，皇帝批准后再由军机处发交内阁，内阁遵旨进行题本改签。

（二）军机处代内阁批答题本

前文所述题本改签的情形，军机处只是间接参与题本的处理。此外，军机处还可直接参与题本的批答。此情形大致有两类：

一类情形是皇帝对内阁票拟不满，而将题本直接发交军机处办理。如乾隆三十七年，刑部以题本奏报"核拟阜宁县民陈有茂与胞弟陈有盛争闹，致伊母万氏服卤身死一案。照子威逼父母致死例，拟以斩决"。② 题本经内阁票拟后进呈御前，乾隆帝认为此本内所引例文"照子威逼父母自死"不当，应援引"子孙不孝致父母自尽"例条处理。为稳妥起见，乾隆帝将此题本发交军机处"酌议"。军机大臣认为，"子孙不孝其亲，所犯情节轻重不同，亦有未可概拟斩决折，似应酌量定议"，并建议此案"交刑部详悉议奏"。③

另一种情形是军机处遵旨拟写题本办理所需谕旨。在题本批答过程中，军机处常遵旨拟写相关的谕旨。如：

本年（乾隆五十九年）三月二十二日，刁玉成奏凤阳关征收税课短少盈余银两一折，奉朱批该部议奏。钦此。臣等面奉谕旨，部议具奏时即照上届拟写宽免谕旨进呈。钦此。④

---

① 《乾隆朝上谕档》，第二册，第602页下。
② 《清高宗实录》，卷九五〇，乾隆三十七年四月乙亥，第113页。
③ 《乾隆朝上谕档》，第七册，第27页下。
④ 《乾隆朝上谕档》，第十七册，第820上。

另外，在批阅奏折时，乾隆帝经常提前指示军机处在覆奏题本到阁之时该如何拟旨。其中，最为典型的是对吏部议覆督抚保举属员的题本的办理。如：

> 查本月（乾隆四十五年十月）初六日，云贵总督福康安等奏请以宜良县知县汪时溥升署云州知州一折，奉朱批该部议奏。钦此。又奉旨交臣等存记，如吏部议驳，另写允行谕旨一并进呈。钦此。兹据吏部知会以该员汪时溥与升署之例不符，应毋庸议。于本日具题。臣等谨拟写允行谕旨随本进呈。谨奏。①

由"本日具题"之语，可知吏部题本奏报此事。吏部议覆题本到阁之时，军机处已遵旨拟好"允行谕旨"，"随本进呈"皇帝。这样就减少了不必要的公文运行环节，提高了行政效率。军机处所拟谕旨，要进呈皇帝，获皇帝允准后，才可发交内阁照签批发题本。下文即为明证：

> 查学政保举优生，嗣后会同各督抚考核。臣等拟写谕旨进呈，所有礼部汇题优劣一本，拟交内阁照签批发。谨奏。②

着重号标出的文字直接说明了礼部汇题之本是内阁遵照军机大臣所拟"学政保举优生，嗣后会同各督抚考核"的谕旨批发的。③内阁所做仅承旨批答而已。

更有甚者，有些部门在上题本之前，还提前知会军机处，以便军机处提前拟写谕旨。如：

> 据都察院、吏部知会，议处校书疏误之四库全书总裁等一本，于本日进呈。谨遵旨拟写谕旨随本进呈。恭候钦定。谨奏。
>
> （乾隆四十二年）七月廿三日④

---

① 《乾隆朝上谕档》，第十册，第259页下。
② 《乾隆朝上谕档》，第五册，第799页下。
③ 此上谕详情载于《清高宗实录》，卷八三六，乾隆三十四年六月丙辰，第156页。原文有"嗣后学政举报优生，著照选拔贡生之例，会同该督抚一体考核"之语，与军机处所拟意见相仿。
④ 《乾隆朝上谕档》，第八册，第714页下。

该种情况很可能是在乾隆帝授意下进行的，甚或此题本亦是乾隆帝授意相关部门进呈的。所以，此类题本的象征意义要远大于实质意义。军机处代内阁拟旨，简化了办事程序，提高了题本批答效率，自然也提高了决策效率。

（三）军机处暂存待办题本

题本暂存军机处，是指某题本经内阁票拟进呈御前后，因相关信息不足以令皇帝即刻决断，将此件题本留而不发，暂交军机处存放，待时机成熟时再做处理。乾隆二十六年，刑部进广西省秋审情实题本一件，因其中有陈布统一案"核拟未定"，故乾隆帝没有即刻批发此题本，而将其暂存军机处。乾隆二十六年九月二十日，大学士来保等将此案审拟完结，涉案之陈父悔遵旨改为缓决。此时，军机处才提奏将原本批交刑部，刑部遂"将陈父悔遵旨改入缓决"。为便于对此事的理解，现将"上谕档"中所载原文抄录如下：

> 刑部所进广西省情实本一件，因陈布统一案核拟未定，奉旨交臣等暂存。今已奉旨将陈父悔照大学士来（保）等所议改为缓决，应将原本交与刑部，将陈父悔遵旨改入缓决，俟下年秋审时照例办理。谨奏。
>
> （乾隆二十六年）九月二十日①

如需对题本的内容进行进一步的核实，皇帝也将其交军机处暂存，待相关情况落实后再行办理。乾隆三十六年六月，工部题销贵州省制造新兵器花费银两一本，因该题本内所涉各款项数目需要向地方官员进行查核，故乾隆帝将"原本暂存"军机处，"俟奏到时再行办理"。后温福、彰宝等覆奏情况属实，"尚无弊混之处"。此时，军机大臣才奏请乾隆帝"所有存贮之工部覆本一件，应否即照签批发之处。谨将原本一并进呈，伏候训示"。②

另外，题本所奏内容涉及某项章程的变通，为避免最终处理结果与新章程冲突，也多将其暂存军机处。待新章程出台后，再行办理。如乾

---

① 《乾隆朝上谕档》，第三册，第732页上。
② 《乾隆朝上谕档》，第六册，第790页下。

隆三十七年，"工部具题核销顺天府辛卯科文武会试修理贡院银两本一件、清册一本"，因其中有需要变通章程之处，所以乾隆帝下旨"俟裘曰修回京交令核办，仍将原本暂存"军机处。是年五月二十四日，裘裘曰修"业经酌定章程"并获乾隆帝批准。此时，军机处提奏"所有工部原本应否即照签批发之处，候旨遵行"。①

若题本所奏之事暂无成案可查，无旧例可循，乾隆帝也会将其暂存军机处，待查明后再行办理。乾隆五十七年，户部具题"粤海关监督报解杂项银两"一本，本内所奏之事为粤海关"乾隆五十五年九月起至次年九月止，一年征收关税盈余银两比较上届短收银十三万有零"，"户部议令该监督等各按经征月日照数补赔"。因惯例"向来关税盈余短少银两，如实系货物往来较稀，以致不能足数者，声明具题，恩准酌量宽免。若实系该监督等办理不善，即仍照部议分别著赔"。但是，由于"粤海关应赔盈余短少银两因何令其照数赔补，及该监督等如何分赔之处"暂时无案可查，所以军机处建议将此题本"暂行扣存，俟查覆具奏后再行核办请旨"。②

待办题本暂存军机处，使得军机处相应地又增加了另一项职责，即在此类题本办理时机成熟之时，军机处要适时提奏皇帝得知。

（四）军机处适时提奏皇帝处理题本

题本的内容涉及清廷的各方面政务，很多题本进呈御前之时，并非最佳处理时间，所以乾隆帝多将此类待办题本暂存军机处，待时机成熟之时，再行办理。此时，军机处便承担了另一项任务，即适时提奏皇帝得知。如前述各类暂存军机处的题本，在办理时机成熟之后，都由军机处提奏乾隆帝办理。此外，军机处在某些特殊题本到阁时也要及时提奏皇帝得知。

一种是奏报某件政务最终处理结果的题本。题本内容涉及清廷的各方面政务，很多题本仅是臣僚对政务办理过程的奏报，并非最终的处理结果。所以，乾隆帝并不即刻将此类题本发下，而是等到奏报该事结果的题本到阁时，再行办理。此做法不但可以使皇帝在办理政务时有所参详，而且能对事件的处理全程有较为全面的把控，从而更好地做出决

---

① 《乾隆朝上谕档》，第七册，第69页下。
② 《乾隆朝上谕档》，第十六册，第867页上。

断。当奏报该项政务办理结果的题本递至内阁，即将进呈御览之时，军机大臣则负有提奏皇帝得知的职责，此举的目的是防止皇帝遗忘。

乾隆二十一年五月初十日，乾隆帝将直隶总督方观承"题参武清县知县邱锦婪赃索借纵役分肥一本"发交军机处，令军机大臣"存记"，俟方观承"审拟到日提奏"。九月初五日，军机处奏报方观承"审拟邱锦一本到阁，于今日进呈，谨此提奏"。①

另一种是覆奏内容是乾隆帝关心之事的题本，或者是所奏内容较为重要的题本。通常情况下，乾隆帝会提前下令军机处在此类题本到阁时要即刻提奏。乾隆二十九年二月，副将蔡卜年因"布陆礼备船接迟"，"责打外委，并勒令布陆礼跪门，并挟嫌揭参布陆礼"。②乾隆认为蔡卜年此举狂妄，不堪"专阃之任"，将其解任，"交部严加议处"。③二月二十五日，乾隆下令军机处在"兵部议处本进呈时提奏"④。三月初一日，兵部关于议处蔡卜年的题本到阁，军机处随即提奏"今兵部议将该员照例于副将任内降二级调用等因一本，于本日进呈"⑤。

此外，还有些官员在用题本奏报某政务之前，多先具奏折请示皇帝。如果皇帝在批阅奏折之时，已经有所决断，便会令军机处在奏报该政务的题本到阁之时，及时提醒自己。如：

> 查本年四月初七日，高晋奏请将栋文改用河工道员或地方有不管关务道员之缺酌量请补一折，奉朱批知道了。钦此。又奉旨俟栋文关税报满时提奏。钦此。今内阁恭进户部题请栋文一年期满请旨一本，理合抄录高晋原折提奏。
>
> （乾隆四十一年）七月二十一日⑥

从上文可知，在奏报栋文期满题本到阁之前，高晋便已经通过奏折建议乾隆皇帝将栋文"改用为河工道员或地方不管关务道员之缺"，获乾隆帝批准。所以，乾隆帝才令军机处在奏报栋文关税报满的题本到阁

---

① 《乾隆朝上谕档》，第二册，第863页下。
② 《清高宗实录》，卷七〇四，乾隆二十九年二月辛卯，第868页。
③ 同上。
④ 《乾隆朝上谕档》，第四册，第386页下。
⑤ 同上。
⑥ 《乾隆朝上谕档》，第八册，第338页下。

时提奏。

如果某些交部办理的奏折所奏之事是乾隆帝比较关心的，那么他也会令军机处在该部覆奏的题本到阁时要奏报自己得知。如：

> 查九月二十七日调任云贵总督福康安奏请将办理厂务最为出力之曹湛、萧文言二员分别加衔一折，奉朱批该部议奏。钦此。复经奉旨俟部议覆奏时提奏。钦此。兹据内阁将吏部议覆一本于本日进呈，理合遵旨提奏。谨奏。
>
> （乾隆四十六年）十月二十日①

福康安以奏折保举曹湛、萧文言二人，乾隆帝在披阅该奏折的时候便已有所决断。但是，清代制度规定官员的升任黜罢须经题本上奏，以示郑重。囿于体制，为求稳妥，乾隆遂将此折交吏部议奏，同时令军机处在吏部覆奏题本到阁时提奏，以防遗忘。可见，乾隆帝在自己感兴趣或重点关注的题本到阁时令军机处提奏，已成办理题本的一种惯例。

清制，内阁掌题本暂存和届时提奏的职责。② 乾隆帝之所以让军机处来承担此项职责，显然是考虑到某些军机大臣是由内阁大学士兼任，两个机构之间关系比较容易协调。此举功效有三：一是便于皇帝周知政情，正确处理政务。毕竟皇帝日理万机，精力有限，难以周悉诸务。以军机处提奏的方式，把相关的公文连成一体，使之始末明晰，便于皇帝做出正确的决策。二是加强了皇帝对内阁的控制。由皇帝亲自掌控下的军机处提奏自己关注的题本，可以防止内阁隐匿此类题本，同时也是对内阁工作的一种监督。三是通过采取这种方法，乾隆帝在处理某些题本的时候成功地绕过了内阁，便于自己意志的自由发挥，在某种程度上削弱了内阁的职权。

由前文可知，军机处对题本的处理产生影响的方式是多种多样的，这与军机处所处的特殊地位是密切相连的。军机处成立伊始即被人视为"内阁之分局"，入值军机处的大臣多由内阁大学士兼职，而内阁本就

---

① 《乾隆朝上谕档》，第十册，第835页下。

② 此类情形多载于《康熙起居注》中，如康熙二十年五月二十九日辛巳条记载"大学士、学士随捧折本面奏请旨：为于成龙、詹布礼、吴什把等议往宣府运米事。上曰：'此本暂留尔衙门，俟交秋后应启奏时具奏。'"参见《康熙起居注》，第一册，第704页。

是专管题本票拟的机构。所以，从政治体制上来说，题本的内容与军机处之间并不存在隔阂。就乾隆帝本意而言，起初可能只是出于减少决策失误的目的，而将某些题本的内容就近咨询军机大臣。后随着奏折使用的扩大，为了协调题本与奏折在运作上的矛盾，开始将某些题本交由军机处暂存，或俟时机成熟之时再行提奏。行之既久，便出现了乾隆帝直接将某些题本发交军机处处理的情况。乾隆帝利用军机处，达到了直接监控题本运作的目的，进而摆脱了内阁票拟权对皇权任意发挥的限制。军机处则通过参与题本办理事宜的方式，逐步改变了自身作为内阁分局的局面，并且成功地在某种程度上成为皇权的代言人，在清廷中枢决策体制之内渐渐凌驾于内阁之上。

二　军机处辅助皇帝处理奏折

奏折在康雍两朝都是皇帝亲笔御批，假手旁人之时甚少。但是，乾隆朝奏折的数量和奏报内容都远逾前朝，所以乾隆帝多借助军机处辅助自己办理奏折。一些内容并不十分重要的奏折，通常先由乾隆帝进行简单的批示，如朱批"交部议奏"、"该部议奏"、"另有旨"、"览"等等。然后再将其发交军机处，由军机大臣据奏折内容草拟具体的意见。大略来说，军机处在奏折批答中作用如下：

（一）军机处是皇帝批答奏折的咨询机构

清代制度，军机大臣每日入值军机处，承办皇帝发交之折。每日奏折必于寅、卯二时发下，军机章京分送各军机大臣，互相翻阅，谓之"接折"。① 凡奏折上有朱批"另有旨"、"即有旨"，及未奉朱批的奏折，都要放入特制的黄匣，由军机大臣捧入面见皇帝请旨，谓之"见面"。② 据载：军机大臣"召见无时，或一次，或数次。军机大臣至上前，预敷席于地，赐坐。凡发下各处奏折，奉朱批另有旨、即有旨及未奉朱批者，皆捧入以候旨"③。在乾隆朝初年，军机大臣并不同时进见，"惟讷公亲一人承旨"④。后傅恒位居首席军机大臣之时，才改为军机大臣共同进见，"迨傅文忠首揆席，自陈不能多识，恐有遗忘，乞令军机诸大臣同见，于是遂为例。然文忠方被宠眷，晚膳后有所商榷，又独召

---

① （清）梁章钜：《枢垣记略》卷二十二，"诗文三"，第271页。
② 同上。
③ （清）托津等纂：《大清会典》（嘉庆朝），卷三，"办理军机处"，第80页。
④ （清）吴振棫：《养吉斋丛录》，卷四，北京古籍出版社1983年版，第43页。

进见，时谓之晚面"。①

君臣见面之时，若皇帝此时已经对折内政务有所决定，会直接令军机大臣拟旨。如乾隆五十三年八月二十三日，李侍尧"奏到查办海口收受陋规文武各员分别定拟一折"，在随折附片中李侍尧恳请乾隆帝能对涉案人员从轻发落，将"各员发往新疆充当苦差"，奉朱批"是，即有旨"。② 军机大臣见面之时，乾隆帝命军机大臣"俟部议上时，拟写改发新疆谕旨进呈"。乾隆五十三年九月初二日，部议将涉案人员"照拟绞候"，军机大臣即遵乾隆先前谕旨，"拟写从宽发往新疆充当苦差谕旨进呈"。③ 另外，由乾隆五十九年二月同德所奏"比较关税盈余短少数目"一折的处理过程，亦可推知奏折的办理程序。为便于理解，现将军机处的奏文抄录如下：

> 本月（乾隆五十九年二月）十五日，同德奏比较关税盈余短少数目一折，奉朱批即有旨。钦此。臣等面奉谕旨著交该部议奏，俟部议上时查照旧例酌量宽免。钦此。查乾隆五十三四两年龙江西新二关短少盈余银两曾奉旨著赔补银一万两，其余著加恩宽免等因。此次该关征收税课短少盈余五万二千余两，户工二部议令该监督照数补赔，于本日具奏，但所少数目较多，臣等遵照从前之例酌令补银二万两，余著宽免。谨拟写谕旨进呈。谨奏。④

从上文得知，乾隆帝先于同德奏折上朱批"即有旨"，遂将此折发交军机处。军机处带上请旨之时，乾隆面谕军机大臣"著交该部议奏，俟部议之时查照旧例酌量宽免"。军机处遂遵乾隆帝旨意，查照旧例拟写宽免谕旨进呈。

如果对折内所涉内容尚未形成明确的意见，皇帝则借召见军机大臣之际，或令军机处查照前例办理，或面询军机大臣意见。此时，军机大臣的意见对于奏折的最终处理结果有着重要的影响。如乾隆五十九年九月十八日，发下"江兰覆奏查明被水州县节年缓带银米数目一折"，

---

① （清）吴振棫：《养吉斋丛录》，卷四，北京古籍出版社1983年版，第43页。
② 《乾隆朝上谕档》，第十四册，第527页下。
③ 同上，第528页上。
④ 《乾隆朝上谕档》，第十七册，第761页上。

"奉朱批即有旨"。军机大臣即遵旨奏明先前此类奏折的办理情形，"查前次直隶河南二省奏到缓带银粮之折，均系交部核议再行酌量加恩拟写谕旨呈览。"据此，军机大臣建议此折应循前例办理，将此折"交部核议，俟部议上时，查照前例拟写恩旨进呈。"①

乾隆五十四年，在办理台湾各营馈送包差庇赌案件的处理过程中，军机大臣的建议直接改变了案件的处理结果。

> 查七月十八日伍拉纳奏台湾各营馈送包差庇赌各员弁请斥革，从重发往新疆效力赎罪一折，奉朱批该部议奏。钦此。又据另片声叙，此内拟以发往伊犁效力赎罪之把总虞保麟、陈龙及拟以革职之把总孙泰元曾在军营带兵出力，可否量予末减等语。奉朱批即有旨钦此。经臣等奏明，俟部议上时，照上年游击李滢革职留任之例拟写谕旨。奉旨是。钦此。今刑部核议折于本日具奏，臣等谨拟写谕旨进呈。谨奏。②

可见，正是军机大臣在面见乾隆帝时的建议，才使得对涉案人员的处理由"发往新疆效力赎罪"变为"革职留任"。军机大臣对中枢决策产生的影响力之大，由此可见一斑。

（二）军机处是奏折的转发机构

一般说来，奏折递至御前，乾隆帝会在其上朱批"交部议奏"、"该部议奏"、"另有旨"、"览"等等简单的文字。然后这些奏折会被发交军机处，由军机处根据奏折内容草拟具体的处理意见。行之既久，渐成定制，乾隆帝和军机处在奏折的处理上形成了较为固定的处理模式，在奏折的处理程序上也更加规范。军机处根据奏折所奉朱批，结合奏折涉及的内容，便可提出相应的处理意见。

奏折上所奉朱批，是军机大臣草拟谕旨的依据。朱批内容不同，其办理程序也稍有差别。就在京各衙门及科道等具奏之折而言，如果折内所奉朱批是"知道了"，军机处便根据折内内容，"缮写谕旨夹片封入

---

① 《乾隆朝上谕档》，第十八册，第219页下。
② 《乾隆朝上谕档》，第十五册，第157页下。

折内",发回原具奏衙门办理①。如果所奉朱批是"交部办理",则由"军机处抄录一分,传内阁发抄"。②所有"朱批原折敬谨存贮军机处,年底汇交。"③

外省奏折的处理方式则相对较为复杂一些。外省奏折如果所奉朱批是"该部知道",则由军机处将原折交内阁,再由内阁传抄给相关部门办理。

如乾隆三十四年四月初八日,"直隶总督杨廷璋奏动支耗羡银两一折,奉朱批'该部知道'。钦此。查向来此等奏折例交内阁抄发该部查核。"④又如,乾隆三十七年三月,"十七日四川总督桂林奏到请将林升署叙永厅同知一折,奉朱批'著照所请行,该部知道'。钦此。查此折例应即交内阁传抄。"⑤

一般来说,只要外省奏折所奉朱批中有"该部"字样,所办程序都是如此,"查各省督抚等奏折钦奉朱批有'该部'字样者,臣等即交司员等抄录,交内阁传抄"⑥。因这类奏折所奏内容多涉各部事务之故。

另外,如果是地方督抚保举属员之折,其所奉朱批是"该部议奏",办理程序与前文所述大致相同。不同之处在于,如果皇帝在召见军机大臣之时,令军机大臣"部覆时,拟写准行谕旨",那么即使是该部循例议驳,亦由军机大臣拟写准行谕旨进呈皇帝。此即意味着督抚的提议获得批准。如乾隆四十九年十二月二十一日,山西巡抚农起上奏折"奏请以太原府知府蒋兆奎升补河东运使",奉旨该部议奏。同时,军机大臣又面奉谕旨"俟部覆时,拟写准行谕旨"。所以,在十二月二十四日,尽管吏部以蒋兆奎"与例不符议驳"具奏,军机处还是遵旨拟写准行谕旨进呈乾隆帝。⑦乾隆四十九年二月二十四日,"奉旨蒋兆奎著照该抚所请准其升补河东盐运使"。⑧类似的例子在《乾隆朝上谕档》中还有很多,现再举一例:

---

① 《乾隆朝上谕档》,第五册,第480页上。
② 《乾隆朝上谕档》,第四册,第289页下。
③ 同上。
④ 《乾隆朝上谕档》,第五册,第747页下。
⑤ 《乾隆朝上谕档》,第七册,第14页下。
⑥ 《乾隆朝上谕档》,第六册,第796页上。
⑦ 《乾隆朝上谕档》,第十二册,第422页下。
⑧ 同上。

查本年十月二十四日漕运总督毓奇奏请仍留推升都司之卫守备李开第,以禅漕务一折,奉朱批该部议奏。钦此。又奉旨如兵部议驳,写准行谕旨。钦此。今据兵部照例议驳,于本日具题,臣等谨写准行谕旨随本进呈。谨奏。①

乾隆五十一年十一月二十四日奉旨"李开第著照该督所请行。钦此。"② 可见,最终结果是以军机处所拟谕旨为准,部议徒走形式而已。

如果外省奏折所奉朱批为"知道了",则例不发抄,而由具折人接奉朱批后自行咨部办理。假如所奏内容事涉紧急,军机处则代为发抄咨部办理。"查各省督抚等奏折……其朱批知道了等折,向不交发。该督抚等接到后如系应行咨部者,即抄录原折自行咨部。但其中间有关系紧要必应即时交部办理者,臣等亦令该司员等回明酌量发抄。"③ 可见,由军机处代办咨部者,必须是奏报紧急之事的奏折。

如果外省奏折所奉朱批为"览"或"知道了",其奏报内容需交部议者,亦由军机处发抄相关衙门。如乾隆四十二年十月二十日,军机处奏:"昨河南布政使荣柱明白回奏并请交部严加议处一折,奉朱批览。钦此。向来外省奏折有应交部议者,钦奉朱批览,暨知道了。臣等即行发抄。"④ 又如,在乾隆四十九年"十二月二十四日河南巡抚何裕城汇奏查禁鸟枪一折,奉朱批览。钦此。例应交部。"⑤

比较特殊的是对奉有朱批"交部速议"奏折的处理。一般来说,奉此朱批之折基本上奏报的都是紧急政务。所以,无论是在京折还是外省奏折,必须即日由军机处抄交内阁,次日到部,"部中缮稿于第三日具奏"⑥,期间共需时三天。如果有特殊情况,则不发抄内阁及各部,所有缮稿覆奏之事由军机处代办。如乾隆三十九年十月十三日,有"仓场侍郎奏到漕船冰冻一折,奉旨催办覆稿",因事涉紧急,不及循例办理。军机处便奏请乾隆帝允许"由军机处缮稿进呈。俟命下,由

---

① 《乾隆朝上谕档》,第十三册,第599页上。
② 同上,第599页下。
③ 《乾隆朝上谕档》,第六册,第796页上。
④ 《乾隆朝上谕档》,第八册,第801页下。
⑤ 《乾隆朝上谕档》,第十二册,第558页上。
⑥ 同上书,第326页上。

六百里发交浙江及沿途督抚暨漕运总督,并就近行知仓场侍郎妥筹办理。"①

嘉庆朝在重修会典时将前述军机处对朱批奏折的处理程序总结为如下数语:

> (奏折)俟钦定发下后,特降者即发抄,因奏请而降者,即同折发抄。其余奏折,如奉朱批该部议奏,该部知道者,亦即发抄。其朱批览,或朱批知道了,或朱批准驳其事,或朱批训饬嘉勉之词,皆视其事系部院应办者即发抄,不涉部院者不发抄。其发抄者,皆交内阁中书领出传抄。凡未奉有朱批之折,即以原折发抄。②

军机处奏折发抄,也有相关的制度规定。每日,先由内阁中书到军机处领出需要发抄之折,然后由内阁满票签处负责传知各相关衙门到内阁抄录。"每日军机处、奏事处交发事件应传抄者,分别清文汉文",由满票签处"传到各该处司员到阁抄出"。③ 内阁传抄完毕,即将所领之折交回军机处,与"不发抄之折,一并备案"④。凡是奏折奉有朱批,无论是否发抄,均由军机处另"抄录一分",以备稽察。如果"朱批原折系在京衙门之折,即存军机处汇缴"⑤。如果朱批原折是外省奏折,"系专差赍奏者,交内奏事封发",交赍递者带回;"由驿驰奏者,即由军机处封交兵部捷报处递往";若奏折是由驿站递达,但"发还不须亟亟者"则封存军机处,"遇便发往"。⑥

奏折循例应该发抄而军机处遗漏未发抄,军机大臣则需将相关失职者奏请议处。如,乾隆四十五年十二月十日,军机大臣就因未将勒尔谨原折发抄,奏请将失职的相关人员交部察议。原文附录如下:

> 臣阿等谨奏为参奏事,本年二月初一日勒尔谨奏查阅营伍情形

---

① 《乾隆朝上谕档》,第十二册,第326页上。
② (清)托津等纂:《大清会典》(嘉庆朝),卷三,"办理军机处",第81页。
③ (清)托津等纂:《大清会典》(嘉庆朝),卷二,"内阁·满票签处",第73页。
④ (清)托津等纂:《大清会典》(嘉庆朝),卷三,"办理军机处",第82页。
⑤ 同上书,第81页。
⑥ 同上。

一折，奉朱批知道了。钦此。查此折内有都司富僧阿年力就衰骑射维艰，请旨交部议处等语。军机处该班司员未经发抄，殊属遗漏。除将勒尔谨原折补行发抄外，理合请旨将该班司员交部察议。谨奏。①

综上所述，军机处负责奏折的中转，起承上启下的作用，是奏折高效运转及决策顺利进行必不可少的中间环节。

（三）军机处直接批答奏折及审核奏折所奉朱批

军机处在奏折批答过程中还承担着两种职责，即直接批答奏折和审核奏折所奉朱批。这两种职责使得军机处在清廷决策过程中表现出了更强的主动性。

所谓军机处直接批答奏折，并非军机处替代皇帝直接在奏折上批示，而是指皇帝对奏折不发表具体意见，直接将奏折交发军机处，令军机处就奏折内容草拟谕旨，然后再将拟好的谕旨进呈御览。乾隆四十六年十二月，"毕沅奏拿获科场作弊之方大中审拟一折"的处理过程即为明证。此件奏折先由乾隆帝直接发交军机处，令军机处拟写谕旨。军机处遵旨根据奏折内容先行草拟出初步的处理意见，然后进呈御览。此折处理详情如下：

> 发下毕沅奏拿获科场作弊之方大中审拟一折，令臣等拟写谕旨。查折内储椿年一犯别省有无拿获咨部之处，现在交查刑部，俟覆到时再行拟写谕旨进呈。其毕沅原折拟写该部议奏谕旨发抄，合并陈明。谨奏。
>
> 十二月十二日②

由于需要行文刑部，确认涉案人员储椿年是否被外省拿获，故此折由军机处代拟"该部议奏"谕旨进呈乾隆帝。随后，刑部咨覆军机处称"自上年行文严缉后，并未据各省咨报拿获"③，所以军机处又于十二月十三日寄信各省督抚设法查拿储椿年。因该廷寄对案件的处理过程

---

① 《乾隆朝上谕档》，第十册，第313页上。
② 《乾隆朝上谕档》，第十册，第942页上。
③ 同上。

第三章 乾隆朝军机处职权的形成及发展

言之甚详，故原文抄录如下：

> 尚书和字寄
>
> 各省督抚，乾隆四十六年十二月十三日奉上谕，本日据毕沅奏署咸宁县知县徐大文拿获上年顺天乡试舞弊之方大中一犯严审定拟一折，已交该部议奏，并令将徐大文送部引见矣。此外，尚有储椿年一犯，查缉已久，未据弋获。此等科场作弊要犯，自应迅速就获，照例严办，方足以示惩儆。岂可任其兔脱远飏，久逃法网？著传谕各省督抚，即将储椿年设法跴访，严密查拿务获，毋得视为通缉具文。将此各传谕知之。钦此。遵旨寄信前来。①

在该折处理过程中，无论是咨问刑部，还是给地方各省督抚发廷寄指示，军机处都发挥了主导的作用。虽然军机处的行动都以获得乾隆的允准为前提，事前请示，事后奏报，但却表明乾隆朝军机处对于奏折处理所发挥的作用远逾雍正朝，其在决策过程中所发挥的影响也是清廷其他部门所不能比拟的。

另外，军机处还部分负有对朱批审核的职责。如果某件奏折所奉朱批不明晰，或朱批内容没有涵盖折内所涉及的全部内容，军机大臣就会提出自己的意见，并奏请皇帝。在乾隆五十一年十二月，陕西按察使周樽有奏报"清查保甲"一折，其所奉朱批为"实力妥协为之，不在空言"。但是，此朱批未涉及折内所奏及"本年窃案册籍与上年比较分别多寡，定以处分"的内容，故而军机大臣拟写"该部议奏"谕旨，连同原折一并呈报乾隆帝。为便于理解，现将军机处具奏之文抄录如下：

> 昨日陕西按察使周樽奏到清查保甲一折，奉朱批实力妥为之，不在空言。钦此。臣等查阅原折内将本年窃案册籍与上年比较分别多寡，定以处分等语，应行交部核议。臣等谨拟写该部议奏谕旨，同原折一并进呈。谨奏。
>
> 十二月二十七日②

---

① 《乾隆朝上谕档》，第十册，第942页下。
② 《乾隆朝上谕档》，第十三册，第659页下。

同时，这也表明了军机处可以对皇帝在奏折处理过程中的某些阙失提出补充意见。当然，这都是在皇帝允许的范围之内进行的，其具体效果如何直接反映的是皇帝个人的喜好及对军机大臣的信赖程度。

　　由前文可见，军机处在奏折的运转程序中发挥了极其重要的作用，是整个奏折批答过程中不可或缺的环节，也是清廷中枢决策过程中的关键。正是因为承办奏折成为军机处的日常职掌，军机处才得以插手清廷诸项重要政务，从而确立了其在清廷中枢决策机构中的地位。

三　军机处负责谕旨之撰拟及发布

　　所谓谕旨，特指清代皇帝日常发布政令的专用文书，是清廷决策最主要的政情输出方式。据嘉庆朝《大清会典》记载，"谕"和"旨"有着不同的含义："特降者为谕，因所奏请者为旨。"① 也就是说，皇帝主动发布的命令为"谕"；因臣工奏请而作的批示和答复为"旨"。谕旨是清廷最高统治者"施政意志的集中体现，它具有极高的法律效能和行政约束力"②。

　　前文已述，在雍正朝，军机处已经开始涉足谕旨之撰拟。到乾隆朝时，撰拟上谕正式成为军机处的主要职权之一，军机大臣"掌书谕旨"。谕旨最初由军机大臣按照皇帝的意图草拟，后军机大臣为避专擅之名，而改由军机章京草拟，军机大臣阅定，奏呈皇帝审阅，经皇帝同意或改定后下发。③ 满章京写满文谕旨，汉章京写汉文谕旨。④

　　每日，奏折经过皇帝御览后，于寅、卯二时发交军机处，由军机章京分送各军机大臣互相审阅，谓之"接折"。凡是未奉朱批的奏折，以及奉有朱批"另有旨"、"即有旨"的奏折，都是需要军机大臣面请旨意者。此类奏折都要放入黄匣之中，由军机大臣捧入请旨，此谓之"见面"。⑤ 军机章京书写谕旨之时，若字数较多时间短，则于草稿中截定行款，分由多人缮写，谓之"点扣"。个人写毕，"糊而联之"，谓之"接扣"。写毕，由"达拉密覆校后，贮于黄匣送军机大臣恭阅，无误，

---

① （清）托津等纂：《大清会典》（嘉庆朝），卷三，"办理军机处"，第81页。
② 《乾隆朝上谕档》，第一册，前言。
③ （清）赵翼：《檐曝杂记》，卷一，"军机处"条，第1页。
④ （清）梁章钜：《枢垣记略》，第十四卷，"规制二"，第142页。
⑤ （清）梁章钜：《枢垣记略》，第二十二卷，"诗文三"，第272页。

始付内监递进",恭候皇帝阅定,谓之"述旨"。①

军机处所撰拟的谕旨包括内阁明发上谕和廷寄两个部分,其格式、内容及下发渠道各异。就格式而言,明发上谕多以"内阁奉上谕"为开首语,廷寄则以"军机大臣字寄"为开首语。"明发用六行格式,廷寄用五行格式。凡寄信中遇人名、地名、数目字均不得回行写"②,以防作弊。

就内容而言,明发上谕主要以"巡幸上陵、经筵、蠲赈及内臣自侍郎以上、外臣自总兵、知府以上黜陟调补"等公开内容为主;廷寄内容相对较为机密,以"诰诫臣工、指授兵略、查核政事、责问刑罚之不当"为主。③

就发下途径而言,明发上谕由军机处拟好,奏呈皇帝御览,经过皇帝批准或改定后,再由军机处交到内阁票签处。因臣下奏请的随折谕旨,交内阁汉票签处;不因臣下奏请,而是皇帝主动发出的旨,则交内阁满票签处。④ 谕旨及相关奏折发到内阁后,"由内阁传知各衙门抄录遵行"。⑤ 内阁专设"外记簿"记载"中外诸臣奏折奉旨允行,及交部议覆者",设"上谕簿"记载特降谕旨⑥。内阁下又设稽察房,专为皇帝催办、检查和汇报各部院衙门执行上谕的情况。"每日军机处交出清汉字谕旨,由票签处移交稽察房存储",每月汇奏一次。⑦ 乾隆二十三年,乾隆帝为督促各衙门迅速完结上谕指示,防止内阁在转递谕旨时发生遗漏,又下令:"军机处交发内阁票签处事件,令军机处专司交发之满汉章京,将逐日所交上谕及折奏等件,每届十日汇开一单,交票签处,转交各该衙门逐一查对。如有遗漏,若系寻常事件,即可迅速补抄。如事关紧要,除一面补抄赶办外,将遗漏之员,参奏议处。如开单

---

① (清)梁章钜:《枢垣记略》,第二十二卷,"诗文三",第272页。
② (清)继昌:《行素斋杂记》,卷上,上海书店1984年影印版。
③ (清)周寿昌:《思益堂日札》,卷五,"谕旨诰命文字",中华书局1987年版,第251页。
④ (清)梁章钜:《枢垣记略》,第二十二卷,"诗文三",第272页。
⑤ (清)昆冈等修:《大清会典事例》(光绪朝),卷十五,"内阁","承宣谕旨",第198页。
⑥ (清)允裪等修:《钦定大清会典则例》(乾隆朝),卷二,"内阁"《景印文渊阁四库全书》,第920册,第57页。
⑦ (清)昆冈等修:《大清会典事例》(光绪朝),卷十五,"内阁·稽察各部院事件",第202页。

十日之内,并无遗漏事件,即于单内注明缴回。至票签处传抄后,稽察房即将票签处原领折奏事件,按日抄记一册,俟各衙门知会到日,即照册内件数,逐一查对,如有遗漏,即发片询问。"① 由明发上谕的运转程序可见,内阁发挥转达和监督部院执行的职能。

廷寄谕旨则由军机处拟好,经御览批准后,由军机处封好,若需交地方官员,则由军机处交兵部捷报处由驿站驰递给当事人;若是"交各部院速议速办者,即专交各该部院"②。廷寄出现于雍正年间,由张廷玉所创。据《枢垣记略》所载,成熟后的廷寄的格式为:其以"军机大臣字寄某人"或"军机大臣传谕某人"为开头③,接着以"某年某月某日奉上谕"的形式标明所奉上谕的时间,然后叙述上谕的内容,最后以"遵旨寄信前来"为结尾。④ 然此为廷寄成熟后的格式,雍正朝时廷寄的格式并未如此规范。将雍正朝与乾隆朝之廷寄作一番比较,可知廷寄格式变化最为显著之处在廷寄上列衔的格式。

根据收录于《雍正朝汉文谕旨汇编》中59份廷寄,列表如下:

序号	列 衔 格 式	时 间	出 处
1	大学士富宁安、朱轼、张廷玉面奉上谕	雍正五年七月十一日	第一册,第273页上,第384则
2	和硕怡亲王、大学士张、尚书蒋字寄某省总督	雍正六年正月十一日	第一册,第301页上,第423则
3	和硕怡亲王、大学士张字寄山西巡抚石	雍正六年五月初五日	第一册,第327页上,第450则
4	大学士马、大学士张、蒋字寄山东署巡抚费	雍正七年九月初十日	第二册,第33页上,第47则

---

① (清)昆冈等修:《大清会典事例》(光绪朝),卷十五,"内阁","稽察各部院事件",第203页。
② (清)梁章钜:《枢垣记略》,第二十二卷,"诗文三",第272页。
③ (清)梁章钜:《枢垣记略》,卷十三,"规制一",第136页,载:"行经略、大将军、钦差大臣、将军、参赞大臣、都统、办事领队大臣、总督、巡抚、学政曰:'军机大臣字寄',其行盐政、关差、藩臬曰:'军机大臣传谕'。"
④ (清)梁章钜:《枢垣记略》,"规制一",卷十三,第136页

续表

序号	列衔格式	时间	出处
5	大学士公马、大学士张、蒋字寄广东观风整俗使焦	雍正八年七月十八日	第二册,第80页上,第122则
6	大学士公马、大学士张、蒋、尹、副将军兵部尚书查、内大臣步军统领阿、内大臣理藩院尚书特字寄四川提督黄	雍正九年正月初七日	第二册,第90页下,第143则
7	大学士公马、大学士张、蒋、尹、副将军兵部尚书查、内大臣步军统领阿、内大臣理藩院尚书特字寄四川巡抚宪	雍正九年正月初七日	第二册,第91页上,第143则
8	大学士公马、大学士张、蒋、内大臣步军统领阿、内大臣理藩院尚书特字寄宁远大将军岳	雍正九年六月二十日	第二册,第98页上,第155则
9	大学士公马、大学士张、蒋、内大臣理藩院尚书特字寄宁远大将军岳	雍正九年七月二十七日	第二册,第101页下,第156则
10	领侍卫内大臣公丰等字寄宁远大将军岳	雍正十年正月二十四日	第二册,第106页下,第195则
11	大学士鄂等字寄宁远大将军岳	雍正十年正月二十八日	第二册,第107页下,第161则
12	大学士张等字寄署总督查	雍正十年八月初一日	第二册,第140页上,第235则
13	大学士张、内大臣理藩院尚书特、内大臣户部侍郎海、领侍卫内大臣拉字寄署总督查	雍正十年八月初三日	第二册,第141页上,第236则
14	领侍卫大臣英诚公丰等字寄副将军常、张等	雍正十年八月初八日	第二册,第141页下,第237则
15	领侍卫内大臣英诚公丰等字寄大学士伯鄂	雍正十年八月初八日	第二册,第142页下,第238则
16	大学士张等字寄大学士伯鄂	雍正十年八月初十日	第二册,第143页下,第240则

续表

序号	列衔格式	时间	出处
17	大学士张字寄广东将军柏	雍正十年八月十四日	第二册，第144页下，第241则
18	大学士张等字寄大学士伯鄂	雍正十年八月十八日	第二册，第145页上，第242则
19	大学士张等字寄大学士伯鄂	雍正十年八月二十一日	第二册，第146页上，第243则
20	大学士张等字寄大学士伯鄂	雍正十年八月二十一日	第二册，第146页下，第244则
21	大学士张等字寄大学士伯鄂	雍正十年八月二十四日	第二册，第147页下，第245则
22	大学士张、内大臣户部侍郎海字寄广东总督鄂	雍正十年八月二十八日	第二册，第148页上，第246则
23	领侍卫内大臣英诚公丰等字寄大学士伯额	雍正十年八月二十八日	第二册，第149页上，第247则
24	大学士张等字寄大学士伯鄂	雍正十年九月初二日	第二册，第152页下，第252则
25	领侍卫内大臣英诚公丰、大学士张、内大臣户部侍郎海、都统管理藩院事莽等字寄署宁远大将军查	雍正十年九月十八日	第二册，第157页上，第262则
26	大学士张、内大臣户部侍郎海字寄广东总督鄂、广东巡抚杨	雍正十年十月初七日	第二册，第162页下，第269则
27	大学士张、内大臣户部侍郎海等字寄署宁远大将军查、副将军张、常	雍正十年十月十一日	第二册，第164页上，第272则
28	大学士张字寄福建总督郝、福建巡抚赵	雍正十年十一月十一日	第二册，第169页下，第283则
29	大学士鄂、张字寄四川总督黄、四川巡抚宪	雍正十年十一月十一日	第二册，第171页下，第284则
30	大学士鄂、张字寄署两江总督魏	雍正十年十一月十四日	第二册，第173页上，第287则
31	大学士鄂、张字寄福建总督郝	雍正十一年正月十九日	第二册，第175页下，第293则

续表

序号	列衔格式	时间	出处
32	大学士伯鄂等字寄署宁远大将军查、副将军张	雍正十一年二月初五日	第二册，第176页下，第295则
33	大学士张字寄山西巡抚石	雍正十一年二月二十日	第二册，第178页上，第297则
34	领侍卫内大臣公丰等字寄署宁远大将军查、副将军张等	雍正十一年三月初四日	第二册，第182页上，第300则
35	大学士张字寄山西巡抚石	雍正十一年四月初四日	第二册，第187页上，第306则
36	大学士张等字寄署宁远大将军查、副将军张等	雍正十一年四月初八日	第二册，第187页下，第308则
37	领侍卫内大臣公丰等字寄署宁远大将军查	雍正十一年四月十五日	第二册，第189页上，第310则
38	大学士鄂、张字寄安徽巡抚徐	雍正十一年六月十四日	第二册，第195页上，第323则
39	大学士鄂、张字寄河东总督王	雍正十一年七月十四日	第二册，第197页上，第325则
40	大学士鄂、张字寄漕运总督魏	雍正十一年七月十九日	第二册，第197页下，第326则
41	大学士鄂、张字寄广西巡抚金	雍正十一年八月初三日	第二册，第198页下，第328则
42	大学士伯鄂等字寄署大将军查	雍正十一年十月初四日	第二册，第201页上，第333则
43	大学士伯鄂字寄福建总督郝	雍正十一年十一月十一日	第二册，第202页上，第336则
44	大学士伯鄂字寄湖广总督迈	雍正十一年十一月二十日	第二册，第203页下，第338则
45	大学士伯鄂字寄湖广总督迈	雍正十一年十一月二十一日	第二册，第204页下，第339则
46	大学士张字寄河东总督王	雍正十二年二月二十一日	第二册，第214页上，第355则

续表

序号	列衔格式	时间	出处
47	大学士鄂、张字寄福建总督郝	雍正十二年三月初九日	第二册,第214页下,第357则
48	大学士鄂、张字寄河东总督王	雍正十二年三月二十六日	第二册,第217页上,第360则
49	大学士鄂、张字寄四川巡抚鄂	雍正十二年四月十一日	第二册,第219页下,第364则
50	大学士鄂、张字寄广东总督鄂、广东巡抚杨	雍正十二年四月二十五日	第二册,第220页上,第366则
51	大学士鄂、张字寄浙江总督程	雍正十三年五月二十四日	第二册,第220页下,第367则
52	大学士鄂、张字寄长芦盐政鄂	雍正十二年八月十六日	第二册,第223页下,第374则
53	庄亲王密寄海保、隆昇	雍正十三年十月十三日	第二册,第321页下,第559则
54	大学士张字寄大学士嵇	雍正十三年十月十四日	第二册,第322页下,第562则
55	总理事务庄亲王、果亲王、大学士鄂、张字寄各省督抚	雍正十三年十月十六日	第二册,第324页上,第566则
56	大学士鄂、张字寄浙江巡抚程	雍正十三年十一月初二日	第二册,第348页下,第609则
57	大学士鄂、张字寄江南总督赵	雍正十三年十一月初六日	第二册,第349下,第613则
58	总理事务王大臣等字寄经略苗疆湖广总督张	雍正十三年十一月二十日	第二册,第364页上,第646则
59	总理事务王大臣字寄经略苗疆湖广总督张	雍正十三年十一月二十四日	第二册,第368页下,第655则

资料来源:《雍正朝汉文谕旨汇编》。

虽然上表所列不可能是雍正朝的全部廷寄,但将其仔细研究还是能得出如下结论:一是就列衔的内容及顺序而言,雍正朝廷寄列衔者不列军机大臣衔,多列本职官衔,以职位的高低确定列衔的前后次序。廷寄的领衔者多为大学士,满大学士位列汉大学士之前,此外还有亲王、领侍卫内大臣公。

二是就列衔的人数而言。列衔者数目不定,以集体列衔为多,单独列衔者较少。列衔者最多时达到7人(如6和7),间有5人列衔者(如8),最常见的是3到4人。

三是列衔者为廷寄发出时在军机处当值者,并不是所有的军机大臣都列衔。

表中所列第28条和第29条廷寄与其他廷寄相比较为特殊。这两条廷寄同于雍正十年十一月十一日发出,但列衔者却不相同。第28条是张廷玉单独列衔,而第29条则是鄂尔泰和张廷玉二人同时列衔。为什么一天之内,列衔者却不相同呢?在此,只能先大胆假设它们不是同时发出。第28条廷寄发出时,鄂尔泰可能并未在军机处当值,故不列衔。第29条廷寄发出时,鄂尔泰已经在军机处当值,所以在廷寄上列衔。虽暂无直接证据证明此点,但却不乏旁证。

考察上表可知,第10条廷寄是鄂尔泰最早列衔的。但是,从第12条廷寄起至第28条廷寄止,鄂尔泰均未在廷寄上列衔。莫非此段时间他没有任军机大臣么?事情没有那么简单。考之《清世宗实录》,在雍正十年七月丁酉这天有记载:"命少保大学士伯鄂尔泰,督巡陕甘,经略一应军务,颁给印信。"① 原来鄂尔泰自七月起,便已经驰赴陕西办理军务了。这段时间鄂尔泰一直未在京城,虽是军机大臣,但未在军机处当值,所以没有在廷寄上列衔。

此外,乾隆朝"上谕档"中所收录的两件类似廷寄也提供了佐证。乾隆四十九年五月十五日也发出两道列衔不同的廷寄,一道是发给湖广总督特成额和河南巡抚何裕城的,列衔者为尚书和珅、尚书福康安②。另一道是发给大学士阿桂的,仅和珅一人列衔③。而且,乾隆朝"上谕档"中还有这样一条记载:"乾隆四十九年五月十五日奉旨富康安现在出差,所有行在兵部印钥著和珅兼管。钦此。"④ 由此可以推定,在发完第一道廷寄后,因福康安临时因公出差,便不在军机处当值了(福

---

① 《清世宗实录》,卷一二一,雍正十年七月丁酉,第596页。
② 《乾隆朝上谕档》,第十二册,第153页上。
③ 同上书,第153页下。
④ 同上。

康安依然是军机大臣)。在第二道廷寄发出的时候,福康安并未当值,故未署名。

综上,雍正时期在廷寄上列衔之人是当时在军机处当值者,如军机大臣因故未当值,则不在廷寄上列衔。如此,前文所提到的鄂尔泰的列衔问题便迎刃而解了,也能理解为什么雍正朝廷寄的列衔者变化如此频繁了。

乾隆朝廷寄的数量远逾雍正朝,廷寄格式较雍正朝也规范了许多。廷寄格式变化最为显著的是集体列衔的人数逐步减少,渐渐演变为固定的几人。

由《乾隆朝上谕档》中所收录的廷寄可知,集体列衔依然占据廷寄的多数,列衔最多时曾达到6人之多,如乾隆四年四月二十六日寄给云南总督庆和云南巡抚张的一件廷寄上,列衔者为"大学士伯鄂、张、大学士徐、尚书公讷、尚书海、那"①。但列衔人数为二人或一人,尤其是单独列衔廷寄较雍正朝更为常见,以至于后人误认为,乾隆年间廷寄列衔者皆领班军机大臣为首,"乾隆年间寄信,皆领班之军机大臣出名"②。

乾隆朝廷寄单独列衔者以满军机大臣为主,前期主要是傅恒列衔。邓之诚先生曾见过乾隆十七年廷寄,对此有过详细描述,"《乾隆十七年廷寄》,皆寄交直隶总督方观承,另缮成册者。""此册所寄信,首曰大学士公傅字寄,或曰大学士傅大学士来字寄,中录上谕,末曰遵旨寄信前来"③。后期则以和珅列衔为多(首席军机大臣为阿桂,但因常年在外,故廷寄多以和珅署名),亦可见乾隆帝对此二人宠任之专。汉族大臣中除张廷玉偶一为之外④,仅有于敏中一人。时为乾隆三十六年二月,乾隆帝出巡山东,"大学士尹继善、刘统勋、协办大学士尚书刘纶俱未随扈,经本处奏请面奉谕旨,清字寄信著尚书福隆安出名,汉字寄信著尚书于敏中出名"⑤。汉军机大臣单独列衔在当时应是特例。

---

① 《乾隆朝上谕档》,第一册,第427页下。
② (清)梁章钜:《枢垣记略》,卷十三,"规制一",第136页。
③ 邓之诚著,邓瑞点校:《桑园读书记》,"乾隆十七年廷寄",辽宁教育出版社"新世纪万有书库"1998年版,第18页。
④ 《乾隆朝上谕档》,第一册,第22页下,载有寄谕湖广总督和湖南巡抚的一件廷寄,为大学士张廷玉单独列衔,时为乾隆元年二月二十七日。
⑤ (清)梁章钜:《枢垣记略》,卷十三,"规制一",第136页。

嘉庆二年，廷寄列衔的格式又稍有变化。嘉庆二年八月二十三，阿桂卒。大学士和珅在一段时间内于廷寄上单衔列名，如嘉庆二年九月初四日，"大学士伯和字寄署两江总督苏、江苏巡抚康"①。然而，到嘉庆二年九月初六日，军机处发出的廷寄开首语为"军机大臣字寄署两江总督苏、漕运总督富、河运总督兰、山东巡抚伊、江苏巡抚康"②，自此廷寄列衔中才出现"军机大臣"字样。

廷寄列衔改为"军机大臣"字样，是因为乾隆帝"惩于和珅专权"③。史载："嘉庆二年，阿文成公卒，九月，太上皇召见枢臣于万寿山，谕和珅曰：'阿桂宣力年久，且有功，汝随同列衔，事尚可行。今阿桂身故，单挂汝衔，外省无知，必疑事皆由汝，甚至称汝师相，汝自揣称否？'词色甚厉。嗣后遂止写军机大臣，不列姓名，著为例。"④ 可见，乾隆帝已对和珅专擅有所警惕，改变廷寄署名之例，也是防微杜渐之举。

综上所述，廷寄署名之例的变迁反映了廷寄的格式逐渐趋于规范。署名的大臣由承旨者的个人官衔职名到署"军机大臣字寄"字样，逐渐淡化了廷寄中军机大臣个人的色彩，表明廷寄的撰拟与发布乃军机处之专责。

军机处掌握撰拟谕旨的权力，一方面是对内阁拟旨权力的侵夺，此后内阁所拟文书仅限于"批内外臣工题本常事"之旨和"颁将军、督抚、学政、提镇、总兵官、榷税使"之敕⑤。同时，军机处所撰谕旨，尤其是廷寄，无论是机密性还是重要性都较内阁所拟为高，对于清廷政令的传达有着极为重要的意义。

四　军机处参与中枢决策的其他方式

军机处除了通过前述诸种方式来参与中枢决策外，还有其他一些方式对清廷的中枢决策产生影响，如通过军机处公启干预决策、参议政事、监察政务等。现分述如下：

---

① 《嘉庆道光两朝上谕档》，第二册，第253页。
② 同上书，第254页。
③ 邓之诚著、邓瑞点校：《桑园读书记》，"乾隆十七年廷寄"，第19页。
④ （清）陈康祺著，晋石点校：《郎潜纪闻·二笔》，卷三，"谕旨前军机署名之例"，中华书局1984年版，第376页。
⑤ （清）周寿昌：《益思堂日札》，卷五，第251页，"谕旨诰命文字"。

（一）军机处通过"公启"干预决策

在乾隆朝，军机处除了通过参与奏折的批答，对奏折发挥影响外，还通过另外一种重要的文书"公启"，对清廷中枢决策发挥着不容忽视的影响力。

吴振棫在《养吉斋丛录》中对乾隆朝军机处公启的记载如下：

> 尝于故牍中见乾隆间公启，用素纸折书，折面书启字，折内书：启者，某月日奉旨云云，钦此云云，专此布达，不一。后书：某某仝启。但列姓名，不书官。今则不复有公启矣。①

为便于对公启格式有更直观的认识，特将《乾隆朝上谕档》中所收录的一件公启全文转引如下：

> 启者，本日福四大人奏请将镇西府属宜禾、奇台二县生童就近归该府局试等因一折，奉朱批该部议奏。钦此。又面奉谕旨所奏系实在情形，自应议准。钦此。
> 贵部即遵旨议准，应较寻常所奏事件稍为迅速。专此布达，顺候近祺不一。
> 福、梁、和、董同具
> 　　　　　　　　　　　　　　（乾隆五十年）六月初三日②

由于此类公文在后世已经不复使用，限于史料的缺乏，难以考证其始末缘由。但是，通过《乾隆朝上谕档》中对收录的几件军机处公启，还是能对其内容有大致的了解，进而可判断出其在清廷中枢决策中所发挥的作用。

由上文所引公启可知，公启的内容主要是乾隆帝对某件奏折所奏报的政务的处理意见，军机处通过公启的形式将旨意传达给相关部门，指示其应办理此事"应较寻常所奏事件稍为迅速"方为妥当。所以，公启应该和廷寄具有相似的功能，都是军机处传达谕旨的工具。

---

① （清）吴振棫：《养吉斋丛录》，卷四，第43页。
② 《乾隆朝上谕档》，第十二册，第653页下。

不过，军机处公启还具有补充上谕，使上谕更明晰的功能。如乾隆五十二年八月二十九日，军机处发出一件公启，其目的就是补充乾隆帝先前申饬造办处的谕旨。由于造办处载"活计单"内书写"大罩棚"字样不恰当，乾隆帝予以申饬。然而，造办处办差者不止一人，为了明确责任，乾隆帝随后又特别指出，此事"系专交舒文办理"，所有"不合之处"与"伊龄阿无涉，只令舒文明白回奏"①。随即，军机处将此以公启的形式通知相关人等。

除了具有传达旨意、补充谕旨的功能之外，军机处还可通过公启与具折人直接进行政务处理信息的沟通。下面这件公启所言内容即是证据。

启者，本日奏到各折内有接奉筹办米麦训谕覆奏一折。此事前寄信内已奉有不必再行具奏之谕，此时若仍行覆奏，转似烦渎，是以公同商酌未经代为呈递。其余二件即饬司员随本报进呈。再刘中堂、彭大人现在总办两阁书籍，不能分身来滦带领引见一事，本日召见适蒙询及，已将来札之意代为奏明。奉旨刘墉、彭元瑞现在阅看书籍，即六七两月亦可无庸前来，统俟校书完竣后于八月再来亦可。所有现在吏兵两部引见惠龄玛与阿海宁，不看书之人尽可令其带领前来等因。钦此。专此奉达，并候台祺不一。

绵二阿哥处将原折撤下未递之处，祈代为道及。

（乾隆五十二年五月）二十四日②

此件公启虽未具落款，但由文中"本日奏到各折内有接奉筹办米麦训谕覆奏一折。此事前寄信内已奉有不必再行具奏之谕，此时若仍行覆奏，转似烦渎，是以公同商酌未经代为呈递"之语可知，此件公启应有和珅参与。因为，和珅时任军机大臣并兼御前大臣，他曾利用其兼管奏事处之便，"将各省奏报及在京各衙门奏折任意压搁"③，与该件公启内所言情形相符。

---

① 《乾隆朝上谕档》，第十三册，第962页下。
② 同上书，第843页下。
③ （清）庆桂等编：《国朝宫史续编》，卷三二，"典礼二六"，"勤政二"，北京古籍出版社1994年版，第262页。

该公启所言内容有二，一是认为所具奏之折与已经发出的廷寄内的指示不符，故而将其扣压不予呈递，以免烦渎。二是就刘墉、彭元瑞先前曾札商军机处之事的回复。刘彭二人有事请示乾隆帝，不是直接上奏，而是提前致信军机处，再由军机处转奏乾隆帝。虽然此事并非重要政务，但是由此亦可反映出军机处权力之大。公启全文的语气显示出此时军机处所具有的皇帝代言人的身份。

此外，军机大臣还能通过公启指示官员如何具折言事。下面抄录乾隆五十二年七月和珅所出具公启一件，可说明此点。

> 接奉钧函谨悉一切，所有审办张李氏一案，本日仰蒙垂询现在曾否审明，随以京中曾有信来业已审明，于下报具奏之处登答。至画像内太守一节未蒙询及。特此布闻。所有审讯一案，务于下报缮折具奏为妥肃。复顺请崇安不备。
>
> 　和珅顿具
>
> 　　　　　　　　　　　　　　　（乾隆五十二年七月）初七日①

此件公启的内容表达了两个含义，一是向具折官员道明了乾隆帝目前所关注之事，二是指明奏折所应奏报的内容。通过此件公启亦可对和珅恃宠邀恩的权术有所了解。

尤为值得注意的是，在乾隆末年某些官员甚至在具折奏报乾隆帝之前，先将折稿询问军机处，以迎合乾隆帝的喜好。详情如下：

> 报到接奉台函，敬悉查办四库书底本内印本残缺遗失，将该提调等议处。所缮折稿虽为妥协，唯四十五年查办时，曾照纪大人处所存数目抄录一本，钤盖翰林院印信，交钦派英中堂等四位查办。自必存在公所，或问随办司员必知下落。自应将原册查出，与现在查办之书核对。如查无歧误，即于折内声叙，更为周到。万一此册无存，亦应追究何以遗失下落。又现在查出武英殿及续办三分书处遗失书籍，种数多寡既有不同，似亦应将某人名下遗失若干之处分晰开明，将武英殿之遗失多者请交部分别严加议处，三分书遗失少

---

① 《乾隆朝上谕档》，第十三册，第910页下。

第三章 乾隆朝军机处职权的形成及发展

者照例分别议处。以上数层前经垂询时曾已大概口奏，今承虚怀下问示以折稿，不揣冒昧，是以未经随报呈递。尚祈阿哥、大人酌定。办理周妥，即稍缓数日再递亦不为迟也。肃此布并将原折缴还不备。

和珅等同拜具①

此件公启出具时间为乾隆五十二年七月，内容是军机处对某件折稿的答复。在军机处的答复中，先是就折内所涉及的政务提出了一些建议，并指出如何具奏才能"更为周到"，更投乾隆帝所好，令其满意。如此做法显然是对奏折直达御前制度的破坏，不利于皇帝准确详细地掌握政治信息，也违背了奏折使用的初衷，直接导致了皇帝对政情了解的滞后。

将《乾隆朝上谕档》中所收录的几件军机处公启与廷寄进行比较，笔者大胆推测，公启的发出不需进呈乾隆帝御览，是军机处比较独立的行为。所以，它更利于军机大臣自己意志的表达。尽管在公启中动辄有面奉谕旨之类的内容，但是否确实是乾隆帝的本意，其中有无军机大臣私意掺杂在内，都是值得商榷的。所以，公启很容易成为军机处侵夺皇权的工具，为军机大臣借公谋私开启了方便之门。这可能也是公启不被专制皇权所容，最终在后世被取消的原因。

（二）参议政事

军机处直接参议政事是其对清廷中枢决策发挥影响的另一个重要的形式。军机处参议政事有两个形式，一是就某项政务与皇帝面议。皇帝在每日召见军机大臣之时，询问某些政务的处理意见，然后做出决断。另一个则是办理皇帝交议事件。为了便于政务的处理，清代皇帝往往将某事直接交军机处办理。军机处奉旨办理皇帝交议事件，往往由军机处大臣讨论拟出初步意见，呈交皇帝批准后，以上谕的形式发出。

自雍正朝军机处设立之初，军机处便开始参议政事。起初，军机处所负责之事局限于西北军务之范畴，后随着军机处权力的扩大，越来越多的政务被纳入军机处职责之中。到乾隆朝，军机处成为处理所有清廷军务的机构，有关湖广、广东苗乱以及瞻对、大小金川、西藏等地清廷

---

① 《乾隆朝上谕档》，第十三册，第933页上。

的军事活动，军机处都有涉足。曾经办理此类事务的议政王大臣会议，渐渐被军机处架空。至乾隆二十四年十月之后，议政王大臣会议的活动完全停止，与之相关的事务转移到了军机处。不仅如此，自乾隆四年之后，"向由内阁九卿处理的一些行政事务不少方面军机处也开始插手"①。白先生在《清代中枢决策研究》一书中对军机处参议之事记载甚详：

> 举其要者，有乾隆四年正月，命军机大臣议复江南水利。乾隆六年三月，议准两广总督马尔赛奏请粤民入川谋生。乾隆八年七月，又议抚恤京师流民。乾隆十年四月，议复湖北盐商建义仓事。同年十月，又以川陕总督折奏四川啯噜子为乱，命议限制他省民人入川。乾隆十一年七月，又议复福建惩治信仰天主教民人事，乾隆十二年三月，又议复闽省购买台湾稻米事。同年十二月，又先后议复漕督折奏涸出湖海地亩处理、陕西巡抚折奏奸徒屯粮……乾隆十三年正月，先后议复江南水利、东河挑浚、治理黄河诸事。②

可见，乾隆朝军机处的权力触角伸向了清廷事务的各个方面。而在军机处成立之前，上述诸项事务，是交内阁九卿共同讨论或直接交相关部门处理的。军机处成为决策机构后，很多政务都是由乾隆帝直接交发军机处讨论，然后经乾隆帝批准后交部执行。嘉庆朝《大清会典》载，军机处"议大政，谳大狱，得旨则与"，"奉旨交议事件，如特交军机大臣议奏者，即由本处查议"。③还有一些事务，乾隆帝则令军机大臣分别与内阁大学士或部院堂官先行讨论，然后再行奏明办理结果，乾隆批准后发交相关部门办理。史载：奉旨交议事件"其交军机大臣会同该衙门议奏者，或由本处主稿，或由所会衙门主稿，临时酌定"。④ 其中除了与内阁大学士讨论之外，所有会议的召集者多由军机大臣承担。可见，军机处侵蚀了内阁九卿相当多的职权。

---

① 白新良：《清代中枢决策研究》，第250页。
② 同上。
③ （清）托津等纂：《大清会典》（嘉庆朝），卷三，"办理军机处"，第82页。
④ 同上书，第83页。

（三）监察政务

乾隆十四年，军机处确立了清廷中枢决策机构的地位，其经管之事还包括对政务的监察。军机处监察政务的形式有如下两种：

一是遵旨参与讨论、制订各类监察条例。如乾隆十五年八月，乾隆帝命军机处将各省督抚奏到所属各案件定限，按款酌议，并开具清单进呈。①乾隆二十三年，命军机处会同吏部议三年计典。②乾隆四十二年三月，军机处遵旨议奏直省汇奏各款期限。③乾隆四十九年正月，命军机处审查各督抚年终汇奏"有无迟延遗漏，查明具奏，原以专责成而重考核"。④乾隆五十六年正月，又遵旨议奏核定汇奏事件处分例。⑤乾隆五十七年，又遵旨议奏遣犯脱逃处分例等。⑥

二是军机大臣或军机章京奉旨查办地方政务。此类事件在《清高宗实录》中多有记载，如乾隆十八年八月，南河亏空案发，乾隆帝即刻派军机大臣刘统勋前往处理。乾隆三十九年十二月，又命军机大臣袁守侗查办云贵总督中途追回奏折案。乾隆四十七年九月，命军机大臣阿桂前赴杭州审理陈辉祖抽换抄家物品案。按照惯例，军机大臣被派往外地办差时，军机章京多以助手身份随行。"凡各直省有应办之事，奉旨专派军机大臣或会同部院大臣者，军机大臣于满汉章京中选择一、二员奏明，一体驰驿前往"⑦。曾担任军机章京的胡宝瑔，"（乾隆）六年秋，大学士查郎阿、兵部侍郎阿里衮奉命相度奉天三省地形，请以同行行。……十三年，王师剿金川，大学士傅恒为经略，以宝瑔从行"，"刻期告捷，宝瑔赞画功居多"⑧。此类事件多记载于《枢垣记略》一书中，兹不赘述。可见，军机处在皇权的庇护下，具有对地方政务的监察权，甚至是直接过问的权力。

---

① 《清高宗实录》，卷三七〇，乾隆十五年八月丁丑，第1092页。
② 《清高宗实录》，卷五七七，乾隆二十三年十二月庚午，第354页。
③ 《清高宗实录》，卷一〇二九，乾隆四十二年三月乙未，第801页。
④ 《清高宗实录》，卷一一九八，乾隆四十九年二月壬戌，第24页。
⑤ 《清高宗实录》，卷一三七一，乾隆五十六年正月癸卯，第398页。
⑥ 《清高宗实录》，卷一四一二，乾隆五十七年九月己酉，第1002页。
⑦ （清）梁章钜：《枢垣记略》，卷十四，"规制二"，第145页。
⑧ （清）梁章钜：《枢垣记略》，卷二十七，"杂记一，第331页。

第四章 嘉庆朝军机处职权的巩固与完善

嘉庆朝军机处职权与乾隆朝相比,承袭多而变革少。嘉庆朝主要是对军机处的各项职权进行了适当的维护、发展及完善,使之运作更加规范,更有利于皇权的巩固及政务的处理。同时,军机处与内阁之间的关系也趋于固定,最终确立了内阁与军机处共同辅政的中枢决策体制。嘉庆朝军机处职权的完善集中体现在本章制度、军机处规制及其与内阁之间的行政关系三个方面。公文是中枢决策的基础,严密的制度是中枢决策的保障。

第一节 嘉庆朝本章制度的完善

公文是政情输送的载体,中枢决策的依据,其运作直接反映了各政治机构之间的权力配置及行政关系。乾隆朝确立了以内阁和军机处为核心的中枢决策体制,嘉庆朝继承并完善了该体制。嘉庆朝主要的上行公文依然是题本与奏折,下行公文以廷寄最为重要,它们承担着清廷日常政情的输送工作。为加强对臣僚的控制及全国政情的了解,嘉庆帝对题本、奏折及廷寄做了进一步的发展和完善。

一 维护题本在上行文书中的地位

乾隆朝以降,由于受到奏折的冲击,题本地位下降,各级官员普遍重视奏折而忽略题本。题本在使用过程中漏印、书写错误、挖改日期甚至积压题本不办等情形屡见不鲜。为此,嘉庆帝有针对性地采取措施以维护题本的地位。

首先,严格规定了对题本格式违例官员的处罚,以达惩一儆百的效果。严惩有题本漏印现象的官员。嘉庆二年,"哈当阿具题交卸镇印、爱新泰具题到任日期二本,俱遗漏用印",内阁依例"票拟饬行"。嘉庆帝指出题本"遗漏用印，非寻常错误违式可比，哈当阿、爱新泰俱著交部照例议处"，并规定"嗣后有似此遗漏用印者，俱著照此办理"。① 惩处题本书写格式不合定式的官员。嘉庆六年，马慧裕就因题本贴黄内"字迹牵混，行款歪斜"而被严惩，"除传旨申饬外，著交部议处"。②

其次，规范题本书写格式。嘉庆二年五月，为更加准确地掌握题本内容，嘉庆帝令军机处咨会各省督抚，"嗣后题本贴黄内，于某州县之下俱写民某人"。③ 针对地方督抚挖改题本年月日期的现象，嘉庆帝谕令："嗣后外省督抚，凡遇题年月，俱不准挖改。一有错误，即著另换一扣，粘尾接写，仍将粘连之处钤印。"④ 嘉庆十三年二月，为了防止篡改题本内的钱粮数目，嘉庆帝采纳御史德祥的建议，规定"各省本章，凡关系年月钱粮数目"，俱用大写的壹贰叁字样，"取其笔画较多，难于增改"。⑤ 嘉庆二十四年二月，为了杜绝刑曹弊端，嘉庆帝采纳御史张元模的建议，规定在"咨题稿件书写罪名及稿本连接之处，钤用印信，以防挖补割截"。⑥

再次，嘉庆帝采取措施提高题本的处理效率。为减少题本积压，嘉庆帝采取了三项措施。一是增加御门听政时的进本的数量。嘉庆六年二月十四日，嘉庆帝下令改变"御门听政办事日，所有各部应进本章惟刑部呈进三件，其余俱只呈进一件"的旧例，规定嗣后凡御门听政，"各部不必过十件之数，各贮一匣"。⑦ 二是重新规定了特旨交办事件的奏报程式。嘉庆十年六月十四日，嘉庆帝指出吏兵二部"遇有特旨交议事件，并不另本题覆"，而是将其归入"汇题本内，或十日具题一次，或十五日具题一次"，"以致本内胪列，案件纷繁，多者篇幅盈尺，少者数百页"，结果导致"部中于应办事件积压迟延，久悬案牍，殊非慎重办公之道。"因此，嘉庆帝特令：以后"若遇有特旨交议案件，或专折具奏，或另为一本，及早议覆，不得归入汇题本内并案办理以致因

---

① 《嘉庆道光两朝上谕档》，第四册，第477页上。
② 《嘉庆道光两朝上谕档》，第六册，第359页上。
③ 《嘉庆道光两朝上谕档》，第二册，第140页上。
④ 《清仁宗实录》，卷一二八，嘉庆九年四月庚辰，第733页。
⑤ 《清仁宗实录》，卷一九二，嘉庆十三年二月庚午，第535页。
⑥ 《清仁宗实录》，卷三五四，嘉庆二十四年二月甲戌，第671页。
⑦ 《嘉庆道光两朝上谕档》，第六册，第42页下。

循延搁。若再有特旨交议归入汇题者，该堂司各员一并严议"①。保证了重要的刑名案件及官员任免等政务能在第一时间内得到办理。三是打破限制进本数量陈规，保证题本能够得到及时的处理。在清代，出于礼制方面的考虑，在某些特别的日子对于进呈御前的题本数量和类型是有严格限制的，结果造成部分题本的积压和政务处理的滞后。有鉴于此，嘉庆帝大胆打破旧例，谕令各部院破除禁忌按时进本。如嘉庆五年闰四月，他下令改变"恭遇祭祀斋戒日期，各部院衙门例不进本"的陈规，规定"嗣后凡遇斋戒日期：圜丘、祈谷、常雩亲宿斋宫之日，各部院仍照例不进本章，至方泽、太庙、社稷致斋三日内，除刑部不必进本及各部院外省本章有关涉刑名者，俱不呈进外，其余寻常事件，著该衙门照常进本。"②嘉庆十三年五月，嘉庆帝又下令压缩内阁不进刑名本的日期，规定除了万寿期内不进刑名本章外，其余均改为不进立决本或重辟本。③同年十月，针对"近年内阁每遇斋戒祭祀，例不进刑名本，其寻常应进本章，如升调等缺，遇有避忌字样，俱一并停进"的现象，下令"嗣后著仍照常呈进"。④

在增加题本进呈量的基础上，为了保证政务处理的质量，嘉庆帝对需谨慎处理的题本进行了量上的限制，以保证有充裕的时间详阅本章。如嘉庆二十年十二月初九日，刑部一日进本二十三件，其中立决者二十二件，共计人犯五十二名，而前几日所进立决本却寥寥无几。嘉庆帝认为刑部此举并非慎重刑狱之道，"刑部办本司员，并刑部堂官，甚属疲玩溺职，无论正署，俱著交部议处"，并严格规定"嗣后该部送阁进呈本章，立决本每日不得过八件。如数逾八件以外，著大学士将本驳回，仍将刑部参奏"。⑤

嘉庆帝在处理题本时，常存谨慎之心，详阅本章以避免被臣僚蒙蔽。嘉庆十三年大理寺卿哈鲁堪等呈递奏折，奏称："近日刑部会题河南省商城县民妇刘姜氏殴伤伊夫刘以举身死一案"中有可矜悯之处，但题本内"无夹签声明"，奏请详查。然而，嘉庆帝已详阅过该件题

---

① 《嘉庆道光两朝上谕档》，第十册，第308页下。
② 《清仁宗实录》，卷六十五，嘉庆五年闰四月丙辰，第869页。
③ 《清仁宗实录》，卷一九五，嘉庆十三年五月辛亥，第580页。
④ 《清仁宗实录》，卷二〇二，嘉庆十三年十月戊申，第691页。
⑤ 《嘉庆道光两朝上谕档》，第二十册，第674页上。

本，认为大理寺"所奏甚属无谓"，"该省具题到部，刑部查照本律核议斩决，办理均属允当"。嘉庆帝借此机会，警告各级官员勿存侥幸之心，"朕于内外一切题奏本章，无不亲自披览。而于刑名事件，尤必详细审阅。无论有无夹签，其情节悉在鉴察之内。良以民命至重，必须确核案由，方可定谳。是以反复推究，不厌求详。现在凡立决本章，即应行照拟办理者，朕于披览发下后，尚命批本处次日覆奏，然后照批施行。盖矜慎庶狱，必当求其可生，而于应当抵法之犯，缘情定谳。亦不能稍有曲贷，以致枉法失平"。①

再有，裁减无实质意义的题本，以维护题本的地位。嘉庆帝裁减官员进呈遗本一事便是典型一例。清制，"外省题进本章，例应钤用印信，拜发时并有行礼仪注"，然而遗本却不符此制，"本任之员已故，则印信封固不当擅用"，遗本"系何人代为拜发"难以稽察，嘉庆帝认为此事"全属蹈虚"，下旨："嗣后内外大员应呈递遗折者，准其照旧呈递，其遗本一项著概行停止。"②

上述措施的施行，维护了题本在清廷上行文书中的地位，为大量例行政务的及时处理提供了专门的途径。题本奏报的例行政务由内阁承办，从而避免了此类事务渎烦奏折，这既维护了奏折的地位，也维护了军机处的职权。

二　发展并完善了奏折制度

一项制度行之既久，则不可避免地在实践过程中滋生某种弊病。奏折制度经过康雍乾三朝的发展，到嘉庆朝时期已趋成熟，但在实行过程中也出现了一些弊病。这些弊病不但破坏奏折制度本身，而且影响了清廷政务的高效处理。所以，嘉庆帝在位期间对行之已久的奏折制度进一步予以完善，使之更加严密。

首先，纠正了奏折副封关会军机处的弊端。

奏折是皇帝与臣子之间直接交流的工具，它具有保密性强的特点。但是，和珅所施行的奏折副封关会军机处的制度却破坏了奏折的保密性。自嘉庆二年八月军机处领班军机大臣阿桂故去之后，继任者和珅利用其兼管御前大臣之便，乘乾隆帝年老倦政之时，改变奏折直达御前由

---

① 《嘉庆道光两朝上谕档》，第十三册，第296页下。
② 《嘉庆道光两朝上谕档》，第十七册，第263页下。

皇帝亲自拆阅的定制，下令各级官员"凡有奏折，令具副本，关会军机处"①。这不但有损于奏折内容的保密，而且使和珅得以把持言路，使皇权的行使相对处于被动地位。这显然是嘉庆帝难以容忍的，所以嘉庆帝亲政后即刻铲除和珅，发布上谕禁止将奏折副本关会军机处，"各部院衙门文武大臣及直省督、抚、藩、臬凡有奏事之责者，及军营带兵大臣等，嗣后陈奏事件，俱应直达朕前，俱不准另有副封关会军机处。各部院文武大臣，亦不得将所奏之事，豫先告知军机大臣。即如各部院衙门奏章呈递后，朕可即行召见，面为商酌，各交该衙门办理，不关军机大臣指示也。何得豫行宣露，致启通同扶饰之弊耶！将此通谕知之，各宜凛遵"。②嘉庆四年正月十九日，嘉庆帝再次传谕臣工："从前和珅意图专擅，用印文传知各省，抄送折稿，因此带有投递军机处另封事件，业经降旨饬禁，并随折批谕。今和珅业经伏法，所有随带文书，当永远停止。"并警告说："倘经此番饬禁之后，尚有仍蹈前辙者，必当重治其罪，绝不姑贷。"③并对不及更改做法的长麟提出警告，以儆效尤，"今日长麟所奏之折，另行抄录折底，寄和珅阅看。固系和珅印文行取，而长麟亦不应如此迎合。"④

其次，加强奏折在运转程序中的保密性。

清朝历代皇帝都一直强调奏折内容的保密，无论是缮写、递送、投递，均有严格的规定和行之有效的方法。除前述禁止奏折副封关会军机处之外，嘉庆帝还进一步完善了奏折的保密制度。例如，部院衙门奏报政务之折，应由外奏事官接递，严禁太监经手。嘉庆六年九月，奏事太监王进福冒昧接递明安陈奏之折，并"代奏明安尚有陈奏图样"⑤。嘉庆帝得知后便将王进福严惩，以儆效尤。

完善奏折的发回程序。与外省奏折必有朱批不同，在京各衙门所上之折"除特颁上谕外，余俱将原折随时发出，由奏事官口传旨意传知各衙门司官，各司官禀知堂官，交书吏另签缮写谕旨，浮粘折面，并不钤盖印信"，其间漏洞颇多，"辗转相传或有舛误。而各衙门所奉圣旨

---

① 王钟翰点校：《清史列传》卷三十五，"和珅传"，第2701页。
② 《清仁宗实录》，卷三十七，嘉庆四年正月丁卯，第418页。
③ 《清仁宗实录》，卷三十八，嘉庆四年正月戊寅，第435页。
④ 同上书，嘉庆四年正月丙子，第434页。
⑤ 《嘉庆道光两朝上谕档》，第六册，第387页下。

仅缮浮签，非所以将诚敬。且折无印信，何足为凭"。因此，江南道监察御史周钺奏请严密京内奏折的发还程序。经庆桂、董诰、戴衢亨、托津等议奏，"嗣后各部院衙门奏折由外奏事处传旨交出后，应令该衙门即于折面恭缮所传谕旨，钤盖印信，与奏稿一并存案，以备稽核，不得仍行粘贴浮签。再，查外奏事处于各衙门所奏事件奉旨发下后，原有册档登记并令各衙门于月终将一月内所奏事件摘叙事由，并恭录所传谕旨，交外奏事处互相查对，更足以照敬谨而示周密"，获得嘉庆帝允准。①

同时，嘉庆帝也多次强调对奏折内容的保密。举例而言，京城官员奏折俱封章入奏，"呈递时，面交外奏事官，转交内奏事太监，直达朕前拆封，朕亲行披览。其折内所奏何事无论，外间不应有人传播，即内奏事太监等，亦无由得见。杜渐防微，立法至为严密。"② 嘉庆十六年五月，却发生了一件泄密事件。是年五月二十八日，御史韩鼎晋密奏京城内城有开场聚赌之事。嘉庆帝于二十九日令步军统领禄康等密行查拿京城赌局，然而却发现八起赌局已经"于五月二十八、二十九两日散局"，显然是有人提前泄露。有鉴于此，嘉庆帝传旨："嗣后九卿科道等有陈奏事件，如呈递之前，或奏事处及在朝之人向其询问所奏何事，著即行指名参奏。若无人询问，而具折陈奏之后，或向外人叙说，亦著闻其言者立即揭参，均当加之惩治。庶不致嘉猷入告，以采纳之资启漏言之渐。盖君不密则失臣，朕断不肯先行晓谕，以致敢言之臣招怨。而臣不密则失身，近日此风甚炽，朕生平最恶者，探听朝政先欲得信之人。枢机之发，荣辱所关，有不可不慎者，勿谓朕诰诫之不早也。如敢干犯，决不轻恕。"③

再次，在扩大奏折使用的同时，剔除使用期间的不良因素。

为了扩大政情的输入量，掌握更多的信息，嘉庆帝在原有基础上扩大了有具折权官员的范围。嘉庆四年三月，嘉庆帝以"各省道员职司巡察，即与在京科道有言责者相等"，"监司大员身任地方，目击本省政务民情者较为真知灼见"为由，允许各省道员照"藩臬两司之例"，

---

① 《嘉庆道光两朝上谕档》，第十四册，第 675 页上。
② 《嘉庆道光两朝上谕档》，第十六册，第 343 页下。
③ 同上。

使用奏折奏报政务。① 嘉庆六年二月，嘉庆帝又因"乌里雅苏台、塔尔巴哈台两处均系边围重地"，命该处办事之参赞领队大臣如果"有应行据实密陈者，俱著准其于请安折便，专折具奏"。②

在扩大具折官员范围的同时，嘉庆帝还扩大了奏折奏报政务的范围，将某些政务改题为奏。如嘉庆九年六月，兵部将特旨交办之事归入武职官员寻常事件处分本内汇题具奏，嘉庆帝认为兵部此举"殊非敬慎办公之道。嗣后奉旨特交议处事件，均著改用折奏"③。嘉庆十一年十一月，"定伦纪重案改题为奏。"④ 嘉庆十三年闰五月，下令改"向来杀死一家数命之案，自三命以上则专折具奏"惯例，规定：如果"杀死一家亲属二命，而情节较重，例应斩枭者，俱应改题为奏。其非亲属二命者，可照旧具题"⑤。随着奏折使用的扩大，在奏折的格式上的要求也更加细致严格。嘉庆二十年六月十七日，嘉庆帝传谕军机处转传内阁："嗣后文武各衙门奏折内，后衔注写该班字样，将该何项班并进班出班之处注明。"⑥

然而，随着奏折使用的扩大，逐步滋生了影响奏折正常运作的弊端。为此，嘉庆帝采取相应的措施剔除影响奏折使用的不利因素。

一是严禁滥用奏折。很多官员动辄将琐细政务具折上奏，造成奏牍纷繁，不但弱化了奏折奏报机要政务的性质，而且影响了奏折处理的效率。因此，嘉庆帝多次重申奏折内容应为紧急政务，将烦琐之事从奏折中剔除。嘉庆元年，军机大臣咨会各省督抚："嗣后各省如查有蝻子发生，及飞蝗害稼之事，自应专折具奏。若只系查明无蝻子，毋庸具奏。"⑦ 嘉庆二年正月，又传谕各督抚"每年颁赏各督抚等福字鹿肉只系年节按例之事"，"嗣后遇有此等例赏，均无庸专折奏谢，以省烦琐。"⑧

二是严惩违制擅递奏折的官员。嘉庆十四年，山西候补知县万永福

---

① 《清仁宗实录》，卷四十，嘉庆四年三月戊辰，第480页。
② 《清仁宗实录》，卷七十九，嘉庆六年二月癸酉，第27页。
③ 《清仁宗实录》，卷一三〇，嘉庆九年六月壬午，第766页。
④ 《清仁宗实录》，卷一百七十一，嘉庆十一年十一月庚申，第222页。
⑤ 《清仁宗实录》，卷一百九十六，嘉庆十三年闰五月壬午，第595页。
⑥ 《嘉庆道光两朝上谕档》，第二十册，第283页上。
⑦ 《嘉庆道光两朝上谕档》，第一册，第152页上。
⑧ 《嘉庆道光两朝上谕档》，第三册，第11页下。

有奏折一件通过庆桂奏至御前，嘉庆帝披阅后认为：该折"所言差务事宜各条均不可行"，且万永福为山西候补知县"不应妄论直隶地方事务"，"若以知县微员，俱似此纷纷陈奏，尚复成何政体"，下令将其交部议处。① 同时，对奏报内容不合体例的官员也予以惩治。嘉庆二十年十一月初五日，军机处发出廷寄一件，申饬违例递折的广西巡抚庆保："直省督抚等从无具折恭贺天喜之例，此次庆保专差赍黄折奏贺，殊属不谙典制，著传旨申饬，原折发还。"②

三是规范奏折行文，严禁滥用夹片。嘉庆帝要求奏折要行文简练，禁止使用骈体，认为此行为"掉弄文墨，殊属非是"。③ 严禁地方官员具折时另行开具夹片，嘉庆帝斥责各地"督抚提镇藩臬等亦多有专折具奏一事，而另用夹片至三四件者。向来无此风气，实为近日之恶习。且陈奏事件，既以夹片胪叙，又安用折奏为耶？揆厥所由，非督抚等挟私好奇，即系劣幕故创此格，以为见长能事起见"，"实于体制不合"。规定，除有紧密事件不得不用夹片密陈之外，"督抚、将军、提镇、府尹、藩臬及新疆各路将军大臣等，遇有陈奏事件，自当统归一折，或两折三折，各陈一事声叙，何不可之有，毋得多用夹片"。④

上述诸项措施都是对奏折制度的发展和完善，从侧面反映出奏折在清廷政务处理中的重要地位。军机处为辅助皇帝批发奏折的专门机构，其地位随之日隆，规制也渐趋完善。

第二节 嘉庆朝军机处规制的完善

乾隆朝是军机处职权获得长足发展的时期，然而乾隆末年和珅把持朝政，不仅影响了军机处职权的行使，而且危及嘉庆帝的权力。此情况的发生，除乾隆帝殆政之外，军机处制度欠缺亦是一重要原因。嘉庆帝亲政之后，便开始整顿军机处，着手完善军机处的规制。

嘉庆帝亲政之初，军机处职权受到皇帝制约。白新良先生认为：

---

① 《嘉庆道光两朝上谕档》，第十四册，第318页上。
② 《嘉庆道光两朝上谕档》，第二十册，第581页下。
③ 《嘉庆道光两朝上谕档》，第五册，第308页下。
④ 《嘉庆道光两朝上谕档》，第二册，第325页上。

"嘉庆时期，为了集权和处理国务，最高统治者虽然仍旧维护军机处在政权中枢中的核心地位，但是惩于和珅凭借军机大臣身份擅权的教训，为了防止大权旁落，和乾隆时期不同的是，对于军机处的控制及其事权的限制都进一步加强。其一是通过内阁议事及颁布谕旨明显增多，较之乾隆中期以后仅由军机处唱独角戏的情况有了明显改观。其二是裁抑并限制军机处权力，将其工作范围严格控制在承书谕旨、承办具体事件和对中枢决策提出参考性意见以供统治者采纳等几个方面。与此同时，对于臣下要求加重军机大臣事权的建议则严加驳斥，对于部院衙门官员不经皇帝批准而向军机大臣私行探询决策意向的行为则严行禁止，对于军机处的信息输入渠道也严加控制，对于军机大臣的徇私违纪行为则严肃处理。同时，对于军机章京遴选和使用也作出种种规定，从而使军机处处于自己的严格控制之下，成为自己一个伏伏帖帖行使皇权的得力工具。"① 白先生此论，主要是从维护皇权的角度来论述嘉庆初年对于军机处权力的限制。刘绍春先生则从维护清代军机处与内阁双轨辅政体制的角度进行论述，刘先生认为：嘉庆帝整顿军机处的标准是"分清哪些有利于专制皇权，哪些不利于专制皇权"。为维护皇权的稳定，嘉庆帝采取了"抑压军机处权势的膨胀"、"反对撤销军机处"、"加强军机处保密制度建设"、"完善军机章京的考试选拔制度"四个方面的措施，阻止了军机处"向皇权对立面的蜕化，维护了双轨辅政体制继续发挥其行政效能"②。然而，鲜有学者论及军机处职权在嘉庆朝发生的变动，故有必要对嘉庆朝军机处的发展做一番探讨。

总的来说，嘉庆朝是军机处各项规制进一步完善和定型的时期，嘉庆朝《大清会典》就将军机处载入。因会典记载过简，故细致考察如下。

一　军机大臣的人数及选任资格渐成定例

军机大臣的额数，《大清会典》中明确记为"无定员"③，但实际并非漫无限制。考之钱实甫所撰《清代职官年表》（入值之亲王不计入），乾隆朝入值军机处者多为六至七员，嘉庆朝则以四至六为常，后遂成惯

---

① 白新良：《清代中枢决策研究》，第321页。
② 刘绍春：《嘉庆整顿军机处维护双轨辅政体制》，《清史研究》1993年第2期。
③ （清）托津等纂：《大清会典》（嘉庆朝），卷三，"办理军机处"，第79页。

例，概以四至六员为率。

为便于理解，特制表如下：

单位:%

朝代	任用员额	任用员额所占年份	百分比
乾隆朝	四员	一年	1.69
	五员	一年	1.69
	六员	二十二年	37.28
	七员	十九年	32.2
	八员	九年	15.25
	九员	六年	10.17
	十员	一年	1.69
合计		五十九年	100
嘉庆朝	三员	一年	4
	四员	九年	36
	五员	九年	36
	六员	四年	16
	七员	一年	4
	九员	一年	4
合计		二十五年	100
道光朝	四员	六年	20
	五员	十四年	46.67
	六员	七年	23.33
	七员	三年	10
合计		三十年	100
咸丰朝	四员	三年	25
	五员	五年	41.67
	六员	三年	25
	七员	一年	8.33
合计		十二年	100
同治朝	五员	十一年	84.62
	六员	二年	15.38

续表

朝代	任用员额	任用员额所占年份	百分比
	合计	十三年	100
光绪朝	四员	一年	2.94
	五员	十四年	41.18
	六员	十一年	32.35
	七员	三年	8.82
	八员	四年	11.76
	九员	一年	2.94
	合计	三十四年	100

注：此表以乾隆二年十一月为始，未计入值军机处的亲王。
因雍正朝军机大臣人员及递补尚缺乏准确的记载，故而暂不开列。
因军机处人事更迭较为复杂，故而此表所列情形较为粗劣。其人数统计仅计实任军机大臣（包括奉差在外者、病假休养者、请假回籍者）和学习行走者，不计暂行行走者。
若一年之内，军机大臣有人事更替，则前后两人合并为一额计算。由于咸丰十一年"辛酉政变"，导致军机大臣出现较大调整，入值人数也由之前的五员变为六员，表内分别统计，致使咸丰朝出现十二年。
资料来源：《清代职官年表》及《枢垣记略》。

由上表观之，乾隆朝时军机处人数较多，多为六人至七人，最多时有十人。嘉庆朝后，历朝军机处人数便固定在四至六人之间，变动不大。究其原因，乾隆朝乃军机处职权扩张阶段，军机处各项制度渐趋完善的过渡期，故政事繁杂，所需办事人数亦较多。迨至嘉庆朝，军机处各项制度已臻完备，多数政事已有成例可循，故军机处无须多人，以四至六人即可承担日常政务的处理。

关于军机大臣的任用资格，《大清会典》载："军机大臣于满汉大学士、尚书、侍郎、京堂内特简。"① 《清史稿》载："军机大臣无定员，由大学士、尚书、侍郎内特旨召入。"②《大清会典》所载较《清史稿》多出"京堂"一项，京堂是对都察院、通政司、詹事府及大理、太常、大仆、光禄、鸿胪等寺及国子监等堂官的概称。军机大臣由京堂

---

① （清）托津等纂：《大清会典》（嘉庆朝），卷三，"办理军机处"条，第79页。
② 赵尔巽等：《清史稿》，卷一一四，"职官志一·军机处条"，第1页。

第四章 嘉庆朝军机处职权的巩固与完善 ·125·

简任者为数不少,故《大清会典》所载更符合史实。但清代军机大臣的简用范围却并不局限于《大清会典》所载。现将清代各朝初次简任军机处大臣官员的职衔列表如下:

朝代	本职官名	品级	人数	备注
乾隆朝	大学士	正一品	五人	
	领侍卫内大臣	正一品	一人	
	尚书	从一品	十四人	
	左都御史	从一品	一人	
	侍郎	正二品	二十人	
	内阁学士	从二品	二人	
	巡抚	从二品(加兵部侍郎衔为正二品)	二人	
嘉庆朝	大学士	正一品	二人	
	尚书	从一品	八人	
	左都御史	从一品	一人	
	侍郎	正二品	五人	
	内阁学士	从二品	一人	
	光禄寺少卿	正五品	一人	加四品卿衔
	侍讲学士	从四品	一人	加三品卿衔
	通政司参议	正五品	一人	加三品卿衔
道光朝	大学士	正一品	三人	
	尚书	从一品	四人	
	左都御史	从一品	二人	
	侍郎	正二品	五人	
	大理寺少卿	正四品	一人	加三品顶戴
咸丰朝	大学士	正一品	一人	
	尚书	从一品	二人	
	侍郎	正二品	七人	
	内阁学士	从二品	一人	
	太常寺少卿	正四品	一人	
	鸿胪寺少卿	从五品	一人	
	五品京堂候补		一人	

续表

朝代	本职官名	品级	人数	备注
同治朝	左都御史	从一品	二人	
	侍郎	正二品	一人	
	左副都御史	正三品	一人	
	内阁学士	从二品	一人	
光绪朝	大学士	正一品	五人	
	尚书	从一品	十一人	
	左都御史	从一品	一人	
	侍郎	正二品	八人	其中刚毅、林绍年分别以开缺巡抚侍郎候补入值
	总督	正二品（加尚书衔者从一品）	二人	
	巡抚	从二品（加兵部侍郎衔为正二品）	一人	

注：因记载雍正朝军机大臣资料缺乏，暂时空缺。

本表起始时间为乾隆二年十一月，雍正朝时入值军机处者，如张廷玉、鄂尔泰等，亦作为第一次入值计入。

此表未计入值军机处的亲王，仅计第一次入值军机处者的官衔。其人数统计仅计实任军机大臣（包括奉差在外者、病假休养者、请假回籍者）和学习行走者，不计暂行行走者。

资料来源：《清代职官年表》及《枢垣记略》。

从上表可知军机大臣选任资格的规律。从职务上看，乾隆朝时，入值军机处者多为京官，尤以尚书、侍郎为多，偶有以地方官入值者。到嘉庆朝时，已无地方官入值军机处者，并且还明令禁止御前大臣兼军机大臣。从品级上看，乾隆朝入值军机处者基本上是从二品以上的官员。嘉庆朝沿袭乾隆朝选任军机大臣的惯例，入值军机处者多为从二品以上的官员。此后各朝均沿袭此惯例，以从二品以上的京官充任军机大臣，尤以侍郎和尚书为多。只是到了清末，才偶有以总督或巡抚衔入值军机处者。

嘉庆初年还确立了御前大臣不得兼任军机大臣之制，此举是为防止军机大臣权势过重而威胁皇权。因御前大臣兼管奏事处，奏事处"掌接清字、汉字之奏折"。① 所以，若有人同时身兼御前大臣和军机大臣，则获得了蒙蔽皇帝的机会。例如，和珅就曾利用其兼管奏事处之便，"将各省奏报及在京各衙门奏折任意压搁"②，为避免被人弹劾，甚至下令"凡有奏折，令具副本，关会军机处"③，断了朝臣揭发其劣行的信息渠道。因此，嘉庆帝亲政后，于嘉庆四年六月十七日特谕："从前和珅揽权专政……盖由和珅以军机大臣兼御前大臣，权势过重，内外官员畏其声势，不敢违拗。是以朕亲政以来，军机大臣及御前大臣彼此不令相兼，所以杜专权而防壅蔽。"④

二 军机章京职责日明，考选日严

军机章京是军机处承办文书事务的官员，嘉庆朝《大清会典》与光绪朝《大清会典》记载相同：军机章京"掌分办清字、汉字之事。缮写谕旨、记载档案、查核奏议。系清字者皆归满洲章京办理，系汉字者皆归汉章京办理。在京旗营及各省驻防西北两路补放应进单者，内外蒙古藩部及喇嘛并哈萨克霍罕廓尔喀朝贡，应拟赏者，皆隶满洲章京。在京部院及各省文员、绿营武员补放应进单者，王公内外大臣应拟赏者，及朝鲜、琉球、越南、暹罗、缅甸、南掌等各外国朝贡应拟赏者，皆隶汉章京"⑤。可见，在嘉庆朝军机章京的基本职责便已经确立。军机章京各项职责中，以草拟谕旨最为重要。

乾隆初年，军机处谕旨多交军机大臣撰拟。后随着军机处渐趋正规，经办之事日多，该项职责渐渐转由军机章京负责，军机大臣只负责审查详核。虽偶有特别机要的谕旨仍是军机大臣亲自草拟，但是绝大多数的谕旨则由军机章京草拟。

军机章京职责日重，选任范围渐宽，故对军机章京的考选亦渐趋严格。在雍正朝，军机章京多由军机大臣在自己所管阁部中挑选，尤以内

---

① （清）昆冈等修：《大清会典》（光绪朝），卷八二，"奏事处"，第741页。
② （清）庆桂等编：《国朝宫史续编》，卷三二，"典礼二六"，"勤政二"，第262页。
③ 王钟翰点校：《清史列传》，卷三十五，"和珅传"，第2701页。
④ （清）庆桂等编：《国朝宫史续编》，卷三二，"典礼二六"，"勤政二"，第262页。
⑤ （清）托津等纂：《大清会典》（嘉庆朝），卷三，第100页。

阁中书为多，故王昶曰："军机处……其属例用内阁中书舍人。"①

为便于了解雍正朝军机章京入职时的职务，特列表如下：

单位：人

朝代	满军机章京		汉军机章京	
	入值时本职	人数	入值时本职	人数
雍正朝	内阁侍读	1	内阁侍读	2
	内阁中书	5	内阁中书	14
	兵部主事	2	礼科给事中	1
	兵部笔帖式	3	起居注主事	1
	刑部员外郎	1	翰林院编修	1
	刑部主事	1		
	理藩院笔帖式	1		
	理藩院侍郎	1		
	太仆寺典簿	1		
	内务府笔帖式	1		
	銮仪使	1		
	宗人府员外郎	1		
	庶吉士	2		
合计		21		19

注：如军机章京仅存姓名，入值时本职不详者，略而不计。

资料来源：根据梁章钜所著《枢垣记略》和吴孝铭所著《军机章京题名》（道光戊子版，沈云龙编《近代史料丛刊》，第544册）二书相关内容所作。

从上表可知，雍正朝满汉军机章京共计40人，出身内阁中书及侍读者共计22人，占总数的55%。汉军机章京中出身内阁中书及侍读者占汉军机章京总数的84.21%。

---

① （清）王昶：《军机处题名记》。收于梁章钜《枢垣记略》卷二十二，"诗文三"，第269页。

第四章 嘉庆朝军机处职权的巩固与完善

至乾隆朝，军机章京的选任范围开始扩大，内阁及各部院衙门司员均得选用。史载："挑选军机章京，旧只内阁保送中书，继而已有六部尚书司员。工部虽保送，而司员邀用者独少，盖衙门次序在后故也。"① 乾隆十三年，军机处曾开列一份军机章京名单，从中可知，当时兼任军机章京的职名包括顺天府府丞、内阁侍读、内阁中书、吏部郎中、理藩院员外郎、兵部主事、户科给事中、户部司库、兵部笔帖式、工部主事等②，几乎囊括了中央所有重要的部院衙门。此变化据说是和珅为了揽权而分内阁之权所致。据记载：

> 内阁衙门，大学士总之，侍读以下，常见列揆，惟长揖，无堂属礼。乾隆朝，和相珅当国，势张甚，欲令内阁官长跪白事，一如诸曹。诸君执故事不从，和恚恨。先是内阁官直机务者名军机章京，满汉各十六人，分头直二直。其领班者谓之达赖密。间岁考，取内阁侍读、中书舍人等官充之，无他曹阑入。与此选者，河润既丰，兼得速化。朝士中最为要津。至是和议以部曹分用，内阁得与者不过二三人，至今为例。③

为便于了解各朝军机章京入值时的本职，现列表如下：

单位：人

朝代	满军机章京				汉军机章京			
	衙门	入值时职务	人数	合计	衙门	入值时职务	人数	合计
乾隆朝	内务府	笔帖式	1	2	内务府	主事	1	1
		学士	1					
	内阁	中书	32	39	内阁	中书	112	112
		侍读	7					
	吏部	员外郎	3	9	吏部	主事	3	3
		主事	3					
		笔帖式	3					

---

① （清）姚元之：《竹叶亭杂记》，卷一，中华书局1982年版，第19页。
② （清）梁章钜：《枢垣记略》，卷六，"恩叙一"，第五三页。
③ （清）周寿昌：《思益堂日札》，附录五卷本卷二，"军机章京"，中华书局1987年版，第235页。

续表

朝代	满军机章京				汉军机章京			
	衙门	入值时职务	人数	合计	衙门	入值时职务	人数	合计
乾隆朝	户部	员外郎	7	15	户部	员外郎	3	7
		主事	3			主事	4	
		笔帖式	3					
		郎中	1					
		司库	1					
	礼部	主事	1	1	礼部			
	兵部	郎中	1	17	兵部	主事	1	1
		员外郎	4					
		主事	3					
		笔帖式	9					
	刑部	郎中	1	4	刑部	员外郎	1	1
		员外郎	1					
		主事	1			主事	1	1
		笔帖式	1					
	工部	员外郎	1	3	工部	主事	1	1
		主事	2					
	理藩院	主事	5	28				
		员外郎	3					
		侍郎	3					
		郎中	3					
		笔帖式	14					
	翰林院	笔帖式	2	2				
	国子监	助教	1	1				
	中书科	笔帖式	1	1	中书科	中书	1	1
		二等侍卫	1	1				
	銮仪卫主事		1	1	湖广道御史		1	1
	侍卫处	笔帖式	1	1				
	银库	员外郎	1	4				
		笔帖式	2					
		员外郎	1					
	缎疋库	司库	1	1				
	颜料库	大使	1	2				
		员外郎	1					
	甘肃按察使		1	1				

资料来源：《枢垣记略》及《军机章京题名》。

由上页表可知，在乾隆朝，军机章京主要由内阁中书和侍读担任。担任汉军机章京者主要集中在六部，担任满军机章京者较广泛，几乎遍及清廷各个衙门。

嘉庆四年，军机章京的选任开始发生重大变化。是年正月十六，嘉庆认为："军机处为机密要地"，"军机章京职事较重"，应该慎重选用军机章京，"嗣后满汉章京各定为十六员，由内阁、六部、理藩院堂官于司员中书、笔帖式等官择其人品端方，年力富强，字画端楷者交军机大臣带领引见，候朕简用"。① 嘉庆帝不但规定了军机章京的员额，而且确立了带领引见制度的实施，开始直接掌控军机章京的选任。史载："军机章京以前未定额数，嘉庆四年正月定满汉章京各十六缺。"② 嘉庆十一年又设额外行走之额，此事始于中书重伦"署缺后即留于额外行走候补"③。至嘉庆二十一年，"汉章京上行走之强逢泰不占额缺，于是汉章京每班八人之外，复有额外章京一员。"④ 此后，汉章京人数变化不大，直至"咸丰三年，因军务较繁添传汉章京四人在额外行走，七年添传之员均已补额，复添传二员在额外行走。同治十一年，因军务渐平奏停添传，嗣是以十八员为率"⑤。

嘉庆十一年，军机章京的选任过程中增加了考试环节。史载："嘉庆十一年始奏请考试，由军机大臣将考取人员带领引见，奉旨补用。试时限以三刻，文须满三百字。"⑥ 此后，军机章京的选用日趋严格，逐步形成了初试、复试及面试等一套完整的考选办法⑦。

然而，考选军机章京亦有弊端。《能静居日记》载："军机处起于高宗时，初皆派内阁司员当差，后因天下大政皆属军机，内阁人员不习例案，改定军机大臣保举六部司官一人入内当差，其事既慎重，膺其选者皆强干之才。曹中堂当国，嫉忌才能，患小军机之难制，因奏称，由大臣保举，

---

① （清）梁章钜：《枢垣记略》，卷十三，"规制一"，第130页。
② 何圣生：《檐醉杂记》，卷二，"军机章京考试记"，山西古籍出版社1996年版，第34页。
③ （清）继昌：《行素斋杂记》，卷上，上海书店1984年影印版。
④ 同上。
⑤ 同上。
⑥ 何圣生：《檐醉杂记》，卷二，"军机章京考试记"，第34页。
⑦ 关于军机章京的考选参见刘绍春《军机章京考选制度述略》一文，第89页。（载《史学月刊》1992年第2期。）

恐开汲引私人之路，不如考试取之。试以告示一通，糊名易书，一如棘闱之制。于是入军机者，皆写白折小楷之人，无一习吏事者，而字眼关节通行，枢政由此大坏矣。"① 文中所言曹中堂应为曹振镛，但曹振镛入值军机处在嘉庆二十五年九月，而军机章京考选始于嘉庆十一年，故考选之事并非由曹振镛建议。枢政之坏由军机章京"糊名易书"之制的施行，曹振镛恐难辞其咎。上述文字为一家之言，摘录聊备一说。

嘉庆朝，充任军机章京的官员职务较乾隆朝更加固定，无论满汉均以内阁中书及六部司员为主要担任者。详情见下表：

单位：人

朝代	满军机章京				汉军机章京			
	衙门	入值时职务	人数	合计	衙门	入值时职务	人数	合计
嘉庆朝	内阁	中书	15	15	内阁	中书	20	20
	吏部	笔帖式	1	1	吏部	员外郎	1	5
						主事	4	
	户部	员外郎	3	10		郎中	1	10
		主事	2		户部	主事	8	
		笔帖式	5					
	礼部	主事	1	4		员外郎	1	
		笔帖式	3		礼部	主事	6	6
	兵部	郎中	1	3		员外郎	1	5
		员外郎	1		兵部	主事	4	
		笔帖式	1			主事	5	
	刑部	笔帖式	3	3	刑部	郎中	1	8
	工部	郎中	1	4		七品小京官	2	
		笔帖式	3					
	理藩院	员外郎	1	8	工部	主事	6	6
		主事	1		起居注馆	主事	1	1
		笔帖式	5					
		司库	1					
总计				48				61

资料来源：《枢垣记略》及《军机章京题名》。

---

① （清）赵烈文：《能静居日记》，卷十四，五月三十日，见罗尔纲、王庆成主编《太平天国》，第七册，广西师范大学出版社2004年版，第145页。

此后，道光、咸丰、同治各朝军机章京的分布情况大致与嘉庆朝类似。详情见本章文末附表。

三 军机处基本职掌定型

嘉庆朝是军机处各项职掌最终定型的时期，也是首先将军机处规制载入《大清会典》的朝代，将嘉庆朝《大清会典》与光绪朝《大清会典》相比较可知，二者对于军机处职掌的记载鲜有歧异之处。梁章钜于嘉庆二十三年四月由礼部主事充任汉军机章京[①]，著有《枢垣记略》一书，详载军机处各项规章制度。可见，军机处的基本职掌至迟到嘉庆朝就已经固定下来了。

军机处协助皇帝处理奏折，已于前文述之甚详，嘉庆朝多沿袭乾隆朝惯例，无有大的变动，故不再赘述。除此之外，军机处经管之事尚多，也于此时期渐趋定型，现举其大端如下：

（一）辅助皇帝撰拟谕旨

军机处撰拟谕旨之职掌，在乾隆朝已经确立。嘉庆朝则对军机处该项职掌做了进一步的完善，主要集中在廷寄格式的完善上。

廷寄之初，列衔署名者不定。乾隆年间，则多以领班军机大臣署名。后至嘉庆二年九月，始取消军机大臣个人署名之法，概用"军机大臣字寄"或"军机大臣传谕"字样，该格式被后世所沿用。

嘉庆帝对地方官员拆阅廷寄也做出了规定，嘉庆九年谕令："军机处交兵部加封寄往各省书字，其封面书写何人姓氏者，应交本人拆阅，如本任官升调他处并来京陛见，其护理暨接任之员不得拆阅，即转递交本员祗领。若寻常印封无本员姓氏交该衙门开拆者，方准署任之员拆阅查办。"[②] 以此防止廷寄内容泄露。

（二）会议政务

军机大臣奉旨会议政务亦是其日常职掌之一，即嘉庆朝《大清会典》所载："议大政，谳大狱，得旨则与。"[③]

凡是国家之施政方略、军事谋略以及官员的任免惩处等政务，皇帝令交军机处议，或会同各相关衙门会议，则军机处可参议其间，并将会

[①] （清）梁章钜：《枢垣记略》，卷十八，"题名四"，第219页。
[②] （清）梁章钜：《枢垣记略》，卷十三，"规制一"，第137页。
[③] （清）托津等纂：《大清会典》（嘉庆朝），卷三，"办理军机处"，第82页。

议结果奏报皇帝裁定。"如特交军机大臣议奏者，即由本处查议，其交军机大臣会同该衙门议奏者，或由本处主稿，或由所会衙门主稿，临时酌定。"①

若有重大案件，皇帝也特交军机大臣审理。军机大臣奉旨后，即在军机处传讯。若需刑讯，则在内务府公所，或"就步军统领衙门公所提讯，其皂役刑具，皆于刑部传用"。若传旨令军机大臣会同刑部审拟，"或刑部堂官前来会讯，或就刑部会讯，临时酌定"②。

虽说议政王大臣会议与军机处会议政务均需奉有皇帝特旨，然二者又稍有不同。议政王大臣则非奉旨少有会议之事，且未必能每日受皇帝召见。但是军机大臣是每日进见皇帝，除有重大事故外，皇帝必逐日召见。所以军机大臣可在每日召见之时，对政务发表意见。较之议政王大臣会议，军机处参议政务更为主动，次数更加频繁。

（三）参预清廷人事任免及考试

清廷文武官员奉旨特简者及差使特简者，军机大臣承旨则进其名单、缺单，即所谓的军机处进单。清廷重要文武官员之任免及各部尚书、侍郎、各省总督、巡抚以至道、府、学政、关差、盐政以及驻防将军、都统、驻各边疆地区之领队大臣、办事大臣等官员的补放，均由军机大臣负责开列应补人员名单，交皇帝选择任用。遇科考，也由军机大臣开列主考、总裁名单，奏请皇帝选用。复试或殿试，军机大臣负责核对试卷、检查笔迹或任命阅卷官。这是军机处的日常职能之一。③这些名单、缺单经过皇帝御览朱笔圈定人名后，多被收录在"上谕档"中，数量很大，不一一列举。

进单之外，还有军机处记名。军机处设"记名档"，专记经过军机大臣或兵部、吏部等官员带领引见之后奉旨记名的官员，"凡有旨存记者，皆书于册而藏之，届时则提奏。"④内容涉及官员的是非、功过、人品、考述，是皇帝选任官员的重要依据。⑤《大清会典》载："凡文武

---

① （清）托津等纂：《大清会典》（嘉庆朝），卷三，"办理军机处"，第83页。
② 同上书，第82页。光绪朝《大清会典》与嘉庆朝记载不同之处在于增加了"其秋审勾到事件，同大学士一体承旨。"（参见该书卷三，第21页。）
③ 同上书，第84—85页。
④ 同上书，第83页。
⑤ 孔祥吉：《〈记名档〉与清人传记之撰写》，《史苑》2005年第13期。

官记名者，遇缺则奏其名"，"道若府记名者，遇请旨缺则奏焉。"① 军机大臣通过进单得以参与清廷重要的人事任免及选拔考试，虽然军机处无最终用人权，但以记名及进单的方式获得了举荐权。

（四）充任皇帝的顾问

该职能体现了军机处乃是皇帝秘书处的性质。军机大臣常侍皇帝左右，皇帝外出巡差、游猎等均要随行，以备回答皇帝提出的问题。尤其是军旅途中，一切山川道里，兵马钱粮，均需考察确实，以备皇帝垂询。所谓"山川险夷、道里远近，皆稽诸国史，并参考今昔情形，按其实在。其边裔绝域，古书茫昧者，则追寻新旧册档，并加咨访，使皆可征验。兵马钱粮，各就户部、兵部、理藩院等衙门行取简明确数备查。遇有旨询问或绘图、或缮单，即时呈进"②。

遇到清廷举行大的典礼，须查考旧例时，则由军机处行文相关衙门查考档案，再由军机处缮拟始末详情或摘叙节略呈报皇帝审阅。此即《大清会典》所记："皇帝举巨典，纪成宪，有旨考证，则书其事之本末进焉。"③

（五）承担奏折录副、缮修档案及编修方略的工作

清廷十分重视档案文书的保存工作，为了防止胥吏篡改档案，还建立了副本制度，以便于存案备查。④ 雍正七年谕："内阁本章及各衙门档案，皆于正本外立一副本，另行收贮。如本章正本系红字批发，副本则批墨笔存案。其他档案副本，或钤记以分别之。不但于公事有益，且可杜奸胥猾吏隐藏改换之弊。"⑤ 军机处成立之后，也建立了一套严格的档案管理制度，奏折录副制度即是其中之一。军机处经手的奏折在发还原具奏人之前，凡是奉有朱批的奏折，皆录一份备案称为"录副"。《大清会典》载："奉有朱批之者，发抄不发抄，皆另录一份。"⑥ 正是由于奏折录副制度的实施，才使得许多奏折的内容得以保存至今。

军机处为清廷中枢决策机构，与各部院各衙门及地方官员之间文书

---

① （清）托津等纂：《大清会典》（嘉庆朝），卷三，"办理军机处"，第86—87页。
② 同上书，第83页。
③ 同上书，第99页。
④ 秦国经：《明清档案学》，学苑出版社2005年版，第23页。
⑤ （清）托津等纂：《大清会典》（嘉庆朝），卷十一，"内阁·职掌"，第470页。
⑥ （清）托津等纂：《大清会典》（嘉庆朝），卷三，"办理军机处"，第99页。

往来频繁，为便于检阅，"凡清字、汉字档案岁久则缮"①。军机处所存档案"清字、汉字档案每届五年或十年由军机大臣奏明另缮一份"②，与原档一并存储。军机处进行固定的缮修档案活动，始于乾隆年间，于乾隆五十四年开始形成议叙参与缮档之军机章京的惯例③。至嘉庆年间，军机处每五年缮写档案及照例给以议叙已成定例，定期由军机大臣奏请。④殆至咸丰四年，因"军报纷急"档册繁多，且档案"不时翻阅，磨损过甚"，故将汉字档改为三年一重修。⑤后相沿为例，光绪朝续修会典时便将此载入会典。⑥

除前两项经常性的缮写工作外，军机处还承担着纂修方略的任务。所谓方略是指清廷每遇较大规模的军事用兵及政事，统治者为炫耀自己的功德，将事件中官员的一些奏折和皇帝的指示等相关材料，汇集编撰成书，名曰"方略"或"纪略"。⑦纂修方略之事本归设于康熙二十六年的方略馆，原为有事奏请开设，书成即撤。乾隆十四年，因张廷玉所奏请纂修《平定金川方略》而重开，书成后并未撤销，遂为常设机构。⑧方略馆内设有总裁及提调，总裁由军机大臣"兼充"，提调由军机大臣从满汉军机章京内派充。⑨加之又是军机处官员食宿值夜之地⑩，故方略馆实际上成了军机处的下设机构。嘉庆朝重修"清会典"时，将方略馆列在军机处之下，即是对该事实的承认。纂修方略自然也被纳入军机处的职掌。

综上所述，嘉庆朝军机处的职掌在雍正及乾隆两朝基础上，有了进一步的完善，并逐渐固定下来成为定制，被载入《大清会典》中成为被后世遵循的定制。军机处与内阁之间的行政关系也在嘉庆朝趋于定型。

---

① （清）托津等纂：《大清会典》（嘉庆朝），卷三，"办理军机处"，第99页。
② 同上。
③ （清）梁章钜：《枢垣记略》，卷十四，"规制二"，第152页。
④ 军机大臣的这些奏文大量存在于《枢垣记略》卷十四之中，可见已成惯例。
⑤ （清）梁章钜：《枢垣记略》，卷十四，"规制二"，第155页。
⑥ （清）昆冈等修：《大清会典》（光绪朝），卷三，"办理军机处"，第24页。
⑦ 李鹏年、刘子扬、秦国经等编：《清代中央国家机关概述》，第67页。
⑧ 同上。
⑨ （清）托津等纂：《大清会典》（嘉庆朝），卷三，"方略馆"，第101、102页。
⑩ 据梁章钜在《枢垣记略》中记载：军机章京"直日即兼直夜，于直务毕后，退食于方略馆。"（参见该书卷二十二，第272页）

第三节 军机处与内阁之间的行政关系

雍正朝为军机处草创时期,乾隆朝为军机处发展完善时期,嘉庆朝则是军机处定型时期。清代军机处与内阁在清廷政治结构中的关系也于嘉庆年间基本定型,通过两个衙门的公文往来可了解双方的行政关系。

与前朝相比,嘉庆朝军机处与内阁之间的关系更加稳定。从两衙门之间往来的公文可推知,二者之间的关系大致有如下三种:军机处与内阁合作处理某些题本;军机处协助皇帝追查内阁工作的失误;军机处代理内阁部分职责。

一 军机处与内阁合作处理某些题本

乾隆朝,军机处已经开始涉足题本的办理。通过参与题本的批答,军机处在某种程度上侵夺了内阁的职权。在嘉庆朝,内阁与军机处合作办理某些题本的关系更加稳固,记载两者之间题本往来的资料也更加翔实。

大致来说,军机处与内阁处理题本的方式与乾隆朝的情形相似。军机处协助皇帝拟写改签谕旨已经是其例行公事。嘉庆十年,三法司具题"议覆四川省民人陈贵图财戳伤唐明一案,将陈贵问拟斩决"题本一件,嘉庆帝认为此案"办理尚未平允","令刑部分别酌改条例",待刑部奏上新条例时再降谕旨。六月十一日,刑部拟定新条例"将图财害命案内伤人未死,而已得财者,首犯拟斩监候",获嘉庆帝允准。该题本便由军机大臣等"拟写改签谕旨呈览",俟嘉庆帝阅定发下后,再行交抄内阁传抄办理。[①] 此外,嘉庆朝"上谕档"中有大量的档案涉及题本改签,可知嘉庆朝军机处协助皇帝处理题本改签,较之乾隆朝更加频繁,已成为其日常事务之一。

承担军机处与内阁之间题本递送工作的是军机章京。曾有军机章京因在递送题本时"手汗渗湿本面"而受到惩罚。此事见于嘉庆九年六月的"上谕档"中收录的一件奏片:

---

① 《嘉庆道光两朝上谕档》,第十册,第302页下。

据该班军机章京禀称：昨日在静明园蒙发下兵部汇题议处本一件，因骑马捧回，手汗渗湿本面，用印边纸微有擦损，不胜惶悚。谨据实检举等语。相应请旨将该章京交部察议。其本面擦损处臣等察看无碍，现交内阁衬贴完好，照例批发。谨奏。奉旨知道了。钦此。

六月二十六日①

军机处与内阁合作处理题本表现得最明显的事例是官员选任过程中的军机处进单。前文已经述及军机处进单是军机处的日常职能之一，嘉庆朝《大清会典》中记载："文武官特简者，承旨则进其名单缺单"，其中"文职大学士以下至京堂，武职御前大臣以下，至步军前锋、护军统领，外任将军、总督、巡抚、布政使、按察使缺出，有旨令开列应补应升人员，即缮递名单。若盐运使缺出，有旨进单，即交吏部查阅俸深道十员，知府十员，开单呈递"②。若各省关差出缺，"除山海关、张家口、杀虎口三处监督及将军、总督、巡抚兼管之各关外，遇有关差更换之期，由户部题本到阁后，即将内务府一等人员应用关差名单，交红本处随本呈递"③。户部奏报此项事务的题本在递达之前，需提前知会军机处。举例而言，嘉庆九年，淮安关监督期满，"例应题请更换"，户部提前知会军机处将于十月十四日具题请旨。十四日，军机处遂将"上届及本年京察一等，奉旨交军机处记名以关差道府兼用之内务府人员开单"。待户部题本经票拟递至红本处之时，军机处所拟名单亦交至红本处，夹在题本内同时递至御前。④ 皇帝则于军机处所开列名单上用朱笔圈出一人发下。⑤ 兵部、吏部具题请旨简放官缺，其进单流程亦与关差之任命雷同。嘉庆十三年三月，兵部具题请旨简放湖南长沙协副将、福建延平协副将各员缺，军机处"照例附进记名人员名单"。⑥

---

① 《嘉庆道光两朝上谕档》，第九册，第245页上。
② （清）托津等纂：《大清会典》（嘉庆朝），卷三，"办理军机处"，第84页。
③ 同上书，第85页。
④ 《嘉庆道光两朝上谕档》，第九册，第458页上。
⑤ 此类名单在嘉庆朝及以后历代"上谕档"中收藏甚多，兹不赘述。
⑥ 《嘉庆道光两朝上谕档》，第十三册，第94页上。

二　军机处协助皇帝追查内阁工作的失误

因军机大臣为皇帝亲近之臣，军机处又地处内廷，便于召见，所以内阁处理题本若有失误之处，皇帝多就近令军机大臣向内阁追查。嘉庆十年，军机处曾奉旨调查违例呈递题本之事。清制，礼部庆贺本与刑部本章不得同时呈递御前，然而，嘉庆十年，内阁误将礼部恭贺皇上万寿圣节礼仪、皇后千秋令节礼仪二本与刑部本章同日递至御前，违反了清廷礼制。嘉庆帝将这三件题本发交军机大臣，令其向内阁查问。经过调查，军机大臣于九月初七日将前处理意见奏报：

> 臣等将发下礼部恭进皇上万寿圣节礼仪、皇后千秋令节礼仪二本具题日期及刑部具题各本日期详细核对，所有礼部二本系九月初五日具题，刑部各本系初三初四两日具题，初五日并无刑部具题之本，似已接据礼部知照。惟将三日内本章一同递至行在、在京内阁，礼部、刑部未能计算日期，详细酌办，均有不合。臣等遵旨于拟写谕旨内令礼部、刑部堂官明白回奏外，令内阁一并明白回奏。是否有当，伏候训示。谨奏。
>
> 　　　　　　　　　　　　　　　　九月初七日①

文内"臣等"自然指军机大臣，而文末军机处拟写谕旨内"令内阁一并明白回奏"一语表明军机处此刻是以皇帝的代言人身份出现。

嘉庆八年十一月，批本处因工作疏忽，将"刑部具题张富斩立决一本"，"误归入决匣内"，军机处遵旨查明事情原委，请旨"将批本处该班中书秉德交部照例察议"。②

皇帝若认为内阁票签有误，也会责令军机大臣向内阁追查。如嘉庆十七年四月二十八日，内阁票拟刑部进呈"周通九勉从母命谋死胞兄"题本，拟写"斩决"及"九卿议奏"双签进呈。嘉庆帝认为内阁票拟不妥，遂将此题本及票签发交军机处。四月二十九日，军机处将此事处理意见拟写奏片进呈御前：

---

① 《嘉庆道光两朝上谕档》，第十册，第546页下。
② 《嘉庆道光两朝上谕档》，第八册，第449页上。

昨蒙发下刑部进呈周通九勉从母命谋死胞兄一本，臣等查内阁票签旧例，向来服制本章有因疯因奸罪犯斩决，并非有心干犯者，均票拟斩决，及九卿议奏双签进呈。今此本内周通九罪系凌迟，较之斩决者尤重，应票凌迟及九卿议奏双签。此次票拟实属错误，除交内阁更正，再随今日本单进呈外，相应请旨将是日在阁看本之大学士刘权之及臣庆（桂）、臣董（诰）一并交部察议，并将票拟错误之员交部议处。谨奏。

　　　　　　　　　　嘉庆十七年四月二十九日，奉旨依议。钦此。①

又如，嘉庆七年七月十一日，军机大臣覆奏内阁承办户部具题本内票签遗漏"余依议"一签之事：

臣等遵将本日发下户部等部具题本内票签一件，因何遗漏"余依议"之处询问承办之内阁侍读。据称："向来此等本章成式系将'依议'字样票写于各大员处分之前，诚如圣谕未为明晰赅备。"谨遵旨饬令该侍读等，嗣后此等本章均将"余依议"三字票列签末，以归画一。谨奏。

　　　　　　　　　　　　　　　　　　　　　　七月十一日②

如果题本有讹误之处，嘉庆帝也多将题本交付军机处，令军机大臣向内阁查询。嘉庆二十一年，云南巡抚孙玉庭具题参劾属员，本内贴黄将粮储道"积尔杭阿"误写成"称尔杭阿"，内阁票拟题本之时未看出，嘉庆帝发现后，遂将此题本发交军机处向内阁追查。三月十三日，军机大臣覆奏此事：

蒙发下云南巡抚孙玉庭具题二参督征钱粮未完各员一本，贴黄内将粮储道积尔杭阿讹写称尔杭阿，实属错误。除于签内照例添票饬行外，所有是日看本之大学士及票本之内阁侍读等应请旨交部分别察议。谨奏。

---

① 《嘉庆道光两朝上谕档》，第十七册，第139页下。
② 《嘉庆道光两朝上谕档》，第七册，第205页下。

嘉庆二十一年三月十三日，奉旨依议。钦此。①

可见，军机大臣是追查此事的负责人，具体的处理意见也由军机大臣提出并奏请皇帝批准。军机处秉承皇帝旨意而为，故可将军机处视为皇帝意志的延伸，皇帝利用军机处可直接掌控内阁。部分军机大臣由内阁大学士兼任的做法，便利了两个机构之间关系的协调，也利于皇帝对内阁办理政务的督查。

三 军机处代理内阁部分职责

内阁为百僚之首，若部院题本有误，本应由内阁追责，然而军机处亦时有越俎代庖之举。嘉庆十六年，军机大臣曾覆奏遵旨查办户部题本脱写字句之事：

> 蒙发下户部本一件，本内出语将合并声明句遗漏明字，实属疏忽。除将本内脱写之字更正缮写外，相应请旨将未经看出之在京户部堂官及承办司员，交部分别察议。谨奏。嘉庆十六年三月三十日奉旨依议。钦此。
>
> 三月三十日②

户部题本脱落字句，由军机处出面查办，军机大臣覆奏，显然是对内阁职权的侵夺。军机处还曾奉旨查办满票签处办事失误之事。清制，内阁"进呈庆贺本章，满票签俱于前一日知会批本处，该中书等始将刑本提前覆奏"③。但嘉庆八年，由于满票签处知会批本处迟延，导致刑部本章未能提前递上。嘉庆帝即将此事交军机大臣查办，军机大臣奏请将"迟误知会之满票签官员请旨交部察议"。④ 再如，内阁进刑部立决本章时应自为一束，但是嘉庆二十一年六月二十六日，"批本处误将徐克敬绞决一本入于绞候束内"，嘉庆帝发觉后令军机处查问。六月二十七日，军机大臣等覆奏："批本中书佛尔国春查对舛错，相应请旨将

---

① 《嘉庆道光两朝上谕档》，第二十一册，第131页上。
② 《嘉庆道光两朝上谕档》，第十六册，第123页上。
③ 《嘉庆道光两朝上谕档》，第八册，第482页下。
④ 同上。

佛尔国春交部察议。"①

上述诸事既能说明皇帝对军机处信任有加，亦可见军机处所涉之事甚为宽泛，甚至可插手内阁专管之事。然而，因军机大臣多由内阁大学士兼任，此举亦不算违背清廷体制。无非是军机处更接近御前，承旨办差较内阁更便捷而已。

正是在皇帝的庇护之下，军机处职权日趋扩大，军机大臣甚至可代皇帝批答奏折。嘉庆二十四年八月初一、初二两日因嘉庆帝右臂微痛，手指微肿，无法书写，所有外省奏折即由军机大臣庐荫溥代为批答。此事详载于"上谕档"中，现抄录全文于下：

> 敬启者，奉旨令（托）津等传知：圣躬右臂微痛，初一初二两日手指微肿，运用不能自如，外省奏折俱奉旨令（庐）荫溥代批，初三日已照常批折，初四日更觉平复。本年顺天乡试密封各本，正副考官俱系御笔书写，签内其同考官十八员，因字数稍多恐致过劳，于开列各单内将同考官及弹压副都统、监试御史、外帘官俱用朱笔圈点分别派出。此本到阁时奉旨令密行拆封，不可宣露。即令内阁学士照向例批写，再行赍赴午门前宣读。特此布闻。顺请台安。
> 托（津）戴（均元）庐（荫溥）文（孚）
> 仝顿启
> 　　　　　　　　　　　　　　　　八月初四日②

综上所述，嘉庆朝是军机处地位及其职权最终定型的时期。此时内阁依然在中枢决策中居于重要的地位，是辅助皇帝处理题本的专门机构。军机处则是辅助皇帝处理奏折的机构。通过承办不同的本章，军机处与内阁在辅助皇帝处理日常政务上形成了分工，二者之间的关系也渐渐趋于固定。由于军机处日值内廷，与身处外廷的内阁相比，军机处与皇帝关系更亲密，更具皇帝私人机构的特征。在皇权庇护下，军机处职权日广。军机处不但涉足题本的处理，而且侵夺某些内阁专管之事。加之军机大臣又多由内阁大学士兼领，更便利了军机处染指内阁诸务。同

---

① 《嘉庆道光两朝上谕档》，第二十一册，第305页上。
② 《嘉庆道光两朝上谕档》，第二十四册，第394页上。

第四章 嘉庆朝军机处职权的巩固与完善

时,内阁大学士也视兼领军机大臣职衔为更高权力的象征,渐重军机处而轻内阁。迨至光绪二十七年八月改题为奏,"内外各衙门一切题本,本系烦琐。现在整理庶政,诸事务去浮文,嗣后除贺本仍照常进呈外,所有缺分题本及向来专系具题之件,均著改题为奏。其余各项本章,即行一律删除,以归简易。"① 此后,内外臣工多用奏折奏报政务,内阁无题本可办,更是被视为"闲曹"。

附 表1　　　　　　　道光朝军机章京入值职务情况　　　　　　单位:人

朝代	满军机章京				汉军机章京			
	衙门	入值时职务	人数	合计	衙门	入值时职务	人数	合计
道光朝	内阁	中书	43	43	内阁	中书	17	18
	吏部	主事	2	4		侍读	1	
		笔帖式	2		吏部	主事	6	6
	户部	主事	1	10	户部	主事	9	9
		司库	1		礼部	主事	8	8
		笔帖式	8			郎中	2	9
	礼部	笔帖式	1	1	兵部	主事	5	
	兵部	员外郎	1	5		员外郎	1	
		主事	2			七品小京官	1	
		笔帖式	2		刑部	主事	10	10
	刑部	郎中	1	1		郎中	1	
	工部	主事	1	7	工部	主事	11	13
		员外郎	1			员外郎	1	
		司库	1		起居注馆	主事	1	1
		笔帖式	4					
	理藩院	笔帖式	2	2				
总计				73				74

---

① 《清德宗实录》,卷四八六,光绪二十七年八月戊申,第427页。

附表2　　　　　　　　　咸丰朝军机章京入值职务情况　　　　　　　　单位：人

朝代	满军机章京				汉军机章京			
	衙门	入值时职务	人数	合计	衙门	入值时职务	人数	合计
咸丰朝	内阁	中书	12	12	内阁	中书	9	10
	户部	笔帖式	1	1		典籍	1	
	礼部	主事	1	1	吏部	主事	4	4
	工部	员外郎	1	4	户部	主事	9	10
		司库	1			员外郎	1	
		员外郎	2		礼部	主事	3	3
	理藩院	笔帖式	5	5	兵部	主事	1	1
					刑部	员外郎	1	8
						主事	6	
						七品小京官	1	
					工部	主事	9	10
						郎中	1	
总计				23				46

附表3　　　　　　　　　同治朝军机章京入值职务情况　　　　　　　　单位：人

朝代	满军机章京				汉军机章京			
	衙门	入值时职务	人数	合计	衙门	入值时职务	人数	合计
同治朝	内阁	中书	6	6	内阁	中书	3	3
	吏部	主事	1	2	吏部	郎中	1	4
		笔帖式	1			主事	3	
	户部	主事	1	1	户部	主事	3	3
	礼部	主事	2	3	礼部	员外郎	2	4
		笔帖式	1			主事	2	
	兵部	笔帖式	1	1	兵部	郎中	1	3
	刑部	员外郎	1	3		员外郎	1	
		主事	1			主事	1	
		笔帖式	1		刑部	主事	5	5
	工部	主事	1	1	工部	员外郎	1	3
	理藩院	员外郎	1	2		主事	2	
		主事	1		宗人府	主事	1	1
总计				19				26

第五章　晚清外交体制的变革及其对军机处职权的影响

军机处的基本规制与职权在嘉庆年间基本定型后，在道光、咸丰两朝变化甚少。直至咸丰末年，受中外交往日深的新形势及清廷外交体制变革的影响，军机处的职权发生了新的变化，开始兼管部分外交事务。第二次鸦片战争之后，为更好地应对新的外交局面，清廷设立了专门的外交机构，形成了以总理各国事务衙门（下文简称总理衙门或总署）为核心的外交体制。总理衙门将军机处从外交事务中解脱出来，维护了军机处在中枢决策体系中的地位。总理衙门的建立与发展又与军机处有着密不可分的关系，探讨二者之间的关系对于了解晚清军机处职权之演变意义重大，故开辟专章予以探讨。

第一节　总理衙门的创设与军机处职权的变化

一　清廷对外机构的沿革及其对军机处职权的影响

鸦片战争之前，清廷维持着传统中国的外交体系。与清廷保持外交关系的国家大致有如下两种类型：一是具有"朝贡"义务的属国，其国王一般须受清政府的敕封；二是有通商往来的外国，其国王不受清廷的敕封。前者在光绪朝《大清会典》被称为"四裔朝贡之国"，有朝鲜、琉球、越南、南掌、暹罗、苏禄、缅甸等，后者则被称为"通互市"之国。① 经钱实甫先生考证，和清廷有外交关系的国家有四十多

---

① （清）昆冈等修：《大清会典》（光绪朝）卷三十九，"礼部"，"主客清吏司"，第349页。

个，分别由礼部和理藩院掌理。① 礼部和理藩院之间的分工标准是各国所属地理位置，但也不完全精确，大致说来"礼部掌管的'属国'和'外国'多在东、南两方，主要由海路往来；而理藩院所掌理的'属国'和'外国'则多在北、西两方，均由陆路往来"②。与清廷交往的国家中，俄国的地位很特殊。"清政府与帝俄的关系显然与其它'属国'不同，尽管在礼仪方面不肯稍失'天朝'的体制，究曾多次订立对等性的条约；除了共同议定界约、商约之外，尚有其它的关系"，"两国间往返公文不再由皇帝具名，以清政府理藩院和帝俄'萨那特'衙门的印信为凭"。③ 总的说来，该时期清廷中央掌握着全部的外交权力，清廷外交观的核心是四夷臣服于"天朝上国"，向中央"朝贡"。

然而，鸦片战争的炮声打破了清廷"天朝上国"的迷梦，随后签订的一系列不平等条约，破坏了传统的外交体制，清廷遂设立"五口通商大臣"这一新的职位专管外交。

"五口通商大臣"初始并非正式衔名，一般统称为"钦差大臣"。"五口通商大臣"为兼职，本为一临时差遣，专管订约及以后的善后通商及其相关的交涉事宜，"它不同于过去的市舶司，也不同于已有的理藩院，乃是和'夷官'具有对等性质的职位"④。耆英为第一任钦差大臣，主要任务是签订《南京条约》。道光二十二年九月十四日，"钦差大臣"关防由耆英交给伊里布，带去广东用于和英国进行续约的谈判。道光二十三年二月四日，伊里布逝世；三月五日，耆英继任"钦差大臣"南下广东，继续用此关防与英国签订《五口通商章程》和《虎门条约》。道光二十三年十月四日，耆英谈判任务结束离开广东，"钦差大臣"关防被带回两江总督原任。道光二十四年二月一日，耆英调任两广总督，"钦差大臣"关防随耆英被带至广东。从此，此关防即未离开耆英，"钦差大臣"，即"五口通商大臣"成为两广总督例兼之职，专用于解决与外国办理通商、交涉的问题。⑤ 对此，钱实甫先生有十分

---

① 钱实甫：《清代的外交机关》，生活·读书·新知三联书店1959年版，第14页。
② 同上书，第15页。
③ 同上书，第19页。
④ 同上书，第61页。
⑤ 关于"五口通商大臣"的设置及成为两广总督的兼职的过程，可参阅钱实甫《清代的外交机关》第二章"鸦片战争前后清政府和西方各国的关系"的相关内容。

第五章　晚清外交体制的变革及其对军机处职权的影响

精辟的论断:"适应着侵略的要求,清政府设置一个新的职位'五口通商大臣'。过去办理对外事务的理藩院和礼部,已经完全不能过问。这充分说明了中外关系的变化,为侵略关系外衣的通商关系取得了'合法'的和'平等'的(实际上是屈辱的)地位。"①

然而,鸦片战争之后形成的仅仅是一种有限外交的格局。"五口通商",从字面即可看出,"道光帝力图将与西方各国本应多样化的关系,限制为'通商'一项,区域上又限制于'五口'。"② 在道光帝看来,以两广总督兼任管理五口通商事务的钦差大臣既避免了中央朝廷直接与不肯朝贡的外国打交道,又避免了因双方接触而产生的礼仪之争。当时任命耆英为两广总督的上谕说:"耆英现已调任两广总督,各省通商善后事宜,均交该督办理;著仍颁给钦差大臣关防,遇有各省海口通商文移事件,均著准其钤用,以昭慎重。"③ 此道上谕透露出的信息颇为丰富:一是"钦差大臣",即"五口通商大臣",为两广总督之兼职,总管与各国的交涉之事,在制度上开清廷地方官办外交之滥觞;二是清廷对与西方各国交往的理解仅仅是简单的"五口通商";三是清廷认为目前与西方各国的交往为暂时之事,无设专门衙署及官员的必要,故仅设兼职,事毕即撤。如此看待与西方的关系,为日后清廷的外交困境埋下了祸根。

清廷将《南京条约》称为《万年和约》,一厢情愿地认为有此条约即可保万年和平。然而,事实并非如此,条约签订之后一系列的外交事务接踵而来。最令清廷头痛的莫过于关于"五口开市"后的各类交涉。依《南京条约》规定,清廷先后开放广州、厦门、上海、宁波、福州为通商口岸。开市后由于侵略者节外生枝及无中生有的刁难,中外之间冲突不断。先是英国借口租赁的领事馆不理想,意欲强占鼓浪屿,后是广州和福州两个省会爆发的"入城"问题,均令清廷地方当局十分头痛。而且,开市后中外交涉的中心由广州逐渐北移至上海。造成外交重心转移的原因有二:就经济而言,五口通商后"并没有造成5个新的商

---

① 钱实甫:《清代的外交机关》,第 74 页。
② 茅海建:《苦命天子——咸丰皇帝奕詝》,上海人民出版社 1995 年版,第 209 页。
③ (清)文庆等纂:《筹办夷务始末》(道光朝),卷七十一,文海出版社 1966 年版,第 5916 页。

业中心，而是使贸易渐渐地由广州移到上海"①。这是因为上海地理位置适中，通过长江及众多的支流与人口最多、产品最丰富的区域相连，同时又是茶、丝绸等中国传统出口产品的汇集地。上海与国外经济往来的规模逐渐超越广东。就外交而言，道光二十五年，清廷与英国签订《上海租地章程》，在上海划定中国第一个租界。美国紧随其后，于道光二十八年开始在虹口地区购地，造成租界事实。道光二十九年闰四月，法国在上海建立租界。上海渐成"侵略的中心，商业以及外交的重点，均在逐步由广州北移；两广总督兼管五口通商事务，亦渐不便"②。

以两广总督兼办外交有诸多不便，此在外交文书的传递上表现尤甚。西方各国，除了俄国之外，其余国家的公文想要上达清廷均需两广总督代递，禁止直接与在京各衙门及朝中大臣私通信件公文。③ 所以，外国公使的外交公文抵达清廷中央时常大费周章。举例而言，道光三十年四月，英领事官有"咨移大学士臣穆彰阿、臣耆英公文一角，请速递京"，苏松太道麟桂"以办理各国通商事务，现有两广总督驻扎粤东，如有公事，应由两广总督酌办，江南未便接收"为由，予以拒绝。④ 美国公使马沙利有国书一件需投递清廷，"先往广东，探知钦差带兵出省；今来上海，又值金陵省城被围"。无奈之下，马沙利给大学士写信询问"应如何投递？商请奏明大皇上谕旨遵行"。此信于咸丰三年三月初，先递至江苏苏松太道吴健彰，要求其转递给两江总督加封寄达，并声明若不为转达，"自赴天津径送"。吴健彰不得已将书信转递给两江总督怡良，怡良随即缮折上报"奴才即将该酋固封原书一件，咨送办理各国通商事务之钦差大臣两广总督叶名琛"，"合将该道抄来该酋原书稿底，照录恭呈御览"。⑤ 外国公使投递文书所费周折由此可

---

① ［德］马克思：《中国和英国的条约》，载《马克思、恩格斯论中国》，人民出版社1993年版，第77页。

② 钱实甫：《清代的外交机关》，第87页。

③ 穆彰阿等在给陆建瀛的咨文中明白指出："天朝设官，各有职司，如广东、福建等省督抚，本皆兼办夷务，故条约内载，有应由中国办理外务大臣将原书代奏之语，并无朝中大员与英国使臣通信之条。""（各国）嗣后如有商办之件，仍应照会广东钦差大臣，切不可擅往各处，徒劳往返。"载《筹办夷务始末》（咸丰朝），卷一，中华书局1979年版，第15页。

④ （清）贾桢等纂：《筹办夷务始末》（咸丰朝），卷一，中华书局1979年版，第9页。

⑤ 同上书，卷六，第207页。

第五章　晚清外交体制的变革及其对军机处职权的影响

见一斑。

因此，英、法、美等国希望能够打破清廷有限外交的格局，改变清廷以"五口通商大臣"办外交的局面，建立更为全面的外交关系，以谋求更广泛的利益。本此目的，英美等国政府在给驻华公使的训令中，都把允许外国使节入京或改善外国使节和"中国政府大员"之间的公文往还制度作为一项重要的内容。① 此后，英、法、美三国于咸丰四年赴上海与清廷进行交涉。但咸丰帝固守"胥归粤东办理"的陈例②，予以拒绝。随后，三国代表继续北上，于咸丰四年八月，抵达天津海河口外。经交涉，英方向清廷提交了修约要求十八条，美方提出修约要求十一条。然而，咸丰帝下旨：除了在三项枝节问题上可到广东与两广总督叶名琛商办外，其余通通予以拒绝。③ 因此时英法两国正忙于与俄国进行克什米尔战争，无力东顾，美国官员见太平天国势力强盛，清廷有垮台的可能，主张再观望一段时间。所以，三国代表在北方转了一圈之后，毫无收获，悻悻南返香港。咸丰六年美国单独北上，进行第二次修约的谈判。因此时太平天国攻破江南、江北大营，正处于鼎盛之期，咸丰帝为避免陷入两面受敌的境地，在态度上较前次稍有缓和，令叶名琛"可择事近情理无伤大体者，允其变通一二条，奏明候旨，以示羁縻"，并通告各省，对外交涉事件专归叶名琛办理。④ 依然固守原有的外交办理制度。美国此番交涉依然无果而返。

咸丰六年九月，中英之间因"亚罗号"事件使修约行动演变成战争，第二次鸦片战争爆发。战争过程忽略不计，战争结局是清廷于咸丰八年五月分别与俄、美、英、法签订了《中俄天津条约》（五月三日）、《中美天津条约》（五月八日）、《中英天津条约》（五月十六日）、《中法天津条约》（五月十七日）。合四国条约，主要内容有：（一）公使驻在北京，觐见皇帝时用西方礼节。（二）增开牛庄（后改为营口）、莱州（即蓬莱，后改烟台）、台湾府（今台南）、淡水、潮州（后改汕头）、琼州（今海口）、镇江、南京为通商口岸；并约定在太平天国平

---

① ［美］马士、宓亨利：《远东国际关系史》，姚曾廙等译，商务印书馆1975年版，第222、224页。钱实甫：《清代的外交机关》，第99页。
② （清）贾桢等纂：《筹办夷务始末》（咸丰朝），卷八，第293页。
③ 中国史学会主编：《第二次鸦片战争》，第三册，第63—64页。
④ （清）贾桢等纂：《筹办夷务始末》（咸丰朝），卷十三，第464—466页。

定后，长江中下游另开三埠为通商口岸。（三）外国人凭"执照"可往中国内地游历、通商、传教，"执照"由各国领事颁给，由清朝地方官盖印。（四）修改海关税则，减少商船船钞。（五）赔偿英国银400万两，法国银200万两。（六）对片面最惠国待遇、领事裁判权、协定关税、清政府保护传教等项，进行了更加明确的规定。①

因《天津条约》内容涉及关税及换约地点的谈判，咸丰八年六月五日，咸丰帝授大学士桂良、花沙纳为钦差大臣，会同两江总督何桂清，在上海与英国等国家谈判。在上海谈判期间，迫于形势所需，咸丰帝不得不改变以两广总督兼理"五口通商大臣"来办理外交的局面，任命两江总督何桂清为钦差大臣，办理与各国的交涉之事。咸丰八年十二月二十六日，咸丰帝颁发上谕："上海现办通商事宜，与广东相距较远，著即授两江总督何桂清为钦差大臣，办理各国事务，所有钦差大臣关防，着黄宗汉派员赍交何桂清祇领接办。"② 此变化不仅仅是何桂清代替黄宗汉做"五口通商钦差大臣"那么简单，是对上海成为继广东之后的新的对外交涉中心这一现实的承认，也是对先前以两广总督兼办外务的外交体制的冲击。恰如何桂清在"胪陈办理通商机宜八条折"中所说："上海为各夷聚集之所，应办事宜皆在上海，而夷性偏急，凡有照覆事件，俱限以时刻。钦差大臣驻扎处所，若相离上海稍远，文报往还设有迟误，已多饶舌。而事未身亲目击，倘措置稍失其宜，即生枝节。故臣前有钦差大臣驻扎上海之议。"③

清廷政策上的这一变化具有两个深刻含义："首先，钦差大臣由两广总督的兼职而从此成为两江总督的兼职，固在表明通商和外交的中心已由广州移至上海，这也即是南京条约签订以来上海渐在实际上代替广州而成为侵略中心的结果。其次，个人交替的意义，实际上乃是洋务官僚战胜顽固官僚的性质，同时也正是汉人官僚战胜满洲官僚和地方政权能在一定程度上对抗中央政权且能获胜的开端。当然，这还只是一个开端，何桂清不过替曾国藩、李鸿章做了开路先锋的工作。"④

上海议约是对《天津条约》的补充和完善，期间经过许多曲折，

---

① 茅海建：《苦命天子——咸丰皇帝奕詝》，上海人民出版社1995年版，第189页。
② （清）贾桢等纂：《筹办夷务始末》（咸丰朝），卷三十三，第1245页。
③ （清）贾桢等纂：《筹办夷务始末》（咸丰朝），卷三十五，第1310页。
④ 钱实甫：《清代的外交机关》，第107页。

第五章 晚清外交体制的变革及其对军机处职权的影响

于咸丰八年底告一段落。然而,双方又因换约地点及驻京公使的问题而再起冲突,①咸丰九年五月初,英、法、美三国新任公使到上海,不愿再在此事上纠缠,不理会桂良等人的照会,直接驱兵北上,奔赴天津。战争的结果,清廷除了在咸丰九年五月二十五日的大沽一战中获胜外,再未取得任何军事上的胜利。咸丰十年八月八日,咸丰帝逃离北京"北狩木兰"。八月二十二、二十三日,英法联军先后闯入圆明园,将其洗劫一空。八月二十九日,英法联军一部进入北京。清廷不得不与侵略军签订城下之盟——《北京条约》。该条约从法律上正式承认了外国公使可以常驻北京,建置使馆,使臣眷属也可驻京。公使既然常驻北京,清廷所奉行的局部外交政策自然无法继续维持,因此建立一个统筹全国外交事务的机构便提到了议事日程之上。

此前,在清廷与诸国签订的众多条约里,很多已明白指出与外国交涉时清廷所派官员的官衔:

《望厦条约》第四款:"合众国日后若有国书递达中国朝廷者,应由中国办理外国事务之钦差大臣,或两广、闽浙、两江总督等大臣,将原书代奏。"②

《黄埔条约》第四款:"倘有不平之事,该领事等官迳赴总理五口大臣处控诉。"③ 又第三十四款:"将来佛兰西若有国书送达朝廷,该驻口领事官应将国书送与办理五口及外国事务大臣"或总督代奏。④

《中美天津条约》第四款:"大合众国驻扎中华之大臣,任听以平行之礼、信义之道,与大清内阁大学士文移交往;并得与两广、闽浙、两江督抚,一体公文往来。"⑤

《中英天津条约》第五款:"大清皇上特简内阁大学士、尚书中一

---

① 英、法、美坚持在北京换约,是因为英法联军在攻陷广州后,发现《中英南京条约》、《中法黄埔条约》、《中美望厦条约》等条约的批准本居然保存在两广总督衙门,而从来没有抵达北京,这显然是它们所难以接受的,认为清政府只是将条约"存储两广总督衙门,并未颁行"〔(清)贾桢等纂:《筹办夷务始末》(咸丰朝),卷三十五,第1312页〕,这才使得中外交涉隔阂重重,故而坚持在北京换约。而清廷拒绝则是因为公使到京后必将要按照西方礼节和惯例觐见皇帝,在清廷看来这是对天朝体制和皇帝尊严最大的冒犯,实在难以接受。
② 许同莘、汪毅、张承棨编:《清历朝条约》,"道光条约","美约",文海出版社1974年版,第368页。
③ 许同莘、汪毅、张承棨编:《清历朝条约》,"道光条约","法约",第388页。
④ 同上书,"道光条约","法约",第404页。
⑤ 同上书,"咸丰条约","美约",第165页。

员，与大英钦差大臣文移、会晤各等事务，商办仪式，皆照平仪相待。"① 第十款略同。

侵略者所接受的谈判对手，历次均属"全权钦差大臣"，表明清廷已在事实上改变了过去的朝贡关系。而平时的往来，除公使与大学士、尚书、总督等大员直接往来外，尚须有专门的职官来负责交涉之事。第一次鸦片战争后出现了一个"五口通商大臣"，解决了办理通商、交涉的问题；第二次鸦片战争后口岸增多，交涉日繁，公使复将驻京，侵略者的要求自然需要在北京能有一个常任的交涉对手，如"办理外国事务的钦差大臣"，至少也要有一个比五口通商大臣的职权更广泛些的"总理通商事宜大臣"才较方便。这些在条约中，已有了某些暗示。

除外部原因之外，清廷本身的政治制度也有建立一个总管全国外务的衙门的要求。因为随着中外交涉的日益频繁，已经有些紧急外务直达军机处，若长此以往必将影响军机处日常职权的发挥及外务的有效处理。

如前所述，清廷外交事务在很长一段时间内是交由兼任五口通商大臣的两广总督办理的，所以在体制上可以说，清廷将外交事务视为地方性的事务，并未将其放在国家的高度上来考虑。因此，从公文往来上来说，英法等西方国家的照会等外交文件在原则上均由两广总督转达。然而，此原则随着中外局势的发展渐被打破，外国公使纷纷视军机处为专办外务的机关，有事则直接照会军机处。

最先与军机处之间往来照会者为俄国。因俄国与清廷交往最早，对清廷的政治制度较英法美等国了解较深，深知军机处为清廷实权的掌握者，所以俄国有事则直接照会军机处。而英法美等国最初则从本国制度出发，想当然地以内阁为清廷实权的掌握者，有照会则直接言明递给内阁大学士。举例而言，第二次鸦片战争伊始，广州城被英法联军攻占，英、法、美、俄四国向清廷投递照会，提出议和条件。各国照会中，俄国直接照会军机处②，英、法、美等国均照会内阁大学士裕诚③。但随

---

① 许同莘、汪毅、张承棨编：《清历朝条约》，"咸丰条约"，"英约"，第257页。
② （清）贾桢等纂：《筹办夷务始末》（咸丰朝），卷十八，第651页，载有"俄夷照会军机处公文一件"之语即为明证。
③ 其照会均载于《筹办夷务始末》（咸丰朝）第十八卷。"英使额尔金为请派钦差大臣赴上海办理赔款及商定约章事给裕诚照会"（第652页）；"法使葛罗为请派钦差大臣赴上海办理赔款及商定约章事给裕诚照会"（第655页）；"美使列卫廉为请派钦差大臣赴上海办理赔款及商定约章事给裕诚照会"（第658页）。

第五章　晚清外交体制的变革及其对军机处职权的影响 ·153·

着中外接触日多，各国对清廷制度了解日渐加深，"（咸丰）八年以后，俄国照会即专送军机处。俄国如此，他国恐从而效尤。若将来照会等件径行军机处，诸多窒碍。"① 所谓"窒碍"是指军机处为皇帝的幕僚机关，中外交涉若直接在军机处进行，则无异于和皇帝直接交涉。"此种情况若任其发展，在清廷之皇帝统治心理上，自是感觉许多不便，不仅有伤皇帝之天威，更且在中外交涉之往返过程，亦过于直接，缺少缓冲之余地。事实上，外交事件常须往返折冲，外国使臣与中国皇帝透过军机处作直接交涉，自是多所窒碍，缓冲途径之寻求，正是理所当然，事所宜然。"②

各国公使驻京后，更是需要一个专门的机构来办理外务，"查各国事件，向由外省督抚奏报，汇总于军机处。近年各路军报络绎，外国事务头绪纷繁，驻京之后，若不悉心经理，专一其事，必至办理延缓，未能悉协机宜"③。考之咸丰朝《筹办夷务始末》一书所载各文件，其中颇多军机处办理外务的记载，如军机处亲自发照会要求英法使节来京换约④，甚至于连安排英法换约使节到京后如何住宿这样的琐事，也由军机处出面亲自指示顺天府办理⑤。此类细务由一个政权的中枢决策机关来负责，与清廷政治体制实不相符。所以，出于对军机处地位和职权的维护，建立一个办理外务的专门机构也是当务之急。

综上所述，设立一个总理清廷全部外交事务的专门机构，不仅仅是西方侵略者的需求，而且也是清廷本身制度的需求。该机构的设立过程又和军机处有着密不可分的关系，导致两个机构日后的关系颇为复杂。

二　总理衙门设立的过程及其意义

《北京条约》签订于咸丰十年九月十二日（指最后的《中法北京条约》），设立总理衙门的建议奏达咸丰帝是十二月三日，正式批准在十二月十日。从酝酿到正式成立经历了两个多月，期间最重要的当然是说

---

① （清）贾桢等纂：《筹办夷务始末》（咸丰朝），卷七十一，第2709页。
② 傅宗懋：《清代总理衙门与军机处之关系》，载《中国近代史论集》，第七编，第186页。
③ （清）贾桢等纂：《筹办夷务始末》（咸丰朝），卷七十一，第2676页。
④ 同上书，卷五十六，第2109页，"军机处即照会英使来京换约"；卷五十六，第2110页，"军机处照会法使来京换约"。
⑤ 同上书，卷三十八，第1425页、第1426页，军机处先后两次给顺天府发咨文指示工作。

明该衙门设立的理由，但在具体提出和正式批准之前还有某些组织（职官）上的变化。总理衙门的设立虽较顺利地实现，却也有过若干细则上的争论。正是这些细节决定了日后总理衙门在清廷政治结构中的地位，故仍有必要就其设立过程作一说明。

清廷在第二次鸦片战争中，军事和外交均陷入困境，原来奉行的政策已经难以继续实施，故清廷部分官员开始重新考虑如何对付西方国家，应付中外全面接触的新局面。两江总督何桂清指出，从前以两广总督办理外务的政策多有弊端，已不能适应新的形势，两广总督"名为综理五口通商之钦差大臣，其实止顾广州一口，其余四口督抚咨商广东事件，或置之不覆，或于数月之后始行咨覆，以致各办各事，钦差大臣竟成虚设"，若以两江总督兼理也非良策，"恐蹈覆辙"，建议"简派专员"统筹办理清廷外交事务。① 随后，设立一个总管全国外务的中央机构的计划逐渐浮出水面。

咸丰十年九月底光禄寺少卿焦佑瀛、侍讲学士张之万、御史陈鸿翊、长芦盐政宽惠四人联衔上奏，提议设立"办理通商处"负责外交事务，"驭夷之法，贵有责成。查向来夷务，由军机处办理。惟枢密之地，事务大繁，只能总持大纲，于细微曲折，不能详细考查。即如新旧条约，该夷执以为据，偶有舛误，即烦唇舌。此次换约之后，应请旨设立办理通商处，以王大臣领之，分为各司，办理各国事务。则例案分明，事有专责，可以日久相安，实为第一要务。"② 此建议奏至御前，咸丰未予否决，仅朱批"知道了"。此外，礼部尚书陈孚恩提出寻求通晓外语之人，委以办理夷务之任，如此"则汉奸不能从中拨弄，且使外夷知我朝文学之臣有通知四夷事者"，并推荐在江苏家居的翰林院编修吴嘉善，因其"能识夷字，且通晓各国文义"③。御史徐启文也提议慎重选择办理夷务的官员，指出：虽然各口通商有钦派大员及督抚办理，但即使是驿卒州县，也应选"操守廉洁明干之员"担任，如此才不致"肇衅损威"。咸丰帝据此谕令沿海省份的将军督抚，"不得令庸劣之员办理夷务"。④ 这些论点的提出，反映出清廷对整个外交事务及

---

① （清）贾桢等纂：《筹办夷务始末》（咸丰朝），卷三十五，第1310页。
② 中国史学会主编：《第二次鸦片战争》，第五册，第228—229页。
③ （清）贾桢等纂：《筹办夷务始末》（咸丰朝），卷七十，第2649页。
④ 同上书，第2656页。

外交机构进行一番彻底的改革已是大势所趋。

最终促成此事的关键因素是奕訢、桂良、文祥等人对外务思想认识的变化。"文宗北狩"之后,奕訢、桂良、文祥等人留守北京主持与英法等国的议和工作。在与各国公使的接触中,奕訢等人对他们的外交原则、方式及意图有所了解,并产生了自己的想法。奕訢等奏称:英法公使执意入京,"总谓外省大吏不肯将实情代奏,其意必欲中国以邻邦相待,不愿以属国自居,内则志在通商,外则力争体面,如果待以优礼,似觉渐形驯顺。"① 外交的关键在于对"夷"是否驾驭得法,"将来我处如驭之得法,目前虽无把握实据,终久不致他虑,若驭之不得法,即或再四言明,亦恐终归无济"②。而"驭夷"之法,莫过于设立专门的外交机构了。

英法两国外交公使对设立专门的外交机构也持支持态度。咸丰十年,英公使卜鲁斯派驻京参赞威妥玛抵京,谒见奕訢。奕訢向其"微露有设立总理之外国事务衙门,专办各外国事务"的意向,威氏闻之"甚为欣悦",认为向来中外交涉,广东、上海的官员互相推诿,"不得已而来京。如能设立专办外国事务处地方,则数十年求之不得"③。同时,还明确表示支持奕訢主持清廷的外交工作。法国驻华公使布尔布隆给奕訢的照会也充分表达了对奕訢的支持,"本大臣心中视贵亲王为总理各国聘商事宜、外部尚书之职,实为大清国大皇帝和好最妙凭据。本大臣今日喜为此言,皆因葛大臣屡言贵亲王质地真心高明,又为国家重臣,故凡事经练,实在可信可依。"④ 英法公使的态度,也是奕訢等人决心设立总理衙门的因素之一。

从制度上来说,此前已经有临时的专办外务机构存在,并在议和期间发挥了重要的作用。奕訢受命伊始便在北京"圆明园如意门外善缘庵内设立公所"⑤ 作为临时办事机构。后因时局的变化,又有多次迁移。不仅有衙署,而且一直有为数不少的人员在办公。据吴福环先生的考证:自咸丰十年八月下旬至年底,先后协同、帮办奕訢办理夷务的大

---

① 中国史学会主编:《第二次鸦片战争》,第五册,第269—270页。
② 同上书,第272页。
③ 同上书,第346页。
④ 同上书,第309页。
⑤ 同上书,第163页。

员，除桂良、文祥外，还有武备院卿恒祺，仓场侍郎崇纶、成琦，长芦盐政崇厚，顺天府府尹董恂，尚书瑞常，侍郎宝鋆、麟魁等。这些人是后来最早进入总理衙门办事的大臣。① 此外，在公所之中还有办事的"随员"或"委员"，其职衔姓名可考者近五十员，大多数是军机处章京、内阁及各部院司员、步军统领衙门中的下级文武官员、京中各衙门的候补官员、江苏上海和直隶天津派来的府县级官员、上书房行走等。其中多人由奕訢奏请留于总理衙门之内办事，成为总理衙门最早的一批骨干。②

由上文可见，设立专门的外交机构的各方面条件均已成熟。然而，事情的进展并不是一帆风顺，关于总理衙门的各项制度，咸丰帝与以奕訢为代表的一批大臣之间进行了反复的讨论，讨论的焦点集中在总理衙门的人事安排以及总理衙门与地方督抚之间公文往来的问题上。

咸丰十年十二月一日，奕訢、桂良、文祥奏上"通筹夷务全局折"③。该折简略回顾和总结了清廷办理夷务的情形，指出"该夷并不利我土地人民，犹可以信义笼络，驯服其性，自图振兴，似与前代之事稍异"，"是今日之御夷，譬如蜀之待吴。"④ 分析了清廷的内外局势"臣等就今日之势论之，发捻交乘，心腹之害也；俄国壤地相接，有蚕食上国之志，肘腋之忧也；英国志在通商，暴虐无人理，不为限制则无以自立，肢体之患也。故灭发捻为先，治俄次之，治英又次之。"⑤ 并对清廷的外交政策做出检讨，拟出六条章程，作为清廷办理外交的基本原则。

"六条章程"首要一条即是在"京师请设立总理衙门，以专责成"，"以王大臣领之，军机大臣承书谕旨，非兼领其事恐有歧误，请一并兼管"，"并请另给公所，以便办公，兼顾与各国接见"，衙门内办事"其应设司员，拟与内阁、部院、军机处各司员章京内，满汉各挑取八员，

---

① 详情参阅吴福环《清季总理衙门研究》一书，第一章"庚申'抚局'与总理衙门的建立"，文津出版社1995年版，第8—9页。
② 吴福环：《清季总理衙门研究》，第9—10页。
③ 依咸丰朝《筹办夷务始末》所载，此折抵达御前之时是在咸丰十年十二月三日（该书卷七十一，第2675页），经吴福环先生考证奕訢具折日期为咸丰十年十二月一日。参见吴福环所著《清季总理衙门研究》一书第19页，"注一"。
④ （清）贾桢等纂：《筹办夷务始末》（咸丰朝），卷七十一，第2675页。
⑤ 同上。

第五章　晚清外交体制的变革及其对军机处职权的影响

轮班入值，一切均仿照军机处办理，以专责成"。①对总理衙门的人员配置和主要职责做了规定。

咸丰帝基本同意了"六条章程"，奕䜣所"奏六款，均照原议办理"②。但在总理衙门司员的安排上却不同意奕䜣提出的办法。咸丰帝认为，总理衙门"应设司员，即于内阁、部院、军机处各司员章京内，满汉各挑选八员，即作为定额，毋庸再兼军机处行走，轮班办事"③，不允许军机章京兼任总理衙门司员。奕䜣坚持认为总署章京应该由军机章京兼任，并进一步对总署章京的职责做出说明，"于内阁部院军机处挑取人员，即原以户部则事关关税；礼部、理藩院则文移往来；兵部则台站驿递；军机处章京则于两处奏折等件知其详细，办理不虞舛错，致生枝节"④。强调军机章京在总署办事是出于公文保密和便于检查往来公文目的。总理衙门"虽有新设衙门，其机密要件，臣等原拟于紫禁城内，祈赏给公所一区以为收存各要件之地"，"将寻常事件留存公署，其有关系紧要者即存军机处，以昭严密。若无军机章京兼行，遇有检查事件，恐费周章，致无头绪。"⑤ 无奈之下，咸丰帝被迫做出让步，同意让军机章京往返查核公文，"现在总理衙门，既有军机大臣兼领，似亦可饬章京（等）往返察核要件"⑥，不允在两个衙门兼任。

咸丰十年十二月二十四日，奕䜣再上"覆奏章京司员兼行走折"，在折中奕䜣提出的理由是总理衙门的公文紧要，"惟总理衙门，夷人随时往来接晤，机密紧要之件，断不可留存在署，必须收集军机处，以昭严密"。⑦ 若"总理衙门无军机章京，虽有兼领之军机大臣，遇有饬查要件，恐该章京事无责成，亦不免有推诿之弊。且如总理衙门之员，未便令赴衙门回事，此臣等所以有兼司行走之请也"⑧。同时，针对咸丰帝担忧军机章京兼任总署章京，会发生"与部院司员狎习，或致漏泄军机处之事"，奕䜣提议，"请将额定十六员，悉于内阁部院司员内挑

---

① （清）贾桢等纂：《筹办夷务始末》（咸丰朝），卷七十一，第2676页。
② （清）贾桢等纂：《筹办夷务始末》（咸丰朝），卷七十二，第2691页。
③ 同上书，第2691页。
④ 同上书，第2709页。
⑤ 同上。
⑥ （清）贾桢等纂：《筹办夷务始末》（咸丰朝），卷七十一，第2710页。
⑦ （清）贾桢等纂：《筹办夷务始末》（咸丰朝），卷七十二，第2719页。
⑧ 同上书，第2720页。

取，另于军机章京挑取满汉各四员，作为总理衙门额外行走，专管交涉及检查机密文移，即在军机处兼管其事，不必常川到衙门，亦可无误"①。对奕訢的这一建议，咸丰帝再无法推托，遂予以批准。②

奕訢与咸丰帝关于总署章京是否由军机章京兼任的争论，反映了对总理衙门在清廷政治体系中如何定位的问题。军机章京可接触到军机处机要公文，军机处大部分谕旨也由其草拟，故军机章京能否在两个衙门之间兼任就成为总理衙门在设立后是否可接触清廷决策核心的关键所在。

在总理衙门酝酿成立的过程中，除在人员配置的争论之外，关于该衙门与地方之间的公文往来的程序也是咸丰帝与奕訢争论的焦点。按照奕訢等人的原意，各省办理对外交涉之事时要随时直接"咨报"总理衙门，而非由礼部转咨，为此还先后两次具折奏请。第一次是在咸丰十年十二月初一日，奕訢、桂良、文祥在"奏统计全局著拟章程六条呈览请议遵行折"第四款中指出："各省办理外国事件，请饬该将军督抚互相知照，以免歧误也。查办理外国折报，以及恭奉寄信谕旨，向以事涉外国，军机处既不发抄，各督抚亦不互相关会，原以昭慎密而防泄漏。惟现既令各该省及通商大臣、钦差大臣随时咨报京城总理处，而各省将军府尹督抚随时应办事件，亦应彼此声息相通，方不致稍有歧异。且有此省办理妥协，而彼省可以仿照者；有彼省办理未宜，而此省亦先豫防者。"③咸丰十年十二月初十日，咸丰帝对奕訢的建议做出回复，"所有各国照会及一切通商事宜，随时奏报，并将原照会一并呈览；一面咨行礼部，转咨总理各国通商事务衙门。并著各该将军、督抚互相知照，遇有交卸，专案移交后任。其吉林、黑龙江中外边界事件，并著该将军等据实奏报；一面知照礼部，转咨总理衙门，不准稍有隐饰。"④坚持各地对外事件由礼部"转咨"总理衙门，这实际是将总理衙门置于礼部之下，也是咸丰帝固守传统"朝贡"体制所做的努力。对此，奕訢不得不有所让步，在咸丰十年十二月十六日所上"各省新闻纸应分别咨送，章京司员请仍兼本衙门办事折"中提议，将无关紧要者

---

① （清）贾桢等纂：《筹办夷务始末》（咸丰朝），卷七十二，第2719页。
② 同上书，第2721页，载发给奕訢廷寄一份："覆奏章京司员等兼行走各一折。所有单开各条，经朕详加披览，尚属妥协。"
③ （清）贾桢等纂：《筹办夷务始末》（咸丰朝），卷七十一，第2678—2679页。
④ （清）贾桢等纂：《筹办夷务始末》（咸丰朝），卷七十二，第2692页。

"仍由礼部咨照","其事宜机密者,即令各该大臣、将军、督抚、府尹一面具奏;一面迳咨总理衙门"。① 为使咸丰帝放心,奕訢还许诺"俟各国事务大定,再行统由礼部转咨,以存抚绥藩服之旧"②。然而,这并未使咸丰帝放心,他坚持各省机密事件照例"奏而不咨"的惯例,有事必先奏报御前,若有"事关总理衙门者,即由军机处随时录送知照,亦甚便捷,著无庸由各口先行咨报总理衙门,以归划一"③。如此,不但将总理衙门与地方督抚之间直接联系的渠道割断了,而且在公文的运转程序上面,将军机处置于总理衙门之上,强化了军机处在清廷中枢决策体系的核心地位。

咸丰十年十二月十日,咸丰帝颁发上谕,正式批准设立总理衙门,并任命了相关人员。咸丰十一年二月一日,奕訢派属员从礼部领出铸好的"钦命总理各国事务关防"印信,即刻开用,并知会吏部等各衙门及通商各省督抚、南北通商大臣,并照会英法等国公使,总理衙门正式成立。从总理衙门成立过程即可得知,总署与军机处之间渊源颇深,故以专文探讨二者的关系。

第二节 总署与军机处之间的关系

一 总理衙门在制度上对军机处的沿袭

总理衙门从设立之初即与军机处之间有着密切的关系,尤其是在制度设置上,总理衙门多有沿袭军机处之处。二者的关系大致表现在如下几个方面。④

第一,军机大臣兼领总署大臣。

在奕訢等所上"六条章程"中即提出以总署"以王大臣领之,军

---

① (清)贾桢等纂:《筹办夷务始末》(咸丰朝),卷七十二,第2708页。
② 同上。
③ 同上书,第2721页。
④ 关于军机处与总理衙门之间的关系,吴福环在《清季总理衙门研究》一书第二章第二节、傅宗懋在《清代总理衙门与军机处之关系》(中华文化复兴运动推行委员会主编:《中国近代现代史论集》第七编,台湾商务印书馆1985年版)中均有颇为精彩的论述,笔者所总结的四点内容多参阅这两篇文章。

机大臣承书谕旨，非兼领其事恐有歧误，请一并兼管"①，对此咸丰帝未持异议，并且从任命管理外务的奕訢、桂良、文祥三人的职务来看，文祥时任军机大臣，已经在实际上同意了奕訢等人的意见。奕訢等请派军机大臣兼理总署的理由是：《中俄天津条约》规定，嗣后俄国致中国的照会等文件，径行军机处或特派大学士。如前所述，在咸丰八年之后，俄国照会即专送军机处，其他国家效法俄国是迟早的事。如将来各国有事即直接照会军机处，无疑会影响到军机处的本职工作。所以采取一种转圜的方法，以军机大臣兼理总署事务。实际上，各国在京与奕訢等交涉时得知办理"抚局"的文祥身兼军机大臣，都很重视，将来"设各国使臣有照会军机处文件，亦可由臣文祥于总理处接收，并与会晤，不至再行饶舌。"② 钱实甫先生则从奕訢维护自身权力的角度，对此进行了点评："这时只有文祥初入军机，奕訢恪于'祖制'，不能参与，若不另设机构，他们所任换约等交涉事务即将结束，则外交权亦须交回军机处去接管。因此非在新设机构的一途设法，奕訢是无从继续掌握外交权利以及政治权利的。而建议中又以军机大臣兼领，故当原奏交给一般大臣复议时，军机大臣也不便反对。"③ 以军机大臣兼理总署，则奕訢可借机接近清廷的决策中心，进而发挥自己的影响。因此事尚在"辛酉政变"之前，奕訢仅有办理"夷务"之权，尚未进入权力中心，奕訢借办理"夷务"为自己谋求更多的政治权力，是人之常情，亦是顺理成章之事。

此后，军机大臣兼领总署大臣的原则便确定下来。据统计，历届总署大臣六十人中，同时身为军机大臣者有十九人。④ 傅宗懋先生亦指出："军机大臣半数以上兼任总理衙门大臣，自总理衙门成立后，即形成了一种常规，否则即为例外情事。"⑤ 这些兼理总署事务的军机大臣，位高权重，同时主持两个机构的工作，便于总署与军机处在外交事务上都能协调一致。

---

① （清）贾桢等纂：《筹办夷务始末》（咸丰朝），卷七十二，第2676页。
② 同上书，第2709页。
③ 钱实甫：《清代的外交机关》，第152页。
④ 吴福环：《清季总理衙门研究》，第三章，附表"总理衙门大臣爵官构成表"，第64—67页。
⑤ 傅宗懋：《清代总理衙门与军机处之关系》，第208页。

第五章　晚清外交体制的变革及其对军机处职权的影响 ·161·

第二，总署调用八名军机章京，作为额外行走，专门查取调阅机密文件。

如前所述，咸丰帝与奕訢经过讨论，最终确定一个方案：由内阁及各部院司员中挑取十六名作为额设总署章京，另从军机处挑取满汉章京各四员，共计八员，在总署额外行走，"专管交涉及检查机密文移"，日常即在军机处办事，毋庸常川到总署行走。① 之所以双方在军机章京兼任总署章京的问题上反复交涉，是因为军机章京日常职掌为"缮写谕旨，记录档案，查核奏议"②，职司机密，军机处往来档案多经其手，故而必须由军机章京的沟通才能使总署与军机处在信息上保持畅通。而咸丰帝显然不愿意让奕訢过多地与军机处人员接触。前面已经同意军机大臣兼领总署大臣，若再由军机章京兼任总署章京，则总署俨然将成为第二个军机处，此绝非任何一个集权君主所愿意看到之事。然而，迫于时局的压力，在奕訢做出让步之后，咸丰帝最终同意在总署设额外行走章京，专职检阅机密文件。

第三，总署接管了军机处所掌管的外交事务。

军机处为清廷中枢决策之中心，并非具体的办事机构。然而自鸦片战争以来，中外交涉纷繁，军机处成为外交情报的汇总之所。最初，军机处并不直接经办外交事件，各国以两广总督兼五口通商大臣为主要交涉对象。在第二次鸦片战争中，这一状况稍有改变。先是俄国于1858年所定《天津条约》中获准外交照会可直达军机处，"嗣后两国不必由萨那特衙门及理藩院行文，由俄国总理各国事务大臣或径行大清之军机大臣，或特派之大学士，往来照会，俱按平等。设有紧要公文遣使臣亲送到京，交礼部转达军机处。"③ 此后，俄国所给照会多经由礼部转达军机处，清政府也以军机处名义给予答复。④ 1860年《中俄北京条约》又明确规定："大俄罗斯国总理各外国事务大臣与大清国军机处互相行文，或东悉毕尔总督与军机处及理藩院行文。"⑤ 另外，指示外交机宜的廷寄上谕也以军机大臣拟旨，军机大臣对皇帝的外交政策有不容忽视

---

① （清）贾桢等纂：《筹办夷务始末》（咸丰朝），卷七十一，第2719页。
② （清）昆冈等修：《大清会典》（光绪朝），卷三，"办理军机处"，第25页。
③ 中国史学会主编：《第二次鸦片战争》，第二册，第551页。
④ 清廷军机处与俄国之间往来的照会多载于咸丰朝《筹办夷务始末》一书中，兹不赘述。
⑤ 中国史学会主编：《第二次鸦片战争》，第二册，第632页。

的影响力。因此，在某种程度上来说，总署成立之前，军机处正朝着兼办清廷最高外交事务的方向发展。总理衙门成立之后，接管了本不应归军机处办理的外交事务，在某种程度上是对军机处原有地位的维护。总署设立之初，奕訢等人曾设想日后外交事简，则裁汰总署，将外务仍归军机处办理。① 这也从侧面说明，总理衙门所专办者为军机处曾经掌管的外交事务。

第四，总署的组织原则与军机处相仿。

遵循奕訢在"六条章程"内的规划，总署的组织原则"一切均仿照军机处办理"②，具体表现有：（1）总署大臣与军机大臣一样，无定员，由皇帝从大学士、各部尚书、侍郎等大员中特简。区别在于，亲王不能入主军机，而总署从设立伊始便以亲王统领其事。后来，随着奕訢在政坛的崛起，亲王不能入值军机处的惯例被打破，总署与军机处均由亲王主持已成晚清政坛的一大特点。（2）总署章京的选任程序与军机章京相同，先由内阁、各部院推荐所属司员，然后经考试择优录用。（3）在办公方面，总署也仿照军机处，采取公务随到随办的做法，力求办事迅速，提高效率。

虽然总署在组织原则上多仿照军机处，但是在具体的设置上总署又与军机处稍有不同。军机处处于皇帝的直接控制之下，在军机大臣之下仅设军机章京为办事人员，设置简单；而总署则采取分股办事的原则，在总署大臣之下分设英国股、法国股、俄国股、美国股、海防股，分别负责各类事件。详情见下表：

总署组织设置

名称	主办国家	主办其他事务
英国股	英、美	各国通商、各关税务
法国股	法、荷、西、巴西	保护民教、各处招工
俄国股	俄、日	陆路通商、边防疆界、庆典、礼宾、相关官吏的人事行政和考试等

---

① （清）贾桢等纂：《筹办夷务始末》（咸丰朝），卷七十一，第2675页。奕訢等在"统计全局酌拟章程六条呈览请议遵行折"中第一条提出："俟军务肃清，外国事务较简，即行裁撤，仍归军机处办理，以符旧制。"

② 同上书，第2676页。

续表

名称	主办国家	主办其他事务
美国股	美、德、秘、意、瑞、挪、比、丹、葡	华工保护、遣员参加国际会议
海防股		南北洋海防、长江水师、北洋海军、要塞炮台、制造、学校、电线、铁路、矿务

资料来源:光绪朝《大清会典》,卷九十九。

五股各有分工,由分派在各股的章京负责具体事务。总署像六部一样,设有司务厅(掌收发往来文牍、请送印钥、呈递折件、监视关防等)和清档房(掌编辑校勘总署档案)两个机构。① 总署的办事体制更像是沿袭了六部的分层负责制。这主要是因为总署在事实上不同于军机处,除了政策的拟定之外,总署还是很多具体工作的直接执行者。因而"不得不在体制上采取六部的规模,分股设官,按层负责了"。②

可见,总理衙门在仿照军机处基本规制的基础上,又根据自身经办事务的特点有所调整,以期更好地适应外务办理的需要,故有学者视总署为"军机处与六部的混合物"③。

二 军机处与总理衙门之间的行政关系

由于总署与军机处有诸多相似之处,加之总署职能日广④,渐侵及六部之权,"凡策我国之富强者,要皆于该衙门为汇总之地",且总署之事"不独繁于六部,而实兼综乎六部矣"⑤。所以后世学者有称其为

---

① 同治三年八月二十日,奕訢等奏请扩大总署编制,并成立司务厅及清档房,并著拟章程五条,当即获得批准。参见宝鋆等修《筹办夷务始末》(同治朝),卷二十八,文海出版社1966年版,第2766—2767页。
② 钱实甫:《清代的外交机关》,第四章,第172页。
③ 同上。
④ 总署的职能主要是外交和洋务,其设立之初,清廷仅将其视为一个主管外交及通商的机构,然而由于近代中国的局势与以往迥异,对外关系已经成为制约清廷各项政务及国内各种社会生活的一个最重要的因素,几乎没有任何稍重大的政务能完全与外交无关。加之清廷的整个行政体系未能及时顺应此社会变化,大多数行政部门和官员对涉外之事持强烈的抵触情绪,故而将凡是涉及外务者统统推给总署办理。是以总署所涉事务日繁,几乎遍及清廷的各个部门。
⑤ 国家档案局明清档案馆编:《戊戌变法档案史料》,"四添裁机构及官制吏治","刑部郎中沈瑞琳折",中华书局1958年版,第180页。

"洋务内阁"①，也有人则将其误解为继内阁和军机处之后清廷的又一个中枢机构。马士在《中华帝国对外关系史》中认为：总署"与其说是一个外务部，不如说是更像一个内阁"。②萧一山也认为：总署"有渐夺军机处实权之趋势"，"不啻后日之外务部、学部、邮传部、工商部、海军部及税务处之综合机构，其职权直加乎军机处矣。"③

从表面看来似乎确实如此，经济上如军饷的筹集、划拨、军用工业的创办及资金的筹集、海关总税务经费的制订、海防经费的数额及分配、外债的借贷及偿还等等，大多由总署主持。而本应主管此类事务的户部，常常仅是会同画诺而已。政治上如海关道员的任用，外使觐见礼仪等也是总署之专责。法制上对教案的处理、对拐卖华工出洋罪行的断定、外来军火的走私及买卖等事务，也由总署议定。当然，在这些事务的实际办理过程中，也会有相关的一些部门参与其中，但是总署的意见更重要、更有影响力。

然而，判断某部门是否位居决策中枢的关键，不在于它经管事务的范围，而在于它是否是全国政情的总汇之所，是否直接参与中枢决策。否则，无论该部门经管之事所涉范围如何广阔，其终究是一个办事衙门，而非一个中枢决策机构。公文为政情传达的载体，公文运作的过程即可视为决策的过程。所以，从总理衙门在公文的运转程序中居于何种地位即可判断其是否居于决策地位。

内阁与军机处之所以被视为中枢决策机构的重要原因是因为二者是全国政情的总汇之所，可以直接影响到皇帝的最终决策。内阁通过票拟题本直接参与清廷的决策事务，军机处则以协助皇帝处理奏折及部分题本参与决策。至于总署是否具有中枢决策机构的地位，关键在于总署在清廷公文运行整个程序中居于何处。总署与军机处之间的公文关系更能直接表明二者在政治体制中的地位。

奕訢等人在筹备设立总理衙门伊始，即有专条论及总理衙门的公文原则，"机密紧要事件，或由臣等密奏，或由兼领之军机大臣面奏，不必另行具折，以昭慎密。俟军机大臣承书谕旨后，其机密要件，仍交军

---

① 钱实甫：《清代的外交机关》，第173页。
② [美]马士：《中华帝国对外关系史》，张汇文等译，第二卷，上海图书出版社2006年版，第341页。
③ 萧一山：《清代通史》，第四册，华东师范大学出版社2006年版，第1页、第3页。

第五章　晚清外交体制的变革及其对军机处职权的影响　·165·

机处收存。奉到朱批折奏，照各衙门之例，即（于）次日恭缴，以昭慎重"①。可见，奏折运行程序中的总理衙门的地位与其他衙门无异，由此明确了总理衙门与军机处在公文运作中的关系。咸丰十年十二月二十四日，咸丰帝再次对总理衙门与地方官员之间的公文关系作出规定："各省机密事件，（自）应照例奏而不咨，如事关总理衙门者，即由军机处随时录送知照，亦甚便捷，著毋庸由各口先行咨报总理衙门，以归画一。"② 地方事务若有涉及总理衙门者，均与其他事务一样先行以奏折的形式奏报皇帝，然后由军机处再行知照总理衙门，严禁在奏报之前先行咨报总署。该公文运作原则反映出总理衙门从设立之初即在政情的获取上受到重重限制，它在奏折运转程序中所居地位与六部等衙门相似。

在实际的公文运转程序中，总理衙门居于执行者的地位，未能参与决策。"上谕档"中收有大量的廷寄及明发上谕，其中涉及总理衙门者，多在文末注以"摘抄交总理衙门"或"抄交总理衙门"等文字。这些文字清晰地表明了军机处与总署之间的行政关系。现试举几例予以说明。

在咸丰末年，地方官员有涉外之事先行奏报咸丰帝，由咸丰帝以廷寄指示方略，通过行在军机处遥控在京城的总理衙门。咸丰十一年，俄国送鸟枪派兵演习，色克通额拟于乌里雅苏台将军库存内拨解火药，并就酬答俄国使臣之事请示咸丰帝。咸丰帝于咸丰十一年四月初六日令军机处发廷寄给钦命总理各国事务和硕恭亲王奕訢、大学士桂良、户部左侍郎文祥等，指示奕訢等将赏赐俄国使臣之事"妥为商议再行具奏"③。总理衙门有事也需请旨，咸丰帝通过廷寄指示机宜。总理衙门办理各口关税征收之事，奕訢因"各口关税现当开办之初，总理税务司赫德来京所议章程，头绪纷繁，实难洞悉流弊"，奏请咸丰帝允许与"户部会商办理"。咸丰帝则在廷寄中以"此次各口设立新关与外国交涉，设一切章程未能妥协，徒滋争论。且各口情形不同，恐户部不能悬定"为由予以拒绝，坚持所有关口征收关税之事"仍著奕訢等悉心酌拟具

---

① （清）贾桢等纂：《筹办夷务始末》（咸丰朝），卷七十二，第2718页。
② 同上书，第2721页。
③ 《咸丰同治两朝上谕档》，第十一册，第124页上。

奏"。① 地方官员之间若需协调，地方官会向咸丰帝奏请，然后军机处遵旨用廷寄来协调，而非由总理衙门出面。如，咸丰十一年五月，崇厚因山东登州开埠通商一事事属首创，恐山东登莱青道崇芳"于现办新章未能熟谙"，"办理难以周全"，故而派直隶候补知府王启曾等赴登州会办。为此，崇厚奏请咸丰帝饬令"（山东巡抚）谭廷襄转饬崇芳会同妥办"。咸丰帝则以廷寄指示谭廷襄"饬令登莱青道崇芳等，俟王启曾到后即会同该员将一切通商事宜悉心筹画，妥为办理"。② 上述廷寄文末均注有"摘抄寄总理衙门"字样，可以推知总理衙门很可能只是在事后得知此事。在整个事件的办理过程中，总理衙门并未参与决策。

由此可见，咸丰帝所拟定的公文运行原则实质上仅仅视总理衙门为一办事衙门而已，并不打算令其直接参与清廷的中枢决策。辛酉政变之后，奕䜣一跃而为议政王兼领班军机大臣，同时兼任总理衙门大臣。一些在总理衙门工作的官员，也在奕䜣的安排下进入军机处任职。在他和文祥等人的主持下，总理衙门的权力稍有扩张。然而，总理衙门依然不能算一个决策机构，此点从总理衙门日常经办事务中就可推出。

据《大清会典》载总理衙门的职掌为："掌各国盟约，诏布朝廷德信。凡水陆出入之赋、舟车互市之制、书币聘飨之宜、中外疆域之限、文译传达之事、民教交涉之端，王大臣率属定议。"③ 总理衙门诸职掌之中居于首位的是对外交涉，其中又以与各国缔结和派员互换条约最为重要，故而首先以缔约为例考察总理衙门在清廷政治体系中之地位。

考清季各国条约之修订，其程序大致有议定、画押、批准三个部分。关于条约的修订，多由总理衙门、出使大臣、南北洋大臣、地方督抚及皇帝特命的"全权大臣"与外国议定，然后汇总至总理衙门。条约的画押和批准，则由总理衙门奏请钦命简派大臣办理。考察整个缔约过程，总理衙门既没有独立承担条约的缔结，也没有发挥决策作用。总理衙门的作用大致如下：

（一）居中传达的作用

同治元年，总理衙门奏："布路斯国公使到沪，请派大员互换条

---

① 《咸丰同治两朝上谕档》，第十一册，第169页下。
② 同上书，第175页下。
③ （清）昆冈等修：《大清会典》（光绪朝），卷九十九，"总理各国事务衙门"，第896页。

第五章　晚清外交体制的变革及其对军机处职权的影响　·167·

约", 是年闰八月十五日, 军机处就此事发廷寄给头品顶戴通商事务大臣薛焕、署江苏巡抚李鸿章, 明确指示"已谕令内阁将条约盖用御宝发交崇厚赍送上海矣, 所有此次互换条约即著派薛焕办理"①。文末注有"另抄一分由堂交总理衙门", 则可知在廷寄发出后才知照总理衙门得知而已。总署所做之事仅是奏报皇帝, 具体到落实则由皇帝通过军机处指示方略。又如同治三年与丹麦换约一事, 先是英国驻京公使威妥玛就丹麦现派水师副提督璧勒到沪一事向总理衙门呈递照会, 请求清廷派员互换约。总理衙门随即就此事具折奏请。同治三年五月二十九日, 议政王、军机大臣字寄江苏巡抚李鸿章, 此事"著派提督衔李恒嵩会同布政使刘郇膏, 将上年与丹国所立条约妥为互换", "其条约各本著俟崇厚派员赍送至沪时, 即交李恒嵩等祗领办理。李鸿章于一切事宜, 并著督同商榷, 以臻妥协。"②此件廷寄文末注有"抄交总理衙门由文堂带去"③字样, 表明该廷寄内容由军机处另抄一份, 交由军机大臣文祥带至总署。在整个派员换约过程中, 总理衙门仅起居中传达作用。

而且, 清廷派员缔结条约的上谕也由军机处拟写, 而非总理衙门。同治四年七月十一日, 清廷任命董恂为全权大使与比利时国商讨通商条约。该上谕全文为: "同治四年七月十一日, 内阁奉上谕: '崇厚奏比利时国遣使来津, 恳立通商条约, 请特派大员办理等语。著派董恂、崇厚作为全权大臣便宜行事, 办理该国通商事务。'钦此。"④文末注有"递上钤图发下交总理衙门领去"字样, 说明该上谕是先由军机处拟好, 然后呈递皇帝批准"钤印"后, 再发交总理衙门。其间, 总理衙门对此事并无赞襄之力。

更有甚者, 有些换约之事甚至在总理衙门得知前就已完成。同治三年五月初八日, 军机处在发给薛焕、崇厚的廷寄中令其办理与日斯巴尼亚国订立商约, 廷寄内容如下:

议政王、军机大臣字寄头品顶戴总理各国事务大臣薛(焕)、三口通商大臣兵部左侍郎崇(厚), 同治三年五月初八日奉上谕: "崇厚奏日斯巴尼亚国遣使来津, 请立通商条约一折。日斯巴尼亚

---

① 《咸丰同治两朝上谕档》, 第十二册, 第470页上。
② 《咸丰同治两朝上谕档》, 第十四册, 第179页上。
③ 同上书, 第179页下。
④ 《咸丰同治两朝上谕档》, 第十五册, 第330页下。

国使臣玛斯呈递照会请立条约，并呈出所奉全权凭据。据崇厚现令该国使臣在津候旨。所有通商立约事宜，即著薛焕、崇厚与该国使臣妥为办理。并发去全权大臣谕旨一道，若该国使臣索取，即可照案抄录，给予阅看。俟立约事竣，仍将此旨缴回。将此各谕令知之。"钦此。遵旨寄信前来。

抄交总理衙门①

由整件廷寄内容可知，与日斯巴尼亚国订立商约一事，崇厚奏请后，由军机处直接发廷寄安排相关事宜，总理衙门并不知情，军机处也仅在事后将廷寄内容知会总理衙门而已。若军机处不抄交总理衙门，则总理衙门能否得知此事，因没发现相关记载不便臆测。但是，总理衙门所得信息滞后于军机处自毋庸赘言。现再举一例说明。

同治三年八月二十六日，议政王、军机大臣分别寄交乌里雅苏台将军明谊、署乌里雅苏台将军麟兴等人廷寄上谕一件，其内容是对明谊奏请派立界大员一折的回复。②在此廷寄之后注有"次日摘抄交总理衙门"字样，显然此件廷寄内容在军机处积压至次日，即八月二十七日才交到总理衙门。类似情况在"上谕档"中屡见不鲜，有些事情甚至迟滞几个月才知照总理衙门。如，同治元年六月二十三日军机处寄给薛焕关于与比利时议定通商条约之事，至同治二年四月十七日才交总理衙门③，期间间隔近十一个月。无独有偶，同治元年七月二十五日，军机处寄给两江总督曾国藩及办理通商事务大臣薛焕关于"改设长江通商大臣"一事的廷寄内容也是到次年六月二十四日才知照总理衙门。④ 推测其原因可能是因所涉政务事属机密，不便令总署得知，或者并非亟须令总理衙门知道的缘故吧。

综上，总理衙门在签约与换约的过程中发挥的作用多是居中传达，而非决策。

（二）直接参与修订条约

总理衙门直接参与修订中外条约，是清季外交的惯例。如光绪三年

---

① 《咸丰同治两朝上谕档》，第十四册，第155页下。
② 同上书，第301页上。
③ 《咸丰同治两朝上谕档》，第十二册，第299页上。
④ 同上书，第351页下。

十月十六日，恭亲王奕䜣等奏，"查办日斯巴尼亚国古巴地方华工一案，现与日国使臣议就条款事。……奉旨依议。"① 光绪十二年七月十四日，总理各国事务庆亲王奕劻等奏，"日本请修约章，拟由臣衙门先与酌议。""奉旨依议。"② 光绪二十四年三月初五日，总理各国事务恭亲王奕䜣等奏，"俄国订租旅顺大连湾两口，并接展铁路，谨将现议条款呈览，……奉朱批依议。"③ 光绪十一年四月二十九日，直隶总督李鸿章奏，"与法国使臣商办详细条约，画押竣事。……谨将条约正本，封送军机处进呈，恭候批准，以便届期互换，其副本咨送总理衙门查核。……奉旨依议。"④

（三）负责条约的拟议与查核

总理衙门掌握外交全局，在条约订立过程中，为统筹兼顾，多由总理衙门负责条约的核议与查核。如光绪七年二月十五日，出使俄国大臣曾纪泽与俄国外部改订条约章程，在奏报办理情形的奏折中，提及将条约各款"请旨饬总理衙门核议。……奉朱批依议。"⑤ 光绪二十二年六月初六日，户部左侍郎张荫桓奏，"日本商约删驳，请即定议画押。……现在应否即与定议画押，抑或敕下军机处、总理衙门王大臣详加核议，以昭慎重之处，伏候圣裁。……奉朱批'依议'。"⑥ 光绪二十四年九月八日，出使大臣徐寿朋奏，与韩国通商约稿，请饬核议。"奉朱批'该衙门议奏'。"⑦ 光绪二十五年九月十一日，出使俄奥大臣杨儒奏："恭报遵赴和都保和公会蒇事返俄情形"，奉朱批："该（总理）衙门议奏。"⑧

（四）备案保存

地方官遵旨签订条约之后，多向皇帝奏报办理情形，此类奏折多奉旨"该部知道"，由军机处发交总理衙门另抄一份，备案保存。现试举

---

① 王彦威辑：《清季外交史料》，卷一二，书目文献出版社1987年版，第一册，第218页。
② 同上书，卷六八，第二册，第1233页。
③ 同上书，卷一三〇，第二册，第2178页。
④ 同上书，卷五八，第一册，第1052—1053页。
⑤ 同上书，卷二十五，第一册，第459页。
⑥ 同上书，卷一二一，第二册，第2042页。
⑦ 同上书，卷一三九，第二册，第2298页。
⑧ 同上书，卷一四〇，第三册，第2313页。

几例如下表：

具奏人衔名	事由	奉旨	奉旨日期	资料来源
直隶总督李鸿章	行抵烟台后与英使会商一切事宜，现已议立条款画押互换，作为滇案完结。	该衙门知道	光绪七年三月十日	《清季外交史料》，卷七，第一册，第126页。
全权大臣直隶总督李鸿章	遵旨与日本使臣商议，现已订立专条画押互换。	该衙门知道	光绪十一年三月初七日	《清季外交史料》，卷五六，第一册，第1018页。
出使俄国大臣徐景澄、杨儒	与俄国订立租地条约，遵旨与俄国外部议定专条，谨陈办理情形。	该衙门知道	光绪二十四年五月二十日	《清季外交史料》，卷一三二，第二册，第2199页。
出使美日俄大臣伍廷芳	遵旨与墨西哥妥定条款，定期画押谨陈办理情形。	该衙门知道	光绪二十六年正月二十日	《清季外交史料》，卷一四二，第三册，第2328页。

光绪朝沿袭同治朝旧例，且清廷签订条约繁复，没有必要全部开列，故仅选取光绪朝的几例足以说明问题即可。

综上所述，总理衙门在清廷与别国缔约的过程中，居中传达是其所发挥的最大的作用，其余几项作用或是直接办差、或是事后审拟查核、或是文档的保存，均未表现出有统筹清廷政务全局、赞襄皇帝的功能。而清廷也多次指示地方官员在缔约之时，必须要以廷寄为办事准则，"不得游移瞻顾，动辄咨商总理衙门"①、"遵照前次寄谕，将分界事宜径行断结，不得再行咨商总理衙门"②。可见，只有军机处所发廷寄才能代表皇帝意志。

缔约之外，总理衙门尚有其他职掌，这些职掌之中总理衙门也没表现出决策的职能。现对其逐一予以论述。

（一）外国使节之接待及国书往来

晚清外交中，对于外国使节的接待是所有外交礼仪中争执最激烈

---

① 《咸丰同治两朝上谕档》，第十三册，第655页上。
② 同上书，第676页上。

者。自咸丰十一年起，各国公使常驻北京，虽常有觐见之请，然由于觐见礼节问题一直悬而未决而均被清廷借词拒绝。直至同治十二年正月，同治帝亲政，各国公使借亲政大典的契机，坚决要求觐见。奕䜣等遂奏请议定公使觐见礼节。奉朱批："朝觐应议事宜，著该衙门妥议具奏。"① 关于外使觐见是否行跪拜礼，经总理衙门与各国公使斡旋，最后拟定外使觐见改跪拜为免冠五鞠躬礼。光绪十六年，驻英公使薛福成奏请准许外使入觐，上谕允准，规定：每岁正月，"由总理各国事务衙门奏请定期觐见，即于次日，在该衙门设宴款待……续到使臣，按年觐见，至国有大庆，中外胪欢，并著该衙门奏请筵宴。用示朝廷修好睦邻，有加无已至意。所有应行礼节，著该衙门先期具奏"。② 至此，绵延百余年的外使觐见的"礼仪之争"终告解决。

根据《大清会典》所载，各国使臣觐见，归总理衙门办理之事为："各国使臣入觐，先奏请觐所"及日期；"皇帝御殿阁"，则引导使臣入；"使臣呈递国书，代陈御案"；代奏使臣随带翻译所译话语；"皇帝询问其国主起居，谕慰该使，皆由王大臣宣告"；觐见毕，王大臣引导使臣退出。③

除了使臣觐见礼仪之外，一般的外交礼仪亦交由总理衙门拟议。如："总理衙门奏请宣示谕旨体制，及酌定各部院大臣与各国驻京大臣往来一折，所奏辨明谕旨体制甚是。至与各部院大臣往来之处，著照所拟办理"；④ 总理衙门议定"各国使臣会晤办法，除新年在总署接见外，约同各部院大臣，分日往各国使馆答拜"；⑤ 总理衙门"将各国君后、宗藩及特派头等公使来华……接见款待礼节，务须参酌中西体制，详定章程"⑥。各项外交礼节的制定总理衙门均奉旨参议。

由上文可见，总理衙门在接待外国使节及相关的仪式中所发挥的作用多与先前的礼部及理藩院相似，其他诸如办理使臣往来庆贺之事和奖赏外人等外交活动，总理衙门所发挥之作用亦同，似不能从中看出其有

---

① （清）宝鋆等修：《筹办夷务始末》（同治朝），卷八九，第8228页。
② 《清德宗实录》，卷二九一，光绪十六年十一月丁卯，第870页。
③ （清）昆冈等修：《大清会典》（光绪朝），卷九十九，"总理各国事务衙门"，第896页。
④ 《光绪宣统两朝上谕档》，第一册，第240页下。
⑤ 《清德宗实录》，卷四十二，光绪二年十一月己巳，第605页。
⑥ 《清德宗实录》，卷四一八，光绪二十四年四月己酉，第485页。

发挥决策的作用。

(二) 派驻海外公使

清廷正式向海外派驻公使始于光绪元年七月二十八日,以候补侍郎郭嵩焘、候补道许钤身任出使英国钦差大臣,此后遣使遂成定制。使臣之选拔派驻、使馆人员编制、出使经费之筹拨核销及使臣之查核,均归总理衙门掌管。

《大清会典》载:"凡遣使各国,则开单以请,恭候简派。"① 奏请派驻使节是总理衙门之日常职掌之一。总理衙门奏派使臣始于光绪元年七月奏派郭嵩焘为驻英使臣。由"上谕档"中的记载可知,郭嵩焘之任命是由军机处拟写好后封交总理衙门。"上谕档"所载任命原文为:"光绪元年七月二十八日奉上谕:'候补侍郎郭嵩焘、直隶候补道许钤身著充出使英国钦差大臣,许钤身并著赏给二品顶戴。'钦此。"文末注"封交总理衙门不发抄"② 字样。说明此任命上谕由军机处拟定,呈请御览批准后,再交至总理衙门。此后出使大臣之简派,均沿袭郭嵩焘之例,皆由总理衙门奏请,皇帝任命后,军机处拟写任命谕旨。光绪元年十一月十四日,总理衙门奏请派驻美国使臣,"美利加等国,现有交涉议办事件,拟请先其所急,派员出使,以资得力。"③ 上谕命陈兰彬、容闳充出使美、日钦差大臣。该上谕存光绪朝"上谕档"中,原文为"光绪元年十一月十四日,内阁奉上谕:二品顶戴候补三四品京堂陈兰彬、三品衔同知容闳著充出使美国、日国、秘鲁国钦差大臣,容闳并著以道员用,赏给二品顶戴。钦此。"文末注"封交总理衙门不发抄"。④ 这些都说明总理衙门有奏请派驻使臣之权,但无任命之权。

使臣出使的国书,由总理衙门拟写并奏请颁给,获准后咨送军机处奏请钤印,再由总理衙门发给使臣。《大清会典》载:"国书由总理衙门拟奏,奏准后咨送军机处缮请御宝,发交总理衙门,给使臣赍往所至之国,亲递以通好。使臣三年期满,亦请颁给辞任国书,发交总理衙门

---

① (清)昆冈等修:《大清会典》(光绪朝),卷九十九,"总理各国事务衙门",第902页。
② 《光绪宣统两朝上谕档》,第一册,第210页下。
③ 王彦威辑:《清季外交史料》,卷四,第一册,第77页。
④ 《光绪宣统两朝上谕档》,第一册,第354页上。

第五章　晚清外交体制的变革及其对军机处职权的影响 ·173·

驿寄使臣亲递。"① 光绪三年二月二十四日总理衙门奏请颁给出使美、日、秘等国使臣国书以昭慎重。② 光绪六年二月，曾纪泽为收回伊犁事赴俄谈判，清廷颁给曾纪泽国书，谕令由总理衙门递寄。③ 国书的答复也由总理衙门拟写。光绪十三年五月十三日，电寄张荫桓上谕夏威夷"国主呈递贺表，已饬令总理衙门照案复书"。④ 光绪十五年十一月，总理衙门奏"德国国君寄到瓷缾二尊，恭贺大婚庆典，谨拟答复国书"⑤。均是总理衙门拟写国书的实例。

综上所述，总理衙门所掌管的外使派驻及国书拟写之事，无一不经过军机处才能最终付诸实施。因此，总理衙门仅为办事衙门，而非此类事务的决策机构。

（三）办理教案

鸦片战争之后，中外接触日广，法国屡请弛传教之禁。道光二十五年，部议允行，教士来华者日多。咸丰十年，《天津条约》规定：允许外国传教士入内地传教，地方官予以保护。但是，由于教徒恃洋自重，欺负良民，挟制官吏，传教士则自恃身份特殊且有治外法权保护，意欲操纵地方行政，加之中外双方文化之冲突，导致同治年间教案频仍。

清廷对教案的处理，在中央由总理衙门负责交涉、拟议、查核、摧结，在地方则由地方督抚负责查办交涉。晚清教案头绪纷繁，难以尽述，兹将总理衙门在处理过程中所发挥的作用做简要分析。通过对诸多教案的考察可知，总理衙门与教案相关之作为大致有如下几种：

（1）奏请皇帝谕令地方官查办教案。以咸丰十一年十一月初二日上谕为例，总理衙门在成立伊始，鉴于《天津条约》已允许外国传教士在内地进行传教，习教之人日多，上奏折说："近来各省习教之人与不习教者，往往彼此龃龉，若不持平办理，殊不足以昭公允。"⑥ 总理衙门此奏获准，军机处遂遵旨拟写明发上谕，交内阁通谕各省官员："嗣后各该地方官于凡交涉习教事件，务须查明根由，持平办理。如习

---

① （清）昆冈等修：《大清会典》（光绪朝），卷一〇〇，"总理各国事务衙门"，第911页。
② 王彦威辑：《清季外交史料》，卷九，第一册，第177页。
③ 《清德宗实录》，卷一〇九，光绪六年六月己亥，第600页。
④ 《清德宗实录》，卷二三四，光绪十三年五月己未，第268页。
⑤ 《清德宗实录》，卷二七七，光绪十五年十一月丙寅，第703页。
⑥ 《清穆宗实录》，卷九，咸丰十一年十一月丙戌，中华书局1987年版，第233页。

教者，果系安分守己，谨饬自爱，则同系中国赤子，自应与不习教者一体抚字，不必因习教而有所刻求。倘或倚恃教民，不守本分，干预别项公私事务，或至作奸犯科、霸地抗租、欺负良民，则不独为中国之莠民，亦即系伊教中之败类，断难宽贷，必应照例治罪，决不能因习教而少从宽假。各地方官务当事事公平，分别办理以示抚绥善良之至意。"①

（2）与外国公使办理教案交涉。晚清教案多发生在地方，而与各国交涉却多在中央，总理衙门为交涉之主管机构。"凡遇中外交涉事件，泰西诸国驻京使臣，其自称曰'全权大臣'，多赴总理衙门，与中朝诸大臣定议。"② 在上谕中载有很多总理衙门与外国公使就教案进行交涉的内容。现举几例予以说明。

同治元年十一月十五日，清廷谕令地方官员迅速完结地方"贵阳教案"，"若再迁延不结，难免外国人借口有意延搁，总理衙门王大臣仅能以口舌争论自不足以折服其心"。③ 文中重点号标出之处即是对总理衙门与各国公使转圜交涉情形的描述。同治元年十一月二十九日的上谕中，对总理衙门与法国公使交涉情景的描写更多，"总理衙门奏，接据法国公使照会，谨将办理情形并抄录照会照覆哥士耆所递条款呈览等语。法国于贵州杀害教民一事哓哓不已，现复呈递照会，条款万难俯允，经恭亲王给予照覆，虽属词义严正，惟今已数日，该公使毫无动静。自当由该衙门随时相机开导。"④ "哓哓不已"、"相机开导"两词传神地表达了总理衙门在与法国公使交涉"贵阳教案"时无可奈何的尴尬境地。

地方官员也认为教案为总理衙门专管之事，有事则推给总理衙门。光绪十七年十二月十三日，热河都统奎斌奏"热河匪乱之后，教民有意寻衅报复良民，请饬总理各国事务衙门照会法国各使，约束教民，以弭祸变，而靖地方"，奉上谕："下所司知之。"⑤ 因地方官员将凡是涉外交涉之事，均推卸给总理衙门，结果常导致办理的延迟，"各直省将

---

① 《咸丰同治两朝上谕档》，第十一册，第492页下。
② （清）陈康祺著，晋石点校：《郎潜纪闻初笔》，卷十四，中华书局1984年版，第307页。
③ 《咸丰同治两朝上谕档》，第十二册，第653页上。
④ 同上书，第672页上。
⑤ 《清德宗实录》，卷三〇五，光绪十七年十二月癸卯，第1037页。

军督抚往往因事隶总理衙门，不免意存诿卸。总理衙门亦以事难悬断，未便径行，以致往还转折，不无延误。"① 指示地方官员要"将教民一案迅速妥商覆奏，不得再候总理衙门之信，以致稽迟，是为至要"②。地方不可将教案一味推给总理衙门。

（3）催促各省迅速办结教案。教案多发生在地方，地方督抚多为直接交涉者，但总理衙门为避免外国公使为谋求更多的侵略利益来衙署无理取闹，常以地方官办理迟缓为由，奏请皇帝饬令地方官员将教案迅速完结。在滇案处理过程中，总理衙门即因"此事迁延时日太多，难免该使不借口翻悔"为由，奏请饬令地方相关人等迅速结案。同治三年十月十四日，军机处以廷寄方式饬令成都将军崇厚、四川总督骆秉章、云贵总督劳崇光等妥为办理滇案善后事宜，避免留给法国公使借口。③ 另外，光绪三年十月二十八日，军机处发给湖广总督兼湖北巡抚李瀚章的廷寄即可作为旁证。该廷寄载："英国教士在湖北武昌被殴受伤一案，业经该省拿获滋事武童数人，复经总理衙门函致李瀚章，严饬查明下手凶犯，确切严究。而英国使臣仍以首犯务获究办，并各犯一并惩治，地方官亦应参办，始可具结为词。……著李瀚章即将此起案情，妥速筹画，并严饬该地方官认真查究，持平办结，毋再迟延。原折著抄给阅看，将此由四百里谕令知之。"④

（4）教案具体事项的拟议办理。在教案的办理过程中，总理衙门除居中斡旋之外，还负责办理很多具体的事务。光绪二十二年二月十一日，御史陈其漳奏"请定教案章程"一折，奉旨："该衙门议奏。"⑤ 光绪二十四年六月十九日，内阁学士瞿鸿禨奏："请将各省教堂教民数目册报军机处暨臣衙门（总理衙门）。"奉朱批："该衙门议奏。"⑥ 光绪二十四年七月十日，翰林院编修张星吉上"请严惩教民"一折，奉上谕："总理各国事务王大臣酌核办理。"⑦ 光绪二十四年七月二十日，裕德奏："请饬各省设立保甲局，认真保护教堂"，奉上谕："总理各国事

---

① 《光绪宣统两朝上谕档》，第二十四册，第578页上。
② 《咸丰同治两朝上谕档》，第十三册，第69页上。
③ 同上书，第十四册，第347页上。
④ 《光绪宣统两朝上谕档》，第三册，第387页下。
⑤ 王彦威辑：《清季外交史料》，卷一二〇，第二册，第2030—2033页。
⑥ 同上书，卷一三四，第二册，第2230页。
⑦ 《清德宗实录》，卷四二三，光绪二十四年七月辛酉，第551页。

务王大臣妥速议奏。"① 以上诸事都是总理衙门办理教案具体事项的明证。

此外，总理衙门还负责代递外国教士有关教务的条陈建议②、奏请将教案要犯正法③、筹集教案的赔款等事务的办理④。

当然，总理衙门所议奏或办理之事，都是以奏折的形式上奏御前，经军机处拟写处理意见后，才能获准实施。《大清会典》载："事无大小，悉用封奏。谕旨则由军机处封下衙门，当堂启封。"⑤ 举例而言，光绪元年三月二十一日，军机处发出廷寄一道，其内容主要关于"马嘉理案"的审理。该廷寄载："总理各国事务衙门奏：英国翻译官马嘉理在云南边境被戕一案，请饬该省督抚妥办一折。英使威妥玛赴总理各国事务衙门议办此案，该王大臣等叠与相持，并将该使照会所称各节屡加驳斥。该使坚以派员到滇，从旁观审为请，并请由中国派员同往。该王大臣等现与订定，由北洋大臣派员赴滇，并不与闻马嘉理案件，英国所派之员只准于定案时旁坐观审。"⑥ 文末注"抄交总理衙门"⑦。可见，总理衙门所拟定的审理程式经御览批准后，经由军机处廷寄才可下达地方。总理衙门负责办事执行，而非决策。

考《大清会典》所载，总理衙门所奏定保护教民的诸项条款中，最为重要者有如下几项："凡教士入中国者，待之如其约"，"待教民亦如之"；"教堂有不如约者，查禁亦如之"；"教民教士有干预词讼者，申禁亦如之"；"凡民教涉讼，则按律科断"；"教士置买民地，则载明公产而税契焉"；"凡有执照之教士，因交涉事件，见中国地方官，用红白禀呈如仪"。⑧ 其中所记总理衙门的职责无非是执行具体事务而已，并不居决策地位。

---

① 《清德宗实录》，卷四二四，光绪二十四年七月庚午，第568页。
② 王彦威辑：《清季外交史料》，卷一一八，第二册，第2001页。
③ 王彦威辑：《清季外交史料》，卷一二七，第二册，第2135页。
④ 《清德宗实录》，卷三一八，光绪十八年十一月庚子，第119页，原文为："总理各国事务衙门奏：遵议江苏江阴等处教案偿款不敷，应由镇江关洋药税款项下开销。"
⑤ （清）昆冈等修：《大清会典》（光绪朝），卷九十九，"总理各国事务衙门"，第896页。
⑥ 《光绪宣统两朝上谕档》，第一册，第80页上。
⑦ 同上书，第80页下。
⑧ （清）昆冈等修：《大清会典》（光绪朝），卷九十九，"总理各国事务衙门"，第900—901页。

第五章 晚清外交体制的变革及其对军机处职权的影响

(四) 倡导"洋务建设"①

总理衙门之设正值清廷内忧外患之际，它所面对的是"数千年来未有之变局"②。总理衙门诸大臣在与西方诸国的接触中加深了对西方的了解，也更清楚清廷所面对的困境。同治六年奕䜣等人曾上奏说："自古中国与外国联合，从无善策。况今日外国逼处于中国都城，而又滨海沿江要害之区节节盘踞，实为创局。"③ 为应付此变局，奕䜣等提议要学习西方以自强，"中国之宜谋自强，至今日而已亟矣。识时务者莫不以采西学制洋器为自强之道。"④ "今既知其取胜之资，即当穷其取胜之术，岂可偷安苟且，坐失机宜?"⑤ 所以，总理衙门成立之初，就倡导向西方学习，尤其是在练兵及西方先进技术（火轮船、铁路、电线、电报等）的引进、应用及推广方面，总理衙门显得尤为热心。然而，尽管此类"洋务建设"均由总理衙门经管，但是并不能说总理衙门在其中居于决策地位。

"洋务建设"是指清廷出于"自强"的目的向西方学习，引进先进工业技术的一系列活动，军事革新则是其主体。同光以降，各省督抚整顿绿营，选练新兵，改练洋枪，史称"练军"。此后，清廷的战斗力，

---

① "洋务建设"一词笔者首见石泉先生所著《甲午战争前后之晚清政局》（三联书店1997年版）一书，该词用以指代晚清政府引进西方各类工业技术的活动。此处之所以不用大家所熟知的"洋务运动"一词，是因为"洋务运动"一词是后人强加之词，"在文义上即不通，与史实尤不符合，历史上从未发生过名叫'洋务'的什么'运动'这回事。"（樊百川:《清季的洋务新政》，"洋务新政正名议"，第一册，上海书店2003年版，第1—2页。）"洋务"一词本由"夷务"一词转变而来，原指被洋务派用来概括为"外国侵略"、"中外交涉"和他们对待办理此事的外交活动。"甲午战争"之后又扩展至各类仿效西方的活动。樊百川先生用"洋务新政"替代"洋务运动"一词，颇有说服力。但是，考虑到"洋务新政"一词包括了清廷的外交及效法西方等多重含义，而本节内容仅涉及清廷学习西方技术的层面，故而用"洋务建设"一词为准确。

② "变局"观念是当时部分人对清廷所面临的局面的概括，林则徐、魏源等所提出的"师夷长技以制夷"即是为应付此"变局"而给清廷开出的一剂药方。而对变局概括较为全面的莫过于李鸿章，他在一份奏折中指出："历代备边多在西北。其强弱之势、客主之形，皆适相埒，且尤有中外界限。今则东南海疆万余里，各国通商传教，往来自如，麋集京师及各省腹地，阳托和好之名，阴怀吞噬之计，一国生事，诸国构煽，实为数千年来未有之变局。轮船电报之速，瞬息千里，军器机事之精，工力百倍，炮弹所到，无坚不摧，水陆关隘，不足限制，又为数千年未有之强敌。"（《洋务运动》，第一册，第41页。）

③ （清）宝鋆等修:《筹办夷务始末》（同治朝），卷五〇，第4811页。

④ （清）宝鋆等修:《筹办夷务始末》（同治朝），卷四十六，第4497页。

⑤ （清）宝鋆等修:《筹办夷务始末》（同治朝），卷二十五，第2497页。

较之先前有了很大的提高，有力地维持了清廷的统治。"练兵"一事在中央的倡议者为奕䜣，他反复强调自强的关键在于练兵。同治二年，总署大臣薛焕也上奏："京师直隶两处练兵，就目前陕西等处军务而论，实已不可稍缓。况夷人耽耽虎视，不能不豫为防范，未雨绸缪。果能饷有所出，将帅得人，数年之间，畿辅重地，军威大震。其时住京公使目睹富强，凡有干求之事，一经总理衙门开导，自必俯首听命，不致遇事为难，于外省亦多裨益。"① 此事倡导者为总理衙门，主持者也是总理衙门，有事多由总理衙门奏请。同治三年，总理衙门"奏请派京营弁兵，学制火器一折"②；同治五年总理衙门；"奏请变通直隶练兵筹饷章程，并购备马匹，举行屯田"③。在地方上，李鸿章所统率之淮军首开清廷军队改用西式枪炮之先河④，渐成全国首屈一指之劲旅。后湘军继之，左宗棠遂凭此荡平西北，底定天山。⑤ 地方官员有关练兵之事的奏折也多交总理衙门议奏，如吉林将军穆图善奏陈"通筹吉林练兵情形"折，即交由"军机大臣会同户部、总理衙门暨南北洋大臣妥速筹议具奏"。⑥

然而，练兵一事的决策者却非总理衙门。因为总理衙门所奏请之事，获准后多由军机处向下传达，总理衙门无权直接行文地方。举例而言：同治五年八月，总理衙门"奏请变通直隶练兵筹饷章程，并购备马匹举行屯田"，该折发交户部、兵部议奏，形成"练兵章程十七条"。而将此章程付诸实施，则需军机处以"廷寄"的方式将"总理各国事

---

① （清）宝鋆等修：《筹办夷务始末》（同治朝），卷十六，第1605页。
② 《清穆宗实录》，卷一〇一，同治三年四月戊戌，第227页。
③ 《清穆宗实录》，卷一百八十三，同治五年八月甲寅，第293页。
④ 王闿运曾言："淮军本仿湘军以兴，未一年尽改旧制，更仿夷军。"[（清）王闿运：《湘军志》卷十五，"营制篇"，第2页。]
⑤ 左宗棠平定西北，颇为倚仗湘军所仿制的西洋开花炮。《清史稿》所载："（贼）悉众下山，我师以巨炮环击，大溃。俄援寇至，壁平戎驿。（刘）锦棠不与战，而使（邓）增据山上俯击。寇慑炮威，退遑北，（邓）增复隔河击之，皆走。（刘）锦棠攻高寨急，舁大炮列北山上，使（邓）增测准寇垒，发炮子六十余，墙壁皆裂，赐号伊博德恩巴图鲁。规肃州，城高厚逾常制，（邓）增筑炮台临城关，轰溃十余丈。继复筑炮台街口，裹创力战，卒击退之，晋总兵。"即是对开花炮威力的反映。（《清史稿》，卷四五四，列传二四一，"金顺传附邓增传"，第12619—12620页。）左宗棠则自同治五年即开始仿制西洋开花炮以供军用。《清史稿》载："（同治）五年，闽浙总督左宗棠疏言，外洋开花炮，近日督饬工匠仿造，已成三十余尊。"（《清史稿》，卷一四〇，志一一五，"兵志十一·制造条"，第4141页。）
⑥ 《清德宗实录》，卷二十，光绪元年十月甲申，第318页。

务衙门折片三件、户兵两部会议折单各一件"寄给直隶总督刘长佑。①地方官员奏报练兵的奏折也都通过军机处转交总理衙门。如光禄寺少卿刘锡鸿为改善兵器提高清廷部队战斗力，专折具奏"访求德国炮台筑法，造为模式开单呈览"，此折军机大臣奉旨"交总理衙门咨行南北洋大臣查照办理"，军机处遂以军机处交片的形式"抄录原折"，"传知贵衙门（总理衙门）钦遵可也"。② 可见，总理衙门是承办具体事务的办事机构，而非内阁或军机处那样的决策机构。

练兵如此，它事亦同。与清廷富强密切相关的交通事业，如铁路、轮船、电报等事在总理衙门及地方"洋务派"的推动下也颇有建树，但总理衙门依然是执行者的身份。现举清廷兴修铁路为例予以说明。

清廷大臣之中最早筹议修筑铁路者为李鸿章。同治十三年九月，总理衙门奏"海防亟宜切筹，将紧要应办事宜撮叙数条，请饬详议一折"，军机大臣在发给各地方督抚的廷寄上谕中说："该王大臣所陈练兵、简器、造船、筹饷、用人持久各条均系紧要机宜。著李鸿章……详细筹议，将逐条切实办法限于一月内覆奏"。③ 李鸿章随即于十一月初二日上"筹办海防折"，提出："南北洋滨海七省自须联为一气，方能呼应灵通。惟地段过长，事体繁重，一人精力断难兼顾"，莫若学习西方修筑"火车铁路，屯兵于旁，闻警驰援，可以一日千数百里，则统帅当不至于误事"。④ 据李鸿章言，此折"文相（文祥，时任军机大臣兼总署大臣）目笑存之。廷臣会议，皆不置可否。"⑤ 为此，李鸿章还于"是年（同治十三年）冬底赴京，叩谒梓宫，谒晤恭邸，极陈铁路利益，请先试造清江至京，以便南北转输。邸意亦以为然，谓无人敢主持。复请其乘间为两宫言之，渠谓两宫亦不能定此大计。从此遂绝口不谈矣。"⑥ 文祥得见李鸿章奏折，是因其为军机大臣。恭亲王之所以能参与政务，也是因他以亲王首领军机处。此二人的态度，可以代表军机处的态度。因军机处不予支持，李鸿章兴修铁路的建议未果。

① 《咸丰同治两朝上谕档》，第十六册，第223页上。
② 《光绪宣统两朝上谕档》，第五册，第271页下。
③ 《咸丰同治两朝上谕档》，第二十四册，第308页上。
④ （清）李鸿章：《李鸿章全集》，第二册，"奏稿"，卷二十四，海南出版社1997年版，第831页。
⑤ 同上书，总第2710页。
⑥ （清）李鸿章：《李鸿章全集》，第五册，"朋僚函稿"，卷十七，总第2710页。

清廷自办铁路发轫于唐胥铁路（唐山至胥各庄）的兴建，该段铁路兴办目的是便捷开平煤炭的外运。光绪五年，唐廷枢因为开平煤矿"矿苗极旺，然非建设铁路，则煤难输运"禀请直隶总督李鸿章由矿务局出资兴建铁路以便捷运煤。李鸿章遂专折具奏，奉旨依议。正在筹办间，因廷臣谏阻，遂收回成命。光绪六年，因筑路不成遂谋开运河。"然自唐山煤井至胥各庄长约七英里，地势陡峻，不宜于河，遂复请修轻便铁路。又虑朝议禁使机车，乃声明以驴马拖载，始得邀准"。① 直至光绪七年十一月，工程告竣，期间未见总理衙门有何动作。

概言之，总理衙门在铁路修筑之事上主要有如下几种职能：一是遵旨议覆相关奏折，提出自己的意见。如，光绪六年十一月，刘铭传上"奏请筹办铁路折"，提出修筑铁路"事关军国安危"，"请旨饬下总理衙门迅速议覆"。② 光绪十年五月，有上谕曰："左中允崔国因奏建设铁路，则调兵转饷运漕，均可迅速，且通商惠工，可夺外洋之利等语。铁路一事……是否可行，著总理各国事务衙门会商李鸿章详加酌核，妥筹具奏。"③ 又如，光绪二十三年十月初二日，军机处交片总理衙门，其内容为："本日顺天府府尹胡燏棻奏查勘山海关内外铁路工程一折，军机大臣面奉谕旨：'该衙门知道'。钦此。相应传知贵衙门钦遵办理可也。"④ 均是总理衙门议覆办理军机处交发的奏折的实例。

修筑铁路之事要交总理衙门议奏，一是因铁路为新兴事务，与外国接洽较多，需总理衙门提供建议，以备采择。二是办理修筑铁路过程中需要与外国交涉，或者需从国外进口相关器材，或者因修筑铁路而需向外借款，这些事都需总理衙门出面交涉。如光绪二十三年十月二十四日，"胡燏棻奏铁路车头请照官物免税"一折，因涉及关税及火车头进口，军机大臣奉旨将此折交"总理衙门议奏"。⑤ 光绪二十三年三月初三日，"胡燏棻奏接造关外铁路拟半借洋款"，"军机大臣面奉谕旨，该衙门议奏"，军机处遂以交片的形式告知总理衙门"钦遵办理可也"。⑥

---

① 宓汝成编：《中国近代铁路史资料》，第一册，中华书局1963年版，第120页。
② （清）刘铭传：《刘壮肃公奏议》，卷二，"筹造铁路以图自强"，沈云龙编：《近代中国史料丛刊》第二十辑，第196册。
③ 《清德宗实录》，卷一百八十四，光绪十年五月辛卯，第566页。
④ 《光绪宣统两朝上谕档》，第二十三册，第267页上。
⑤ 同上书，第285页上。
⑥ 《光绪宣统两朝上谕档》，第二十四册，第87页上。

上举诸例，虽非总理衙门经办"洋务建设"的全部，然可从中得知总理衙门仅承办具体事务，而不进行决策。总理衙门能涉足此事，最主要的原因是清廷在学习和引进西方技术的过程中，必须要与外国打交道，而办理涉外事宜正是总理衙门的本职工作，因此总理衙门才得以插手其间。无论总理衙门经办事务为何，它终究是一个执行者和备咨询者，而非决策者。

前述诸多文字从公文运作的程序上论证了总理衙门是一个办理涉外具体事务的衙门，而非决策机构这一事实。下面就总理衙门在清廷政治体制中的地位来进一步印证此结论。

总理衙门被人误认为是决策机构的一个重要原因是它从设立伊始便与军机处有着密切的联系，在人员配置、办事规制及组织原则上都深受军机处的影响。然而，如果总理衙门与军机处脱离关系将会发生什么呢？历史在光绪十年给后人提供了一个绝佳的考察机会。

光绪十年，慈禧太后借中法战争之机，罢免了奕訢主持军机处和总理衙门的职务，同时更换了全部军机大臣，史称"甲申朝变"。慈禧为加强自己的统治，将军机处与总理衙门在人事安排上做了分离：派庆郡王奕劻主持总理衙门，但不让他兼任军机大臣；派醇亲王奕譞主持军机处，令军机处遇有紧要事件"会同醇亲王商办"①，但是不令其在军机大臣上行走，也不让他兼任总理衙门大臣。如此人事安排，使得军机处与总理衙门的权力分离，结果朝廷内外怨声载道。张佩纶抱怨，如此做法"就法越之事而论，电报不能迅达天听，译署不能参与戎谋，已多扞格；就各国交涉而论，既骤去一外夷素日信服之亲王，又不能见朝廷倚重之军机大臣，顿生疑忌之心，转启刁难之渐"②。甚至连主持总理衙门的奕劻，也感到这样做将导致外交误机，中外生隙，地方失控。建议军机大臣应兼领总理衙门大臣，统筹洋务全局，因为"时艰之亟，实以洋务为大端；枢密之繁，当以洋务为要政"。他指出："朝廷重洋务，则必重视总理各国事务之衙门。"甚至斗胆直言："臣等可以罢斥，而衙门之权必不可轻；衙门亦可裁并，而军机兼理之法必不可改。"③

---

① 朱寿朋：《光绪朝东华录》，第二册，中华书局1958年版，总第1677页。
② （清）张佩纶：《涧于集》，卷三，"奏议三"，"枢臣不兼总署窒碍难行折"，沈云龙编：《近代中国史料丛刊》，文海出版社1967年版，第十辑，第92册，第484页。
③ 吴相湘：《晚清宫廷实纪》，第一辑，正中书局1982年版，第139—144页。

慈禧迫于内外压力与现实需要，只好另外任命了两个军机大臣兼领总理衙门大臣，但仍不让主持总理衙门的奕劻进入军机处。奕䜣当政时亲王兼领军机处与总理衙门大臣的情况至此暂告结束，直至"甲午战争"之时奕䜣复出。

可见，只有军机大臣兼领总理衙门大臣，才能确保总理衙门顺利行使职权。否则总理衙门不但不被外人看重，而且办事多有扞格。故总理衙门实非与军机处并立之决策机构。

此外，晚清外交的办理并非总理衙门专责，地方督抚也有办外交的权力。地方督抚办外交是晚清外交体制的一个重要特点，陈潮对此有如下论述：

> 由地方督抚直接与外国使臣打交道，这是清朝传统的"天朝礼制"的一部分。"天朝礼制"把外国君主首脑的地位等同于中国政府的部院长官以及地方督抚，中国皇帝绝不跟外国使臣打交道。第二次鸦片战争后，外国公使在不平等条约的保护下进驻北京。可清政府仍然希望尽量把外交事务推出京城，让地方督抚去打发洋人，造成"虽有夷酋驻京，无事可办，久必废然思返"的局面。因此，奕䜣等人在奏请设立总理衙门的同时，还请设立南洋通商大臣和北洋通商大臣，以办理发生在沿海各口岸的对外交涉事件。而南北洋通商大臣后来则分别由举足轻重的两江总督和直隶总督担任，实际上仍然维持着地方督抚办理外交的局面。
>
> 而且，按照清朝的规制，各省将军、督抚的官阶平行于中央六部，而咸丰帝将总理衙门的地位定于跟礼部平行。于是，地方督抚的地位也就平行于总理衙门。结果，地方督抚，特别是南、北洋大臣拥有几乎与总理衙门相同的外交权力，封疆大吏只需要听取总理衙门的一些建议或向它行咨、请它代奏所交涉的外交事件。①

光绪朝《大清会典》记载北洋大臣的职责为"凡交涉之事，则督

---

① 陈潮：《19世纪后期晚清外交体制的重要特点》，《学术月刊》2002年第7期，第86页。

第五章　晚清外交体制的变革及其对军机处职权的影响

所司理之，待其上以裁决，疑难者则咨总理衙门，大事则奏闻。"① 可知陈潮先生所言非虚。

迨至光绪二十四年十一月二十二日，军机处奏："臣等面奉谕旨：'各处通商省分将军督抚均著兼总理各国事务大臣'等因。查现在除通商各省外，其余省分亦皆有教堂教民及铁路矿务等事，均需与洋人交涉。臣等公同商酌，拟请将各省将军督抚一律兼总理各国事务大臣之衔。谨拟明发谕旨一道，伏候钦定，臣等遵奉施行。谨奏。"② 考之是日"上谕档"，收有明发谕旨一道，全文为："向来沿海沿江通商省分交涉事务本繁，即内地各省亦时有教案应行核办，各直省将军督抚往往因事隶总理衙门，不免意存诿卸。总理衙门亦以事难悬断，未便径行，以致往还转折，不无延误。嗣后各直省将军督抚，均著兼总理各国事务大臣，仍随时与总理衙门王大臣和衷商办，以期中外一气相生，遇事悉臻妥洽。钦此。"③ 此后，地方督抚更加名正言顺地办理外交，总理衙门职权因此被削弱。此亦印证总理衙门并非决策机构。

综上所述，总理衙门的成立是为了应付中外交涉日频的局面，把军机处从繁重的外务中解脱出来，使之能够专注于本职。所以从某种意义上讲，总理衙门的设立是为了应付清廷所面临的新的外交局面，维护军机处在中枢决策体制中的地位。尽管总理衙门的设立与军机处有密切的渊源，其职掌又与清廷旧有衙门有着极大的不同，但它并非决策机构。无论是从设立的本意上考察，还是从其职掌及办事程序上考察，总理衙门均不具备清廷中枢决策机构的特征。

---

① （清）昆冈等修：《大清会典》（光绪朝），卷一〇〇，"总理各国事务衙门"，第909页。
② 《光绪宣统两朝上谕档》，第二十四册，第578页下。
③ 同上书，第578页上。

第六章 晚清政局变动对军机处职权的影响

第一节 咸同之际军机处职权的波动

一 咸丰朝末年军机处职权的萎缩

军机处各项制度在嘉庆朝定型之后,在清廷中枢决策体制中所拥有的职权也基本固定下来。但是,这并不是说军机处行使职权的能力就此固定不变。影响军机处职权发挥的因素主要是政局的变动及人事的更迭,此在晚清表现尤甚。肃顺获得咸丰帝倚重而致军机处职权发挥受到干扰,即是一个典型的事例,其对晚清军机处及政局的影响至为深远。

目前关于肃顺的研究,最权威者莫过于高中华所著《肃顺与咸丰政局》一书,该书是第一部系统论析肃顺生平、思想、活动及其在晚清政治中的地位与作用的专著,作者利用丰富的文献史料,以肃顺的政治活动为线索,着眼于咸丰一朝政局的整体变化,以变局之中清廷高层的决策动向、特征及其深刻影响为重点,通过肃顺对内重用汉人和对外持强硬态度这两个基点,系统地论述了肃顺在用人、筹饷、治狱、外交等方面的举措,进而对肃顺政治行为的利弊得失、败亡原因,及其对咸丰朝政治体制变动与咸同政局转换的影响等方面,均做出了较深入的分析和客观的评价。"该成果弥补了晚清人物研究的某种缺佚,也从一个侧面丰富和深化了学术界对晚清政局的认识。"[①] 作者在书中对肃顺的悲剧性结局以"舍命保国人亡策存"[②] 一词予以概括,这是对近年来学界

---

① 李细珠:《近五年来晚清政治史研究述评》,《教学与研究》2006年第10期。
② 高中华:《肃顺与咸丰政局》,齐鲁书社2005年版,第272页。

重新认识肃顺所做的研究的总结。然而，由于该书是以肃顺为核心，以政治事件及人物活动为重点，故对清廷制度层面的探究稍显不足。虽然作者敏锐地意识到"肃顺通过逐步控制军机大臣，进而握了中枢之权"①，然并未进行更深入的探讨，尤其是单凭借所谓"肃党"成员以军机大臣为主，即得出此结论，似稍显片面。因此，有必要对肃顺与军机处之间的关系，及其如何在清廷中枢决策体制中发挥作用做更深入的探讨。

肃顺（1816—1861），满洲镶蓝旗人，爱新觉罗氏，字雨亭（又字豫亭、裕亭）。生于嘉庆二十一年十月初八日。清太祖努尔哈赤之侄济尔哈朗七世孙。肃顺虽位列"天皇贵胄"，但其早年闲散无事，每日游荡街头，以无赖自居，"严冬，（肃）顺盘辫，反披羊皮裘，牵狗走街头"②，"好为狭邪游，惟酒食鹰犬是务，无所知名"③。但是，肃顺与一般的不学无术的八旗浪荡子弟不同，他"习知京师五城诸坊利弊"④，"接人一面，终身能道其形貌；治一案牍，经年能举其词"⑤。加之其为人豪爽，"最喜结交汉人，……其时江浙间跅弛不羁之士，辄延致上座，謦折而请业焉，家虽不裕，挥霍不少吝，大有孔北海座客常满，樽酒不空之慨。"⑥ 所以，肃顺获得了不少人的欣赏。先有郎中墨裕为其谋官⑦，后有步军统领恒倭"荐其才"⑧。肃顺因此获得咸丰帝的召见，召见时肃顺"请严禁令，重法纪，锄奸宄，皆当上议，遂获心简"。⑨ 肃顺开始步步升迁，仅四年时间便由御前侍卫升为户部尚书，令"廷臣咸侧目"⑩。

---

① 高中华：《肃顺与咸丰政局》，第 13 页。
② 费行简：《近代名人小传》，"肃顺传"，沈云龙编：《近代中国史料丛刊》，文海出版社 1967 年版，第八辑，第 78 册，第 92 页。
③ （清）薛福成：《庸庵笔记》，卷一，"咸丰季年三奸伏诛"，江苏人民出版社 1983 年版，第 17 页。
④ 许指严：《清史野闻》，"慈禧垂帘记"，国华新记书局民国二十四年（1935 年）版，第 45 页。
⑤ 费行简：《近代名人小传》，"肃顺传"，第 93 页。
⑥ 许指严：《清史野闻》，"慈禧垂帘记"，第 45—46 页。
⑦ 费行简：《近代名人小传》，"肃顺传"，第 92 页。
⑧ 同上。
⑨ 同上书，第 93 页。
⑩ 赵尔巽等：《清史稿》，卷三八七，列传第一七四，"宗室肃顺传"，第 11699 页。

肃顺的发迹与清廷统治危急和军机处人才匮乏有直接关系。咸丰帝即位之初，就遇到了太平军起义的狂潮，在不到两年的时间内太平军就建立了政权与清廷分庭抗礼，加之西方国家的入侵，清廷的统治陷入内忧外患之中。此即所谓"文宗初基，东南糜烂，天下岌岌。朝廷怀恐惧之意而出之以端简，百官慑于大难之骤兴，瞻顾却立而抑不敢肆其嚣嚻"①。当此危难之际，清廷无可用之才，"廷臣习于因循，乏匡济之略"②，"时局所虑，在无将无饷，而实则两患仍在当事之非才"③。武英殿大学士贾桢、户部尚书周祖培"庸而懵"，礼部尚书朱嶟"衰弱忧贫"，刑部尚书赵光"刻谿鄙夫"，工部尚书张详河"以风流自命，轻佻无检"，"诸公虽互有短长，而事上以谄，接下以吝，嗜利不学，若出一途，稍有事故，尽为盲痴"。④ 作为清廷中枢决策机构中心的军机处也是如此，军机大臣多尸位素餐者。咸丰帝本想循例，依靠军机大臣协助自己处理繁剧的军政要务。不料，时过境迁，昔日得心应手的办法处处不遂人意。在奕訢退出军机处之后，文庆又于咸丰六年病故，彭蕴章继任首席军机大臣，其人才具平常，毫无建树，唯知"廉谨小心，每与会议，必持详慎"⑤，时人誉之为"彭葫芦"⑥。其余诸军机大臣，也多以承旨为能事，少有建设性的意见。故史载：

> 文宗末造，洪杨倡乱，糜烂至十六行省。每遇疆吏奏报及统兵将帅六百里加紧奏牍，纷至沓来，目不暇接。文宗每日召见枢臣，询问方略，佥云敬候皇上训示，不敢妄参一议。闻某中堂年已衰迈，造膝时久，俯伏青蒲，竟至鼾声大起。文宗闻之太息，但令内

---

① 郭嵩焘：《养知书屋诗文集》，卷十，沈云龙编《近代中国史料丛刊》，文海出版社1968年版，第十六辑，第152册，第510页。
② 赵尔巽等：《清史稿》，卷三八七，列传第一七七，"陈孚恩传"，第11705页。
③ （清）吴庆坻：《蕉廊脞录》，卷二，"胡林翼论战守两信"，中华书局1990年版，第42页。
④ （清）李慈铭著，吴语亭编注：《越缦堂国事日记》，沈云龙编《近代中国史料丛刊·续编》，第六十辑，第594册，文海出版社1978年版，第216—217页。
⑤ 赵尔巽等：《清史稿》，卷三八五，列传第一七二，"彭蕴章传"，第11683页。
⑥ 据载：蕴章在枢府日，唯阿取容，从无建白，外间戏以葫芦称之，久之闻于上。一日曾国藩奏某处大捷，文宗临朝嗟赏，蕴章忽曰：国藩以一书生，出总师干，权力渐盛，不可不防。文宗曰：今天葫芦亦开了口了。（参见章士钊《热河密札证补》，《文史》1963年第二辑，第94页，注一。）

第六章 晚清政局变动对军机处职权的影响

侍扶出，不忍加以责备。辛由上当机立断，某事如何处分；某股贼匪责成某大臣剿办；某疆吏有意推诿，力加申饬；某将领剿匪出力，破格奖励。一一处分讫，枢臣承旨而出。①

军机大臣因循无为使得咸丰帝不得不改弦易辙，减少对军机大臣的依赖，要政多付诸廷议，史称："时寇乱方炽，外患日深，文宗忧勤，要政多下廷议。"②重新重用御前大臣。御前大臣为清代独有之官职，清"鉴明弊政"，不许寺人干政，内廷事务"特设御前大臣，皆以内廷勋戚诸臣充之。无定员，凡乾清门之侍卫司员，皆命其统辖。每上出宫巡幸，皆命其橐鞬扈从，代宣王言，名位尤重，仿两汉大将军制而亲谊过之。初尚命军机大臣代摄"，后"特分析其职，而体制尤为厘正"③。咸丰帝失望之余，不得不重用满族亲贵，怡亲王载垣、郑亲王端华及弟肃顺等遂得以用事。御前会议渐渐取军机处而代之，"比年国事日亟，上知宰执无能为，颇任宗室及御前大臣，枢密之权渐替"④，"咸丰朝军机大臣之权不及御前大臣"⑤。因此，最有能力的肃顺在政坛上迅速崛起。

此外，肃顺受到重用的原因，还与奕訢退出军机处⑥及怡亲王载垣和郑亲王端华的合力推荐有着密不可分的关系⑦。前文已述及，清廷人才匮乏使的咸丰帝不得不在军机大臣之外寻找臣僚参赞密务。对于汉人，咸丰帝心存芥蒂，因太平军排满，而"颇疑汉人为不足恃，其远属满人，又多与汉人通声气者，不如宗室支庶较为密切"⑧。所以，咸

---

① （清）陈夔龙：《梦蕉亭杂记》，卷一，"军机处职权"，上海古籍出版社1983年版，第59页。
② 赵尔巽等：《清史稿》，卷三八七，列传第一七四，"宗室肃顺传"，第11699页。
③ （清）昭梿：《啸亭杂录》，"续录"，卷一，"御前大臣"，第378页。
④ （清）李慈铭著，吴语亭编注：《越缦堂国事日记》，第594册，第212页。
⑤ （清）文廷式：《闻尘偶记》，《近代史资料》1981年第1期，第30—31页。
⑥ 吴相湘认为肃顺之所以受到咸丰帝的重用，"大半是利用咸丰帝与恭亲王奕訢间的矛盾。"（吴相湘：《晚清宫廷与人物》，《祺祥故事主角肃顺》，传记文学出版社1979年版，第64页。）
⑦ 关于肃顺在晚清政坛之崛起，在宝成关所著《奕訢慈禧政争记》一书中言之甚明，"肃顺之得势，既是奕訢退出军机处所造成的，又是载垣、端华二人合辞力荐之结果。"（参见该书第二章，第30页。）
⑧ 许指严：《清史野闻》，"慈禧垂帘记"，第46页。

丰帝只倚重满洲亲贵。在父辈中，咸丰帝选中惠亲王绵愉。绵愉是道光帝的五弟，咸丰帝当时唯一在世的叔叔。咸丰帝登基后十分尊重他，免其行叩拜礼①。咸丰三年九月初八，咸丰帝为抵御北伐的太平军还曾授绵愉为大将军，颁给锐捷刀。② 在咸丰帝的几个兄弟中，奕訢最为有才但难获信任，其余的或才力不足，或年幼无知，均难当重任。在奕訢退出军机处之后，作为宗室的载垣和端华便被咸丰帝"引入军机，共参要政"，但二人"苦于汉文不甚通达，且自觉才短，对于咸丰帝之意见，多不能发展，知肃顺习汉文，又多知历史、风俗、利病，遂合荐其才可大用"。③ 咸丰五年夏，载垣、端华"荐肃顺入内廷供奉，尤善迎合上旨"，"上稍与论天下事"。④ 此后，肃顺脱颖而出，成为三人的核心，"端华之所为，皆肃顺使之，而载垣又为端华所使"。⑤

咸丰帝倚重满洲亲贵，故允许他们和军机大臣一同阅看奏折，提供意见以供参详。在咸丰朝"上谕档"中，收录多件咸丰帝亲笔朱谕，内容多为谕令军机处将奏折与满洲亲贵同看，惠亲王、载垣、端华、肃顺等频繁奉旨会看奏折。"此折与惠亲王、载垣、端华同看"⑥；"与惠亲王、载垣、端华同看"⑦；"何桂清折并照会单与载垣看，明日再与惠亲王、端华看"⑧。令惠亲王等与军机大臣同看奏折，是希望他们能提供决策所需的参考意见。有朱谕明确指示，某奏折军机大臣要"与惠亲王等同看熟商"⑨；"与载垣等同看，并商量应否回谕"⑩。偶尔惠亲王因身体不适未来，咸丰帝还特令其迅速至军机处阅看奏折，"与惠亲王、载垣同看，惠亲王今日未上来，著迅速知照军机处阅看"⑪；"著与

---

① 道光三十年二月，咸丰帝谕内阁："惠亲王系朕之叔，内廷召对与朝会迥不相同，若动辄叩拜，与诸臣略无区别，朕心实有不安。嗣后除朝会大典，仍遵定例行礼，其寻常召对，以及三年后内廷宴赉，均无庸叩知。"(《清文宗实录》，卷三，道光三十年二月戊寅，第95页。)
② 《清文宗实录》，卷一〇五，咸丰三年九月辛亥，第591页。
③ 许指严：《清史野闻》，"慈禧垂帘记"，第46页。
④ （清）薛福成：《庸庵笔记》，卷一，"咸丰季年三奸伏诛"，第16页。
⑤ 同上书，第17页。
⑥ 《咸丰同治两朝上谕档》，第八册，第364页下。
⑦ 同上书，第八册，第374页下。
⑧ 同上书，第八册，第377页下。
⑨ 同上书，第九册，第13页上。
⑩ 同上书，第八册，第439页上。
⑪ 同上书，第八册，第382页上。

载垣等同看,并知照惠亲王若稍可支持,可扶掖至军机处同阅。"① 御前大臣也时常与军机大臣同看奏折。咸丰九年十月二十一日,咸丰帝朱谕:刑部奏折"著御前大臣、军机大臣同看,若所拟合宜即不必另议"②。咸丰十年正月十三日,"惠亲王、御前大臣、军机大臣同看",文末注"宋晋折",③ 所看的奏折应是宋晋所上。咸丰九年十月,肃顺奉命在御前大臣上学习行走,十年实授为御前大臣,此后肃顺之名频繁地出现在同看奏折的朱谕之中。如,咸丰帝曾多次谕令军机处将奏折"与载垣、端华、肃顺同看"④;"与载垣、端华、瑞麟、肃顺等同看,恭报起程一折一并同看"⑤;"户部折二件,总理行营王大臣肃顺同看"⑥。奏折之外,咨军机处的照会军机大臣多奉旨与肃顺同看共商。咸丰十年七月十五日,军机大臣奉朱谕:"与肃顺同看咨军机处照会,即行呈递。"⑦

奏折同看,是对军机处职权的分割,也是对军机处参政权的削弱。咸丰帝甚至绕过军机处,直接将某些政务交载垣等人办理。咸丰八年十月初七日,咸丰帝发给载垣、端华等人朱谕一道,内容为:"御史盖传金奏中式举人平龄朱墨不符,物议沸腾,请特行覆试一折,著派载垣、端华、全庆、陈孚恩认真查办,不准稍涉回护,并将折内所指各情可传集同考官一并讯办。"⑧ 此条朱谕后注有文字"此旨尔等看完交军机处写明发,孟传金原折不必交军机处。"⑨ 按惯例,明发谕旨本应由军机处秉皇帝意旨缮写,进呈御览批准后交内阁发出。此条朱谕却与常规不符,首先是朱谕没有直接交军机处而由载垣等人转交,其次是奏折内容亦未向军机处透露。该事件中,军机处所司职能仅剩传达而已。

此外,军机处拟旨之权在咸丰朝也被削弱。例如,军机处曾奉旨拟写发给俄罗斯国使臣丕业罗福斯奇的咨文,写毕上呈,咸丰帝却命军机

---

① 《咸丰同治两朝上谕档》,第八册,第417页上。
② 《咸丰同治两朝上谕档》,第九册,第569页下。
③ 《咸丰同治两朝上谕档》,第十册,第22页上。
④ 同上书,第十册,第405页下。
⑤ 同上书,第十册,第340页上。
⑥ 同上书,第十册,第557页上。
⑦ 同上书,第十册,第465页上。
⑧ 《咸丰同治两朝上谕档》,第八册,第447页上。
⑨ 同上。

大臣"与惠亲王等商定,俟明日会商后再行缮写进呈"①。咸丰十年七月二十八日,咸丰帝因与英法联军战事屡败而有北狩木兰之举,经文祥劝阻而罢。是日,为稳定人心,咸丰帝谕令军机处拟旨申明没有北逃的意图,咸丰帝朱谕为"本日已允军机大臣之请停巡幸之举,著惠亲王、端华会同匡源等妥拟谕旨。"② 军机处拟旨尚须会同惠亲王、端华办理,这足以说明军机处的职权较先前大为削弱。

军机处职权萎缩的同时是肃顺等人权力的扩大。李慈铭曾言:"长洲之在枢府时,御前某大臣骄甚,凡枢臣拟旨,径取笔涂抹之。长洲虽不敢违,然嘿然自守,不肯曲附。而同官如匡公源、穆公荫、杜公翰、文公祥,尤恭谨承顺恐后。于是,枢柄尽移于御前诸贵,而长洲终以不为所喜,受其挤排云。"③"御前某大臣"即指肃顺④,"长洲"指首席军机大臣彭蕴章。

李慈铭所记肃顺涂改军机大臣所拟谕旨之事,虽未见直接证据,然"上谕档"却收有旁证。咸丰十年八月二十三日,咸丰帝连续交到军机处两道任命官员的朱笔,分别为"河南河北镇总兵员缺著牛浩然补授"、"甘肃肃州镇总兵员缺著万福补授"⑤。随同交到军机处的还有一纸朱笔,内容为"朱笔与肃顺看"⑥,意即征求肃顺之意见。由此可见咸丰帝对肃顺信任之专,故枢臣所拟之旨肃顺得以见之亦算正常。同时,肃顺本人个性也足使其做出此事。肃顺年轻时多游侠之气,在咸丰朝政坛上连掀几件大案,显示出遇事果断、敢作敢为,同时又不乏专横跋扈、遇事偏执的个性。据《清史稿》载:咸丰八年"英法联军犯天津,起前大学士耆英随钦差大臣桂良、花沙纳往议约。耆英不候旨回京,下狱议罪,拟绞监候,肃顺独具疏请立予正法,上虽斥其言过当,即赐耆英自尽"⑦。肃顺所提理由是"况今尚有办理夷务之臣,若皆效尤,畏葸潜逃,成何事体?"⑧ 大学士柏葰为先朝旧臣,曾"典顺天乡

---

① 《咸丰同治两朝上谕档》,第九册,第230页上。
② 《咸丰同治两朝上谕档》,第十册,第499页上。
③ (清)李慈铭著,吴语亭编注:《越缦堂国事日记》,第594辑,第213页。
④ 章士钊:《热河密札疏证补》,《文史》1963年第2辑,第94页。
⑤ 《咸丰同治两朝上谕档》,第十册,第551页下。
⑥ 同上。
⑦ 赵尔巽等:《清史稿》,卷三八七,列传一七四,"宗室肃顺传",第11699页。
⑧ (清)贾桢等纂:《筹办夷务始末》(咸丰朝),第969页。

第六章　晚清政局变动对军机处职权的影响 ·191·

试，（咸丰帝）以纵容家人靳祥舞弊，命肃顺会同刑部鞫讯，谳大辟，上念柏葰旧臣，狱情可原，欲宽之。肃顺力争，遂命斩"①。户部为筹饷，印行纸币，铸行当百、当五百大钱，设置宝钞处、官钱总局分管其事。"肃顺察宝钞处所列'宇'字五号欠款与官钱总局存档不符，奏请究治，得朦混状，褫司员台斐音等职，与商人并论罪，籍没者数十家。又劾官票所官吏交通，褫关防员外郎景雯等职，籍没官吏亦数十家。"②肃顺性格中的缺陷，咸丰帝深知之，在咸丰帝给载垣等人的朱谕中亲笔有言：肃顺与俄人谈判时，"该尚书言语之间总不免激烈"。③因此，个性专横的肃顺依仗咸丰帝的信任，"径取笔涂抹"军机大臣所拟谕旨也算合理。

所以，咸丰朝最具决策影响力的大臣是肃顺，其言行可直接对咸丰帝产生影响。例如，咸丰八年，英法联军攻陷大沽，逼近天津，咸丰帝派桂良、花沙纳到天津议和，签订了《天津条约》。条约签订的消息传到北京，清廷一片反对之声。恭亲王奕訢认为，江岸通商"万不能准"，长江两岸"无论山川涉险之所，城邑扼要之区，处处皆中原大局所关，断不宜令夷人实逼此处。……设令别有要挟，我将不许，则剿办更难措置；我将轻许，则精华悉饱犬羊，噬脐之悔，其何及矣。"④吏部尚书周祖培及御史尹耕云、陈濬等数十人联名上书，列举公使驻北京之"八害"，主张以武力抵抗英法联军。⑤五月十三日，绵愉、载垣、端华奉咸丰帝谕旨，召集文武大员在外廷讨论和战大计。会上载垣也竭力主和，端华也主和，其理由是：第一，"战不难"，但战胜之后，"沿海可患"。尤其是上海，系"江南兵饷所处"，令人担心；第二，若洋人直犯长江，或"勾结长发"，或盘踞不走，"将以何法治之"；第三，倘俄国"陆路来犯"，英法"沿海复哄"，南北夹击，更加不可收拾。

---

① 赵尔巽等：《清史稿》，卷三八七，列传一七四，"宗室肃顺传"，第11699—11670页。
② 同上书，第11670页。
③ 《咸丰同治两朝上谕档》，第八册，第507页上。
④ （清）贾桢等纂：《筹办夷务始末》（咸丰朝），卷二十四，950页。
⑤ 同上书，第953页、第962页；《筹办夷务始末补遗》，中国史学会主编：《第二次鸦片战争》，第一册，第454页。

尹耕云竭力主战①，并率同官二十七人，与载垣"力争于朝房"②。载垣与端华作为咸丰帝倚重的决策人物，他们的看法不能不对咸丰帝产生影响。所以，咸丰帝在本日朱谕中说："朕意战甚易，战后防患难；抚虽定局，防患尤难。然则惟战而已，曰：不然，许内江祸尚缓，从容设备，暂示羁縻，不如抚；准夷酋之伪钦差驻京，动受挟制，战抚两难，贻患无穷，不如战。两害相形取其轻，惟审时度势，应战则战，此时尚未到应战之时耳。"③ 实际上是巧妙地否定了主战派的意见。结果当桂良等人允许公使驻京时，咸丰帝并未诉诸战争，而是批准了《天津条约》。

肃顺对朝政的影响力，时人知之甚明。俄国人伊格那提耶夫曾在《瑷珲条约》谈判之时与肃顺打过交道，他认为"有权势的肃顺是与欧洲为敌的头号坏蛋"④。薛福成言当时"军机大臣皆拱手听命，伴食而已"⑤。章士钊曾言："当时（咸丰）朝政机枢，盖全掌于肃顺一人之手。"⑥ 咸丰帝临终之时，肃顺被任命为顾命八大臣之一，登上了权力的巅峰，也为其悲剧结局埋下了伏笔。

二 "祺祥"时期军机处职权的行使

咸丰十一年七月十六日，咸丰帝临终前一日子时，其神志尚清醒时，召集宗人府令、御前大臣、军机大臣，传谕立皇太子载淳为皇太子，又派载垣、端华、景寿、肃顺、穆荫、匡源、杜翰、焦佑瀛尽心辅弼，赞襄一切政务。此为咸丰帝秉承祖宗家法，建立顾命制度，以辅助幼子继承皇位。七月十七，咸丰帝病逝于热河避暑山庄烟波致爽殿，肃顺等赞襄政务王大臣开始为咸丰帝丧仪及嗣皇帝即位忙碌起来，顾命八大臣辅佐幼主的政治体制开始运作。

为保证政权的顺利交接，顾命八大臣迅速将大行皇帝遗命诏告天下。派睿亲王仁寿，豫亲王义道，恭亲王奕䜣，醇郡王奕譞，大学士周祖培，协办大学士尚书肃顺，尚书全庆、陈孚恩、绵森，侍郎杜翰为恭理丧仪大臣，命陈孚恩接旨后即刻前来行在。豫亲王、恭亲王、周祖

---

① （清）尹耕云：《心白日斋集》，卷三，沈云龙编《近代中国史料丛刊》，第四十二辑，第411册，文海出版社1968年版。
② （清）李慈铭著，吴语亭编注：《越缦堂国事日记》，第594辑，第131页。
③ （清）贾桢等纂：《筹办夷务始末》（咸丰朝），第961页。
④ ［俄］A. 布克斯基夫登：《1860年〈北京条约〉》，商务印书馆1975年版，第46页。
⑤ （清）薛福成：《庸庵笔记》，卷一，"咸丰季年三奸伏诛"，第17页。
⑥ 章士钊：《热河密札疏证补》，《文史》第2辑，第94页。

培、全庆仍留京办事。同时，赞襄政务王大臣又知照吏部、兵部，"本王、大臣拟旨缮递后，请皇太后、皇上钤用图章发下，上系'御赏'二字，下系'同道堂'三字，以为符信。并希转传京外文武各该衙门一体钦遵。"① 七月十九日，载垣等奏，将寄信谕旨的开头"军机大臣字寄"改为"军机处赞襄政务王大臣字寄"字样。② 在公文格式上明确了辅政大臣发布诏令的权力。七月二十六日，确定建元年号为"祺祥"，二十八日，致函留京王大臣，三十日递达京城。③ 八月初五，豫亲王义道等为收到建元"祺祥"事致函赞襄政务王大臣，称"饬下户、工二部鼓铸钱文应用'祺祥通宝'字样一折，现即查照成式办理可也。"④ "祺祥"年号确定不到十天，即已提出并开始铸造新币，在清代各朝中是没有先例的⑤，从侧面反映出新政权亟欲得到认可。

祺祥时期，热河决策体制之详情固不为外人所知，百年后更无从寻绎。幸而民国年间有关祺祥政局的一批密札重见天日，使后人得以重现这段岁月。⑥ 密札中有一封出自"肃党"成员之手，被认为是"最重要的"⑦，其内容涉及咸丰帝病危立太子到奕訢赴热河叩谒梓宫这段时间的热河政局，弥足珍贵。摘录如下：

> 十六日午后昏厥，嘱内中缓散。至晚苏转，始定大计。子初三刻见时，传谕清楚。各位请丹毫，谕以不能执笔，著写来述旨，故有"承写"字样。八位共矢报效，极为和衷，大异以前局面。两印俱大行所赐，母后用"御赏"印（印起），上用"同道堂"印（印迄）。凡应用朱笔者，用此代之。述旨亦均用之，以杜弊端。

---

① 《清代档案史料丛编》，第一辑，中华书局1978年版，第85页。
② 同上书，第86页。
③ 同上书，第86页。
④ 同上书，第91页。
⑤ 古历：《祺祥钱币问题》，《近代史资料》，总36号，中华书局1978年版，第177页。
⑥ 此即所谓的"热河密札"，密札中大部分的发信人为当时在热河的某军机章京（属于恭亲王、二后之党），收信者为朱克勤（时任军机章京，留北京）。这批密札先由朱家后人卖给张元济主持的涵芬楼收藏。但是民国十一年涵芬楼被日军飞机炮弹击中，藏书付之一炬。幸亏此前高劳整理了其中最重要的十几封，在《东方杂志》上披露，后又收入黄濬《花随人圣庵摭忆》，流传至今。此外，吴庆坻在《蕉廊脞录》中收录了十一道密札，其发表在高劳所录密札之前。两本密札内容不尽相同，可互为补充。
⑦ 黄濬：《花随人圣庵摭忆》，"端肃事密札"，上海古籍书店1983年版，第428页。

诸事母后颇有主见,垂帘辅政,盖兼有之。自顾命后,至今十余日,所行均惬人意(要缺公拟,其余掣签,均取旨进止)。考《日知录》,四星聚,生中兴。看此天象,天道竟有准也。长星主国丧,验矣。……风闻两宫不甚惬洽,所争在礼节细故,似易于调停也。归期有九月廿三日之说。俟直督到后,计桥道工程定准,或改早而不致改迟。

十七日以后,贵处公文,用"赞襄王大臣"字样,嗣觉没去"军机"字样,又不合廷寄款式,遂加三字于"赞襄"之上,两者二而为一。目今贵处为八堂,并归西边屋内(堂餐同桌)。其原坐贵堂,更将满友移入。新入军机者,诸事细心熟商,恐不入格故也。诸事维持妥帖,不啻调象伏虎。贵堂均正人,而能同心。清翁确有把握,兼和机权,深足令人钦佩。

连日公事甚忙,缘以前内积有二百余件,加以日行,万来不及。闻已调筠轩、笙巢、敏生来。前监督之命,谅可收回,当无所谓前嫌矣。鹤翁来,专理丧仪,谅亦有所咨访。然事势大局已定,似不致另生枝节。贵处体统较前略降。以堂上较尊,闻有坐听立回之事;然系偶尔,当不常然;亦系未谙贵处旧式,故尔。诸事循照旧章,并无人挽入。愚见差使尚属可当。循此不改,且有蒸蒸日上之势。

夫己氏声势大减,诸所钻求,不敢轻诺。六兄来,颇觉隆重。单起请见,谈之许久。同辈亦极尊敬之……行期又闻有九月初三之说,亦尚未确。总之,归志已决,迟早可勿问也……此处恭理约四十余人,大约行在有劳绩者均已列入,以便并案出保,以省头绪。闻城中人亦颇多,盛哉济济矣。①

札中隐语颇多,"清翁"指穆荫,字清轩;"鹤翁"指匡源,字鹤泉;"夫己氏"指慈禧。②

---

① 佚名:《热河密札》,《近代史资料》1978年第1期,第13页。
② 关于《热河密札》中隐语指代者为谁,已有不少专家学者做过研究,如高劳、黄濬、章士钊、邵循正和俞炳坤等先生,其中章士钊《热河密札疏证补》(《文史》第2辑)和俞炳坤《热河密札考析上、下》(《故宫博物院院刊》1982年第1、2期)两文为其中集大成者,本书多有引用,不一一列出。

第六章　晚清政局变动对军机处职权的影响 ·195·

从此密札及其余的诸通信札可知，咸丰帝病故初期，热河政局保持了表面的稳定，肃顺等八位赞襄政务王大臣"共矢报效，极为和衷，大异以前局面"。他们共同辅助幼帝，"诸事细心熟商"，"诸事维持妥帖，不啻调象伏虎"，"自顾命后至今十余日，所行均惬人意"。故而，作书者断定："事势大局已定，似不致另生枝节"，"循此不改，且有蒸蒸日上之势"。咸丰帝死后所构建的政体是"垂帘辅政，盖兼有之"，即赞襄政务王大臣与两宫太后共掌国政。就公文运转程序，即决策程序而言，肃顺等人原本计划奏章不呈递两宫太后阅览，谕旨由八大臣拟定后，太后只钤印，不得更改谕旨的内容。然而，此建议遭到西太后坚决反对。最后决定章奏呈览，谕旨由赞襄政务王大臣拟进，皇太后、皇上阅定后，母后加盖"御赏"印，皇帝（实即那拉氏）盖"同道堂"印，即文中所言"凡应用朱笔者，用此代之，述旨亦均用之，以杜弊端"。举例而言，曾国藩奏鲍超援救江西一折，即依照这一方式用墨笔批"赞襄政务王大臣奉旨览奏均悉"。至于简放人员，凡各省督抚等要缺，由赞襄政务王大臣拟名后，再请两宫懿旨裁决，其他人员则用掣签的方法。如七月二十四日，简放各省学政及崇文门正副监督，即由军机处将糊名签七八十支进奉御前，两太后坐两旁，皇帝居中掣签。掣下后再由各部堂官掣签以决定省份，然后将签上名字刮掉，再发下，御印存太后处。①

该体制从表面看来似乎是两宫太后与赞襄政务王大臣互相牵制，以防专擅。然而，清廷大权实际掌握在赞襄政务王大臣手中。就奏折呈递而言，清制奏折本应直达御前，禁止用副本关会任何个人和机构。但是，赞襄政务王大臣在发给吏部和兵部的咨文中却声称："嗣后各路统兵大臣、各省督抚、学政及各城将军、参赞大臣、都统、副都统、办事大臣、帮办大臣、提督、总兵等，遇有拜发折报时，另备印文，开明所发折若干，封片单若干件，用印封随折报交捷报处，以便本王大臣查核。即希吏、兵二部由五百里分别转行传知，一体遵办可也。"② 此举是肃顺等人在不许两宫太后阅读奏折之计失败后，所采取的转圜之策。通过各地方官员将发折件数及附单数目开明咨报捷报处的办法，可以防

---

① 佚名：《热河密札》，《近代史资料》1978年第1期，第8—11页。
② 《咸丰同治两朝上谕档》，第十一册，第266页上。

止两宫隐匿奏折，避免赞襄政务王大臣在政治上陷入被动。就擎签选官而言，肃顺等人可将某些官缺之签擅自存留，不交两宫擎签。如户部左侍郎、太仆二缺的选任，"并未擎签，竟自留下"①，以便肃顺等人安插亲信。文中所言"贵处体统较前略降。以堂上较尊，闻有坐听立回之事"一语，在描述礼仪的表象下反映了军机处地位下降。虽然该札作者将此归结为"未谙贵处旧式"之举，但亦从侧面反映出肃顺等人权力凌驾于军机处之上的事实。甚至有史籍载："诏旨皆出三奸之意，口授军机处行之。"②所以，后世学者认为此时"肃顺权力之大，可以为所欲为"③。

辅政之初，肃顺等八位赞襄政务王大臣尚颇为谨慎，连奕訢党人也承认"看来连日诸务未定，尚有惧心"④。对那拉氏及奕訢等人来说，虽对肃顺等赞襄政务王大臣的某些举措心怀不满，且有"未免不恤人言"，"仍此光景，不败不止"之说，⑤然尚无推翻这种体制的想法，甚至说"能常如此，未尝不佳"⑥。双方暂时维持着表面的平静。

但是，肃顺等人的政治基础是不稳定的。首先，肃顺等八大臣辅政，奕訢被排除在外，这不能不使留守京城的官员们感到震惊。因为，按照清代"亲亲尊贤"的祖宗家法，当时所有十个亲王中，礼、睿、豫、郑、肃、庄、怡这七个亲王都是承袭而来，惠惇亲王是由郡王晋升，只有和硕恭亲王奕訢与诸王不同，是由宣宗道光帝朱笔亲封为亲王，再由咸丰帝封为恭亲王，诸王中"特显尊贵"。⑦况且，自从奕訢奉命留守京师督办和局，被任为"便宜行事全权钦差大臣"以及总理衙门大臣以来，颇得咸丰帝的信任。奕訢的才具、声望及人脉，本应在咸丰帝驾崩之后出任摄政重任。而今顾命大臣之中未见奕訢之名，无疑令人感到惊疑。加之，咸丰帝的遗命又是肃顺等人"承写"，而非咸丰帝朱笔，就不能不令人疑窦丛生。所谓"大行末命，懿亲如惠邸之尊属，恭邸之重任，皆不得与聆玉几之言，受付金瓯之托，中外骇惑，谓

---

① 佚名：《热河密札》，《近代史资料》1978年第1期，第11页。
② （清）薛福成：《庸庵笔记》，卷一，"咸丰季年三奸伏诛"，第18页。
③ 章士钊：《热河密札疏证补》，《文史》第2辑，第93页。
④ 同上。
⑤ 佚名：《热河密札》，《近代史资料》1978年第1期，第11页。
⑥ 同上书，第8页。
⑦ 宝成关：《奕訢慈禧政争记》，吉林文史出版社1980年版，第113页。

第六章　晚清政局变动对军机处职权的影响

非圣意"①。

其次，八位赞襄政务王大臣，除了肃顺、载垣、端华外，景寿年老忠厚，才具不足，不啻点缀和傀儡而已。其余四人均为军机大臣，是肃顺等人的追随者和支持者。军机大臣中唯一未受顾命的是留守京城、协助奕訢办理中外和议的文祥。显然，赞襄政务王大臣的人员全是肃顺一党。而留京诸大臣中独有陈孚恩得以参与葬礼事宜。将留守京师的元老耆宿重臣排除在外，导致留京官员的不满。而且，咸丰北狩之后，奕訢留守京师，督办和局，在其身边聚集了一批官员，形成了一股不容小觑的政治力量。肃顺等人将这两个政治集团排斥在决策集团外，显然不利于新体制的稳定。

而且肃顺树敌过多，导致其政治地位缺乏稳固的基础。肃顺在咸丰帝的支持下曾借"戊午科场案"、"宝钞舞弊案"整肃官场，连兴大案，株连甚广，得罪了大批官员。咸丰九年，曾国藩在给胡林翼的信中说："近来科场事株连太广，夷事办理太柔，均不甚惬人意。"② 宝钞舞弊案，"波及数至百人，系狱至两三载，南北两监，囚为之满"。③ 肃顺重典治国，虽然诸人罪有应得，但是其中不乏杀人立威的私意。咸丰帝在位之日，诸官员自不敢置喙。咸丰帝驾崩，肃顺的保护伞消失，这批官员难免有寻机翻案之心。

再次，肃顺等人政治上尚欠成熟。前引密札中有"风闻两宫不甚惬洽，所争在礼节细故，似易于调停也"，此语显示出肃党内部在政治上的不成熟。两宫者，慈安与慈禧也。慈安识才能力有限，她要掌握的只是一种象征性的权力，或者说就是盖章的权力。慈禧当时与她的争执，细节不可得知，但是根据她日后的表现，不难猜测她追求的权力乃是一种事无大小、不分表里的全面掌控。"守黑道人"八月十三日致"结一庐主人"（朱学勤）："闻西边执不肯下，定要临朝，后来东边转弯。虽未卜其意云何，大约是姑且将就"；"守黑道人"就是前述恭王阵营某

---

① （清）李慈铭著，吴语亭编注：《越缦堂国事日记》，第594辑，第538页。
② （清）曾国藩：《曾文正公书札》，"复胡宫保"，第七卷，民国四年（1915年）铅印本，第45页。
③ 《清代档案史料丛编》，第一辑，第108页。

军机章京的化名①；"西边"，指慈禧；"东边"，指慈安。话说得很明白，慈禧坚持"临朝"，也就是不但参与军机、顾命大臣之间的会议，而要直接上朝听政。写此信的"肃党"将这种信息解读为"所争在礼节细故"，政治上之幼稚可见一斑。而他的"不成熟"，肯定植根于顾命八大臣的盲目乐观，或至少反映了肃党内部的糊涂"共识"。肃顺根本没把孤儿寡母放在眼里，也没认识到慈禧"定要临朝"背后所蕴含的是对最高决策权的争夺。此后，肃党又因麻痹大意而接连犯错②，最终把自己送上了断头台。可以说，正是政治上的不成熟造成了肃党的败亡。

最后，肃顺等人忽略了对军机处的控制。军机处久为清廷枢密之所，肃顺等人赞襄政务离不开军机处的支持。前引"贵处公文，用'赞襄王大臣'字样，嗣觉没去'军机'字样，又不合廷寄款式，遂加三字于'赞襄'之上"之语，表明无"军机"字样则清廷政令欠缺合法性，这从侧面反映出军机处在清廷中枢决策及政令发布上的独特地位。然而，肃顺等人对这样重要的机构却缺乏严密的控制，未将军机处内部之人事关系理顺，使之为己所用。举例而言，曹毓瑛为热河行在军机处领班章京，却与肃顺貌合神离。曹毓瑛及同为军机章京的许庚身、方鼎瑞等人，通过军机处寄谕密封，将热河政局及肃顺等人的举动密报总理衙门章京朱学勤、张德荣，尔后转呈奕訢、文祥等人，前文所引用的诸通"热河密札"即是明证。这使得奕訢等人对热河局势了如指掌。③ 肃顺刻意提拔自己人，又加深了军机章京对肃顺集团的离心力，代表性事件是肃顺对焦佑瀛的破格提拔。

焦佑瀛，字桂樵，直隶天津人。道光十九年中举，考授内阁中书，道光二十九年五月充军机章京，咸丰元年三月由内阁中书入值，为起居注主事。咸丰三年以帮办军务有功充户部郎中，累迁至光禄寺少卿。咸丰十年七月焦佑瀛受命与侍讲张之万同赴天津静海诸县办理团练。十月

---

① 据俞炳坤先生考证，"守黑道人"为许庚身，《近代史资料》编者误做"守墨道人"。参见《故宫博物院院刊》1982 年第 1 期。
② 诸如允许奕訢单独与两宫皇太后会见，轻视对兵权的掌控，主动解除兵权，及对北京局势的估计不足等。因相关论述甚多，故不于此处赘述。
③ 此外，奕訢对热河政情的获取渠道还有五叔绵愉、五兄奕誴、八弟奕詥、七弟奕譞夫妇等人。（参见宝成关《奕訢慈禧政争记》，第 112 页。）

初三日，他受召赴热河行在，迁太常寺少卿。十月二十八日，肃顺荐举他越次入值军机处，开始在军机大臣上行走。肃顺等人的做法令时人大为惊诧，李慈铭评论道："焦君以五品京堂初跻四品，即长枢垣，近来自尚书穆荫曾以内阁侍读擢任枢密，兹复再见也。"① 咸丰十一年八月四日，肃顺、载垣等人又奏请将焦佑瀛迁太仆寺少卿，"查七月十九日发下吏部题本一件，现出有太仆寺卿一缺，臣载垣等七人公同商酌，拟请以单内开列之太常寺少卿焦佑瀛补授，是否有当，谨将题本并名单进呈，伏候钦定。"② 获得允准。焦佑瀛仕途之顺，令同僚大为眼红。同为军机章京的曹毓瑛就因迟迟未获提拔而对肃顺等人心怀怨气，转而投靠恭亲王，为其积极谋划。军机章京吴逢年（一说吴福年）则因与曹毓瑛不合，将曹暗通奕訢之事告发。肃顺随即令"稽察印封，不准人于方略馆发信。立印封簿，遇该班用若干，随时登记。"③ 曹毓瑛感到大祸临头遂铤而走险，联合行在南书房及中枢部分官员，将载垣、肃顺等"挟制两宫状，遍达京朝官"。大学士周祖培"得毓瑛书，大喜，遍示同列，谓顺等谋不轨"。周祖培"以衔肃顺故，思假后听政以倾之"，遂授意门生董元醇上奏，强调"太后垂帘"、"亲贤夹辅"。④ 董元醇奏折递上后，引发了两宫与赞襄政务王大臣之间的一次激烈冲突，为肃顺集团的覆亡添加了催化剂。

总之，咸丰帝去世之初，热河看似平静的政局下面暗涛汹涌，大有山雨欲来风满楼之势。恭亲王奕訢赴热河奔丧揭开了"祺祥政变"的序幕，咸丰病逝后政局短暂的平静被打破了。

三 "祺祥政变"及清廷中枢决策权的重新分配

"祺祥政变"，即"辛酉政变"，是清廷上层最高权力的争夺。政变之后所确立的权力分配原则及决策体制对此后近半个世纪的清廷政局产生了深远影响，故对政变过程及政变后清廷中枢权力的分配做一番探究。

咸丰十一年七月二十六日，恭亲王奕訢以叩谒大行皇帝梓宫的名义

---

① （清）李慈铭：《越缦堂日记补》，咸丰十年十一月初三日。商务印书馆民国二十六年（1937年）版。
② 《咸丰同治两朝上谕档》，第十一册，第297页下。
③ 佚名：《热河密札》，《近代史资料》1978年第1期，第10页。
④ 沃丘仲子：《慈禧传信录》，卷上，崇文书局民国七年（1918年）版，第5—6页。

前往热河。八月初一，奕訢一行抵达热河，适逢大行皇帝举行殷奠礼。奕訢在梓宫前"伏地大恸，声彻殿陛，旁人无不下泪。盖自十七以后，未闻有如此伤心者"。① 随后，两宫太后召见了奕訢。关于这次召见，前人已多有论及，此不赘述。②

与肃顺等人对奕訢同两宫会见的漠视态度不同，英国公使极力刺探这次会见，他们从各方面收集情报，得出结论："恭亲王去热河时，太后对他很冷淡，因为他没有更早一点去那里。经过恭亲王的解释，她们发现太后给恭王先前请求的答复并没到恭王手里。据说这使太后看到了完全信赖顾命大臣的危险。据说太后于是问恭王怎样才能摆脱他们，恭王回答，在热河他没有办法，只要朝廷回到北京，他就可以做到任何事情。"③ 由此可知外国势力对清廷政务的关心，同时也反映出此后清廷的历史将不可避免地受外来势力的影响。清廷内部各派政治势力，获得外国支持者将会在政治斗争中居于主动的地位。奕訢显然比肃顺更受外国人青睐。

奕訢热河之行，就两个关键问题与两宫太后进行了沟通：一是解除了太后对洋人的疑虑，二是决定了将北京作为政变的地点。④ 奕訢在热

---

① 佚名：《热河密札》，《近代史资料》1978 年第 1 期，第 8 页。

② 关于这次会见，《热河密札》第七札做了极为简要的记载，说："恭邸与内廷偕见，不许。遂独对。约一时许方出。"（佚名：《热河密札》，《近代史资料》1978 年第 1 期，第 8 页。）薛福成所记较为具体："恭亲王先见三奸，卑逊特甚。肃顺颇蔑视之，以为彼何能为，不足畏也。两宫皇太后欲召见恭亲王，三奸力阻之。侍郎杜翰且昌言于众，谓：'叔嫂当避嫌疑，且先帝宾天，皇太后居丧，尤不宜召见亲王。'肃顺抚掌称善曰：'是真不愧杜文正公之子矣。'然究迫于公论，而太后召见恭亲王之意亦甚决，太监数辈传旨出宫。恭亲王乃请端华同进见，端华目视肃顺，肃顺笑曰：'老六，汝与两宫叔嫂耳，何必我辈陪哉？'王乃得一人独进见。两宫皆涕泣而道三奸之侵侮，因密商诛三奸之策，并召见鸿胪寺少卿曹毓瑛，密拟拿问各旨，以备到京印发，而三奸之不觉也。"（薛福成：《庸庵笔记》，卷一，"咸丰季年三奸伏诛"，第 19 页。）薛福成所记颇有小说家习气，已有人指其所记不实。王闿运所记则较为符合史实："（恭王）军机前辈也。至，则递牌人，谒梓宫，因见后。"其后，王着重介绍这次召见的谈话内容："后诉如前，恭王对，非还京不可。后曰，奈外国何。王奏：外国无异议，如有难，惟奴才是问。"（王闿运：《祺祥故事》，中国史学会主编：《第二次鸦片战争》，第二册，第 116 页。）"热河密札"第八札也称："知昨见面，后以夷务为问，邸力保无事，又坚请速归。"（佚名：《热河密札》，《近代史资料》1978 年第 1 期，第 12 页。）

③ [英] D. F. 芮尼：《北京和北京人·英国公使在北京的第一年》，下册，第 142 页。转引自宝成关《奕訢慈禧政争记》，第 116 页。

④ 关于召见的详细过程及外国势力对奕訢支持的详细论述可参阅宝成关所著《奕訢慈禧政争记》一书第三章的内容。

河期间的活动表现了他在政治上的成熟稳健。为麻痹政敌,奕䜣不仅本人"随时小心",对肃顺等人"卑逊特甚",而且还一再叮嘱同党,不论时局如何险恶,都要隐忍不发,凡事"俟进城再说"。① 一切安排妥当之后,奕䜣于八月初七离开热河返京。

就在奕䜣离开热河的第三天,山东道监察御史董元醇在大学士周祖培的授意下奏请皇太后垂帘听政,他在承认祖制的前提下,以"事贵从权,理宜守经"作为理论根据。原文为:

> 何为从权？现值天下多事之秋,皇帝陛下以冲龄践阼,所赖一切政务皇太后宵旰思虑,斟酌尽善,此诚国家之福也。臣以为即宜明降谕旨,宣示中外,使海内咸知皇上圣躬虽幼,皇太后暂时权理朝政,左右并不能干预,庶人心益加敬畏,而文武臣工俱不敢稍肆其蒙蔽之术。俟数年后,皇上能亲裁庶务,再躬理万机,以天下养,不亦善乎！……此所谓事贵从权也。何为守经？自古帝王莫不以亲亲尊贤为急务,此千古不易之经也。现时赞襄政务,虽有王大臣、军机大臣诸人,臣以为当更于亲王中简派一二人,令同心辅弼一切事务,俾各尽心筹画,再求皇太后、皇上裁断施行,庶亲贤并用,既无专擅之患,亦无偏任之嫌……此所谓理宜守经也。②

此奏折于八月初九日递至热河,两宫皇太后阅过之后,立即召见赞襄政务王大臣,要求实行。肃顺等人"勃然抗论,以为不可"③,声称自己"系赞襄皇上,不能听太后之命",甚至说"皇太后看折亦是多余"。④ 杜翰"尤肆挺撞,有'若听信人言,臣不能奉命'语",气得太后手颤。⑤ 双方争论之激烈达到"声震殿陛"的程度,以至于"天子惊怖,至于啼泣,遗溺后衣"。⑥ 肃顺等人之所以敢抗命的重要原因就是控制了行在军机处,而两宫及幼帝势弱,尚无力掌控全局。

---

① 佚名:《热河密札》,《近代史资料》1978 年第 1 期,第 11 页。
② 《清代档案史料丛编》,第一辑,第 91—92 页。
③ (清)薛福成:《庸庵笔记》,卷一,"咸丰季年三奸伏诛",第 18 页。
④ 同上书,第 22 页。
⑤ 佚名:《热河密札》,《近代史资料》1978 年第 1 期,第 3 页。
⑥ (清)李慈铭著,吴语亭编注:《越缦堂国事日记》,第 594 辑,第 539 页。

双方争论的焦点是什么？由肃顺等人退朝后借幼帝名义所拟旨意可大略窥知。肃顺等人所拟旨意声称："我朝圣圣相承，向无皇太后垂帘听政之理。（着重号为笔者所加，后同）朕以冲龄仰受皇考大行皇帝付托之重，御极之初，何敢更易祖宗旧制？……该御史奏请皇太后暂时权理朝政，甚属非是。又据（遽）请于亲王中简派一二人，令其辅弼一切事务。伏念皇考于七月十六日子刻，特召载垣等八人，令其尽心辅弼。朕仰体圣心，自有深意，又何敢显违遗训，轻议添设？该王大臣等受皇考顾命，辅弼朕躬，如有蒙蔽专擅之弊，在廷诸臣无难指实参奏，朕亦必重治其罪。该御史必于亲王中另行简派，是何居心！所奏尤不可行。以上两端，关系甚重，非臣下所得妄议。"①

观此文字，肃顺等所争之事有二：一是太后垂帘听政；一是另简亲王辅政。此时两宫"既已看折……召见军机……且以朱印代笔，即无异垂帘，所不同者，惟不召见外臣。"② 但这种犹抱琵琶半遮面式的"听政"，显然不能令慈禧满意，故对董元醇所提议的名副其实的"垂帘听政"大感兴趣。对此，肃顺等人心知肚明，以"太后看折亦是多余之事"之语威胁，以表示此事毫无商量的余地。"另简亲王辅政"则意味着以亲王辅政制代替顾命大臣辅政制，这是对肃顺集团政治权力彻底的剥夺，肃顺等人自然大力驳斥，痛斥董元醇"是何居心！所奏尤不可行。"为了防止类似的言论，还放出"关系甚重，非臣下所得妄议"之语，此无异于恫吓。

肃顺等人拟旨递上后，两宫太后留中不发。八月十二日，肃顺等人"决意搁车"，以军机处停止办公对抗，发下奏折不开视，端华甚至扬言"不定是谁来看"，双方僵持不下。在将尽中午时分，两宫被迫妥协，将董元醇奏折和肃顺等人所拟旨意发下，交内阁作为明发上谕发布。肃顺等八位赞襄政务王大臣"始照常办事，言笑如初"。③ 此番冲突发生之时正是肃顺等人处于权力巅峰的时候，他们以军机处不办公为要挟，清廷政令便难以下发，迫使两宫让步。由此可知，军机处在清廷中枢决策体系中的地位可谓举足轻重。

---

① 《咸丰同治两朝上谕档》，第十一册，第 306 页上。
② 邓之诚：《祺祥故事》，"序"，《旧闻零拾》，邓氏五石斋 1939 年精印本，第 2 页。
③ 佚名：《热河密札》，《近代史资料》1978 年第 1 期，第 3 页。

第六章　晚清政局变动对军机处职权的影响　·203·

但这番争斗为肃顺等人的悲剧性结局埋下了伏笔。肃顺等人对两宫的挑战被人视为是对皇权的挑战："在皇权思想颇盛的封建专制制度下，肃顺等人与慈禧围绕太后是否临朝听政问题的较量，是以肃顺等人为代表的臣权与以慈禧太后为代表的皇权的较量，肃顺等人'胜利'中酝酿着危机与大祸。"① 当时在热河化名"守黑道人"的军机章京斥肃顺等人为不识时务的"混蛋"，指出：如肃顺等人并不过分强求，慈禧未将董元醇的奏折及肃顺等人所拟谕旨发下，而是将此折"淹了"，"诸君等（赞襄政务王大臣）之祸尚浅"，"搁车之后，（慈禧）不得已而发下，何以善其后耶！吾谓诸君之祸，肇于搁车矣"。②

慈禧自不甘心失败，随即手拟谕旨交奕𫍽修改，以做政变之用。慈禧原文如下（括号中为纠正文字）：

八月十一日，朕召见载垣等。虽董元醇奏敬陈管见一折，请皇太后权理朝正（政），数年后朕能亲理庶务，在（再）行归正（政）。又在亲王中简派一二人，令其辅弼。又在大臣中简派一二人充朕师傅之任。以上三端，正合朕议（意）。虽我朝向无太后垂帘之仪，朕受皇考大行皇帝托付之意，何敢违祖宗旧制，此所为是（谓事）贵从权，面谕载垣等，著照所请传旨。该王大臣阳奉阴违，自行改写，敬（竟）敢抵赖，是成（诚）何心！该大臣看朕年幼，皇太后不明国是所至（致）。该王大臣如此胆大！又上年圣驾巡幸热河之议，据（俱）是载垣、端华、肃顺等三人之议，朕仰体圣心左右为难所至（致），在山庄升遐。该王大臣诳驾垒垒（累累），抗旨之罪不可近（尽）数。求七兄弟改写。进成（城）后，在（再）传恭亲王总理赞襄正（政务），是否求兄弟著议。③

文中"七兄弟"指醇郡王奕𫍽。据说奕𫍽得知此事，大怒说："俟进城讲话"，惇郡王奕誴喝止之。④ 奕𫍽接到慈禧懿旨后，迅速回奏：

---

① 王开玺：《辛酉政变与正统皇权思想——慈禧政变成功原因再探讨》，《清史研究》2002年第4期，第52页。
② 佚名：《热河密札》，《近代史资料》1978年第1期，第6页。
③ 中国第一历史档案馆编：《御笔诏令说清史——影响清朝历史进程的重要档案文献》，山东教育出版社2003年版，第176页。
④ 佚名：《热河密札》，《近代史资料》1978年第1期，第12页。

"臣奕譞跪谨奏为覆奏事,昨日太监刘福喜交下懿旨一包,命臣改写,仰见皇太后用意深远,实国家之福也。臣以身许国,何顾利害?谨仰体圣心拟旨一道,求皇太后进城后与母后、皇太后商议,召见恭亲王命看此旨,可行则行,如不可行,再问恭亲王,必有良策。此因臣年幼不敢冒昧之故也。谨奏。再,派恭亲王总理政务时必须召见时面谕,再命恭亲王在大臣中保举二三人帮同方好。"①

观奕譞覆奏内容,主要从三个方面为慈禧指点迷津:一是慈禧若想摆脱肃顺等人的控制,必须和恭亲王合作,自己"年幼",不足以当此大任;二是政变的地点应是北京,而非热河,婉转地从侧面劝慈禧稍安毋躁,暂时隐忍不发;三是指点慈禧政令之发布可绕开肃顺控制的军机处,在召见恭亲王之时面谕即可。正是奕譞的建议,在关键时刻稳住了局势,避免了双方矛盾进一步激化。后来发生的事情证明,慈禧正是按照奕譞的谋划发动政变,一举拿下肃顺集团。

八月十四日,奕䜣集团中手握兵权的胜保抵达热河,并借机将军队部署于京郊一带。当晚,许庚身连夜拜访胜保,双方就政变再次进行磋商。胜保的意见与奕䜣、奕譞相似,认为肃顺等人"罪状未著,未可骤拳兵谏,致蹈恶名",俟回京后再采取行动。② 九月初四日,肃顺等人愚蠢地自解兵权,主动提出自己兼差太多,难以兼顾,要求清廷解除他们的一些兼差,如载垣的銮仪卫、上虞备用处事务;端华的步军统领;肃顺的管理理藩院并向导处事务等等。双方力量的天平开始向慈禧奕䜣一方倾斜。

经过一系列周密的安排后,九月二十三日,幼帝载淳跪送梓宫启行,离开热河。慈禧与载淳同轿由间道日夜兼程赶赴北京。由肃顺护送梓宫独自后行。九月二十八日,两宫太后一行抵达京郊石槽,恭亲王亲自出城迎接。两宫太后在郊外召见奕䜣,密谋政变的具体事宜。二十九日,两宫皇太后一行入城,在街北口等候的翁同龢目睹了"母后偕上同一舆,圣母舆在后"③ 的入城情形。

---

① 中国第一历史档案馆编:《御笔诏令说清史——影响清朝历史进程的重要档案文献》,第176页。
② 佚名:《热河密札》,《近代史资料》1978年第1期,第12页。
③ (清)翁同龢著,陈义杰整理:《翁同龢日记》,第一册,咸丰十一年九月廿九,中华书局1989年版,第145页。

第六章　晚清政局变动对军机处职权的影响

九月三十日，两宫皇太后召见奕䜣、桂良、文祥、贾桢、周祖培等人。两宫对大臣哭诉"三奸欺藐之状"。周祖培说："何不重治其罪？"皇太后说："彼为赞襄王大臣，可径予治罪乎？"周祖培献计说："皇太后可降旨先令解任，再予拿问。"① 慈禧随即以幼帝名义颁布上谕，解除赞襄八大臣的职务。②

载垣、端华在奕䜣等人入朝待命之时，在隆宗门外等候，虽对自己被解任的消息"微有所闻"，但并未引起警觉。他们见奕䜣等人入宫，尚大喊："外廷臣子，何得擅入？"奕䜣等人便立于宫门外。不久，诏书下，令奕䜣将载垣、端华、肃顺革去爵位拿问，交宗人府，会同大学士、六部、九卿、翰、詹、科、道等严加治罪。奕䜣捧诏宣示，载垣、端华尚厉声叱责，"我辈未入，诏从何来？"其昏聩如此。此时，已有数名侍卫将他二人褫去冠带，拉出隆宗门，送至宗人府加以幽禁。随即，慈禧、奕䜣派睿亲王仁寿、醇郡王奕譞赴京外缉拿肃顺。此时，肃顺已护送梓宫抵达密云，随被奕譞等人拿获捆缚至京城。③ 至此，执政仅约两个月的"赞襄政务王大臣"被迫离开了政治舞台。

在收拾政敌的同时，慈禧与奕䜣集团还重新对中央决策权力进行了分配，确定了政变后的政治体制。

先是胜保上"奏请皇太后亲理大政并简近支亲王辅政折"，在折中胜保主张："非皇太后亲理万机，召对群臣，无以通下情而正国体；非另简近支亲王佐理庶务，尽心匡弼，不足以振纲纪而顺人心。"④ 胜保所设计的是皇太后听政与近支亲王辅政相结合的政治体制，太后听政是名，亲王辅政是实。在他们看来，两宫皇太后年轻不更世事，无实际从政经验可言，很难驾驭复杂的政治局面，因此必须由近支亲王辅政才能掌握好清廷的最高决策权。而所谓的近支亲王，自然非恭亲王奕䜣莫属。以奕䜣的地位和才干，定能使"一切用人行政大端不致变更紊乱，以承郅治于无穷"⑤。在未来的权力结构中，奕䜣完全可以"希冀垂帘

---

① （清）薛福成：《庸庵笔记》，卷一，"咸丰季年三奸伏诛"，第20页。
② 《清代档案史料丛编》，第一辑，第101页。
③ （清）薛福成：《庸庵笔记》，卷一，"咸丰季年三奸伏诛"，第21页。
④ 《清代档案史料丛编》，第一辑，第100页。
⑤ 同上书，第101页。

之名，而实权归己"①。

九月三十日，大学士管理兵部事务贾桢、大学士管理户部事务周祖培、户部尚书沈兆霖、刑部尚书赵光等联名上奏，吁请皇太后亲操政权以振纲纪。

贾桢等人的奏折重在为皇太后亲操政权寻求合理性，毕竟清代"从无皇太后垂帘听政之典"。他们先是否定肃顺等人权力的合法性，认为赞襄"乃佐助而非主持也"，肃顺等人"名为佐助而实则主持"，已经违背了先帝遗训。他们认为："今日之赞襄大臣，即昔日之军机大臣。向来军机大臣则事事先面奉谕旨，准驳可否，悉经钦定，始行拟旨进呈，其有不合圣意者，每奉朱笔改正。""为今之计，正宜皇太后敷中宫之德化，操出治之威权，使臣下有所禀承，命令有所咨决，不居垂帘之虚名，而收听政之实效"。②此折当是惩于肃顺等人"搁车"的前车之鉴，恢复了军机大臣"事事先面奉谕旨，准驳可否，悉经钦定"的传统，把军机处从赞襄政务王大臣控制中解脱出来，使之服务于皇权，而非皇权的对立物。

为了保证军机处的正常运作，在清除盘踞在军机处的肃顺党羽的同时，慈禧、奕䜣集团迅速组建了新的决策班子，重新掌控了军机处。"恭亲王奕䜣，著补授为议政王，在军机处行走"，"宗人府宗令著恭亲王奕䜣补授"；"大学士桂良、户部尚书沈兆霖、户部左侍郎宝鋆，均著在军机大臣上行走。鸿胪寺少卿曹毓瑛著在军机大臣上学习行走"；"户部左侍郎文祥，著仍在军机大臣上行走"。③

军机处办事规制随之也相应作出调整。一是将"祺祥"时期寄信谕旨的开头格式由"军机处赞襄政务王大臣字寄"字样改为"议政王军机大臣"字样。咸丰十一年十月初一日"上谕档"中所收录的一件奏文对此言之甚详。"查每日发下折报，应由臣等拟旨批发，谨拟写'议政王军机大臣奉旨'字样进呈，恭候钦定。如遇有寄信谕旨，拟写'议政王军机大臣字寄'字样，其交片行文一律办理。并知照吏兵二部转行京外各衙门，并各路统兵大臣知悉。"④"议政王"字样冠于"军机

---

① ［英］濮兰德、白克好司：《慈禧外纪》，珠海出版社1995年版，第26页。
② 《清代档案史料丛编》，第一辑，第103－104页。
③ 《清穆宗实录》，卷六，咸丰十一年十月丙辰，第151页。
④ 《咸丰同治两朝上谕档》，第十一册，第381页上。

大臣"之前，从公文格式上确定了议政王参政的地位。

二是取消地方官员呈进奏折另备印文咨行军机处的做法。前述肃顺等违反奏折呈递旧制，令地方官员进呈奏折之时"另备印文，开明所发折若干，封片单若干件，用印封随折报交捷报处"，以便于其随时查核。① 慈禧、奕訢重掌军机处后，废除此做法，恢复旧制。由军机处咨"吏兵二部转传：各路军营及各省督抚等嗣后拜发折报毋庸另备印文随同折报咨行军机处"。② 此时，慈禧与奕訢尚处于合作的蜜月时期，肃顺等防范慈禧的做法自不必继续施行，况且这又与恢复祖制的口号相吻合。

三是对奏折办理的程序稍加调整。咸丰十一年十月初七日，清廷颁布内阁明发上谕说："朕奉母后皇太后、圣母皇太后懿旨，各直省将军、督抚等折奏向于呈递之次日朱批发还，其有应降谕旨者亦即令军机大臣缮拟，于进呈后即行交发，其各路军营紧要奏报则无论何时呈递均系即行办理。现在一切政务仰蒙两宫皇太后躬亲裁制，慈怀冲挹，深恐于披览章奏未能周详。嗣后各直省及各路军营折报应行降旨各件，于呈递两宫皇太后慈览，发交议政王军机大臣后，该王大臣等悉心详议。于当日召见时恭请谕旨再行缮拟。于次日恭呈母后皇太后、圣母皇太后阅定颁发应行批答各件。该王大臣查照旧章敬谨缮拟呈递后，一并于次日发下，其紧要军务事件仍于递到时立即办理，以昭慎重。钦此。"③ 此段上谕所言内容可视为两宫与奕訢对清廷决策权的分配。上谕中首先明确了两宫皇太后有阅折权，所有奏折必须先呈至两宫皇太后处。上谕所言"该王大臣等悉心详议"则明确规定了议政王军机大臣有参与决策的权力。"于当日召见时恭请谕旨再行缮拟"之语婉转地表达了两宫皇太后要与议政王军机大臣就所发政令互相磋商。这与原来的谕旨撰拟程序不同。原有谕旨撰拟的主动性掌于皇帝之手，即"有应降谕旨者亦即令军机大臣缮拟，于进呈后即行交发"，新章程则明确要求两宫与议政王军机大臣会商，从而赋予了议政王军机大臣参与决策之权。"于次日恭呈母后皇太后、圣母皇太后阅定颁发"则规定了两宫皇太后掌握

---

① 《咸丰同治两朝上谕档》，第十一册，第266页上。
② 同上书，第381页上。
③ 同上书，第400页下。

最终决定权。这道上谕应该是两宫皇太后与奕䜣互相妥协产物,双方各有让步。两宫皇太后明确赋予了议政王军机大臣更多参与决策的权力,军机处由此得以更深入地参与清廷政务。奕䜣则同意两宫的阅折权和最终决定权,这两项权力在肃顺当政时期几乎被肃顺侵夺殆尽。

至十月二十六日,礼亲王世铎将两宫太后召见臣下的礼节及办事章程拟定妥当,颁令实施。其中最重要的条款有:

> 一召见内外臣工。拟请两宫皇太后、皇上同御养心殿。皇太后前垂帘,于议政王御前大臣内轮派一人,将召见人员带领进见。
>
> 一京外官员引见。拟请两宫皇太后、皇上同御养心殿明殿。议政王、御前大臣带领,御前、乾清门侍卫等照例排班站立。皇太后前垂帘设案,进各员名单一分,并将应拟谕旨分别注明。皇上前设案,带领之堂官照例进绿头签,议政王、御前大臣捧进案上,引见如常仪。其如何简用,皇太后于名单内钦定,钤用御印,交议政王等军机大臣传旨发下。该堂官照例述旨。
>
> 一除授大员、简放各项差使。拟请将应补、应升、应放各员开单,由议政王军机大臣于召见时呈递,恭候钦定,将除授简放之员钤印发下缮旨。①

这份章程满足了两宫皇太后,尤其是西太后垂帘听政的欲望。与"祺祥"时期相比,两宫皇太后增加了召见外臣的权力。咸丰十一年十一月一日,慈安、慈禧两宫皇太后正式垂帘听政,满朝王公大臣由吏部带领引见,在养心殿向太后行礼。咸丰帝逝世时所建立的顾命制度至此宣告彻底结束,晚清皇太后垂帘亲王辅政的时代来临。

第二节 垂帘听政体制下军机处职权的消长

皇太后垂帘听政是晚清中枢决策体制的一个特点,与前朝相比,该体制最大的缺点是缺乏一个稳固的决策核心。垂帘听政体制下的皇权是

---

① 《清穆宗实录》,卷八,咸丰十一年十月辛巳,第227—228页。

一种"异化的皇权",统一的皇权被分裂。该决策体制先是两宫皇太后与恭亲王奕訢联合主政,即议政王奕訢总揽朝政,皇太后总裁懿定。后逐渐演变为慈禧独揽朝政的局面。此变化引发了晚清政局诸多的问题,如慈禧与奕訢的政争、清流的崛起、帝后党争等等,都对军机处职权的发挥产生了影响。本节内容即对此问题稍做探讨。

慈禧与奕訢合作发动"祺祥政变",攫取清廷最高统治权后,两人为最高决策权的争夺曾几番较量,军机处职权的发挥也随之略有起伏。现以慈禧奕訢政争的几个阶段予以分别说明。

一 慈禧与奕訢通力合作与秘密争斗时期

这一时期,鉴于太平天国运动给清廷造成的压力,为了对付共同的敌人,维护共同的利益,慈禧与奕訢在表面上表现出通力合作的姿态,暗地里互相争斗。

政变成功的次日,奕訢被授为议政王,在军机处行走。奕訢不但打破了清廷亲王皇子不得入军机处的祖制,且身兼议政王一职,地位之崇不言而喻。继而奕訢又被授为宗人府宗令,兼总管内务府大臣,并管宗人府银库。① 上述诸职,军机处掌军国大计"权而要",内务府管宫廷事务"亲而要"。② 宗人府宗令则掌管皇族事务,位居六部之上,其显要性可想而知。十月初八日,两宫又召见奕訢,宣示"著以亲王世袭罔替"③。十月初十日,两宫宣懿旨:奕訢生母康慈太后应"礼崇配庙"④,经奕訢等人会议,旨准上尊谥"孝静康慈懿昭端惠弼天抚圣成皇后","升祔太庙,永极尊崇"⑤。奕訢此时可谓备极荣宠。

然而,在权力的分配上慈禧对奕訢便没有如此慷慨。尽管奕訢以议政王大臣的显赫头衔兼管军机处、总理衙门、内务府、宗人府等要害部门,但其地位类似于政府的行政首脑,处于辅政的地位。慈禧与奕訢之间的君臣关系没有变,清廷的最高决策权仍掌握在太后手中,奕訢是在太后的信任与同意之下行使权力。为了进一步明确双方的关系,慈禧还

---

① 《清代档案史料丛编》,第一辑,第106页、109页。
② (清)陈夔龙:《梦蕉亭杂记》,卷一,上海古籍出版社1983年影印版。
③ 《清代档案史料丛编》,第一辑,第121页。关于宝成关先生曾与毓君固先生有所争论,详参《奕訢慈禧政争记》一书第151页注释③。
④ 《清穆宗实录》,卷六,咸丰十一年十月乙酉,第171页。
⑤ 《清穆宗实录》,卷八,咸丰十一年十月丙子,第207页。

以皇帝的名义发布内阁上谕：

> 朕以冲龄，茕茕在疚，仰承皇考付托之重，遗大投艰，不遑自恤，幸蒙两宫皇太后保护藐躬，亲理大政。昨经降谕，令王大臣、大学士、六部、九卿、翰、詹、科、道，敬谨会议两宫皇太后垂帘召见臣工礼节，及一切办事章程。谅能酌古准今，折衷定议，期于庶理周恣，百度具举。
>
> 伏念列圣御极以来，俱颁诏旨求言，诚以人之聪明智虑有所未周，必能兼听并观，而后上下之情通，措施可期于允当。我皇考御极初年，手诏褒答直臣，广开言路，谏议时闻，天下欣欣向治。乃自近年以来，事势艰危，一二奸邪，乘间肆其蒙蔽，以致盈廷缄默，建议寥寥，言路久为闭塞，公论弗伸，事机愈益舛庆。朕以冲人，未堪多难，重赖两宫皇太后万几日理，王大臣等黾勉翼为，何敢不博采谠论，虚公揽纳，期以施行措正，上理日臻？矧当各省军务未竣，民生多蹙，凡为臣子均当竭诚抒悃之时，岂宜丑正恶直，苟安缄默？用特通谕中外臣工、九卿、科、道有奏事之责者，于用人行政一切事宜，皆得据实直陈，封章密奏。务期各抒所见，毋以空言塞责，以副朕侧席求言之至意。①

上谕一再强调太后"亲理大政"、"万几日理"，不可将其视为新帝登基时所例行发表的简单官样文章，实质上彰显的是两宫的政治地位。尤其是"用特通谕中外臣工、九卿、科、道有奏事之责者，于用人行政一切事宜，皆得据实直陈，封章密奏"之语，反映出慈禧力图独揽奏折的首阅权，进而直接控制清廷的用人行政大权的意图。

十月初九日，明发上谕称："朕奉母后皇太后、圣母皇太后懿旨，现在一切政务均蒙两宫皇太后躬亲裁决，谕令议政王、军机大臣遵行。惟缮拟谕旨仍应作为朕意宣示中外。自宜钦遵慈训。嗣后议政王、军机大臣缮拟谕旨，著仍书朕字。将此通谕中外知之。"② 此上谕中"现在

---

① 《清穆宗实录》，卷六，咸丰十一年十月丁巳，第152页。
② 同上书，咸丰十一年十月甲子，第169页。《清代档案史料丛编》，第一辑，第123页。

一切政务均蒙两宫皇太后躬亲裁决，谕令议政王、军机大臣遵行"一语，意思甚明，即议政王、军机大臣所有的作为都必须得到两宫皇太后的允准。"议政王、军机大臣缮拟谕旨，著仍书朕字"，则从礼制及公文格式上再次明确了两宫与奕䜣、军机大臣之间的君臣名分不可逾越。

然而，由于此时的慈禧在政治上立足未稳，羽翼未丰，治国尚需倚仗奕䜣。"（慈禧）面对内忧外患的复杂局面，只有依靠奕䜣，利用他的声望和才干，取得官僚阶层的普遍支持和西方列强的谅解合作，方能使清王朝渡过难关，保住其统治地位。"① 所以，慈禧对奕䜣的种种越权之举多采取容忍的态度，甚至允许奕䜣按已意改组军机处。

军机处为清廷中枢决策之关键所在，军机大臣的任命由皇帝独揽。为便于控制，皇帝会尽量避免让同一政治集团的官员把持军机大臣的职位，以利于自己居中平衡，达到控制军机处的目的。在"祺祥政变"后，除了文祥，原有的军机处人员全部罢黜，代之以奕䜣集团的成员，此事在军机处的历史上是少有的。新任军机大臣者，桂良为奕䜣岳父，历任湖广、云贵、直隶等地总督及吏部、兵部尚书等职，拜文华殿大学士。总理衙门成立后，桂良任管理大臣，多次同奕䜣、文祥联衔汇奏，参与指定新的对外方针，政变后，被任命为军机大臣。② 沈兆麟，道光十六年进士，历任翰林院编修、兵部右侍郎、户部右侍郎、署户部尚书、兵部尚书等职。"当肃顺秉钧，威凌慑人，朝士莫敢与抗，独兆麟以贰官论事，数持异议"，又力主咸丰帝从热河"回銮"，"孝钦垂帘，知其风采，授军机大臣"。③ 宝鋆，户部左侍郎，在北京议和期间曾与奕䜣通力合作办理和局，二人关系甚为亲密，在清人笔记中有两人互相开玩笑的记载："宝（鋆）师一日将散值，时先往出恭，恭王待之久，及见面嘲之曰：'何处撤宝去？'撒宝二字京中谑语也。师曰：'那里，是出恭。'恭与宝二字针锋相对也。又一日，恭邸自太庙出，指庙碑下赑屃，谓宝师曰：'汝看这个宝贝。'师号佩蘅，贝佩二字音相似也。师应之曰：'这也是龙生九子之一。'此可谓善戏谑矣。"④ 曹毓瑛，道

---

① 宝成关：《奕䜣慈禧政争记》，第158页。
② 费行简：《近代名人小传》，"桂良"，第105页。
③ 费行简：《近代名人小传》，"沈兆麟"，第97页。章士钊：《热河密札疏证补》，《文史》1963年第2辑，第99页。
④ （清）何刚德：《春明梦录》，上卷，上海古籍书店1983年影印版，第7页。

光十七年拔贡,授兵部七品小京官,后充军机章京,为人"工于心计,虑事辄中",在慈禧、奕訢集团与肃党集团的斗争中,曹毓瑛"知朝局必变",利用在热河充军机章京之机,一再用密札向奕訢通报热河政局,所谓"热河密札"多出其手。回京后,曹毓瑛"一岁三迁",先是在军机处学习行走,同治元年迁大理寺卿,授军机大臣。①

军机处上述成员,桂良于同治元年六月病逝。沈兆麟因"素负气不为人下,而奕訢新议政,务揽权,久遂相左"②,同治元年正月即调离军机处。同治元年八月,补李棠阶为军机大臣,李棠阶为人"拘谨,奕訢不乐与谋,虽居政府,而权不属也"③。宝鋆"善谐谑"④,然"议事唯阿奕訢旨,无所建白"⑤。曹毓瑛"人长厚,而出门不辨南北"⑥。只有文祥"操守狷介"、"执政务","尤持大体"⑦,"最有节操,才亦较优"⑧,是奕訢在军机处可资倚靠者。⑨

军机大臣基本是奕訢亲信,使军机处完全被奕訢控制。史载:"两宫垂帘,枢务以恭邸领之。诸大臣中,择一二人为主笔,余则仅供参赞。其后进者,谓为打杂军机,拟稿而已。"⑩"两宫垂帘听政,则军机必以亲王领班,下以数大臣辅之,所谓军机王大臣是也。凡事由亲王作主,商之大臣而定。每日上班,必由领班之亲王开口请旨。所请何旨,即未上班时所商定者。虽偶有更动亦罕矣。"⑪

奕訢权力如此之大,以至于"各部院于应办事件,往往窥探意指,先期向议政王就商"⑫。为此,慈禧又借皇帝之口于同治元年三月初八

---

① 章士钊:《热河密札疏证补》,《文史》1963年第2辑,第91页。
② 费行简:《近代名人小传》,"沈兆霖",第97页。
③ 同上书,"李棠阶",第95页。
④ (清)赵烈文:《能静居日记》,卷二十,同治三年五月十六日,第259页。
⑤ 费行简:《近代名人小传》,"宝鋆",第100页。
⑥ (清)赵烈文:《能静居日记》,卷二十,同治三年五月十六日,第259页。
⑦ 费行简:《近代名人小传》,"文祥",第101页。
⑧ (清)赵烈文:《能静居日记》,卷二十,同治三年五月十六日,第259页。
⑨ 关于文祥这一晚清政坛的重要人物,目前尚少有专门的研究者,台湾学者王家俭先生曾撰有《文祥对时局的认识及其自强思想》(中华文化复兴运动推行委员会主编:《中国近代现代史论集》第六编,台湾商务印书馆1985年版,第196—225页。)一文,对文祥的施政思想言之甚详,可供参阅。
⑩ (清)何刚德:《春明梦录》,上卷,第25页。
⑪ (清)何刚德:《客座偶谈》,卷一,上海古籍书店1983年影印版,第1页。
⑫ 《咸丰同治两朝上谕档》,第十二册,第111页下。

第六章 晚清政局变动对军机处职权的影响

日发布上谕:"其一切应办事件,各有专司,只宜斟酌例案,断不准多所揣摩,借口禀承致负委任。其议政王所管各衙门随同办事之大臣,亦均身列卿贰,遇有意见不同者,不妨独抒己见,与议政王公同妥商。岂可依唯画诺,稍存推诿之心?议政王于一切政事,务当综其大纲,如有各部院办理未协者,并著尽心纠正,用副寅亮天工,庶官无旷之至意。"① 告诫各官员不可阿附奕䜣,尤其是军机大臣不可对奕䜣惟命是从,"依唯画诺,稍存推诿之心"。在此之前,两宫就已经发布过一道懿旨:"该王大臣等仰蒙两宫皇太后特旨简任,务各协力同心,勉图康济,毋避任事之小嫌,共矢公忠之大节。至中外臣工,于时事阙失,均宜直言无隐,即议政王、军机大臣等赞理庶务,如未能尽协机宜,亦准其据实指陈,毋稍瞻顾,以期力挽颓风,共臻上理。"② 核心内容为"(若)议政王、军机大臣等赞理庶务,如未能尽协机宜,亦准其据实指陈,毋稍瞻顾",实质是鼓励言官对奕䜣加以监视参奏。这些都从侧面反映出奕䜣及其掌控下的军机处权力过大,迫使慈禧不得不时刻提防。

在外国人眼中,此时慈禧与奕䜣处在一个"准平等基础上",两人"在谨慎地互相监督着,因为母后皇太后慈安已绝不想主张她的权威的。慈禧有一种坚强的意志和清楚的头脑,行将展布伟大的执政才能;但是她是一个女人,而且还没有多大的经验,所以需要那只有她的夫弟才能够给她的那种支助。恭亲王明知他能够统治这个帝国,并且领会到男子的一切优越性;不过他不是摄政者,最后的决定权不在他的手里。所以这两人在一起工作,最初是在准平等的基础之上"。③

军机处的权力也由于奕䜣的存在而稍有扩张,所谓"时局尽在军机"④。何刚德曾说:同治初年,"政权固操自上也。不知两宫初政,春秋甚富,骤遇盘错,何能过问?所承之旨即军机之旨,所书之谕即军机之谕,此亦事实之不可掩者也。"⑤ 也有人评论:"军机处仅事承宣,久

---

① 《咸丰同治两朝上谕档》,第十二册,第111页下。
② 《清代档案史料丛编》,第1辑,第127页。
③ [美] 马士:《中华帝国对外关系史》,第2卷,第67页。
④ (清) 赵烈文:《能静居日记》,卷三十一,同治八年五月二十八日,第361页。
⑤ (清) 何刚德:《客座偶谈》,卷一,第9页。

无实权。惟恭亲王议政时，略可专断。"①

总的来说，从咸丰十一年十月奕訢被授为议政王起，到同治四年二月被罢免议政王之前的这段时间内，慈禧因初次垂帘听政，尚"小心谨慎，不便明揽大权，但事事留心，以得政治学术之经验"②，在治理国家方面处处依赖恭亲王奕訢。而奕訢则处于一生中政治上最为得势的时期，大权在握，以至于有人称该时期为"议政王的权力时期"③。双方的争斗尚处于潜伏期，以较为隐蔽的方式进行。

慈禧与奕訢之间的争斗主要表现在慈禧借机巧妙地诛杀何桂清与胜保这二人上。何桂清原为两江总督，驻守常州。当太平军攻破江南大营，李秀成攻克丹阳之后，何桂清临阵脱逃，并将挽留的常州百姓打死打伤数十人。何桂清逃至苏州，江苏巡抚徐有壬闭门不纳，并参劾其弃城脱逃之罪。咸丰帝闻之甚怒，下诏革职拿问。何桂清却乘时局动乱，逃至上海。恰逢英法联军攻破北京，咸丰帝北逃热河，何桂清一案遂被搁置。

慈禧、奕訢执政后，为整肃官场，遂将何桂清一案重新提起，令两江总督曾国藩将其押解至京听候审讯。然而，何桂清在此之前已经密派心腹，携重金"遍馈要津，凡有言责者，鲜不受其沾润"④。何桂清一案由刑部直隶司郎中余光焯承办，余是常州人，因家乡绅民"憾何桂清尤甚"，定谳时引封疆大吏失守城池斩监候、秋后处决律，"谓何桂清击杀执香跪留父老十九人，忍心害理，罪当加重"，拟斩立决。奏上后，慈禧诏令大学士、六部、九卿、翰、詹、科、道会议，皆如刑部谳。然而，主持会议的奕訢认为何桂清曾任一品大员，用刑宜慎，"如有疑义，不妨各陈所见"，意在为何桂清开脱。奕訢此论一出，以大学士祁寯藻为首，"工部尚书万青藜，通政使王拯，顺天府尹石赞清，府丞林寿图，九卿彭祖贤、倪杰，给事中唐壬森，御史高延祜、陈廷经、

---

① 金梁：《光宣小记》，"军机处"，荣孟源、章伯锋主编《近代稗海》，第十一辑，四川人民出版社 1988 年版，第 296 页。
② ［英］濮兰德、白克好司：《慈禧外记》，陈冷汰、陈诒先译，珠海出版社 1995 年版，第 37 页。
③ 宝成关：《奕訢慈禧政争记》，第 160 页。
④ 沈守之：《借巢笔记》，江苏省立苏州图书馆编纂委员会辑：《吴中文献小丛书》之十八，江苏省立苏州图书馆 1940 年版，第 25 页。

第六章　晚清政局变动对军机处职权的影响

许其光、李培祜等，或一人自为一疏，或数人合具一疏"为何桂清开脱。① 圆滑之人则设法回避，"户部侍郎董恂以堂司回避，都察院左副都御史志和等以师生回避"②。何桂清也辩解说，他退至苏州是"从江苏巡抚司道之请，欲保饷源重地"，且引薛焕等人禀牍为证。

慈禧认为这是打击奕訢政治势力的一个良机，利用曾国藩与何桂清的矛盾③，将何桂清的辩词发曾国藩复查。曾国藩回奏说："臣在外多年，悉任封疆，窃见督抚权重，由来已久。黜陟司道，荣辱终身，风旨所在，能使人先事而逢迎，既事而隐饰。不特司道不肯违其情，即军民亦不敢忤其意。十年七月，嘉兴大营将弁联名数十具呈，请留何桂清在苏，暂不解京，求臣转奏。由王有龄移咨到臣。臣暗加察访，不过亲近军中数人，并非合营皆知，是以未及代奏，而王有龄已两次具奏。观营员请留之呈，则司道请移之禀，盖可类推，无庸深究。"接着，他又说："疆吏以城守为大节，不宜以僚属之一言为进止；大臣以心定罪状，不必以公禀之有无为权衡。"④ 巧妙地推翻了何桂清的供词。据此，慈禧发布上谕，将何桂清"比照带兵大员失察城寨本律，予以斩监候，秋后处决，已属法外之仁。今已秋后届期，若因停勾之年，再行停缓，致情罪重大之犯，久稽显戮，何以肃刑章而示炯戒？且何以谢死事诸臣，暨江南亿万被害生灵于地下？何桂清著即行处决。"⑤ 何桂清成为第一个因失地弃城而被处决的一品大员。慈禧在杀人立威的同时，整饬了官场，拉拢了曾国藩等地方实力派官员，同时给了奕訢集团一个小小的惩戒，可谓一举多得。

胜保是"祺祥政变"拥戴两宫垂帘听政的功臣，也是奕訢集团掌握的一支重要的军事力量。胜保与奕訢互为奥援，引起慈禧的不满，决意借机除掉胜保。

胡林翼评价胜保："满腔忌克，其志欲统天下之人，而实不能统一

---

① （清）薛福成：《庸庵文编》，"海外文编"，卷四，"书两江总督何桂清之狱"，《近代中国外交史料汇刊三十种·清代编》，文海出版社1973年版，第八册，第1474页。
② 《清穆宗实录》，卷三十一，同治元年六月甲子，第834页。
③ 何桂清与曾国藩曾因争夺地盘而发生矛盾，详参董蔡时《论曾国藩与何桂清争夺江浙地盘的斗争》，《浙江学刊》1985年第2期。
④ （清）曾国藩：《曾文正公全集·奏稿》"查复何桂清退守折"，同治元年八月二十九日，卷二十，第11页。
⑤ 《清穆宗实录》，卷四十七，同治元年十月乙巳，第1276页。

人。在皖中，每战必败，败必以捷闻。其人本不知兵，尤不晓事，自降于贼而美其名曰贼降。盖其一生本领，以熊文灿为祖师，而昏懦刚愎又过之。"① 其中"昏懦刚愎"四字可谓一语中的。胜保在政变成功后，被授予镶黄旗满洲都统兼正蓝旗统领，主持山东、安徽之间的"剿捻"事宜。然而，胜保信任狡狯成性的苗霈霖，屡次为其请赏，引起慈禧的不满。同时，胜保又屡次对抗慈禧的命令。如反对慈禧任命李续宾为安徽巡抚，公开声称："现当我皇太后、皇上信任楚军之际，奴才既不必与之争功，亦不屑与之负气！"并就"近日官员非由两楚出身不能遽膺优荐，将帅非与楚军接纳不能予以嘉名"，表示了对慈禧重用曾国藩等湘系人员的不满，并教训慈禧说："我朝自列圣以来，从不以重柄尽付汉臣，具有深意，不可不深思而远虑也！奴才满洲世仆，受国厚恩，苟愚见所及，不敢逆探圣意所向以为语。"② 慈禧对胜保的骄愎极其厌恶，遂调胜保赴陕西督办军务。途中黑旗军首领宋景诗率部反戈，与清军相抗。胜保以兵力不敷为由奏请调苗霈霖率军来陕，清廷害怕纵虎出柙，严斥胜保失当，并派兵在途中拦截。从此，胜保噩运临头，军政大吏纷纷上奏，揭发胜保"骄纵贪淫，冒饷纳贿，拥兵纵寇，欺罔贻误"③ 等罪状。清廷乘机宣布胜保罪状，削职押解京师，关押抄家，听候审讯。

胜保入狱后，慈禧特令恭亲王奕訢亲率军机大臣、大学士会同刑部审讯。审讯中，胜保仰仗奕訢庇佑，只承认"携妾随营"，否认军政大吏弹劾他的各条"罪状"，声称是有意"诬告"，呈诉清廷治诬告者之罪。④ 这样，事情越闹越僵。给事中赵树吉仰承慈禧鼻息，奏请速诛胜保，"胜保罪状昭著，虽置重典，无以蔽辜。而该革员党与甚多，诚恐谣诼纷腾，危词耸听。请特申乾断，以正刑章。"⑤ 慈禧顺水推舟，决意将胜保施以极刑。据说，慈禧下诏时，为避免奕訢干扰，故意于帘内传旨无事，待军机大臣散去，赐死胜保的诏书即从天而降。当时，奕訢刚刚离开，待他得知消息时，胜保已命归黄泉。

---

① （清）王士元：《诊痴偶笔》卷下，大昌公司民国十年（1921年）铅印本。
② 第一历史档案馆存《胜保折》，转引自贾熟村《太平天国时期地主阶级内部的争斗》，《太平天国学刊》，第一辑，中华书局1983年版，第326页。
③ 赵尔巽等：《清史稿》，卷四〇三，列传第一九〇"胜保传"，第11879页。
④ 同上书。
⑤ 《清穆宗实录》，卷六十一，同治二年三月乙丑，第194页。

慈禧连斩何桂清和胜保，无异于敲山震虎、杀鸡吓猴，给权势显赫、声誉日隆的奕訢一个严厉的警告，同时也削弱了奕訢的势力。可见慈禧的政治手腕之毒辣。宝成关先生曾评价道："慈禧诛杀何桂清和胜保，不仅削弱了奕訢，而且通过这场隐蔽的斗争得到了历练，学到了一套阴险毒辣的权术手段。""慈禧诛杀何桂清、胜保，带给她的不是责难，而是赞誉。在众口悠悠之下，奕訢即使有心回护，也无能为力，只得听任慈禧拔其屏障、剪其羽翼了。"① 在未来的权力争夺中，慈禧已经渐处上风。

二 慈禧与奕訢公开对峙时期

慈禧与奕訢之间的争斗，随着太平天国运动逐渐被平定、清廷各方压力的减轻，而变得公开化表面化，渐成公开对峙之势。奕訢面对慈禧的进逼而步步退让，军机处的权力随着奕訢的失势也逐步萎缩。

自"祺祥政变"之后，慈禧对奕訢基本上是百般优容的态度，尽可能让奕訢放手施政，而自己则在暗中监视，寻找时机剪除异己势力。奕訢内与文祥等军机大臣合作，运筹帷幄，外则依畀曾国藩、左宗棠、李鸿章等官员，"有请必行，不加遥制"，终至平定江南，"削平僭伪，绥靖边陲，伟烈丰功为书契以来所罕觏"，实现了所谓的"同治中兴"的局面。② 奕訢达到政治生命的巅峰。然而，盛极而衰，危机已经在他不经意间开始了。

同治三年七月十六日，在清军克复南京的第四天，有些官员就开始意识到慈禧与奕訢之间合作的蜜月期要结束了。刑部侍郎吴廷栋有感于历代君王由胜而骄、由骄而肇祸的教训，上奏提醒君臣之间要"益加敬惧"，防微杜渐，不可重蹈覆辙。③ 十一月二十一日，李棠阶借给奕訢祝寿之际，亲手抄录《孝经·谏诤章第十五》赠给奕訢，并说："通篇言孝，孝本于仁，成于顺，独十五章言谏诤"，"此篇意义宏阔，大而天下理论，君德之修废，小而一人一家之善败，举系于此"，"所关甚大，可忽乎哉"！委婉地暗示要与慈禧处理好关系，既要敢于"谏

---

① 宝成关：《奕訢慈禧政争记》，第203页—204页。
② 陈弢：《同治中兴京外奏议约编》，"叙"，上海书店1985年影印版。
③ 赵尔巽等：《清史稿》，卷二十一，本纪二十一，"穆宗本纪一"，第801页；卷三九一，列传第一七八，"吴廷栋传"，第11741页。

争"，又要"克其便己之一念"。① 然而，此时的奕訢已经忘乎所以，并未适时约束自己的言行，依然我行我素。

奕訢每日入值内廷，宫内太监进茶时，慈禧必命："给六爷茶。"奕訢日久遂成习惯。一日召对时间颇长，慈禧偶忘命茶，奕訢径自取案上茶杯欲饮，忽省悟此乃御茶，便若无其事地放回原处，引起两宫不悦。甚至每日进见之时，慈禧言毕，奕訢佯作未闻，请重述一次，甚至慈禧有言，"每抗声音答之"。② 加之奕訢主管内务府，曾多次劝谕后宫不要过多需索，也导致慈禧对其成见日深。③ 尤令慈禧感到不安者，是奕訢与曾国藩、左宗棠、李鸿章等地方汉员过从甚密。史载：奕訢"阴行肃顺政策，亲用汉臣"，颇得汉员的推崇。但慈禧"自洪杨事平，而疑忌汉族之心转甚"，"湘乡一门鼎盛，被忌尤甚"，④ 惟恐曾、左、李等人坐大威胁中央。若坐视奕訢和这些地方官员联合，自然会威胁慈禧的政治地位。因此，慈禧决定敲山震虎，拿奕訢作法，结束二人的"准对等关系"，建立自己在清廷的政治核心地位。"使文武百官知道，只有她才是这个王朝的最高主宰，其他的人包括奕訢在内，都不过是供她驱使的臣仆，都必须只向她效忠。"⑤ 于是慈禧便利用蔡寿祺上奏之事打击奕訢以抬高自己。

蔡寿祺，原名殿济，字梅盦，德化人。道光十九年进士，曾入翰林院当编修。因其多年淹滞，遂四处钻营。他通过观察，发现慈禧对奕訢嫌隙日深，认为有机可乘，遂于同治四年二月二十四日，以"请振纪纲以尊朝廷"为名，上折遍参曾国藩等人捏报湘军战功，取巧避罪，不仅指责恭亲王重用汉人不当，图谋使汉人重掌军权，还把所有这些人的过失统统推在恭亲王身上，要求奕訢"虚衷省过，以弭不变，以服

---

① （清）李棠阶：《李文清公日记》，卷一六，同治三年十一月。（石印本，出版地不详）
② 吴相湘：《晚清宫廷实纪》，第一辑，第99页。
③ 史载："小安（安德海）方有宠，多所宣索，王戒以国方艰难，宫中不宜求取。小安不服，曰：'所取为何？'王一时不能答，曰：'如瓷器杯盘，照例每月供一分，计存者已不少，何以更索？'小安曰：'往后不取矣。'明员进膳，则悉屏御磁，尽用村店粗恶者。孝钦讶问，以六爷责言对。孝钦愠曰：'乃约束及我日食耶。'"（王闿运：《祺祥故事》，中国史学会主编：《第二次鸦片战争》，第二册，上海人民出版社1978年版，第326页。）
④ （清）夏仁虎：《旧京琐记》，卷七，"时变"，北京古籍出版社1986年版，第80页。
⑤ 宝成关：《奕訢慈禧政争记》，第208页。

第六章 晚清政局变动对军机处职权的影响 ·219·

人心"。① 蔡折递上，慈禧留中未发以示支持。蔡寿祺见此情形，遂于三月四日直接参劾恭亲王奕䜣，罗织了揽权、纳贿、徇私、骄盈等一系列罪名，要求将奕䜣"归政朝廷，退居藩邸，请别择懿亲议政"。②

蔡寿祺此折正中慈禧下怀，此折不留中，也未交给军机处，因为军机处之人均为奕䜣亲信。而是于次日召见大学士周祖培、瑞常及吏部尚书朱凤标等八人，慈禧令他们逮问奕䜣。周祖培等不明形势，未敢轻易回答，慈禧一再声称："毋畏王，王罪不可逭，宜速议。"周祖培无奈之下，遂抗言道："此惟两宫乾断，非臣等所敢知。"言外之意，此事乃皇室内部之事，外臣不便置喙。慈禧大怒道："若然，何用汝曹为？"执意令其查办。周祖培答以"容臣等退后详察"，并"请与倭仁共治之"，如此慈禧才允许他们退朝。③

退朝后，周祖培等人会同倭仁在内阁面询蔡寿祺，令其据实答复折中"挟重赀而内膺重任，善夤缘而外任封疆"之语，结果蔡寿祺仅供称："薛焕、刘蓉行贿夤缘"，"系得自传闻"。④ 倭仁等无奈之下奏复曰："虽不能指出实据，恐未必尽出无因"，"因如何将恭亲王裁减事权，以示保全懿亲之处"，请慈禧"宸断"。⑤

其实，慈禧早已做出决断。初七日，当倭仁等覆奏时，慈禧已"先作诏以待"，把自己事先写好的朱谕交倭仁、周祖培等人，并谕曰："诏旨多有别字及词句不通者，汝等为润饰之"。周祖培阅后，添入"恭亲王议政之初，尚属谨慎"几字。慈禧又催促道："此旨即下内阁速行之，不必由军机。"⑥《能静居日记》记载：此谕旨"令向南书房承写，写毕由内阁咨交军机处"⑦。无论实情是什么，都说明一个事实，即蔡寿祺的奏折批答未经过军机处，且处分奕䜣的诏书也非军机处所拟。诏书原文为：

---

① 吴相湘：《晚清宫廷实纪》，第一辑，第160—164页。
② 同上书，第99—101页。
③ （清）李慈铭著，吴语亭编注：《越缦堂国事日记》，第595册，第156页。
④ 《清穆宗实录》，卷一三〇，同治四年三月辛亥，第141页。
⑤ 吴相湘：《晚清宫廷实纪》，第一辑，第103页。
⑥ （清）吴庆坻：《蕉廊脞录》，卷一，"罢奕䜣议政王"，中华书局1990年版，第23页。
⑦ （清）赵烈文：《能静居日记》，卷二十二，同治四年四月初四日，第305页。

谕在廷王大臣等同看，朕奉两宫皇太后懿旨："本月初五日，据蔡寿祺奏，恭亲王办事徇情、贪墨、骄盈、揽权，多招物议，似此重情，何以能办理公事。查办虽无实据，事出有因，究属暧昧，难以悬揣。恭亲王议政之初，尚属勤慎。迨后妄自尊大，诸多狂傲，倚仗爵高权重，目无君上，视朕冲龄，诸多挟制，往往暗使离间，不可细问。每日召见，趾高气扬，言语之间许多取巧妄陈，若不及早宣示，朕亲政之时，何以用人行政？凡此重大情形，姑免深究，正是朕宽大之恩。恭亲王著毋庸在军机处议政，革去一切差使，不准干预公事，以示朕曲为保全之至意。至军机处政务殷繁，著责成该大臣等共矢公忠，尽心筹办。其总理通商事务衙门各事宜责令文祥等和衷共济，妥协办理。以后召见引见等项，著派惇亲王、醇郡王、钟郡王、孚郡王四人轮流带领。"特谕。①

在"上谕档"中，该件上谕文末注有"由内阁备文送来"字样，表明此明发谕旨，确实由内阁所拟，而非军机处拟写，可见笔记及日记中所记非虚。这表明慈禧驾驭清廷的能力已渐臻成熟。

该诏书发布后，军机大臣始得知奕訢被开去一切差使，而军机处本日拟写的寄信还是按惯例以"议政王军机大臣奉旨"字样为开头，慈禧召见军机大臣，令其改写寄信格式。文祥等遵旨覆奏曰：

臣等查本日所递拟批各折片，业已照常缮写"议政王军机大臣奉旨"字样，嗣于召见时面奉谕旨，谨遵于寄信雷正绾谕旨仅书军机大臣字样。谨奏。②

此亦是军机处事先对此毫不知情的一条旁证。

上谕中"以后召见引见等项，著派惇亲王、醇郡王、钟郡王、孚郡王四人轮流带领"一语，更是限制了军机处参政的权力。史载："现在军机召对，皆由诸王分日带领，更莫赞一辞矣。"③ 随着奕訢的失势，

---

① 《咸丰同治两朝上谕档》，第十五册，第113页下。
② 同上书，第114页上。
③ （清）赵烈文：《能静居日记》，卷二十二，同治四年四月初四日，第304页。

军机处的职权也遭严重削弱。

处分恭亲王奕䜣的诏书发布后,立刻在清廷政坛引发了一场地震。许多人对"亲贤重寄,决裂至斯",毫无思想准备,"朝野骇愕",不知所措。① 而慈禧仅凭一道暧昧不明、传闻多于事实的奏折便给奕䜣定罪,实有深文周纳之嫌,且奕䜣此时掌握清廷的内政外交大权,又无可替代的合适人选。故而宗室亲贵、部院大臣、外省督抚纷纷上奏为奕䜣求情。

首先上奏为奕䜣求情者为惇亲王奕誴,他说:"自古帝王举措一秉至公,进一人而用之无贰,退一人而亦必有确据。"奕䜣"自议政以来,办理事务未闻有昭著劣迹,惟召对时语言词气之间诸多不检,究非臣民所共见共闻,而被参各款查办又无实据,若遽行罢斥,窃恐传闻中外议论纷纷,于用人行政,似有关系,殊非浅鲜"②,"议政未有大误,至语言容止系家庭间事,请仍令在军机。"③

对于奕誴所奏之事,慈禧不得不予以考虑,故于三月初八令军机处交片内阁"转传各王公、大学士、九卿、翰、詹、科、道务于初九日午刻齐赴内阁","会同文祥、李棠阶、曹毓瑛详议",并将奕誴与蔡寿祺原疏一并发下令各大臣阅看。④

然而在正式会议之前,慈禧又要出了两面派的手法。先是单独召见了倭仁、周祖培、瑞常、朱凤标、吴廷栋等九人,这些人都是元老重臣但并未掌握最高决策权,其中倭仁、周祖培为大学士,瑞常为协办大学士,可视为内阁的代表。而且这些人因政见与奕䜣不同而素有嫌隙,尤其是倭仁,以理学正宗自居,久对兴办洋务的奕䜣心怀不满。慈禧在众人面前把奕䜣狠狠地数落了一遍,说:"恭亲王恣肆已甚,必不可复用。"表明自己不达目的不罢休的态度。而在召见同奕䜣关系亲密的文祥等三位军机大臣时,慈禧则又说两宫对蔡寿祺和惇亲王的奏折,均无成见,"朝廷用言,一秉大公,从谏如流,固所不吝,但使诸臣为之力请,亦可俯从"。似乎事情转圜的余地尚多。结果,当这两方人于初九日集议时,双方各执一词,互相争执不下。各请当日召见时在场的钟郡

---

① (清)李慈铭:《越缦堂国事日记》,第595册,第157页。
② 吴相湘:《晚清宫廷实纪》,第一辑,第104页。
③ (清)赵烈文:《能静居日记》,卷二十二,同治四年四月初四日,第304页。
④ 《咸丰同治两朝上谕档》,第十五册,第116页上。

王作证，而钟郡王又言"固皆闻之"。在场"诸公相顾色然，不成议而退"，改订十四日再议。①

据李慈铭推测慈禧之所以会这么做，是因为她当时内心十分矛盾，处于进退两难之中。就其同奕訢的矛盾来说，慈禧本意"退不复用，中旨决然"。但是因为"枢臣比留，亲藩疏请，骤易执政，既恐危中外之心，厚黜宗臣，又虑解天潢之体"；并且奕訢"夙主和约，颇得夷情，万一戎狄生心，乘端要劫，朝无可倚，事实难图"；加之给奕訢所罗织的罪名"出自属僚"，且系传闻，缺乏足够的力量。故而慈禧觉得罢黜奕訢的时机尚未成熟，有心转圜，又"劫于启请，惭于更改，欲借大臣以镇众议"，故而表现出上述左右为难，谕旨两歧的现象。②李慈铭此解释洞悉时局及慈禧心态，相当合理。

然而，笔者大胆臆测，慈禧此举还有挑拨内阁与军机处的关系，将二者置于互相对立的地位，以便自己坐收渔翁之利。同时，也在暗示军机大臣，清廷不是军机处可以一手遮天的，除了军机处还有内阁可以为我所用。此举不但显示了慈禧的阴险，而且表明慈禧在政治上日趋成熟，已非当年在热河时轻易屈从于肃顺等人"搁车"的昔日阿蒙了。

三月十三日，醇郡王奕譞自东陵工程处赶回京师，立即上奏"极言恭邸之材为政府所不可少"，"若遽行罢斥，不免骇人听闻"。通政使王拯、御史孙翼谋也分别上折，要求对奕訢"宥其前愆，责其后效"，"酌赏录用"。慈禧只好将此三折也发下复议。③

三月十四日，王、大臣在内阁集议，倭仁为打击奕訢抢先出示疏稿，声称醇郡王等三人为奕訢求情的奏折"可置勿议"，碍于倭仁的地位及声望，"众皆默然"。此时，肃亲王华丰也将其奏稿出示众人，说："恭亲王受恩深重，勉图报效之心为盈廷所共见。"赞同惇、醇二王的建议，宜令其改过自新，至于如何加恩，出自圣裁，非臣下所能妄议等等。大多数人对华丰的奏稿表示赞同，倭仁无奈只好修改前稿，共四易其稿才与肃亲王类似。而署名时，多数大臣在肃亲王的奏稿上署名，只有几名军机大臣惩于前次与倭仁等闹得太僵，为了缓和双方之间关系而

---

① （清）李慈铭著，吴语亭编注：《越缦堂国事日记》，第595册，第159—160页。
② 同上书，第160页。
③ （清）翁同龢著，陈义杰整理：《翁同龢日记》，第一册，同治四年三月十四日、三月十五日，第382页。

在倭仁的疏稿上署名。都察院、宗人府则另外具折。① 此外还有多人单独进折为奕訢求情。如内阁学士殷兆镛与左都御史潘祖荫上奏说："恭亲王辅政以来，功过久蒙睿照，重臣进退，关系安危。尚祈持平用中，熟思审处，察其悔过，予以转圜。庶无紊黜陟大纲，滋天下后世之惑。"② 军机大臣李棠阶也说：奕訢"有定难功，时方多故，不当轻弃亲贤"。③ 满朝文武众口一词要求奕訢复职，大出慈禧意料之外。

在这种氛围下，慈禧只好顺势而动，于十六日发布明谕，宣布恭亲王奕訢加恩于内廷行走，并仍管理总理各国事务衙门。但慈禧并未允准奕訢在军机大臣上行走，将其排除在决策核心之外。同时，慈禧还自明心迹说："日前将恭亲王过失严旨宣示，原冀其经此惩儆之后，自必痛自敛抑，不至再蹈愆尤。此正小惩大诫，曲为保全之意。如果稍有猜嫌，则惇亲王等折均可留中，又何必交廷臣会议耶？兹览王公、大学士等所奏，佥以恭亲王咎虽自取，尚可录用，与朝廷之意正相吻合。现既明白宣示，恭亲王著即加恩仍在内廷行走，并仍管理总理各国事务衙门。此后惟当益矢慎勤，力图报称，用副训诲成全至意。至在廷臣工，均为国家倚任，惟当同矢忠赤，共济时艰，毋得因此稍存疑虑，畏难苟安，致蹈因循积习。"④ 借此以掩饰"庙堂之上，先启猜疑"的真相。四月十四日，慈禧又特意召见奕訢，面加训诫。并发布上谕说：

> 本日恭亲王因谢恩召见，伏地痛哭，无以自容，当经面加训诫。该王深自引咎，颇知愧悔，衷怀良用恻然。自垂帘以来，特简恭亲王在军机处议政，已历数年，受恩既渥，委任亦专，其与朝廷休戚相关，非在廷诸臣可比。特因位高速谤，稍不自检，即蹈愆尤。所期望于该王者甚厚，斯责备该王也不得不严。今恭亲王既能领悟此意，改过自新，朝廷于内外臣工舍进退，本皆廓然大公，毫无成见。况恭亲王为亲信重臣，才堪佐理，朝廷相待，岂肯初终

---

① （清）翁同龢著，陈义杰整理：《翁同龢日记》，第一册，同治四年三月十五日，第382页。
② 赵尔巽等：《清史稿》，卷四二二，列传第二〇九，"殷兆镛传"，第12196页。
③ 同上书，卷三九一，列传第一七八，"李棠阶传"，第11739页。
④ （清）李慈铭著，吴语亭编注：《越缦堂国事日记》，第595册，第163页。（清）吴庆坻：《蕉廊脞录》卷一，"罢斥奕訢议政王"，第24页。

易辙，转令其自耽安逸耶？恭亲王著仍在军机大臣上行走，毋庸复议政名目，以示裁抑。王其毋忘此日愧悔之心，益矢靖共，力图报称，仍不得意存疑畏，稍涉推诿，以副厚望。①

此道谕旨，将这场政治风波归结为奕訢的妄自尊大、目无君上，当初解除其一切差使完全是应该的，如今既然奕訢"深自引疚，颇知悔改"，因而允许其"仍在军机大臣上行走"，同时免去奕訢议政王的名号，"以示裁抑"。经历过这次政治打击后，奕訢从此对慈禧"愈形谨饬"②。但这并不能改变奕訢的悲剧命运，当曾国藩从谕旨得知"首行军机大臣之上少'议政王'三字，殊堪大诧"，预感到奕訢"若非生死大变，则必斥逐，不与闻枢密大政矣"，"此事关系重大，不胜悚惧"。③慈禧通过这样的手段，罢免了奕訢议政王的头衔，使其名位较前大为削减，奕訢与慈禧不再是"准平等"的地位。同时，慈禧将奕訢悔过之心昭告天下，也是为了向众官员显示自己才是朝廷的真正主宰。

通过这场政治风波，慈禧发现奕訢受到大多数王公大臣的拥护，这不能不使慈禧产生一种危机感，必须分化瓦解奕訢与王公大臣之间的关系，否则后果不堪设想。而首要者，即打破奕訢完全掌控军机处的局面。为此，慈禧安排李鸿藻进入军机处。同治四年十一月，李鸿藻奉命在军机处学习行走，次年三月被任命在军机大臣上行走。慈禧利用李鸿藻在军机处内部牵制奕訢，进而操纵军机处。李鸿藻成为慈禧安插在军机处的一颗棋子。

李鸿藻，直隶高阳人，咸丰二年进士，散馆授编修。咸丰十年入值南书房，授大阿哥读书。同治帝即位后，入值弘德殿，与倭仁、翁心存同为帝师。李鸿藻与倭仁是"好谈（朱子）语录"的同道中人，他们以帝师的身份，登高疾呼，"朝士遂从而攻程朱王陆之学"④。他们对执掌朝政的奕訢所提出"宜趁南省军威大振，洋人乐于见长之时，将外

---

① 《清穆宗实录》，卷一三六，同治四年四月戊寅，第197页。
② （清）刘禺生：《世载堂杂忆》，"王湘绮笔下两汉奸"，中华书局1960年版，第74页。
③ （清）《曾国藩全集》，"家书二"，同治四年三月十八日，"致沅弟"，岳麓书社1987年版，第20册，第1189页。
④ （清）费行简：《近代名人小传》，"倭仁"，第91页。

第六章　晚清政局变动对军机处职权的影响 ·225·

洋各种机制火器实力讲求，以期尽窥其中之秘"① 的做法大为不满，认为向西方学习，是擅改祖制，以夷变夏。倭仁、李鸿藻与奕䜣的矛盾被慈禧加以利用，利用他们政见的不合，挑起双方的争斗，以求相互制约。此中奥妙，被远在江苏的李鸿章一眼看穿，说：恭亲王"似可渐复，惟与艮相（倭仁）嫌衅日深，恐波澜未已。"② 很快双方在同文馆招收学员学习天文算学的问题上就爆发了一场激烈的冲突。

奕䜣在办理对外交涉的过程中，深感要了解国外情况，就必须熟悉各国的语言文字，所以在他的主持下，在北京设立了京师同文馆，招收十五岁以下的八旗子弟学习西方语言文字。因有明朝"四夷馆"和清朝"俄罗斯文馆"的先例，最初并未遇到太大的阻力。但是，同治五年十一月，当总理衙门奏请在同文馆添设"天文算学馆"，选取二十岁以上的满汉举人及恩、拔、岁、贡和科举正途出身的五品以下的京外官，经考试入馆学习天文算学时，却遭到了以倭仁、李鸿藻为首的一大批官员的极大反对。甚至有人散布诸如"胡闹！胡闹！教人都从了天主教！""鬼计本多端，使小朝廷设同文之馆；军机无远略，诱佳弟子拜异类为师"③ 的流言蜚语。更有官员直接上奏反对。

首先发难的是山东道监察御史张盛藻，他说："天文算学等事，宜归钦天监工部，毋庸招集正途学习"，"科甲正途，读书学道，何必令其习为机巧，于士习人心大有关系"。④ 随后倭仁亲自上折支持张盛藻，大谈："立国之道，尚礼仪不尚权谋；根本之图，在人心不在技艺"，并说："古今来未闻有恃术数而能起衰振弱者也。天下之大，不患无才。如以天文、算学必须讲习，博采旁求，必有精其术者，何必夷人？何必师事夷人？"并警告说，如果令正途官员向外国学习天文算学，必将"变而从夷，正气为之不伸，邪气因而弥炽，数年以后，不尽驱中国之众归于夷不止"。⑤ 此折奉朱批"该衙门知道"，由军机处交至总理衙门，令奕䜣答复。奕䜣随即覆奏，详细陈述了要"自强"必须学习

---

① （清）宝鋆等修：《筹办夷务始末》（同治朝），卷二十五。
② （清）李鸿章：《李鸿章全集》，第五册，"朋僚函稿"，卷六，总第2482页。
③ （清）翁同龢著，陈义杰整理：《翁同龢日记》，第一册，同治六年二月十三日，第519页。
④ 《清穆宗实录》，卷一九五，同治六年正月甲申，第504页。
⑤ 中国史学会主编：《洋务运动》，第二册，"同治六年二月十五日大学士倭仁折"，上海人民出版社1961年版，第30—31页。

西方长技,学习西方长技"必由算学入手"的道理,指出倭仁的主张"陈义甚高,持论甚正",但却是误国空言,不足为训,在学习西方时"但求可以收效,虽冒天下之大不韪,亦所不辞。"① 随后,倭仁再次上奏,喋喋不休地在请外国人做教师上大做文章,坚持"不必多此一举"。奕訢则具折痛斥倭仁,表示自己"不敢以道学鸣高,只顾目前而不肯任劳任怨",也决不"因浮言煽惑"而将天文算学馆的建立"置为缓图",并把京师及各省士大夫"聚党私议,约法拦阻"的责任推到倭仁身上。②

慈禧对此争论,表面上不偏不倚,但却有意挑起二人的争端,一面令总理衙门在报考人员中认真考选,一面令倭仁保举数名通晓天文算学的中国教师,别选场地设馆学习。③ 此举无异于火上浇油,使得双方的争论持续升级。最后,尽管奕訢奏请添设天文算学馆的建议获得允准,但是因"浮言四起,正途投考者寥寥无几"④,而原来被保荐到馆任教的李善兰等人也以患病为由,未即刻到职,此情况令奕訢大为失望。

此番争斗,表面上是倭仁与奕訢之间的争论,其实李鸿藻却扮演了倭仁参议的角色。据《翁同龢日记》所载,在倭仁接到令其保举数名通晓天文算学的教师的旨意之后的第二天,即同治六年三月二十日,倭仁即和翁同龢"商略文字"并"访兰生(李鸿藻号),点定数语。"⑤ 三月二十一日,倭仁奉旨"随时采访精于算法之人",即刻又就此事"访兰生长谈"。⑥ 三月二十四日,倭仁又就此事与李鸿藻"商酌无善策"。⑦ 六月二十四日,翁同龢"诣兰生谈,备闻前日倭相(倭仁)转

---

① 中国史学会主编:《洋务运动》,第二册,"同治六年三月初二日总理各国事务奕訢等折",第31—32页。
② 同上书,第34—36页。
③ (清)翁同龢著,陈义杰整理:《翁同龢日记》,第一册,同治六年三月二十日,第527页。
④ 中国史学会主编:《洋务运动》,第二册,"同治六年六月初二日总理各国事务奕訢折",第52页。
⑤ (清)翁同龢著,陈义杰整理:《翁同龢日记》,第一册,同治六年三月二十日,第527页、528页。
⑥ 同上书,第528页。
⑦ 同上书,第529页。

第六章 晚清政局变动对军机处职权的影响

圜事"①，所谈当是前事。正是由于李鸿藻的谋划，倭仁与奕訢之间的争论才持续了如此长的时间，从而破坏了奕訢原有的计划。这些都是慈禧分化奕訢在军机处势力的计谋，慈禧专擅朝政之局渐露端倪。对此，曾国藩曾感慨颇深：

> 师（曾国藩）又言："本朝乾纲独揽，亦前世所无。凡奏折事无大小，径达御前，毫无壅蔽。即如九舍弟参官相折进御后，皇太后传胡家玉面问，仅指折中一节与看，不令睹全文，比放谭、绵二人查办，而军机恭邸以下尚不知始末。一女主临御而威断如此，亦罕见矣。"②

奕訢被免去议政王后，对慈禧的态度上较前恭敬了许多，但是心有不甘，伺机在政治上报复慈禧。不久，慈禧宠信的宦官安德海违背祖制，打着为慈禧办龙衣的旗号离京南下，为奕訢打击慈禧提供了一个机会。

清制，宦官"级不过四品，非奉差遣，不许擅出皇城。外官有与交结者，发觉一并论死。"③ 乾隆朝时又对宦官"屡加裁抑，以清风轨，故终高宗六十余年，宦官不敢为恶。"④ 然而慈禧当权时，这种状况开始发生改变。宦官安德海"以柔媚得西太后欢，语无不纳。厥后遂干预政事，纳贿招权，肆无忌惮。"⑤ 此虽为小说家言，不足尽信，然所记当与事实相距不远。安德海曾因向内务府勒索被奕訢责问而心怀不满，随着慈禧权势的扩张，安德海也肆意妄为起来。安德海为讨好慈禧，授意御史德泰奏请修复圆明园，又指示内务府库守贵祥拟出筹款章程，"时有知其事者，谓由安德海授意二人云"，奕訢获悉后坚决反对，认为园工一开，"侈端将启"，德泰、贵祥纯属"丧心病狂"，重修之事

---

① （清）翁同龢著，陈义杰整理：《翁同龢日记》，第一册，同治六年六月二十四日，第546页。
② （清）赵烈文：《能静居日记》，卷二十七，同治六年十月初九日，第331页。
③ 赵尔巽等：《清史稿》，卷五，本纪第五，"世祖本纪二"，第135页。
④ 同上书，卷一一八，志第九三，"职官志五"，第3444页。
⑤ 老吏：《奴才小史》，"安德海"，《清代野史》第二辑，巴蜀书社1981年版，第356页。

被迫停止。① 奕訢对安德海干政感到极度厌恶，必欲杀之而后快。② 与此同时，年龄渐长的同治帝也与安德海有矛盾，史载：同治帝因事斥责安德海，反而受到慈禧的责罚，从此"恨安德海益甚"，甚至在宫中边喊"杀小安子"，边用剑砍断泥塑小人的头颅发泄不满，并且曾和慈安密谋令丁宝桢"俟机诛安德海"。③ 慈安、同治帝、奕訢在诛杀安德海一事上结成了联盟。

同治八年秋，安德海以为太后置办龙衣的名义离开北京南下。安德海在经过泰安时，被早有准备的山东巡抚丁宝桢捕获，押至济南。④ 丁宝桢拿获安德海后，担心此事上奏后，"朝旨未可知"，决定"先论杀之"，遂决定先斩后奏，于当夜处死安德海。⑤

慈禧接到丁宝桢报告拿获安德海的奏折时尚不知安德海已被正法，极为"惶骇"，不得不与慈安一起召见奕訢及军机处、内务府大臣商议此案，奕訢等人"皆力请就地正法"，慈禧有意偏袒，将丁宝桢的奏折"留中两日未发"，醇亲王奕譞又上奏力争。⑥ 同治帝此时也亲自出面，令奕訢与内务府大臣前来对质。当有人为安德海求情时，同治帝怒斥道："此曹如此，该杀之至！"奕訢、文祥、李鸿藻等军机大臣入对，"谕如初"，再令诛杀安德海。⑦ 加之慈安对诛杀安德海也"持之甚力"，慈禧被迫让步，任军机大臣发出廷寄，密令直隶、山东、河南、江苏及漕运总督等地方巡抚，派人捉拿安德海，"令随从人等指证确实，无庸审讯，即行就地正法，不准任其狡饰。"⑧

诛杀安德海一事表明，慈安、同治帝、奕訢三者联合，尚能对慈禧形成某种约束。某些场合，奕訢凭一己力亦可稍抑慈禧之势，史载：

---

① 黄鸿寿：《清史纪事本末》，卷五十，"同治中兴"，上海书店 1986 年影印版，第 330 页。
② 宝成关：《奕訢慈禧政争记》，第 228 页。
③ 印鸾章：《清鉴》，中国书店 1985 年影印版，第 705 页。
④ 拿获安德海的过程可参阅薛福成《庸庵笔记》中的记载（该书卷三，"太监安德海伏法"，第 82 页）。
⑤ 详情参阅印鸾章《清鉴》，第 705 页；赵尔巽等：《清史稿》，第 12492 页。
⑥ （清）薛福成：《庸庵笔记》，卷三，"太监安德海伏法"，第 82 页。
⑦ （清）翁同龢著，陈义杰整理：《翁同龢日记》，第二册，同治八年八月初六日，第 711 页。
⑧ 《清穆宗实录》，卷二六四，同治八年八月癸卯，第 661 页。《咸丰同治上谕档》，第十九册，第 212 页上。

第六章　晚清政局变动对军机处职权的影响

同治朝，大婚之后，慈禧太后面谕军机大臣云："大难即平，吾姊妹苦久，（慈禧太后长慈安太后一岁，然宫中仍呼慈安为姊）今距归政不远，欲择日遍召大学士、御前大臣、六部九卿，谕以宏济艰难之道，惟养心殿太迫窄。"言至此，恭亲王遽对曰："着，（着者是之之辞，京话如此。）慈宁宫是太后地方。"太后遂止不语，后亦竟不遍谕大臣。盖后意欲御乾清宫，恭邸窥其意而先为讥谏也，其机警如此。①

然而，这一政治上的联合阵线很快便瓦解了，导火索是重修圆明园之争。

同治十二年正月二十六日，同治帝亲政礼成，两宫撤帘归政，奕訢也无须辅政，慈禧与奕訢之间的权力斗争按理亦应随之消失。然而双方很快在重修圆明园的问题上再次爆发冲突。

同治十二年九月二十八日，同治帝以颐养太后为名，颁布重修圆明园的朱笔上谕，"自御极以来，未奉两宫皇太后在园居住，于心实有未安"②，决心修园，略尽孝心。此外，同治帝修园还有另一层深意，那就是摆脱慈禧，独揽皇权。亲政以来，虽然名义上两宫已经归政于同治帝，但权力欲极强的慈禧仍处处干涉朝政。同治帝想借修园之机，给慈禧找一个休闲娱乐的场所，转移她的注意力，使她不再过问政事。此前慈禧也曾流露过此意，并已修复了部分景观。重修圆明园的上谕发出后，即刻遭到部分官员的反对，御史沈淮上奏请缓修圆明园。同治帝大怒，再发上谕说："该御史所奏虽得自风闻，不为无见。惟两宫皇太后保佑朕躬，亲裁大政，十有余年，劬劳倍著，而尚无休憩游息之所，以承慈欢，朕心实为悚仄。是以谕令总管内务府大臣设法捐修，以备圣慈燕憩用资颐养。但物力艰难，事宜从俭。安佑宫系供奉列圣圣容之所，暨两宫皇太后驻跸之殿宇，并朕办事住居之处，略加修葺，不得过于华靡。其余概毋庸兴修，以昭节省。将此明白通谕中外知之。"③御史游百川继续上奏谏阻，"上召入诘责，百川侃侃正言无所挠，上为动

---

① （清）文廷式：《闻尘偶记》，《近代史资料》1981年第1期，第32页。
② 吴相湘：《晚清宫廷实纪》，第一辑，第207页。
③ 《清穆宗实录》，卷三五八，同治十二年十月丁丑，第734页。

容。"① 但这并没有改变同治帝重修圆明园的决心。奕䜣感到难以阻止，遂缄口不言，并首先报效二万两，以明心迹。② 此后，无论众官员如何反对，同治帝一概不予理会，继续圆明园的修缮工程。

同治十三年，在修园过程中又揭露了"李光昭诈骗案"，整个形势为之一变。李鸿章奏报审理李光昭案件的奏折于七月六日到京，翁同龢闻知"一时称快"③。十六日恭亲王奕䜣、醇亲王奕譞、御前大臣等人④联名上《敬陈先烈请皇上及时定志用济艰危折》，列举开国以来清朝历代皇帝创业之不易，对两宫太后垂帘听政十一年来所取得的成就给予了首肯，认为这是"内外协力，共济时艰"的结果。接着指出同治帝亲政以来的诸多弊病：经一载有余，渐有松弛情形；推其原故，乃是因为视朝太晏，兴作太烦，即指圆明园工程乃扰民之举；同时此项工程使朝中耿直之人垂头丧气，庸懦之人尸位保荣，颓废之风日甚一日。鉴于此，诸大臣提出六条建议：畏天命、遵祖制、慎言动、纳谏章、勤学问、重库款。⑤ 要求停止圆明园工程。

奏折递上之后，奕䜣等人惟恐同治帝置之不理，遂请求召见，至再三陈请，始获允准。此次召见，"凡十刻始下"⑥，君臣之间爆发了激烈的冲突。同治帝阅此奏折未及数行，便不耐烦地说："我停工何如？尔等尚有何哓舌？"奕䜣回答："臣等所奏尚多，不止停工一条，容臣宣诵！"遂从靴中取出奏折底稿，逐条讲读，同治大怒曰："此位让尔何如？"吓得文祥伏地大恸，几至昏厥，不得已被人扶了出去。及至奕譞劝同治不要"微服"，意指他私出皇宫冶游，夜不归宿，同治一再追问"何从传闻"，奕譞指实时间、地点，同治方哑口无言。不得已乃说：

---

① 赵尔巽等：《清史稿》，卷四二三，列传第二一〇，"游百川传"，第12209页。
② （清）李慈铭：《越缦堂国事日记》，第596册，第1140页。
③ （清）翁同龢著，陈义杰整理：《翁同龢日记》，第二册，同治十三年七月初七，第1058页。
④ 翁同龢在其日记中载："兰孙前辈云，拟具一疏，枢廷、御前及余辈同上。"（翁同龢：《翁同龢日记》，第二册，同治十三年七月十六日，第1059页。）
⑤ 李宗侗、刘凤翰：《李鸿藻先生年谱》，上册，第207至209页。转引自宝成关《奕䜣慈禧政争记》，第239页。
⑥ （清）翁同龢著，陈义杰整理：《翁同龢日记》，第二册，同治十三年七月十八日，第1060页。

"园工一事,未能遽止,为承太后欢,故不敢自擅,但允为转奏。"①

七月二十九日,同治帝再次召见军机大臣、御前大臣及翁同龢(翁为临时添入)。同治帝首先指责刚刚回京的翁同龢因何不早言停止园工之事,翁回答说:"此月中到书房才七日","无暇言及","并以人心涣散为言"。②接着形势便一发不可收拾,君臣之往复辩论。据翁同龢在日记中记载:"(同治帝)诟责言官,及恭、醇两王往复辩难,且有离间母子、把持政事之语。两王叩头申辩不已。臣龢进曰,今日事须有归宿,请圣意先定,诸臣始得承旨。"③

然而,当军机大臣拟旨递上后,事情又发生了变化,"申初朱谕一道封下,交文祥等四人","微闻数恭邸之失,革去亲王世袭及伊子载澂贝勒也。""申正二刻停园工一件述旨下,无更改。"④"恭邸之失"指何事?翁同龢未明言。当日"上谕档"收录的军机大臣文祥的奏片对此提供了一个线索。奏片原文为:

> 蒙发下朱谕二道,臣文祥等公同阅看……其处分恭亲王谕旨一道,臣等公商,所有革去亲王世袭罔替并载澂贝勒郡王衔,臣等不敢为之乞恩。惟谕旨内目无君上,欺朕之幼,诸多跋扈并种种奸弊,不可尽言等语,在皇上盛怒之下,不觉措词过重,惟恭亲王万当不起,且谕旨系昭示天下后世,必期字字允当。可否容臣等明日召见后请旨再行缮发,抑或本日由臣等恭拟进呈御览,即行宣示。谨奏。
>
> 同治十三年七月二十九日奉朱笔,文祥等所奏著不准行。钦此。⑤

同治帝对奕䜣的指责可谓严厉。军机大臣文祥等不奉旨,递奏片建议同治帝修改朱谕,被同治帝拒绝。文祥再递奏片,"云今日俱散直,

---

① 李宗侗、刘凤翰:《李鸿藻先生年谱》,上册,第210页,转引自宝成关《奕䜣慈禧政争记》,第239页。
② (清)翁同龢著,陈义杰整理:《翁同龢日记》,第二册,同治十三年七月廿九,第1062页。
③ 同上。
④ 同上。
⑤ 《咸丰同治两朝上谕档》,第二十四册,第259页上。

明日再定。"① 获同治帝批准。是日"上谕档"中所录的另一份奏片可见详情：

> 臣等所奉朱谕因未便照缮，是以呈递奏片请旨，奉朱笔"文祥等所奏著不准行"钦此。旋即传旨命臣等散直，所有朱谕明日再行缮发。谨奏。②

七月三十日，同治帝召见"枢廷、御前皆在殿庐"，"二刻许即下"。③ 随即，军机大臣奉有朱谕一道。是日，军机大臣所奉朱谕收录在"上谕档"中，全文为：

> 传谕在廷诸王大臣等，朕自去岁正月二十六日亲政以来，每逢召对恭亲王时，语言之间诸多失仪，著加恩改为革去亲王世袭罔替，降为郡王，仍在军机大臣上行走。并载澂革去贝勒郡王衔，以示微惩。④

此道朱谕将奕訢的罪状由"目无君主，欺朕之幼，诸多跋扈并种种奸弊，不可尽言"改为"语言之间诸多失仪"，这是军机大臣"犯颜力争"的结果，"故谕中有'加恩改为'字样"。⑤ 如此一来便显得奕訢罪轻罚重，既惩戒了奕訢为同治帝出了气，又不至于过分伤害恭亲王的颜面，不失为一个保存双方颜面的转圜之法。然而，"不知何人驰恳"⑥，同治帝在第二天又改变了主意。

据翁同龢日记中的记载，"是日本四起。一军机，一钱宝廉，一宝

---

① （清）翁同龢著，陈义杰整理：《翁同龢日记》，第二册，同治十三年七月廿九，第1062页。
② 《咸丰同治两朝上谕档》，第二十四册，第260页上。
③ （清）翁同龢著，陈义杰整理：《翁同龢日记》，第二册，同治十三年七月三十，第1062页。
④ 《咸丰同治两朝上谕档》，第二十四册，第260页下。（清）翁同龢著，陈义杰整理：《翁同龢日记》，第二册，第1062页。
⑤ 黄濬：《花随人圣庵摭忆》，"穆宗大兴园工"，第504页。《清史稿》也载："文祥涕泣，偕同列力谏，几同谴"可为证据之一。（赵尔巽等：《清史稿》，卷三八六，列传一七三，"文祥传"，第11689页。）
⑥ 黄濬：《花随人圣庵摭忆》，"穆宗大兴园工"，第504页。

询,(两人请安请训者也。)一六部堂官及阁学。俄顷,撤钱、宝及六部起"。① 俄顷之间,其实有重大的变故发生。据《越缦堂日记》载:

> 今日先有朱谕,尽革惇王、恭王、醇王、伯王、景寿、奕劻、文祥、宝鋆、沈桂芬、李鸿藻十人职,谓其朋比谋为不轨,故遍召六部尚书、侍郎、左都御史、内阁学士,即将宣谕。两宫闻之,亟止上勿下。②

原来八月初一日,同治帝本计划召集六部堂官及阁学宣谕"尽革惇郡王、恭王、醇王、伯王、景寿、奕劻、文祥、宝鋆、沈桂芬、李鸿藻十人职",所谓"朋比为谋不轨"当指先前集体劝谏,及军机大臣"犯颜力争"两事。

但是同治帝此举无异于蚍蜉撼树,一直对停园工之事一语不发的慈禧知道同治帝此举无异于又是一场"辛酉政变",于是携慈安"亟止上勿下"。其中情形详载于翁同龢当日的日记中:

> (翁同)龢既未至,待良久,比入则两宫皇太后御弘德殿宣谕诸臣,念恭亲王有任事之勤,一切赏还,上侍立,亦时时跪而启奏。③

至此,这场围绕重修圆明园而进行的政治风波以奕訢被"加恩赏还亲王世袭罔替,载澂贝勒郡王衔一并赏还"④为止,正式告一段落。

在此事件中,军机处所发挥的作用令人瞩目。军机处利用其在清廷中枢决策体制中的特殊位置,及时阻止了同治帝无理处分奕訢朱谕的发布,并以奏片的方式将军机大臣的意见反馈给同治帝,提醒注意朱谕中不恰当的言辞。进而军机大臣利用面见之机,"犯颜力争",将朱谕的

---

① (清)翁同龢著,陈义杰整理:《翁同龢日记》,第二册,同治十三年八月初一日,第1063页。
② (清)李慈铭:《越缦堂日记》,第九册,同治十三年八月初一日,广陵书社2004年版,第6222页。
③ (清)翁同龢著,陈义杰整理:《翁同龢日记》,第二册,同治十三年八月初一日,第1063页。
④ 《清穆宗实录》,卷三七〇,同治十三年八月辛未,第890页。

内容稍做改变以保留转圜的余地,从而避免了因同治帝一时的冲动而铸成大错。尽管最后还是通过两宫出面,才真正解决问题,但是军机处所发挥的作用是清廷其他机构难以企及的。文祥拒不奉诏,奏请改拟,也是军机处绝无仅有之事,诚不愧"正色立朝"①之誉。

不幸的是,文祥此举仅是特殊情况下的个人行为,并无严格的制度保证,这种寄政于人的做法,其效果如何全视军机大臣的个人品质而定,故人亡策亡难以持久。在这场争斗中,奕訢虽然阻止了重修圆明园的工程,但是父子二人险些被革去爵位,与同治帝的关系也跌至谷底,其政治地位更加削弱。待同治帝病故之后,奕訢的权力及地位更是一落千丈,军机处之权力随之也渐走下坡路。

同治十三年十月三十日,同治帝突染天花,消息传出群臣为之惊愕。因为在当时的条件下,此病的治疗方法尚不完备。在此情况之下,同治帝已无法正常披阅奏折,遂令李鸿藻代笔,史载:"(同治十三年十月)己亥,上不豫,仍治事如常,命军机大臣李鸿藻恭代批答章奏"②。十一月初三日,同治帝已无法履行日常召见臣工的职责,军机大臣随即奏请变通办理章程。奕訢、文祥、宝鋆、沈桂芬、李鸿藻"跪奏为请旨事,皇上现遇天花之喜,圣躬理宜静摄,不可过劳。上月三十日,臣等面奉谕旨,所有批折,著李鸿藻缮写。钦此。因思坛庙祭祀及各衙门引见并一切事宜,至繁且多,似应稍为通融办理,应请旨饬下惇亲王、孚郡王、御前大臣会同臣等妥议章程,奏明办理。谨奏。同治十三年十一月初三日奉旨依议。钦此。"③ 随即,惇亲王等议奏,"圣躬正宜调摄,每日批折,仍遵前旨暂由李鸿藻敬缮,批答清字折件并暂由奕訢等敬缮"④,获得批准。由奕訢和军机大臣李鸿藻分别办理清字和汉字奏折的批答,军机处实际代行天子之权。

然而,慈禧此时萌生了再次垂帘听政的念头,并开始付诸行动。同治十三年十一月初八,两宫召见军机大臣和御前大臣,参与召见的翁同龢在日记中记载了此次召见的情形:

---

① 赵尔巽等:《清史稿》,卷三八六,列传一七三,"文祥传",第11689页。
② 《清穆宗实录》,卷三七二,同治十三年十月己亥,第929页。
③ 《咸丰同治两朝上谕档》,第二十四册,第347页上。
④ 《清穆宗实录》,卷三七三,同治十三年十一月甲辰,第931页。

两宫皇太后俱在御榻上持烛,令诸臣上前瞻仰,上舒臂令观,微语曰:"谁来此?"伏见(笔者注:中华书局1989年版《翁同龢日记》的断句为"谁来此伏见?",似误。)天颜温悴,偃卧向外,花极稠密,目光微露。瞻仰毕,略奏数语皆退。旋传再入,皇太后御中间宝座,宣谕数日来圣心焦虑,论及奏折等事,裁决披览,上既未能恭亲,尔等当思办法,当有公论。又谕及上体向安,必寻娱乐,若偶以丝竹陶写,诸臣谅无论议。此大略也。诸王跪向前,有语宫闱琐事,悖亲王奏对失体,颇蒙诘责,诸臣伏地叩头而已,反覆数百言。……前后凡四刻退。未退时诸王奏言,圣恭正值喜事,一切奏章及必应请旨之事,拟请两宫太后权时训谕,俾有遵循。命诸臣具折奏请。退后同至枢廷拟折稿,(略言俟来年二月十一日后再照常办理。)恭邸告孟忠吉入内请旨,即散。甫散又传再见,趋入,待齐入见于西暖阁,皇太后谕,此事体大,尔等当先奏明皇帝,不可径请。①

上述记载表明,慈禧此次召见军机、御前大臣的主要目的是让大臣们了解同治帝病重无法亲自处理政务,要求这些大臣们"当思办法",从而否决了先前同治帝所做的安排。

其实,慈禧所谓的"办法",无非是希望他们再次吁请两宫太后垂帘听政。在场的宗室王公,包括奕訢自然对此心知肚明,当场提出"拟请两宫太后权时训谕",并起草奏折递上。慈禧也许觉得这种做法过于露骨,因此又谕"尔等当先奏明皇帝,不可径请"。次日,慈禧会同慈安于同治帝病榻前再次召见军机大臣和御前大臣。此次同治帝"声音有力"、"气色皆盛",首先谕令恭亲王说:"吾语无多,天下事不可一日稍懈,拟求太后代阅折报一切折件,俟百日之喜余即照常好生办事。"② 当日,军机处便上奏,恳请两宫训政:"臣等伏思皇上现在正宜静心调摄,一切事宜未敢上烦圣听,所有军报折件均关系紧要,必须候旨遵行,又未敢随事渎陈致劳宸念。昨日蒙两宫皇太后召见,臣等业经

---

① (清)翁同龢著,陈义杰整理:《翁同龢日记》,第二册,同治十三年十一月初八日,第1076页。

② 同上书,第1076页。

面奏情形,兹复公同商酌,惟有吁恳两宫皇太后俯念圣躬正资调养,与皇上一同召见,俾臣等恭承懿训,庶随时有所秉承,所有各衙门每日具奏折件及军报等件应请两宫皇太后一并披览,其应行圈派者并请随时圈派。"① 召见臣工、披览奏折及选派官员的权力尽归两宫掌握。军机处随即以同治帝名义发布上谕:"朕躬正资调养,所有内外各衙门陈奏事件",呈请两宫皇太后"披览裁定"。② 慈禧轻而易举地便将清廷的最高决策权从军机处手中夺了过来,无论是军机大臣还是奕訢均未对此有异议。

同治十三年十二月初五日,同治帝骤然病逝,奕訢、宝鋆、崇伦、沈桂芬、文锡等军机大臣和内务府大臣均在场。③ 至于皇位的继承人,慈禧心中早已有人选,在同治帝崩逝后不及两个小时,慈禧便确立了新君及垂帘听政的决策体制。据当时在场的翁同龢记载:

> 戌正,太后召诸臣入,谕云此后垂帘如何?枢臣中有言宗社为重,请择贤而立,然后恳乞垂帘。谕曰,文宗无次子,今遭此变,如承嗣年长者实不愿,须幼者乃可教育,现在一语即定,永无更移,我二人同一心,汝等敬听。则即宣曰某。维时醇郡王惊遽敬唯碰头痛哭,昏迷伏地,掖之不能起。诸臣承懿旨后,即下至军机处拟旨,潘伯寅意必宜明书为文宗嗣,余意必宜书为嗣皇帝,庶不负大行付托,遂参用两人说定议。亥正请见,面递旨意,(黄面红里。)太后哭而应之,遂退。④

从这段记载可知,当慈禧提出太后垂帘之议时,与会的诸王、军机大臣及内务府官员无一人表示异议,仅有某枢臣要求以"宗社为重,请择贤而立"。但是慈禧置若罔闻,径直宣布立载湉为帝。所争论者在于遗诏是写明载湉为文宗咸丰帝之子还是嗣皇帝,前者用意在于割断奕譞与载湉的父子关系,后者在于继承同治帝的统绪而非别立一君。因为

---

① 《咸丰同治两朝上谕档》,第二十四册,第350页上。
② 《清穆宗实录》,卷三七三,同治十三年十一月己酉,第932页。
③ (清)翁同龢著,陈义杰整理:《翁同龢日记》,第二册,同治十三年十二月初五日,第1086—1087页。
④ 同上。

二者均为老成谋国之言,所以最后采取了两说并用的手法,定为:"载湉著承继文宗显皇帝为子,入承大统,为嗣皇帝。"①

慈禧之所以能顺利地立年幼的载湉为帝,原因在于慈禧经过十年的垂帘听政,在清廷最高统治集团中的地位已相当稳固,主要政敌已被肃清,唯一可与之抗衡的恭亲王奕訢在连续受到慈禧的折辱和打击后,已无复同治初年的景象。至于选立嗣君这一重大问题上,奕訢更是不敢置喙以避觊觎皇位之嫌。奕訢尚且如此,在他之下的各军机大臣更不敢表示异议。此时的慈禧在朝堂之上可谓一手遮天。

十二月初六日,慈禧命令六部、九卿、翰、詹、科、道妥议垂帘章程,接着宣布明年改元为光绪。光绪元年正月二十日,载湉在太和殿举行登基典礼,接受百官朝贺,正式宣告两宫太后第二次垂帘听政。

三　慈禧专权渐成时期

同治帝病亡所致光绪帝幼君即位对晚清政局的影响是重大的,它使得本已撤帘归政的慈禧重返政治舞台,再次垂帘听政,成为清廷的最高统治者。与前次垂帘听政不同的是,这一次垂帘听政是慈禧一手策划而成,不再倚仗奕訢的支持,也不需要亲王辅政。所以,慈禧尽揽朝政大权。奕訢的政治地位江河日下,沦为清廷政治舞台上的配角,直至最后退出中枢。军机处则因内部愈演愈烈的汉大臣"南北之争"②,而制约了本身职权的发挥。光绪七年三月十日,慈安暴毙,牵制慈禧的唯一力量也不复存在,所谓的两宫太后垂帘听政在实质上已成慈禧一人专权。"清王朝的最高权力结构,由辛酉政变后的均衡制约,即亲王辅政与太后垂帘相制约,并且两宫太后之间又相互平衡制约的局面,变为权力重心向慈禧转移,逐渐由慈禧一人专权。"③ 本节内容即是论述这段时间内清廷政局的变动对军机处行使职权所产生的影响。

自同治七年十月十五日,李鸿藻服阕重入军机处始,军机处的人员结构在一段时间内相对比较稳定。以恭亲王奕訢为首,有两满军机大臣——文祥、宝鋆;两汉军机大臣——沈桂芬、李鸿藻。奕訢因屡被慈

---

① 《清穆宗实录》,卷三七四,同治十三年十二月甲戌,第947页。
② 关于晚清汉军机大臣之间"南北之争"的详情可参阅林文仁所著《南北之争与晚清政局(1861—1864)——以军机处汉大臣为核心的探讨》(中国社会科学出版社2005年版)一书。
③ 宝成关:《奕訢慈禧政争记》,第260页。

禧打击折辱，沈、李之间又有争斗，其"任事不能如初"，但是由于文祥调和其间，"正色立朝，为中外所严惮"，遂使"朝局赖以维持，不至骤变"①，"于中外事维持不少"②。光绪二年五月初四日③，文祥病逝，奕䜣在军机处失去了最重要的支持者，变得势单力孤。军机处的平衡格局被打破，派系之争愈演愈烈，于是"朝局数变，日以多事矣"④。

沈桂芬、李鸿藻分别为清廷汉族官员南北两派之领袖。李鸿藻前文已有述及，现简要叙述沈桂芬的为人行事。沈桂芬，原籍江苏吴江，顺天宛平籍，字经笙，又字小山。道光二十七年进士，选庶吉士。咸丰七年，任内阁学士兼礼部侍郎。同治二年，署山西巡抚。同治六年，任军机大臣兼总理衙门大臣，九年迁兵部尚书。文祥谢世后，奕䜣倚重沈桂芬"若左右手"⑤，史称："首辅文祥既逝，沈桂芬等承其遗风，以忠恳结主知，遇事能持之以正，虽无老成，尚有典型。"⑥

沈桂芬与李鸿藻两人的不和，初始于南北地域之争而引发的权力之争，"文正（李鸿藻）素持南北之见"⑦，而二者对外政策相左更激化了这一矛盾。沈桂芬长于洋务，"以谙究外情称"⑧，而李鸿藻则相对保守，对学习西方持抵制态度。所以，二者虽同值军机但意见时相抵触。早在同治年间，二人就曾因"天津教案"发生过激烈的冲突。

同治九年月二十三日，天津谣传近来失踪儿童是被天主教堂中的教士所拐带，他们把拐带的婴儿杀害，用作制药原料，结果导致数千名天津百姓聚集在法国天主教教堂前抗议，双方爆发冲突。在冲突中除教堂被焚毁外，十名修女、两名神甫、四名法国人、三名俄国人及三四十名中国教徒被殴毙，此即天津教案。

消息传入北京时，军机处正值恭亲王因病请假在家中疗养，文祥因

---

① 赵尔巽等：《清史稿》，卷三八六 列传第一七三，"文祥传"，第 11689 页。
② （清）翁同龢著，陈义杰整理：《翁同龢日记》，第三册，光绪二年五月初五日，中华书局1993年版，第1209页。
③ 文祥病逝日期，钱实甫在《清代职官年表》中所记为光绪二年五月初五（该书第152页），《翁同龢日记》记载为光绪二年五月初四，此处以翁所记为准。
④ 赵尔巽等：《清史稿》，卷三八六，列传第一七三，"文祥传"，第 11696 页。
⑤ （清）龙顾山人：《十朝诗乘》，卷二十，福建人民出版社2000年版，第824页。
⑥ 赵尔巽等：《清史稿》，卷四三六，列传第二二三，"孙毓汶传"第 12372 页。
⑦ 黄濬：《花随人圣庵摭忆》，"清流分道扬镳"，第 333 页。
⑧ 赵尔巽等：《清史稿》，卷四三六，列传第二二三，"沈桂芬传"，第 12366 页。

母丧而守孝沈阳家中①,军机处由宝鋆主政,总理衙门由董恂主持。此二人为恭亲王亲信,因此一切事务仍由二人至恭王府邸商讨后再作决定。当时,李鸿藻为唯一未兼总理衙门大臣衔的军机大臣,故而沈桂芬可以参与恭王府的讨论,李鸿藻却被排除在外自然心中不忿。六月十九日,两宫召见军机,军机大臣之间便有争论发生:

> 兰孙(李鸿藻)以津事与宝(宝鋆)、沈(沈桂芬)二公争于上前,兰孙谓贾瑚言是,宜有明诏督责;宝、沈皆不以为然。上是李某言,故仍有明发。宝又云津民无端杀法国人,直是借端抢掠。李又力争。懿旨云:民心不可失,李某言非无见也。②

此后,枢臣之间意见对立尖锐,李鸿藻就"天津教案"一事又多次与军机处诸臣发生争论。同治九年八月十二日,"是日军机起极长。闻昨日恭邸诣夷楼面讲,仍执前议,索陈国瑞甚急。兰翁(李鸿藻)颇被排挤,大抵所谓一日不朝,其间容刀者也。"③八月十八日,"御史刘瑞清请收回派李鸿章往津之命折留中,宝公(宝鋆)甚怒,以为甫经丁日昌办有头绪,言者又欲拆台……又以倭相(倭仁)曾致书湘乡论津事,以为阻挠大计。李侍郎(李鸿藻)于上前争之。"④

在历次的争论中,李鸿藻颇受军机处同僚的排挤。文祥病逝后,为改变自己孤立的局面,李鸿藻便援引景廉进入军机处。景廉与李鸿藻为咸丰二年同科进士,二人长期供职翰林院,甚至结为盟兄弟。"对李鸿藻而言,景廉得入,将有解于彼在军机上长久以来的孤立情况;再就另一个方面看,正因景廉于京事了解不够深入,论及决策,必只有追随李之一途,别无佳择。"⑤

此外,李鸿藻还把大批的新进御史翰林聚集在身边,尤其对直隶同乡张之洞、张佩纶更是多方提拔。李鸿藻借这批好为大言的书生壮大自

---

① (清)文祥:《文文忠公自订年谱》,卷下,清光绪八年(1882年)刻本,第66页。
② (清)翁同龢著,陈义杰整理:《翁同龢日记》,第二册,同治九年六月十九日,第782页。
③ 同上书,同治九年八月十二日,第795页。
④ 同上书,同治九年八月十八日,第796页。
⑤ 林文仁:《南北之争与晚清政局(1861—1864)——以军机处汉大臣为核心的探讨》,中国社会科学出版社2005年版,第88页。

己的声势，以收时誉，被称为"清流"，因其中北方人居多，故又称其为"北党"。① 这些翰林御史"遇事敢言，日有献替，虽台长同官，且以白简劾罢。"② 把李鸿藻视为飞黄腾达的靠山，奉李鸿藻为党魁，"呼李鸿藻为青牛（清流同音）头，张佩纶、张之洞为青牛角，用以触人；陈宝琛为青牛尾，宝廷为青牛鞭，王懿荣为青牛肚，其余牛皮、牛毛甚多。"③ 这些清流人物惟李鸿藻马首是瞻，据传：李鸿藻每入见慈禧，"凡承旨询问，事不即对，辄叩头曰：'容臣细思。'退朝即集诸名士密商。计既定，不日而言事者封事纷纷上矣"。④

沈桂芬对李鸿藻及"清流"势力的壮大，心怀疑惧，故在光绪三年九月趁李鸿藻因本生母姚太夫人病故而丁忧之际，将自己的门生王文韶引入军机处。史载："文正以帝师兼直军机，吴江沈文定桂芬，先数年入枢，当时已分南北派；……光绪初，常熟（翁同龢）又为帝师，时二张（张之洞、张佩纶）奔走于高阳（李鸿藻），颇攻击吴江（沈桂芬）、仁和（王文韶），王为沈辛亥浙江乡试门生，故援王以厚南派之势。"⑤

北党及清流领袖李鸿藻退出军机处，沈桂芬援引王文韶入值军机处，故南党势力大增，引起了"清流"的不满，他们对军机处的弹劾亦随之水涨船高。光绪四年，北方连年灾荒，尤以山西、河南为甚。张佩纶一马当先，上奏"请敬遵成宪，遇灾修省各折片"，请两宫及皇帝"损减膳羞，为北数省普祈甘泽"。⑥ 随后，编修何金寿再次借题发挥，上"请训责枢臣一折"弹劾军机大臣，"权衡虽出自上，翊赞则在枢臣。请责以忘私忘家，认真改过"。⑦ 随奉上谕："该王大臣等目击时艰，毫无补救，咎实难辞。恭亲王著交宗人府严加议处，宝鋆、沈桂

---

① 清流与北派实为一体两用，二者互为表里，并不是截然分开的。"简言之，清流不介入南北之争，则未必有斯后之畅旺；北派不有清流之角色为工具，亦难于优势尽失之情形下，开创局面，二者实为一体两面。"（林文仁：《南北之争与晚清政局（1861—1864）——以军机处汉大臣为核心的探讨》，第107页。）

② （清）继昌：《行素斋杂记》，卷下，上海书店1984年影印版，第145页。

③ 刘禺生：《世载堂杂忆》，"龙树寺觞咏大会"，第90页。

④ （清）胡思敬：《国闻备乘》，卷二，"南党北党"，荣孟源、章伯锋主编《近代稗海》第一辑，四川人民出版社1985年版，第249页。

⑤ 黄濬：《花随人圣庵摭忆》，"清流分道扬镳"，第331页。

⑥ 《清德宗实录》，卷六十七，光绪四年二月辛巳，第23页。

⑦ 《清德宗实录》，卷六十八，光绪四年二月丙午，第55页。

第六章 晚清政局变动对军机处职权的影响

芬、景廉、王文韶均著交该衙门严加议处。寻宗人府、吏部、都察院奏：恭亲王、宝鋆、沈桂芬、景廉、王文韶应得革职处分。得旨：均著加恩改为革职留任。"① 军机大臣全体被革职留任。可见"清流"能量之大②，足以对军机处职权的发挥产生极大的牵制作用。此点在崇厚使俄一事上表现尤烈。

光绪四年五月，清廷任命崇厚为出使俄国大臣，赴俄谈判收回伊犁事宜。崇厚久任三口通商大臣、总理衙门大臣，且曾出使法国，较为熟悉外交事务，故而沈桂芬力荐其出使俄国③。而崇厚出行前，张佩纶专上"大臣奉使宜策完全折"，对崇厚"全权大臣便宜行事"的头衔提出了异议，提出不应"轻授与崇厚全权便宜名目"，以避免其在谈判中"贸然从事，一诺之后，便成铁铸。不慎于始，虽悔何追"。④ 并建议崇厚应取道西北前往谈判，以身历其地体察新疆的情形，并与正在西北的左宗棠定议后再行，以做到心中有数。然而，这未引起军机大臣的注意。崇厚抵俄后，经过谈判，在俄国的诱迫下，于光绪五年在《里瓦几亚条约》上签字，中国仅收回伊犁空城一座，其余条款均系中国需履行的义务。⑤ 不幸被张佩纶所言中。

消息传至国内，群情激愤，清流派弹章纷上。翰林院侍读学士黄体芳上奏折斥责崇厚"荒谬误国"，请"特伸威断，敕下廷臣会议，重治其罪，以为人臣专擅误国者戒"。⑥ 张之洞则上奏详细剖析了该条约给中国造成的伤害，开列十大理由，坚决主张废约，"必改此议，不能无事，不改此议，不可为国"。⑦ 在黄体芳与张之洞的带领下，要求惩治崇厚的呼声遍及朝野。"近日因议俄罗斯条约，部院庶僚多发愤，相约

---

① 《清德宗实录》，卷六十八，光绪四年二月丙午，第55页。
② 清流的崛起，有着多方面的原因，赵慧峰曾撰专文予以全面的分析，可简要归纳为"慈禧与奕䜣的权力矛盾是孕育清流派的温床"；"军机处内错综复杂的矛盾，对清流的兴盛起到推波助澜的作用"；"同光之交权力结构'内轻外重'局面的出现，是清流派形成的一个契机"。（参见赵慧峰《晚清清流与同光政局》，《烟台师范学院学报》（哲社版）1996年第1期。）
③ 李鸿章在给曾纪泽的信中曾有"沈相（沈桂芬）保荐崇公（崇厚）使俄"之语。参见《李鸿章全集》，第五册，"朋僚函稿"卷十九，总第2759页。
④ （清）张佩纶：《涧于集》，卷一，"奏议一"，"大臣奉使宜策万全折"，第141页。
⑤ 朱寿朋：《光绪朝东华录》，第一册，总第847页。
⑥ 王彦威辑：《清季外交史料》，卷十八，第一册，第331页。
⑦ （清）张之洞：《张之洞全集》，卷二，河北人民出版社1998年版，第32页。

合疏击崇厚。"① 其中，仅张之洞先后上十九疏，宝廷上十五疏。② 由《翁同龢日记》记载可知，清廷中有官员主张诛杀使臣崇厚，甚而"旁及于保荐使臣之人"。③ 崇厚身后的沈桂芬也被牵连，一病不起。"沈相因保荐崇公使俄，致丛众谤，懊恼成疾，已请假一月。枢府只高阳（李鸿藻）秉笔，洋务甚为隔膜，时局亦大可虞。"④

此时，作为清廷中枢决策机构的军机处俨然成为导致外交失败的罪魁，宝廷奏折所言"改崇厚之新约易，改枢廷之成见难"之语，攻击矛头直指军机处。在此形势之下，清廷的决策不可避免地被清流的舆论所牵引，先是将崇厚"交部严加议处"⑤，继而将其"革职拿问，交刑部治罪"⑥。而讨论对俄政策也多让清流人士参与其中。光绪五年十二月，"谕本月二十六日王大臣等在总理各国事务衙门会议事件，著洗马张之洞于是日前往该衙门，以备咨商。"⑦ 据翁同龢日记所载，二十六日所议之事，即是关于如何修改中俄条约之事。由此可见清廷对清流人士意见的重视，也说明军机处对俄决策时举步维艰，不得不对清流人士多方予以拉拢。⑧

在清流掀起的社会舆论下，清廷不得不派曾纪泽前往圣彼得堡进行改约谈判。在谈判期间，清流又坚决支持和响应左宗棠关于抵抗沙俄侵略准备自卫战争的主张，促使慈禧宣召左宗棠入觐。⑨ 同时，清流派还谏阻清廷屈从于沙俄的战争恫吓，坚决要求更改《里瓦几亚条约》中损害国家主权的条款。张之洞上奏主张"原约最重数端，无论如何，设法抽换"⑩；陈宝琛与张之洞联衔上奏，请饬令曾纪泽对索还伊犁全

---

① （清）李慈铭：《越缦堂日记》，第十二册，光绪五年十二月初五日，第8560页。
② 许同莘编：《张文襄年谱》，商务印书馆民国三十五年（1946年）版，第22页。
③ （清）翁同龢著，陈义杰整理：《翁同龢日记》，第三册，光绪五年十二月初五日，第1462页。
④ （清）李鸿章：《李鸿章全集》，第五册，"朋僚函稿"，卷十九，总第2759页。
⑤ 《清德宗实录》，卷一〇四，光绪五年十一月庚寅，第544页。
⑥ 《清德宗实录》，卷一〇六，光绪五年十二月乙卯，第563页。
⑦ 同上书，第564页。
⑧ 关于此时沈桂芬为首的北派军机大臣拉拢清流人士的详情，参阅林文仁所著《南北之争与晚清政局（1861—1864）——以军机处汉大臣为核心的探讨》一书第四章，第122页的相关论述。
⑨ 王彦威辑：《清季外交史料》，卷二二，第一册，第420页，"外患渐迫乞招兵重臣入朝以定危疑折"。
⑩ （清）张之洞：《张之洞全集》，卷三，第64页，"俄约最重数端必宜抵制片"。

境和分界通商两条必须"并争",不可"取一弃一"。① 清流派的这些言论,对军机处制定对俄交涉方针以及曾纪泽的谈判,都起到了制约和鞭策的作用。最后,清廷终于收回了部分主权,签订了《中俄伊犁条约》。

此后,清流在朝堂的影响力越来越大,军机处南北两党之间的势力天平逐渐倒向北党。光绪六年十二月二十九日,南党领袖沈桂芬辞世,南党势力稍显颓势。"沈一下世,南派顿见群龙无首,王文韶以枢垣行走,遂成沈之继承人,一下子被推到了南派领袖群伦,抵挡北派锋锐的最前线。"② 然而,王文韶实难担当此重任,在"云南报销案"中受清流派弹劾而退出军机处。"光绪八年,云南报销案起,王文韶以枢臣掌户部,台谏争上其受赇状,上方意任隆密,乃援乾隆朝梁诗正还家侍父事,请令引嫌乞养,不报。(张佩纶)又两疏劾之,遂罢文韶。"③ 关于"云南报销案"及清流派弹劾王文韶之详情,林文仁先生于《南北之争与晚清政局(1861—1864)——以军机处汉大臣为核心的探讨》一书中言之甚详④,兹不赘述。

法国自咸丰末年以来,便有计划地对清廷的藩属国越南进行侵略,先后于同治元年、同治十三年与越南签订两次《西贡条约》。这两个条约除为越南脱离清廷做出了法理上的准备,更重要的是使之成为法国通往中国西南门户的钥匙。光绪八年四月,法国进一步扩大在越南的侵略规模,攻占河内,进窥滇越边界,造成了中越边境的紧张局势。

消息传入京城,清流派的主战之声充斥朝堂。陈宝琛上"存越固边宜筹远略折",指出:"越南之于滇、粤,谚所谓辅车相依,唇亡齿寒者也。""法志在蚕食,和约断不可凭;知越境逼犬牙,藩篱不可撤;与其隐忍纵敌而致之于户庭,不如急起图功而制之于边徼。"⑤ 也有人明确指出:法国之志"非仅在越南已也。云南矿苗极旺,法人垂涎已

---

① 王彦威辑:《清季外交史料》,卷二三,第一册,第423页。
② 林文仁:《南北之争与晚清政局(1861—1864)——以军机处汉大臣为核心的探讨》,第130页。
③ 赵尔巽等:《清史稿》,卷四四四,列传第二三一,"张佩纶传",第12455页。
④ 详参林文仁所著《南北之争与晚清政局(1861—1864)——以军机处汉大臣为核心的探讨》一书第四章,第三节"云南报销案——南派势力的重挫"的相关论述。
⑤ 中国史学会编:《中法战争》,第五册,上海人民出版社2000年版,第105页、第109页。

久，借保护越南为名，而实为侵并云南起见，此假道于虞以伐虢之策也。中国即不与法争越南，法岂非中国之患哉？"①主张清廷积极介入法越争端。清流派主将张佩纶也多次上奏力主对法作战，并指出中法之战中国必胜的根据：第一，法国与德国交恶，普法战争后，法国割地赔款国力大损，现在法国大力向外扩张，则后有德国"睨其后"，前有刘永福"当其前"，"法大举则饷竭，孤立则援穷，势殆难久也"②；第二，法国劳师远征，犯兵家大忌，我师以逸待劳，定能一鼓而下，"兵由法都至须二三十日，我兵由粤省至，速则三五日，迟则十日耳。我用三万人，岁饷不过百数十万，法若用三万人，则西兵饷巨，力且不支"③；第三，法国占领越南，不得人心，如清廷能派人相招，则"越南强宗、义民及刘永福等各部景附响应，或且为我前驱，是法四面受敌也"④。

　　清流派所言不无道理，然而也多有不合实际之处。林文仁先生曾对清流派在中法战争期间的主战言论有过详细的分析，他认为："观其所言，实不能不说是有条有理，但若令今人享有一点后见之明的特权，总觉其中不能免于一种'杀贼书生纸上兵'的味道。回顾起来，这种气派有余，精实不足的宿性，的确是清流中人的致命伤。归根结底：缺乏实务历练，却又与派系本质掺和过深，遂益发放言高论。"⑤林先生指责清流派放言高论，确实有一定道理，清流人士对此也不讳言。中法战争之前，张佩纶在明知和谈有利的情况下主战，后曾向李鸿章自陈心迹："做清流须清到底，犹公之谈洋务各有门面也。"⑥

　　正是在清流派这种甚嚣尘上的主战论调下，加之军机大臣李鸿藻的推动，清廷的对外态度渐趋强硬。光绪九年九月法国派特使来津谈判，被清廷诸人认为法国此举"无非意存恫吓"，"肆其要求"⑦。清廷命令

---

① 中国史学会编：《中法战争》，第五册，上海人民出版社2000年版，第165页。
② 同上书，第161页。
③ 同上书，第108页。
④ 同上。
⑤ 林文仁：《南北之争与晚清政局（1861—1864）——以军机处汉大臣为核心的探讨》，第160页。
⑥ （清）张佩纶：《涧于集》，"书牍三"，"致李肃毅师相"，杨家洛主编：《中法战争文献汇编》，鼎文书局1973年版，第四册，第374页。
⑦ 中国史学会编：《中法战争》，第五册，第192页。

第六章　晚清政局变动对军机处职权的影响

谈判的李鸿章与曾纪泽对法国的"划界撤兵，共剿土匪"的要求，要"坚持定见，概毋允许"，并"著倪文蔚、徐延旭督饬防营，严密布置"，"不可因彼国议和，稍形退沮"。① 不久，又发布上谕派广西巡抚徐延旭饬令刘永福相机攻取河内，若法军进攻北宁，即"督饬官军极力捍御，毋稍松劲"，并令滇军固守山西，以与北宁"成犄角之势"。②

但实际上慈禧等人缺乏必胜的信心，在高声言战的同时，又心底发虚，故而事事流露出转圜之意。例如在越南发生内乱之时，慈禧先是谕令张树声带兵赴越南直达顺化，以"宣谕威德，平其乱民"，并派吴大澂"参军谋"，令丁汝昌"带轮船听调遣"。③ 几天后，撤销了前次谕旨。以至于翁同龢在日记中感慨"朝令夕更，不能免旁人之笑，然无可奈何。"④

中枢和战不定的态度实际是清廷内部清流派高言战事的舆论与欠缺获胜实力之间矛盾的产物，此种态度又影响了前线的备战。当黑旗军在丹凤、怀德激战时，进入越南的由徐延旭和唐炯统领的两支清军却按兵不动，听任黑旗军孤军奋战。光绪九年十一月十二日，法军统帅孤拔率六千人分两路进攻山西，驻守此地的黑旗军因得不到清军的援助而被迫撤退。消息传到清廷，军机处无御敌之策，"论越事，上意亦迟疑，以为左右皆无办法"⑤，"越事糜烂，一筹莫展。"⑥ 翁同龢极力"以转圜为言"，但以李鸿藻为首的军机大臣"却无和者"。⑦ 原因很简单，此时奕訢因病请假多日未入值，景廉、宝鋆病假亦多，故军机处内主事者为北党领袖李鸿藻，而翁同龢则被视为南党在军机处的代表，二人政见中夹杂有党同伐异的私意，故双方意见时有冲突。十一月二十七日，翁同龢"与高阳（李鸿藻）论边事，颇致龃龉"⑧，所论边事指中法之间的

---

① 《清德宗实录》，卷一七〇，光绪九年九月辛巳，第369页。
② 朱寿朋：《光绪朝东华录》，第二册，总第1603页、1604页。
③ （清）翁同龢著，陈义杰整理：《翁同龢日记》，第四册，光绪九年十一月十八日，中华书局1992年版，第1789页。
④ 同上书，光绪九年十一月廿二日，第1790页。
⑤ （清）翁同龢著，陈义杰整理：《翁同龢日记》，第四册，光绪九年十一月廿二日，第1790页。
⑥ 同上书，光绪九年十一月廿五日，第1791页。
⑦ 同上。
⑧ （清）翁同龢著，陈义杰整理：《翁同龢日记》，第四册，光绪九年十一月廿七日，第1791页。

冲突。光绪十年二月，法军又轻取北宁，中枢无有效的应对之策，前方战事更为艰难。

战事不利的消息传到京师，战前群情激烈的清流派此时不再言战，纷纷转而追究战败的责任。军机处也无可行之策，仅将作战不利的徐延旭、唐炯革职逮捕，并责令彭玉麟、张树声加强海防而已。① 光绪十年三月初四，慈禧召见军机大臣，奕訢撇开战事不谈，专注于十月中旬慈禧四十大寿的庆典，"极琐细不得体"，慈禧当即责问："本不可进献，且边事如是，尚顾此耶？"意在责备枢臣应对战事失利负责。次日召对，奕訢所讲者还是要求慈禧"赏收礼物"，再次受到慈禧的责备，"心好则可对天，不在此末节以为尽心也。"② 慈禧接连指责奕訢实际上是为推卸战败责任做舆论上的准备。

恰好在三月初八，祭酒盛昱上奏折，要求追究边事败坏的责任，矛头直指军机大臣。盛折言："恭亲王、宝鋆久值枢廷，更事不少，非无知人之明，与景廉、翁同龢之才识凡下者不同，乃亦仰俯徘徊，坐观成败，其咎实与李鸿藻同科。然此犹其咎共见共闻者也。奴才所深虑者，一在目前之蒙蔽，一在将来之推卸。……恭亲王等鉴于李鸿藻而不敢言，李鸿藻亦自鉴于前而不敢言，……滥誉之咎，犹可解免；如此存心，殆不可闻，是诿卸之罪也。该大臣等参赞枢机，我皇太后皇上付之以用人行政之柄，言听计从，远者廿余年，近亦十数年，乃饷源何以日绌？兵力何以日单？人才何以日乏？即无越南之事，且应重处，况已败坏于前，而更蒙蔽诿卸于后乎？有臣如此，皇太后皇上不加显责，何以对祖宗？何以答天下？惟有请明降谕旨，将军机大臣及滥保匪人之张佩纶，均交部严加议处，责令戴罪图功，认真改过，讳饰素习，悉数涤除。"③ 随即慈禧召见军机大臣说："边防不靖，疆臣因循，国用空虚，海防粉饰，不可以对祖宗"④，与盛折之语几乎如出一辙，实际上即是在指责军机大臣因循失职。

---

① （清）翁同龢著，陈义杰整理：《翁同龢日记》，第四册，光绪十年二月十九日，第1812页。

② （清）翁同龢著，陈义杰整理：《翁同龢日记》，第四册，光绪十年三月初四日、初五日，第1816页。

③ 吴相湘：《晚清宫廷实纪》，第一辑，第132—133页。

④ （清）翁同龢著，陈义杰整理：《翁同龢日记》，第四册，光绪十年三月初八日，第1817页。

其实，盛昱此折真正的弹劾对象乃是张佩纶，弹劾军机大臣只是幌子而已。光绪八年，李鸿章先是因母亲久病不愈而请假一月，继而因其母病故而丁忧开去直隶总督缺，由两广总督张树声代理。张树声有心请张佩纶为帮办，借以拉拢清流派人士。但此事被陈宝琛以"疆臣不宜奏调京僚为由"予以参劾，故而张佩纶"怨树声之调为多事"。张树声害怕张佩纶借清流势力"挟恨为难"，于是决定先下手为强，找机会参劾张佩纶。盛昱与张佩纶不合，张树声便派其子张华奎游说盛昱，请他上折参劾张佩纶，盛昱应允。不过盛昱认为欲参倒张佩纶，必须先弹劾张佩纶背后的李鸿藻，又考虑到以前参劾军机大臣的折子一概未起作用，为壮大声势，便采取了弹劾军机处全班人马的办法，以收声东击西之效。① 没想到慈禧正在酝酿罢免奕䜣将其排挤出军机处的阴谋，盛昱之折恰好给慈禧发难提供了机会，局势遂一发不可收拾。

　　光绪十年三月十三日，慈禧未召见军机，而召见御前大臣、六部等满汉尚书，翁同龢即知事情"必非寻常"。果然不久慈禧发下朱谕一道："恭亲王奕䜣、大学士宝鋆入直最久，责备宜严，姑念一系多病，一系年老，兹特录其前劳，全其末路。奕䜣着加恩仍留世袭罔替亲王，赏食亲王全俸，开去一切差使，并撤去恩加双俸，家居养病。宝鋆着原品休致。协办大学士吏部尚书李鸿藻，内廷当差有年，只因囿于才识，遂致办事竭蹶；兵部尚书景廉，只能循分供职，经济非其所长，均著开去一切差使，降二级调用。工部尚书翁同龢甫直枢廷，适当多事，惟既别无建白，亦有应得之咎，著加恩革职留任，退出军机处，仍在毓庆宫行走，以示区别。"② 同日还重新任命礼亲王世铎、户部尚书额勒和布、阎敬铭、刑部尚书张之万在军机大臣上行走，工部左侍郎孙毓汶在军机大臣上学习行走。③ 次日，又发布上谕："军机处遇有紧要事件，著会同醇亲王奕譞商办，俟皇帝亲政后再降谕旨。"④ 一日之间，朝局尽变，史称"甲申朝变"。慈禧完全掌握军机处之后，即刻开始清理喋喋不休的清流派，利用书生好"纸上谈兵"的缺点，令张佩纶会办福建海疆

---

① 黄濬：《花随人圣庵摭忆》，"清流分道扬镳"，第331页。
② （清）翁同龢著，陈义杰整理：《翁同龢日记》，第四册，光绪十年三月十三日，第1818页。
③ 朱寿朋：《光绪朝东华录》，第二册，总第1676页。
④ 同上书，总第1677页。

事宜、陈宝琛会办南洋事宜、吴大澂会办北洋事宜。① 看似对清流派的重用，实则借故将清流主将逐出京师，免得其在朝中惹是生非。也有人称此做法是"书生典戎，以速其败"的手段②，结果张佩纶、陈宝琛因战事不利，分别遭到充军和降级的处分，清流派自此日渐衰落。

与原班人马相比，军机处新班子素质大为降低，李慈铭有"易中驷以驽产，代芦菔以柴胡"③之论。礼亲王为人懦弱无能，因醇亲王奕譞推荐而得以"领袖军机"④，但他实际是奕譞的傀儡。额勒和布，为人"木讷寡言"⑤，人称"哑人"⑥。张之万，号称"治事精捷"、"练达"，实"唯工迎合"而已。⑦ 阎敬铭因善于理财受到慈禧赏识而得以进入军机处。孙毓汶，因"习于醇亲王，渐与闻机要"⑧。虽然他在军机处内官阶最低，班次最后，但因与奕譞的关系密切，故地位特殊，《清史稿》称："醇亲王以尊亲参机密，不常入直，疏牍日送邸阅，谓之'过府'。谕旨陈奏，皆毓汶为传达。同列或不得预闻，故其权特重云。"⑨ 改组后的军机处被醇亲王掌握，而醇亲王唯慈禧马首是瞻，军机处之职权较前一时期更为萎缩。

以上所述多集中在派系斗争对军机处在职权行使方面所产生的影响。该时期军机处在制度上无所损益，因为成熟的官僚机构，不遇重大变故不会轻易改变既定制度。但是，在其中任职之人素质的高低和某些人事上的安排，则会对该机构职权的发挥产生较大影响，奕訢地位的变化与军机处职权消长之间的关系即为一个明证。此也是本节内容所重点表达的思想。

---

① 朱寿朋：《光绪朝东华录》，第二册，总第1698页。
② 黄濬：《花随人圣庵摭忆》，"清流尽于甲申"，第70页。
③ （清）李慈铭：《越缦堂国事日记》，第599册，第3063页。
④ 赵尔巽等：《清史稿》，卷二一六，列传第三，"世铎传"，第8980页。
⑤ 赵尔巽等：《清史稿》，卷四三九，列传第二二六，"额勒和布传"，第12398页。
⑥ 费行简：《近代名人小传》，"恩承、额勒和布"，第113页。
⑦ 同上书，"张之万"，第112页。
⑧ 赵尔巽等：《清史稿》，卷四三六，列传第二二三，"孙毓汶传"，第12371页。
⑨ 同上书，第12372页。

第三节 光绪帝亲政时期军机处职权的行使

"甲申朝变"之后，醇亲王一派入主军机处。醇亲王才力不及奕䜣，性格更趋柔顺，其妻又是慈禧之妹，故遇事多阿附慈禧。慈禧遂完全掌握清廷大权，朝政更加不堪。

奕譞一心讨好慈禧，尽力满足其享乐欲望，于是清廷便有了重修三海及新修颐和园之事，挖湖垒石，工程浩繁，需资巨大。户部尚书阎敬铭对兴修三海"靳不予款，顿失慈眷，屡遭诘责，引疾家居四年"①。此后，海军经费也被挪用于园林工程，户部尚书翁同龢遂有"以昆明易渤海，万寿山换滦阳"②之感慨。接着又有海军衙门所谓的"报效"，即获罪免职官员可以通过缴纳银两而官复原职。于是，清廷上下贿赂公行。地方官到京引见，均需向军机大臣送礼，因个人地位不同行贿金额也不同。据说孙毓汶得银六百两，见面不道谢；世铎得银三百两，道谢不见面；许庚身得银二百两，见面又道谢；张之万得银一百两，见面再三道谢。时人感慨"都门近事，江河日下"。③李鸿章在光绪元年曾感慨："但冀因循敷衍十数年，以待嗣皇帝亲政，未知能否支持不生他变。"④表达了一种对光绪帝亲政整顿朝纲的愿望，但事与愿违。

光绪十二年，光绪帝十六岁，已到亲政年龄。慈禧恪于祖制，不得不考虑撤帘归政一事，于六月初八日召见醇亲王奕譞和礼亲王世铎。"醇邸来，云顷召对，懿旨以皇帝典学有成，谕明年正月即行亲政，伊（奕譞）恳求再三，上亦跪求，未蒙俯允。"⑤是日，便公开发表懿旨，"以自本年冬至大祀圜丘为始，皇帝亲诣行礼，并著钦天监选择吉期，

---

① 黄鸿寿：《清史纪事本末》，卷五十六，"光绪入继"，上海书店1986年版，第401页。
② （清）翁同龢著，陈义杰整理：《翁同龢日记》，第四册，光绪十二年十月廿四，第2060页。
③ 黄濬：《花随人圣庵摭忆》，"樊樊山受知张南皮"，第248页。
④ （清）李鸿章：《李鸿章全集》，第五册，"朋僚函稿"，卷十五，总2668页。
⑤ （清）翁同龢著，陈义杰整理：《翁同龢日记》，第四册，光绪十二年六月初十日，第2028页。

于明年举行亲政典礼。"①

无论慈禧此举本意如何,在奕譞看来,慈禧提出归政是对自己的一个考验。尽管他希望光绪帝亲政,但又惧怕慈禧权势。所以,在召见当日,奕譞表现得游移不定。在慈禧面谕时,他再三恳请慈禧收回成命。召见结束后,奕譞与翁同龢等人相商时,翁同龢建议:"此事重大,王爷宜请率御前大臣、毓庆诸臣请起面论",奕譞却"以为不能回,且俟军机起下再商"。待慈禧召见军机大臣结束后,礼亲王世铎"言力肯,且缓降旨,而圣意难回,已承旨矣。"翁同龢再请奕譞与"枢廷请起,邸以殿门已闭竟止。"②几天后,奕譞拿出个折中的办法,带头恳请皇太后先行"训政","俟及二旬,再议亲理庶务",即使将来慈禧归政之后"必须永照现在规制,一切事件先请懿旨,再于皇帝前奏闻"③。接着奕譞同礼亲王世铎等于光绪十二年十月二十日制订了一个训政细则,其核心内容是:

一、近年各衙门改归验放验看开单请旨及暂停引见人员拟请循照旧制一律带领引见,恭候懿旨遵行。排单照现章豫备。

一、乡会试及各项考试题目向例恭候钦命者,拟请循照旧制由臣等进书恭候慈览,择定篇页请皇上钦命题目,仍进呈慈览发下,毋庸奏请派员拟题。至各项翻译场题,仍由南书房翰林办理,考试蒙古中书等项,仍由臣等照例恭拟翻译题呈递。

一、内外臣工折奏应行批示者,拟照旧制均请朱笔批示,恭呈慈览发下。

一、在京各衙门每日具奏折件拟请暂照现章,由臣等缮单请旨,其内阁每日进呈本章及空名等本亦请暂照现章办理。

一、满汉各缺遇有应请旨简放者,拟照旧制分别缮写清汉字空名谕旨恭候懿旨简放,朱笔填写。如召见时业经承旨简放有人即由臣等照例缮写谕旨进呈。④

---

① 朱寿朋:《光绪朝东华录》,第二册,总第2119页。
② (清)翁同龢著,陈义杰整理:《翁同龢日记》,第四册,光绪十二年六月初十日,第2028页。
③ 朱寿朋:《光绪朝东华录》,第二册,总第2123页。
④ 《光绪宣统两朝上谕档》,第十二册,第385页上至第387页上。

第六章　晚清政局变动对军机处职权的影响　·251·

可见，训政期间清廷权力掌握在慈禧手里，尤其是奏折批答"照旧制均请朱笔批示，恭呈慈览"，剥夺了光绪帝亲自处理奏折的权力，此时的光绪帝无疑傀儡而已。总之，训政时期军机处的办事程序与慈禧垂帘听政时期没有大的变化。

光绪十四年六月，慈禧"训政"已有两年，鉴于光绪帝即将大婚，再不归政实属不成事体，故慈禧降谕："两年以来，皇帝几余典学，益臻精进。于军国大小事务，均能随时剖决，措置合宜，深宫甚为欣慰。明年正月大婚礼成，应即亲裁大政，以慰天下臣民之望。"① 在归政前夕，军机大臣世续、额勒和布、张之万、许庚身、孙毓汶便拟定了皇帝亲政后如何办理政务的方案。其中最关键者如下：

　　一、内外臣工折奏，已奉朱批之件，钦遵办理。如有发下未经批示之件，由臣等分别缮拟批条呈进，恭候钦定。其应请旨办理者，俟召见时请旨。
　　一、在京各衙门每日具奏折件，拟请查照醇亲王条奏，皇上披阅传旨后，发交臣等另缮清单，恭呈皇太后慈览。至内阁进呈本章及空名等本，拟请暂照现章办理。
　　一、每日外省折报，朱批发下后，查照醇亲王条奏，由臣等摘录事由及所奉批旨，另缮清单恭呈皇太后慈览。
　　一、简放各缺，拟请于召见时请旨后，由臣等照例缮写谕旨呈进。其简放大员及各项要差，拟请查照醇亲王条奏，由臣等请旨裁定后，皇上奏明皇太后，次日再降谕旨。
　　一、满汉尚书、侍郎缺出，应升、应署，及各省藩臬缺出，拟请暂照现章，由臣等开单进呈，恭候简用。②

分析上述诸款项，第一条保证了亲政后光绪帝可以独立披阅奏折，但是所有奏折的内容及所奉朱批均需由军机大臣摘录缮成清单，向慈禧汇报。军机处的日常工作中增加了向慈禧汇报光绪帝所办政务的职责。一般来说，除极个别的情况外，皇帝每日所办理的政务都会由军机处汇

---

① 《清德宗实录》，卷二百五十六，光绪十四年六月己亥，第446页。
② 《光绪宣统两朝上谕档》，第十四册，第394页上—第394页下。

报到慈禧。① 有史籍载:"上既亲政,以颐和园为颐养母后之所,间日往请安,每日章疏,上阅后皆封送园中。"②

　　慈禧则通过军机处的这些简要报告,大致了解京内外各衙门的政事及光绪帝的态度。不过,有时候因军机处事务较忙,某些奏折来不及当天办理完毕,所以在汇报时间上会稍有滞后。如,"上谕档"载有军机处奏片一件:"本日(光绪二十一年十一月初七)御史陈璧奏请派大员查明福建船厂实在情形折,奉旨存。现有应办事件,原折明日恭呈慈览。"③ 又如光绪二十二年九月十六日军机处奏片,"本日御史宋伯鲁奏西陲善后吃紧,急宜预为布置折,奉寄信谕旨,令陶模、董福祥斟酌办理;又奏董福祥并无滥杀情事片;又奏甘肃平庆泾固化道祝维城办理汉回未能持平,均奉旨存。查原奏尚须抄录分寄,拟于明日再将折片恭呈慈览。谨奏。"④ 特别是重要官员的任免方面则完全归慈禧掌握。"简放大员及各项要差",必须先行请示慈禧才可最终决定,特别是尚书、侍郎、布政使、按察使的任命则完全由慈禧太后直接选任。所以,亲政后的光绪帝的权力是不完整的,光绪帝掌握清廷的日常政务的处理权,慈禧太后掌握监督权。在该决策体制中"光绪帝对慈禧太后负责,而整个国家机器必须对光绪帝负责,尽管慈禧太后也不时通过各种方式干预国家机器的运作。"⑤ 表明此时的皇权已经在帝后之间被分割为两部分。

　　随着光绪帝年龄渐长,帝后之间不可避免地出现了权力之争,最高决策权分裂直接影响了军机处职权的发挥。因为军机大臣办理政务,若皇帝与太后意见不统一,则必须在皇帝与太后之间做出选择,这样做势必会影响决策的高效准确。此点在战时表现最为明显,现举中日甲午战争为例予以说明。

　　甲午战争的导火线为光绪二十年的朝鲜东学党之乱,四月三十日朝鲜请求清廷出兵平叛。清廷随即出兵,日本也随之出兵。朝鲜叛乱很快被平定,但是日方拒绝清廷提出的中日双方同时撤兵建议,继续增兵朝

---

① 此点茅海建先生在《戊戌变法史事考》一书,"未送慈禧个别重要奏折"(该书第18页)一节中有详尽的论述,兹不赘述。
② (清)恽毓鼎:《崇陵传信录》,参见《恽毓鼎澄斋日记》附录一,浙江古籍出版社2004年版,第783页。
③《光绪宣统两朝上谕档》,第二十一册,第440页上。
④《光绪宣统两朝上谕档》,第二十二册,第208页上。
⑤ 茅海建:《戊戌变法史事考》,第38页。

鲜。五月十三日，日方提出共同改革朝鲜政府，中方拒绝。五月十九日，日本外相陆奥宗光以"第一次绝交书"照会清廷，声明决不撤兵。此后日军大批登陆，朝鲜形势骤然紧张。

清廷中枢方面，从朝鲜请兵以来，大致全依靠李鸿章，寄希望于国际调停。光绪二十年五月十四日，驻日公使汪凤藻电告李鸿章说："倭志在留兵，胁议善后"，"察日颇以我急欲撤兵为怯，狡谋愈逞，其布置若备大敌"，主张在朝鲜"厚集兵力，隐伐其谋，俟余孽尽平，再与商撤，可望就范。"① 李鸿章却表示："日性浮动，若我再添兵厚集，适启其狡逞之谋，因拟必战，殊非伐谋上计。"② 主张清廷"联俄制日"，他在电文中称："俄使过津，极愿两国撤兵，昨已电俄京七百余字，请饬驻倭使力劝。如不听，则俄必从事于后。"③ 甚而奢望俄国会出兵朝鲜，驱逐日军，"看来俄似有动兵逐倭之意。该使谓如何办法，该国尚未明谕，而大要必不出此。"④ 然而，李鸿章打错了算盘，俄国和英国的外交斡旋均告失败。⑤

朝鲜局势传到清廷，北京朝野之士大夫蜂起指责李鸿章备战不力，纷纷上书言战。五月十九日，御史褚成博首先疏请饬令北洋增兵朝鲜，此后御史张仲炘、翰林院侍读学士文廷式、太仆寺少卿岑春煊、礼部侍郎志锐、给事中余联沅先后递折言战。主战官员的观点可归纳为如下要点："（一）朝鲜在形势上极为重要，故决不可失，亦绝不能与其他藩属相提并论。甲申法越之事，犹不辞一战，何况此次。（二）反对枢廷总署及北洋寻求外国调停之办法，以为各国皆包藏祸心，无一足恃，如肯助我，亦必别有所图，对中国决无利益。中国惟有强硬对日，始足令各国敛迹。（三）中国应及早出动大兵，占据形势，示人以必战，乃可以胁迫日人就范，则和局或可成；否则即使开战，日人远非西洋各国之比，并不足惧，但若迟疑，则将无济于事。（四）对李鸿章表示不满……（五）对李鸿章所部之是否能战，表示怀疑，然认为关键在于

---

① （清）李鸿章：《李鸿章全集》，第七册，"电稿"，卷十五，总第3864页。
② 同上书，总第3865页。
③ 同上书，总第3867页。
④ 王芸生：《六十年来日本与中国》，《民国丛书》第三编，上海书店1991年版，第24册，第129页。
⑤ 林敏：《试论甲午战争前夕英俄的远东外交》，《四川大学学报》（哲社版）2002年第3期。

人事,请中枢严加督责,以作士气。"① 朝堂之上主战调门高涨主要因为诸人"对于中国之弱与日本之强实无了解,而轻视日本之心,又实中国多年来之传统。"②

此时,慈禧太后意向不明,光绪帝则受主战官员的影响态度日趋强硬,同时他也希望借与日一战达到立威固权的目的③。朝臣之中对光绪帝施政最具影响力者为"帝党"领袖翁同龢,他常借授读之便与光绪帝面商政务。史载:翁同龢"久侍讲帷,参机务"④,"善伺上意,得遇事进言。上亲政久,英爽非复常度,剖决精当。每事必问同龢,眷倚尤重。"⑤ 书房俨然成为清廷另一个决策机构。翁同龢是主战派的核心人物,希望借与日一战帮助光绪帝树立政治权威。⑥

光绪帝对军机处依靠李鸿章进行外交调解的做法不满意,于六月十三日颁布上谕:"本日据奕劻面奏:朝鲜之事,关系重大,亟须集思广益,请简派老成练达之大臣数员会商等语。著派翁同龢、李鸿藻与军机大臣、总理各国事务大臣会同详议,将如何办理之处,妥筹具奏。"⑦ 翁同龢与李鸿藻在对朝问题上态度一致,主张与日作战。清廷决策系统中对日意见分为两派"(翁)同龢与李鸿藻主战,孙毓汶、徐用仪主和"⑧,而两派在军机处之摩擦直接影响了军机处的办事效率。

光绪帝通过该项人事任命,表达了自己对日作战的强硬态度。翁同龢也不负帝望,在第二日与军机大臣及总署诸大臣会议之时,"余与高

---

① 石泉:《甲午战争前后之晚清政局》,第二章,生活·读书·新知三联书店1997年版,第75页。

② 同上。

③ "德宗自亲政以来,决策权威之建立,犹在未全,正跃跃于以此一战,达其立威固权之目标,尤其扶桑蕞尔旧邦,毕竟较船坚炮利之西夷,处理起来要有成算得多,是以不宜示弱。"(林文仁:《派系分合与晚清政治——以"帝后党争"为中心的探讨》,中国社会科学出版社2005年版,第147页。)

④ 赵尔巽等:《清史稿》,卷四三六,列传二二三,"翁同龢传",第12371页。

⑤ 同上书,第12369页。

⑥ 当时翁同龢和"主战派"人士往来频繁,此通过《翁同龢日记》所记光绪二十六年六月朔以下至二十日宾客往来的情形,即可得知。(翁同龢:《翁同龢日记》,第五册,第2704—2710页。)

⑦ 《清德宗实录》,卷三百四十二,光绪二十年六月戊午,第382页。《翁同龢日记》,第五册,第2708页。

⑧ 赵尔巽等:《清史稿》,卷四三六,列传二二三,"翁同龢传",第12369页。

阳（李鸿藻）皆主添兵，调东三省及旅顺兵速赴朝鲜"①。翁同龢的意见奏报至御前，"寻翁同龢等奏，倭兵驻韩日久，和议未成，自当速筹战事。""应请饬各军迅速前进，暂以护商为名，不明言与倭失和，藉观动静。现在各国皆愿调停，英人尤为着力，盖英最忌俄，恐中倭开衅，俄将从中取利也。此时大兵既与相持，彼如仍请派员与议，亦不必催令撤兵，所请如有不妥，我可议驳。傥有禆政务，亦可饬行。既收保护利权，亦不失上国体制。届时再当请旨遵行。傥仍要求必不可行之事，或竟先逞凶锋，则惟大张挞伐。各国当亦晓然共谕矣。"②

光绪帝此时意气风发，一意主战，并抬出慈禧压制军机大臣，"是日，军机见起，上意一力主战，并传懿旨亦主战，不准借洋债。"③ 其实，在书房与翁同龢独对之时，光绪帝才道出慈禧原话为，"皇太后谕不准有示弱语"④。以常理度之，光绪二十年是慈禧太后六十整寿，朝廷上下早已开始筹备庆典，此时与日交战恐非慈禧本意，"不准示弱"仅是慈禧姿态的表达。可见光绪帝前一日在向军机大臣转达慈禧懿旨之时，做了有利于自己的夸大。

在此种情形之下，军机大臣中虽有反对意见也不便明言，会议朝鲜事务时奉翁同龢为首。在十八日覆奏时，翁同龢"名首列，此向来所无也，从前会议事，或附后衔或递折片，无前衔。"⑤ 清制，大臣联衔上奏，必以爵位、官衔之高低顺次列名，如对会议内容有意见，也可独自以奏折或奏片的方式进言。当时会议之人，军机处内有礼亲王世铎、武英殿大学士额勒和布、东阁大学士张之万；总署大臣中有庆亲王奕劻、体仁阁大学士福锟，爵秩都较翁同龢为高，然而竟以翁同龢领衔，可见翁同龢得君之专，其对清廷决策的影响力已逾诸位军机大臣之上。

然而，由于翁同龢与后党人物李鸿章关系不睦，有意借日人之手削减李鸿章势力，所以他的主战态度从一开始便带有强烈的党争色彩。王伯恭就有如下记载：

---

① （清）翁同龢著，陈义杰整理：《翁同龢日记》，第五册，光绪二十年七月十四日，中华书局1997年版，第2709页。
② 《清德宗实录》，卷三百四十二，光绪二十年六月戊午，第382页。
③ （清）翁同龢著，陈义杰整理：《翁同龢日记》，第五册，光绪二十年七月十四日，第2708页。
④ 同上书，光绪二十年七月十五日，第2708页。
⑤ 同上书，光绪二十年七月十八日，第2709页。

是时张季直新状元及第，言于常熟，以日本蕞尔小国，何足以抗天兵，非大创之，不足以示威而免患。常熟韪之，力主战。合肥奏言不可轻开衅端，奉旨切责。余复自天津旋京，往见常熟，力谏主战之非，盖常熟亦我之座主，向承奖借（掖）者也。乃常熟不以为然，且笑吾书生胆小。余谓临事而惧，古有明训，岂可放胆尝试。且器械阵法，百不如人，似未宜率尔从事。常熟言合肥治军数十年，屡平大憨，今北洋海陆两军，如火如荼，岂不堪一战耶？余谓知己知彼者，乃可望百战百胜，今确知己不如彼，安可望胜？常熟言吾正欲试其良楛，以为整顿地也。①

此段文字表明，在翁同龢力主对日一战的表象下，实存借机"整顿"以李鸿章为代表的北洋势力的私心。对日作战若胜则自己可得抗倭英雄之名，若败则有李鸿章做替罪羊，可乘机除掉自己的政敌。正是在这样的心态下，翁同龢对日作战之心益固。于是，清廷中枢则一意主战，调兵增援朝鲜，李鸿章也迭奉谕旨令其悉心筹划对日用兵之事②。

日本方面早就决意开战，六月二十三日，在丰岛海面截击中国增援部队。二十四日，清廷下令撤驻日公使汪凤藻回国，对日宣战上谕同日拟就。二十八日，总理衙门照会各国，声述双方开衅之由。七月初一日清廷正式对日宣战，同日日本亦对清廷宣战。③

不过，此时北洋海军实不具备对日作战之能力。在装备上，北洋海军多年没有更新装备，"中国自（光绪）十四年北洋海军开办以后，迄今未添一船，仅能就现有大小二十余艘勤加训练，窃虑后难为继。"④军队管理上，北洋海军派系纷争，军令不畅，军纪废弛。"十四年，定海军经制，以丁汝昌为海军提督。海军大半闽人，汝昌淮人陆将，孤寄其上，大为闽党所制，威令不行。左右翼总兵以下，争挈眷陆居，军士去船以嬉。每北洋封冻，海军岁例巡南洋，率淫赌于香港、上海，盖海

---

① 王伯恭：《蜷庐随笔》，山西古籍出版社1996年版，第21页。
② "著李鸿章即饬派出各军，迅速前进，勿稍延缓。"（《清德宗实录》，卷三百四十三，光绪二十年六月辛酉，第386页。）"电寄李鸿章等，倭人要挟无理，亟须豫筹战备。"（《清德宗实录》，卷三百四十三，光绪二十年六月丁卯，第390页。）
③ 《清德宗实录》，卷三四四，光绪二十年七月乙亥，第396页。
④ 朱寿朋：《光绪朝东华录》，第三册，总3406页。

军之废久矣。"① 以此状态之军队与蓄谋已久装备精良的日军作战,清廷遂致一败再败。

前方战事不利,为清廷内部"倒李"官员提供了口实。七月二十三日,志锐以"李鸿章衰病侵寻,情形甚为可虑"为由,奏请"皇上简派重臣至津视师",意图剥夺李鸿章的军权。② 七月二十四日,钟德祥参劾李鸿章,说"至今不肯杀敌,居心叵测",请朝廷"迅简将帅,以顾要边,以振全局"。③ 二十八日,户部右侍郎长麟奏请简派大臣取代李鸿章。④ 二十六日,余联沅要求"迅简知兵之大臣,出统其师"。⑤

随着战事的失利,军机处内部帝后两党的党争也由暗斗发展到明争。光绪二十年七月十六日,"帝党"主力志锐弹劾军机大臣孙毓汶、徐用仪把持政务,十七日,翁同龢与诸军机大臣会议政务需草拟谕旨时,孙毓汶及徐用仪"不肯动笔,令顾渔溪上堂写,余(翁同龢)与李公(李鸿藻)相顾不发,良久凑成,写就即散"⑥,双方的敌对情绪已经开始表面化。光绪二十年七月二十五日,枢廷诸臣在讨论易俊、高燮曾弹劾北洋重臣丁汝昌时,矛盾进一步激化。"易、高两折参劾丁汝昌,余(翁同龢)与李公(李鸿藻)抗论,谓不治此人罪公论未孚,乃议革职带罪自效。既定议,而额相(额勒和布)犹谓宜令北洋保举替人乃降旨,余不可。孙君(孙毓汶)谓宜电旨,不必明发,余又不可。……退时午正。极费口舌,余亦侃侃,不虑丞相嗔矣。"⑦ 此与前几日议事情形大不相同。先前,翁同龢若有异议,则自递折片,否则便由枢臣呈报共同意见,此刻翁同龢却态度激愤,实是借此表达对李鸿章强烈的不满,因丁汝昌的靠山正是李鸿章。此时,慈禧开始直接插手,"昨丁汝昌革职之旨呈诸东朝(慈禧),以为此时未可科以退避,姑令

---

① (清)罗惇曧:《中日兵事本末》,见左舜生编《中国近百年史资料初编》,(台湾)中华书局1983年版,第372页。
② 戚其章主编:《中日战争》,第一册,中华书局1998年版,第124—125页。
③ 同上书,第126—127页。
④ 中国史学会主编:《中日战争》,第三册,新知识出版社1956年版,第54页。
⑤ 同上书,第63页。
⑥ (清)翁同龢著,陈义杰整理:《翁同龢日记》,第五册,光绪二十年七月十七日,第2720页。
⑦ (清)翁同龢著,陈义杰整理:《翁同龢日记》,第五册,光绪二十年七月廿五日,第2722页。

北洋保替人来再议，事格不行矣。"① 丁汝昌暂免处分，翁同龢借处分丁汝昌打击李鸿章的计划受挫。

光绪二十年八月十六日，平壤战败，在清廷激起轩然大波，战败的责任被全部推到李鸿章一人头上。八月十八日，枢臣讨论此事，李鸿藻指责李鸿章"有心贻误"，翁同龢随声附和说"高阳（李鸿藻）正论，合肥事事落后，不得谓非贻误。"② 于是，处分李鸿章的诏书遂得以发布："倭人渝盟肇衅，迫胁朝鲜。朝廷眷念藩封，兴师致讨。北洋大臣李鸿章……通筹全局是其专责，乃未能迅赴戎机，以致日久无功，殊负委任。著拔去三眼花翎，褫去黄马褂以示薄惩。该大臣务当力图振作，督催各路将领，实力进剿以赎前愆。"③

然而处分李鸿章并不能挽回清军的颓势。在此关键时刻，慈禧由幕后走到台前。八月十八日，慈禧传见军机领班礼亲王世铎。④ 二十一日世铎和奕劻同见慈禧，"此后连日如此"。⑤ 八月二十二日，一道明发上谕一改四天前对李鸿章拔翎褫褂的态度，称："北洋门户，最关紧要。该大臣布置有素，筹备自臻严密。现在东沟业经开仗，须防其进窥海口，畿辅安危所系，该大臣责无旁贷。"借此诏令，慈禧向朝臣表达了对李鸿章的支持。八月二十六日，慈禧颁布懿旨："停办点景、经坛、戏台等事，宫中受贺。"用宫中受贺的仪式，向朝臣表明自己开始坐镇权力中心，不再在颐和园颐养天年。八月二十八日，慈禧分别召见庆亲王、军机大臣及翁同龢、李鸿藻，开始吐露谋和之意。翁同龢日记中记载道：

> 二十八日……传庆亲王、军机、翁某、李某凡三起，在颐年殿东暖阁见起，……申初庆邸入，二刻。军机一刻，会李公同入。皇太后、皇上同坐，跪安毕。首言倭事，……次及淮军不振，并粮械无继种种贻误状。皇太后曰："有一事，翁某可往天津面告李某，

---

① （清）翁同龢著，陈义杰整理：《翁同龢日记》，第五册，光绪二十年七月廿七日，第2723页。
② 同上书，光绪二十年八月十八日，第2730页。
③ 《清德宗实录》，卷三四七，光绪二十年八月壬戌，第447页。
④ （清）翁同龢著，陈义杰整理：《翁同龢日记》，第五册，光绪二十年八月十八日，第2730页。
⑤ 同上书，第2731页。

此不能书廷寄，不能发电旨者也。"臣问"何事？"曰："俄人喀希尼前有三条同保朝鲜语，今喀使将回津，李某能设法否？"臣对此事有不可者五，最甚者，俄若索偿，将何以畀之，且臣于此等始末未与闻，乞别遣，叩头辞者再，不允。最后谕曰："吾非欲议和也，欲暂缓兵尔，汝既不欲传此语，则径宣旨，责李某何以贻误至此，朝廷不治以罪，此后作何收束，且退衄者淮军也，李某能置不问乎？"臣敬对曰："若然，敢不承？"则又谕曰："顷所言作为汝意，从容询之。"臣又对曰："此节只有李某复词，臣为传述，不加论断，臣为天子近臣，不敢以和局为举世唾骂也。"允之。①（着重号为笔者所加）

皇太后、皇上同坐，俨然是慈禧归政前情形的重现。慈禧虽言"吾非欲和也，欲暂缓兵尔"，然其议和之心已定，否则便无须询问李鸿章"此后作何收束"了。慈禧特派翁同龢去告知李鸿章实有折辱翁同龢，略施薄惩之意。军机处决策的方向随着慈禧的复出开始转向议和。

九月初一，光绪帝"钦奉皇太后懿旨，恭亲王奕訢，著在内廷行走"，"管理总理各国事务衙门事务，并添派总理海军事务，会同办理军务。"②起用恭亲王是光绪帝和主战派人士极力促成之事，本意是借奕訢以压制慈禧。然而，此时的恭亲王昔日锐气全失，"追随太后之后，力谋促成和议"。③

九月初六日，恭亲王函致李鸿章，探询和议途径。李鸿章即于十二日、十四日先后晤见由烟台途经天津去北京的英俄两国使节，两使皆劝中国早和。十四日，李鸿章函复恭亲王，报告会谈经过。

在京主战派人士对和议事亦有所耳闻，更加猛烈地攻击李鸿章。志锐及文廷式等三十八个翰林先后上疏，请取消和议，联络英德，共同对日作战，以拟赔日本之数千万军费作为酬劳。④九月初九日，光绪帝令

---

① （清）翁同龢著，陈义杰整理：《翁同龢日记》，第五册，光绪二十年八月廿八日，第2733页。
② 《清德宗实录》，卷三四八，光绪二十年九月甲戌，第469页。
③ 石泉：《甲午战争前后之晚清政局》，第121页。
④ （清）翁同龢著，陈义杰整理：《翁同龢日记》，第五册，光绪二十年九月初九日，第2736页。

恭亲王传赫德面询志锐"请连英伐倭，欲以二三千万饵之"之事，赫德认为不可行。①

然而，尽管主战派人士高呼主战，军机处诸大臣却在恭亲王的主持下和孙毓汶、徐用仪的策划下，为议和奔走。光绪帝虽不愿意，但被慈禧权威所迫，也无可奈何。翁同龢则坚决反对议和。九月十五日，英国使臣欧格讷到总署谈各国调停中日冲突事。翁同龢得知后，在军机处与主和人士发生了激烈的争吵。"孙（孙毓汶）、许（徐用仪）汹汹，以为不如此（指对日赔款），不能保陪都、护山陵。余与李公（李鸿藻）谓英使不应要挟催逼，何不称上意不允以折之？……孙、徐不可。……余等见皇太后，指陈欧使可恶，且所索究竟如何？如不可从，终归于战，宜催各路援兵速进……然天意已定，不能回矣。"② 在与军机大臣争论之时，翁同龢抬出光绪帝压制求和言论，但孙毓汶、徐用仪倚仗背后有慈禧撑腰，完全不理会翁同龢的意见。事后，翁同龢有"归而愤憾，求死不得"之感慨③。

此时中日双方战事剧变，清廷即便对日求和亦不可得。随着日军渡过鸭绿江，战火蔓延至中国界内，京师人心惶惶，谣言四起。主战派却无策可施，翁同龢所提议者仅迁都而已。面对前线败退之危局，翁同龢对和议的态度，仍坚执如前，声称"此事不可成，亦不欲与，盖将来无以为国也"④。翁同龢虽然仅是奉旨参议朝鲜事务，但是却与光绪帝保持着密切的关系，且为清廷言路之核心。翁同龢的强硬态度，使得决策机构军机处很难对战局做出准确的判断，在中日问题上处处被动，陷入战和两难的尴尬境地。

为扫清议和的障碍，慈禧再度出手。十月二十九日，慈禧太后将光绪帝宠妃瑾、珍二妃削去封号，理由是："本朝家法严明，凡在宫闱，从不准干预朝政。瑾妃、珍妃承侍掖廷，向称淑慎，是以优加恩眷，洊陟崇封。乃近来习尚浮华，屡有乞请之事。皇帝深虑渐不可长，据实面陈。若不量予儆戒，恐左右近侍，藉为夤缘蒙蔽之阶，患有不可胜防

---

① （清）翁同龢著，陈义杰整理：《翁同龢日记》，第五册，光绪二十年九月初九日，第2736页。

② 同上书，光绪二十年九月十六日，第2738页。

③ 同上书，光绪二十年九月十六日，第2739页。

④ 同上书，光绪二十年十月初四日，第2746页。

第六章　晚清政局变动对军机处职权的影响

者。瑾妃、珍妃,均著降为贵人,以示薄惩而肃内政。"① 理由提得冠冕堂皇,只不过是敲山震虎的手法,借此警告光绪帝。为割断翁同龢与光绪帝之间的联系,慈禧于十一月初八日,下令"撤满汉书房"。② 书房授读,是翁同龢与光绪帝交流政务的一种重要方式,撤去书房对师生二人来说来无异于釜底抽薪。十一月初十日,慈禧突然改变先前谕旨,"太后谕曰:'前日予所传谕太猛,今改传满功课及洋字均撤,汉书不传则不辍之意可知,汝仍于卯初在彼候旨。'"③ 慈禧在一打一拉之间,便将翁同龢收服,翁惟有"叩头称圣明洞察"④,主战言论也自动放弃。

此后,清廷对日政策,便完全转入了议和路线之上。虽然议和期间,帝后两党围绕是否割地一项又起纷争,但已难以改变大局了。⑤

回顾甲午战争这段历史,清廷不仅败于军事,而且败于内争。尤其是在关系两国国运之际,清廷最高统治者慈禧和光绪帝却因权势之争,导致最高决策层的分裂。清廷内部臣僚之间由政见之争,发展为掺杂私意的党派之争,为战而战,为和而和。军机处被派系斗争所累,难以将全部精力集中在前线,丧失了对局势的把握。最终造成清廷中枢决策处处被动,战和失据,陷入战难和亦不易的两难之地,在朝鲜输得一败涂地。史家有言:

> 在和战的问题上,翁同龢主战的态度,始终不变;所变的是偏离了他的原则。本意是求乾纲大振,致君于有为之地;及至明知事不可为,而为了自己的名声,执持如故,变成"为主战而主战",实不能不谓之误国。
>
> 当时最痛苦的是李鸿章。好比一场赌局,明知输定了,而仍不能不悉索敝赋……而且输光了还不能一走了之,……当时如非翁同龢的牵制,则上有慈禧太后做主,内有恭王及军机如孙毓汶、徐用仪支持,且外亦必有刘坤一、张之洞之默许,应该可以"少输当

---

① 朱寿朋:《光绪朝东华录》,第三册,第3498页。
② (清)翁同龢著,陈义杰整理:《翁同龢日记》,第五册,光绪二十年十一月初八日,第2757页。
③ 同上书,光绪二十年十一月初十日,第2758页。
④ 同上。
⑤ 此后战局发展及派系斗争,可参见林文仁《派系分合与晚清政治——以"帝后党争"为中心的探讨》和石泉《甲午战争前后之晚清政局》两书的相关论述。

赢",早就和得下来得。①

历史不容假设,引此段内容仅是为了说明派系之争使得清廷丧失了掌握时局的主动权。对此,时任日本外相陆奥宗光看得非常明白:"在局势发展中,特别是在国家兴亡迫于眉睫之际,北京政府竟徒逞党争,对李加以此种如儿戏般的谴责,不仅使他不能充分发挥才智,而且还免除他的职务,在李鸿章方面固属不幸,清朝政府也可说是自杀政策。"②

甲午战争之后,军机处人员又有所变动,孙毓汶、徐用仪退出军机处,翁同龢、李鸿藻重入军机。军机大臣为奕䜣、世铎、翁同龢、李鸿藻、刚毅、钱应溥。诸位军机大臣之间分为帝后两党,翁同龢为帝党,奕䜣、世铎、李鸿藻、刚毅倾向于后党。③ 恭亲王奕䜣以其声望地位,为军机处领袖,然其年老多病,锐气尽失。惟翁同龢一身兼任军机、总署、户部及督办军务处诸要职,最为光绪帝所倚重,对朝政影响最大。然而翁同龢"经验认识,犹是传统路数,惟以廉介自矢,期于得人而治而已,别无挽救危局之具体办法"。④ 慈禧则是清廷中最具权势者,面对慈禧的专断,恭亲王曾有"吾等为旷官"⑤ 之感慨。但是,此时的慈禧又退居颐和园中,仅于幕后遥执政柄。光绪帝则往返于大内、西郊之间,秉承太后懿旨行事,仅于慈禧未能估计之处,稍行己意而已。⑥

中日甲午战争清廷惨败,所受创痛之深,翁同龢感触极为深刻,曾感叹"疆事如此,上无以对大造之恩,下无以慰薄海之望,于讲幄则无补救,于同列则致猜疑,疾病缠绵,求死不得,悠悠苍天,曷其有极!"⑦ 有此感受者,必不止翁同龢一人,故变法自强之议渐起。光绪帝也渐渐接受了维新派的观点,开始变法图强。在新政期间,军机处的

---

① 许晏骈:《翁同龢传》,远景出版社1986年版,第280页。
② [日]陆奥宗光:《蹇蹇录》,伊舍石译,商务印书馆1968年版,第56页。
③ 参阅林文仁著《派系分合与晚清政治——以"帝后党争"为中心的探讨》一书附表"1885年—1898年帝后两党基本结构图",第529页。
④ 石泉:《甲午战争前后之晚清政局》,第249页。
⑤ (清)文廷式:《闻尘偶记》,《近代史资料》1981年第1期,第24页。
⑥ 茅海建:《戊戌变法史事考》,第10页。
⑦ (清)翁同龢著,陈义杰整理:《翁同龢日记》,第五册,光绪二十年十二月三十日,第2772页。

第六章 晚清政局变动对军机处职权的影响

职权又出现微妙的变化。

新政期间，军机处职权的变化集中体现在光绪帝为推行新政而任命的四个军机章京之上。① 光绪二十四年七月二十日，杨锐等四人被任命为军机章京，参与新政事宜，"内阁候补侍读杨锐、刑部候补主事刘光第、内阁候补中书林旭、江苏候补知府谭嗣同，均著赏加四品京卿衔，在军机章京上行走，参与新政事宜。"② 与旧有的军机章京不同，新任的四名军机章京专管官员士民上呈"时务"的条陈。这些条陈递至御前③，与寻常的奏折不同，它们"并未由皇帝亲拆并伴随旨意下发军机处，而直接下发给新进的军机章京，由其加签语，其工作方式与内阁'票拟'大体相同。"④ 故而，此四名军机章京在办理条陈之时具有较多的自由权。不过，这种情形并未维持多久。

八月初三日，参与新政的四军机章京的"拟签"权力开始受到慈禧的限制。是日，在军机处给慈禧的奏片中写道："本日陈兆文奏保举人才片，奉明发谕旨一道。闵荷生奏请将会馆改学堂片、耿道冲奏请设保险公司折，又二十七日胡元泰请清教案呈、宋汝淮条陈矿务河工呈，均签拟办法，恭呈慈览，俟发下后，再行办理。总理衙门代递张元济条陈一件，户部代递闵荷生、耿道冲条陈折一件、陈兆文条陈折一件、濮子潼条陈折片各一件，均奉旨存。都察院代递桂格等折呈，俟拟定办法，再行签呈慈览。谨将陈兆文等各原折、片、呈，并昨日应行抄录未及呈递之孙家鼐、阔普通武、陈季同、金蓉镜、暴翔云、霍翔各原折恭呈慈览。谨奏。"⑤

此奏片经过茅海建先生的详细考证，得出如下结论：闵荷生、耿道冲、胡元泰、宋汝淮的四件奏折，已由四个新章京签拟出办法，呈交慈

---

① 此点茅海建先生在《戊戌变法史事考》一书"七月二十九日至八月初三日的政治异动"一章中有详细的考证，下文颇多引用之处。
② 《光绪宣统两朝上谕档》，第二十四册，第350页下。
③ 光绪二十四年六月十五日，光绪帝下诏求言，允许各部司员及士民上书言事："朝廷振兴庶务，不厌详求，所赖大小臣工，各抒谠论，以备采择……其部院司员有条陈事件者，著由各堂官代奏。士民有上书言事者，著赴都察院呈递。"（《光绪宣统两朝上谕档》，第二十四册，第272页上；《清德宗实录》，卷四二一，光绪二十四年六月丁酉，第524页。）可知，此类言时务的条陈可通过堂官和都察院两个渠道奏至御前。
④ 茅海建：《戊戌变法史事考》，第74页。
⑤ 《光绪宣统两朝上谕档》，第二十四册，第410页上。

禧审定后再发下；张元济、闵荷生、耿道冲、濮子潼的奏折均奉旨存，即为最终处理结果，仅呈送慈禧即可，不必再行发下；桂格等人的奏折则由军机处签拟出意见后，再行呈送慈禧审定。"也就是说，只有那些没有上奏权的司员士民的奏折，其由军机处签拟意见是有实际举措的，才须由慈禧太后审定；而此类条陈若奉光绪帝旨'存'，即没有实际举措，只需上送慈禧太后即可。"① 通过这种方式，使光绪帝失去了单独对"新军机章京签注的司官士民条陈的决定权力"②，新政措施的颁布权被慈禧一手控制。从此，慈禧开始逐步限制光绪帝的权力。

迨至八月初六，慈禧训政朱谕颁布，③ 光绪帝亲政的时代结束。历史转了一圈似乎又回到了起点。此后军机处又有变化。

慈禧重掌清廷大权，光绪帝徒有皇帝之名不掌实权，入值军机处者均为慈禧亲信之人。此时，军机大臣之间派系之争渐弱，但是军机处参议政事的权力渐集于军机领袖一人之身。荣禄在主持军机处时"势焰尤甚"，军机大臣"同在值庐，有事决不商榷，荣以为如是即如是矣。荣雅善王仁和（王文韶），有疑难事，稍就商议，仁和但能为之推阐，不敢别抒所见也。"④ 即使是发下的各件奏折，"必先置领袖军机案前，领袖军机阅竟，传观某军机者，亦只某军机一人阅之，他人不能聚观。领袖军机偶发一议，诸人纵不谓然，但在值庐时，绝无反对者。"⑤

诸军机大臣入见时，也仅领袖军机大臣一人奏对，其余诸人因"跪处由渐而远，谛听上谕，不能详悉。即有陈奏，上亦不能尽闻，仍由居首者传述。故枢廷诸臣，虽云同时入直，然自首座外，其余率非问弗对。"故有人以轿夫形容军机大臣入值时情形，"头一个洋洋得意，第二个不敢泄气，第三个浑天黑地，第四个不知那里"。⑥ 义和团运动时期，辅国公载澜曾上奏弹劾王文韶，"附片请杀王文韶，指为汉奸"，慈禧召见诸军机大臣商讨时，军机大臣"廖寿恒等均失色"，仅荣禄一人力保王文韶，"力为剖白，愿以百口保文韶无他，事乃解"。⑦ 其实，

---

① 茅海建：《戊戌变法史事考》，第79页。
② 同上。
③ 《光绪宣统两朝上谕档》，第二十四册，第416页下。
④ 孙静庵：《栖霞阁野乘》，卷上，"军机领袖"，山西古籍出版社1997年版，第8页。
⑤ 同上。
⑥ 刘体智：《异辞录》，卷四，中华书局1988年版，第210—211页。
⑦ （清）胡思敬：《国闻备乘》，卷三，"荣禄权略"，第274页。

诸军机大臣不是听不见，或奏对不便，而是不敢与军机领袖争权，恐"为领袖所不悦"。①

军机领袖之所以能独揽大权，是因为他们入值军机处多年，善于揣测上意，颇受慈禧信任。而初入军机处者往往昧于圣意，若不依附军机领袖，稍有不慎即有可能招来祸患。举例而言，义和团运动时期，慈禧和光绪帝避祸于西安，各地方进贡土特产，"慰问起居"，相沿成例。回京后，此例不改。一日，慈禧太后召见军机大臣，认为现在"时事日艰"，意欲停止地方进贡之事。荣庆初入军机处，不明底细，"叩头称善"，瞿鸿禨入值年久深谙慈禧之心，出言阻止说："物各献其土之所产，所费几何，而慈怀轸念。若是古者三年一朝，间年一聘，必执币以为礼。请仍旧赏收以广尊亲之义，且毋虚远人向往之忱。"慈禧顺水推舟打消了这一念头。事后，荣庆请教瞿鸿禨："顷太后所言，意甚美。不极力赞成，反遏之何也？"瞿鸿禨回答说："公初领机务，未知宫廷内情，向聊以觇吾曹向背，措辞一失当，则遣怒至矣。"② 瞿鸿禨的回答也道出了军机领袖得以专权的内情。

军机处拟旨权也被军机领袖垄断。史载：荣禄"尝在私第拟旨，同僚皆不与知。瞿鸿禨稍具文才，亦莫敢表襮。至荣禄死，始稍稍秉笔。同时荣庆自以翰林起家，颇欲自试，每成一稿，鸿禨径涂改之不少假借。庆自顾不如，亦不敢争。鸿禨罢，张之洞、袁世凯相继入军机。之洞暮年才尽，执笔沈思，终日不成一字。世凯从旁笑之，亦莫能赞一词也。"③ 因此，若军机领袖个人素质欠佳，旁人又不便为其指出，则所拟谕旨中有所失误就在所难免了。如张之洞入值军机处，因年老才思不济，所拟光绪帝遗诏中有"在天之灵弥留不起"之句，成为众人的笑柄。④ 军机处职权的发挥因此大受影响，在《国闻备乘》一书中曾记载了清季军机处办事混乱的情形：

---

① 孙静庵：《栖霞阁野乘》，卷上，"军机领袖"，第8页。
② （清）胡思敬：《国闻备乘》，卷一，"贡献"，第237页。
③ 同上书，卷四，"军机不胜撰拟之任"，第311页。
④ （清）胡思敬：《国闻备乘》，卷四，"军机不胜撰拟之任"，第311页。《国闻备乘》一书是作者胡思敬在京为官之时，"趋职之暇，时有所纪，久之遂成卷帙"（《国闻备乘》，"自序"），所记内容为作者亲见亲闻之事，可靠性极高。考之《清德宗实录》和"上谕档"中所载光绪帝遗诏中未有此句，当是后来又经过修改。

> 十余年来，朝政不纲，直视枢务为例行公事。凡拟旨批答，辄令章京检成案改易数字以进。无成案者，诸大臣各出私见，凑缀成文，不必其能动人也，但求毕一日之事而已。故有此督抚所参之员，彼督抚旋即保奏；彼省奏拨之款，此省旋即截留。又有甲部奏定之章，乙部旋即议改，从无严旨诘责之事。载沣初摄政时，兴致甚高，凡批答各省章奏，变依议曰允行，如史臣记事之体；折尾恭誉套语辄加浓圈。后亦稍稍懈弛，视德宗时尤甚。虽交议交查密旨，或累月经年不复，亦若忘之，无过问者。浙江巡抚增韫请简王丰镐为交涉使，奏朱批："著照所请"。二品大员不见除授之旨，闻者莫不怪诧。旧制：凡属参案，虽一典史疎防越狱，必明降谕旨，用示惩戒。两广总督袁树勋被弹，密旨交瑞澂查办，内外莫不注意。及瑞澂查复请旨，亦随折批曰"著照所请"，无后命。己酉两宫大丧，民政部请奖出力司员凡百余人，礼部亦如之，乃部臣违例滥邀恩泽之举，非议案也。奏入，均奉旨依议。予在吏部时，尝见部中有举两例双请之折，旨下，依议，部臣亦不再请。巧者遂以蒙混为得计矣。①

直至宣统三年四月，军机处与内阁被撤销，另组西式责任内阁，军机处的历史使命结束。

晚清时代的军机处，虽在制度上未有大的变化，但受政局变化及人事更迭的影响，该时期军机处的职权也有所消长。咸丰末年，肃顺等人受咸丰帝重用，多参与机务，军机处职权颇被侵夺。"祺祥"时期，赞襄政务王大臣几乎完全控制了军机处。至辛酉政变，政局为之一变，清廷确立了两宫垂帘听政与亲王辅政相结合的政治体制，军机处在恭亲王奕䜣的带领下，职权经历了一个短暂扩张的时期。慈禧与奕䜣之间的权力之争，造成了军机处内部的分裂。由同文馆之争到中法战争，军机处内党争愈演愈烈，影响了自身职权的发挥。至"甲申朝变"，慈禧全部撤换了以奕䜣为首的军机大臣，军机处遂被慈禧一手掌握。光绪十四年，光绪帝亲政，慈禧退居二线操纵朝政，皇权被一分为二。帝后之间的权力之争，导致朝堂之上出现帝后党争。党争的内耗，牵制了军机处

---

① （清）胡思敬：《国闻备乘》，卷四，"军机不胜撰拟之任"，第312页。

职权的发挥。甲午战争期间，军机处决策受党争的影响，对日政策左右摇摆，处处被动，导致一败涂地。戊戌变法，又因派系斗争而引发朝局变动，导致慈禧重新训政，光绪帝被囚瀛台。此后，军机处规制日懈，办事渐趋混乱，最终被撤销。

结　　语

军机处作为清廷中枢决策机构，主要以固定的参预奏折、题本的批答及上谕的撰拟、发布等方式对决策产生重大影响。军机处职权的形成及演变的每个阶段都对公文（主要是题本和奏折）的运转程序产生重大影响。公文运转程序的改变，也导致各部门之间的权力配置和行政关系的变动。通过考察公文运转程序的变动，不但可追溯军机处职权的来源，而且可勾勒出军机处职权演变的脉络。

综观军机处职权在一百八十余年间的演变历程，可得出如下结论：

一　军机处职权的扩大经历了一个渐进的过程

雍正朝设立军机处本为秘办西北军务，然因入值其中者多为雍正帝亲信之人，故入值者常可与皇帝面商政务，只是草创之初的军机处尚未形成固定的办公模式而已。至乾隆二年十一月复设军机处，其职权突破西北军务的范畴，开始涉足清廷的诸项政务，军机处办事规制也渐趋严密。军机处职权的扩张与奏折在清廷中枢决策体系中日渐提升的影响有直接关系。

奏折本为君臣私下交流的手段，乾隆朝之前，皇帝亲批奏折多不假手旁人。然而随着奏折使用的扩大，仅凭皇帝一己之力无法周览全部奏折。到乾隆年间，军机处成为辅助皇帝批答奏折的专门机构，军机处得以全面参预清廷政务。经长期实践，辅助皇帝办理奏折渐成军机处之专责，也形成了固定的办理模式。在奏折批答过程中，军机处承担备皇帝咨询、奏折转发、直接批答奏折及审核奏折所奉朱批等职能。由此，军机处得以固定地参预清廷决策，并对决策施加影响。

此外，军机处还侵夺内阁办理题本的职权。在皇权的庇护下，军机处早在乾隆朝就开始参预题本的批答，主要方式有四：协助皇帝办理题本的改签、代内阁批答题本、暂存待办题本、适时提奏皇帝处理题本。军机处此项职能虽未被载入《大清会典》，但在题本的实际运转程序中多有反映。

随着军机处职权的扩张，军机处本身的规制也日渐严密，渐由临时性的办差机构转化为常设的正式机构。嘉庆朝时，军机处已被作为正规机构列入《大清会典》，其基本职权及规制被明文确定下来。

二 军机处的职权多有承袭前代之处

顺康时期，清廷在中枢决策过程中所采取的诸多做法，如皇帝选择亲信大臣内直、由专门的机构辅助皇帝办理本章、机要政务由专门机构负责等等，都被军机处所继承并加以规范化。

军机处主要的职权源自议政王大臣会议和内阁大学士。军机大臣参议清廷机要政务的职权即是承袭自议政王大臣会议。清初，会议军国重务本是议政王大臣会议之专责，后因充任者难当重任，且议政王大臣会议政务效率低，难获皇帝信任，故而皇帝将议政王大臣会议承办之事交由军机处办理。行之既久，参议机要政务渐成军机处之专职。议政王大臣无可议之事，渐成满洲大学士、尚书所兼之虚衔。到乾隆五十六年被彻底废止。

军机处辅助皇帝办理奏折之职权，多承袭自内阁大学士。康熙朝时，时有将奏折发交大学士之事，或令其会议奏折所涉政务、或令其暂时收贮、或令其转交，已略具后世军机处办理奏折之雏形。至于军机处参预题本的批答，更是直接对内阁职权的侵夺。军机处撰拟廷寄的职权也有所本。廷寄本是入值内廷的皇帝亲信大臣奉旨所为，典型代表即张廷玉。设军机处后，这些官员多被派选入值军机处，该职权遂被带至军机处，后渐成军机处之专职。

军机处办理外交的职权则被咸丰十一年所创设的总理各国事务衙门所继承。军机处和六部等机构的组织原则也有被总理衙门所沿袭者。可见，制度具有延续性，一个新设之机构必定会有承袭原有政治体制之处，如此才可避免政务办理过程中新旧机构之间的冲突。

三 军机处职权的发挥多受政局变动及人事更迭等因素的影响

军机处自嘉庆朝之后，在体制上少有大的变动，惟其职权发挥之实际效果因受政局及人事更迭等因素的影响而出现波动。"祺祥"时期是军机处职权最低迷的阶段。军机处式微源自咸丰末年军机大臣辅政不力，咸丰帝为应付清廷危局被迫改弦易辙，转而重用肃顺等御前大臣。至文宗驾崩，遗命以赞襄政务王大臣辅助幼帝，军机处被以肃顺为核心的赞襄政务王大臣所控制。"辛酉政变"之后，清廷确立太后垂帘听政与亲王辅政相结合的政治体制。奕訢以议政王的身份入值军机处，军机处地位随之提高。因同治帝年幼，两宫皇太后政治经验缺乏，无力掌控朝局，故多仰仗奕訢主持朝政。在奕訢领导下，军机处职权获得了一个短暂膨胀的时期。后因奕訢在与慈禧政争过程中，渐落下风，其政治地位日益下降，朝政渐被慈禧所掌握。再加上军机处内部党争的牵制，军机处职权有所萎缩。

军机处职权的每次波动都与清廷重大政治事件相关联。光绪十四年，光绪帝亲政，清廷政局为之一变。皇权被分裂为帝权和后权，帝后之间的权力之争，引发了朝臣之间的党争。最高决策权的分裂及朝臣之间的派系纷争，使得军机处辅政职权的发挥受到极大的制约。清廷人事上的变动和军机处职权的发挥也有紧密的联系，如慈禧安排李鸿藻进入军机处牵制奕訢、光绪帝下令翁同龢与军机大臣会议朝鲜军务、光绪帝令谭嗣同等四人充任军机章京等等，几乎或多或少都影响了军机处职权的发挥。

综上所述，军机处的职权是承袭旧制并逐步发展而成。这一过程虽未被载入《大清会典》，但在清廷公文的运转过程中留下许多痕迹，故可以公文的运转程序为线索来勾勒军机处职权的演变过程。同时，探究军机处在公文运转程序中所发挥的影响，也有助于理解军机处如何发挥职能和对决策施加影响。政治机构之发展，往往与政治环境之变化相配合，军机处职权的发展即为典型代表。军机处发端于一临时办事机构，因符合皇权自由发挥与政务高效处理的需求，故其职权逐步扩大，终成清廷中枢决策机构。

参考文献

一 实录、档案、政书

[1]《清世祖实录》，中华书局1985年版。
[2]《清世宗实录》，中华书局1985年版。
[3]《清圣祖实录》，中华书局1985年版。
[4]《清高宗实录》，中华书局1985—1986年版。
[5]《清仁宗实录》，中华书局1986年版。
[6]《清文宗实录》，中华书局1986—1987年版。
[7]《清穆宗实录》，中华书局1987年版。
[8]《清德宗实录》，中华书局1987年版。
[9]《世宗宪皇帝上谕内阁》，《景印文渊阁四库全书》，（台湾）商务印书馆1986年版，"史部·诏令奏议类"，第413册。
[10]（清）伊桑阿等纂修：《大清会典》（康熙朝），《近代中国史料丛刊·三编》，（台北）文海出版社1992年版，第七十二辑，第711—730册。
[11]（清）允禄等监修：《大清会典》（雍正朝），《近代中国史料丛刊·三编》，（台北）文海出版社1994年版，第七十七辑，第761—790册。
[12]（清）允裪等修：《钦定大清会典》（乾隆朝），《景印文渊阁四库全书》，（台湾）商务印书馆1986年版，"史部·政书类"，第919册。
[13]（清）允裪等修：《钦定大清会典则例》（乾隆朝），《景印文渊阁四库全书》，（台湾）商务印书馆1986年版，"史部·政书类"，第920册。
[14]（清）托津等纂：《大清会典》（嘉庆朝），《近代中国史料丛刊·三编》，（台北）文海出版社1992年版，第六十四辑，第631—

640册。

[15]（清）托津等纂:《大清会典事例》（嘉庆朝），《近代中国史料丛刊·三编》，（台北）文海出版社1992年版，第六十四辑，第641—700册。

[16]（清）昆冈等修:《大清会典》（光绪朝），中华书局1991年影印本。

[17]（清）昆冈等修:《大清会典事例》（光绪朝），中华书局1991年影印本。

[18]（清）文庆等纂:《筹办夷务始末》（道光朝），（台北）文海出版社1970年版。

[19]（清）贾桢等纂:《筹办夷务始末》（咸丰朝），中华书局1979年版。

[20]（清）宝鋆等修:《筹办夷务始末》（同治朝），（台北）文海出版社1971年版。

[21]（清）鄂尔泰、张廷玉编:《国朝宫史》，北京古籍出版社1987年版。

[22]（清）庆桂等编:《国朝宫史续编》，北京古籍出版社1994年版。

[23]（清）叶毛凤:《内阁小志》，《续修四库全书》，上海古籍出版社1995年版，第751册，

[24]（清）席吴鏊在《内阁志》，《续修四库全书》，上海古籍出版社1995年版，第751册。

[25]中国第一历史档案馆整理:《康熙起居注》，中华书局1984年版。

[26]中国第一历史档案馆编:《康熙朝汉文朱批奏折汇编》，档案出版社1985年版。

[27]中国第一历史档案馆编:《康熙朝满文朱批奏折全译》，中国社会科学出版社1996年版。

[28]中国第一历史档案馆编:《雍正朝汉文朱批奏折汇编》，江苏古籍出版社1989年版。

[29]中国第一历史档案馆编:《雍正朝汉文谕旨汇编》，广西师范大学出版社1999年版。

[30]中国第一历史档案馆编:《乾隆朝上谕档》，档案出版社1991年版。

[31] 中国第一历史档案馆编：《嘉庆道光两朝上谕档》，广西师范大学出版社 2000 年版。

[32] 中国第一历史档案馆编：《咸丰同治两朝上谕档》，广西师范大学出版社 1998 年版。

[33] 中国第一历史档案馆编：《光绪宣统两朝上谕档》，广西师范大学出版社 1996 年版。

[34] 中国第一历史档案馆编：《御笔诏令说清史——影响清朝历史进程的重要档案文献》，山东教育出版社 2003 年版。

[35] 赵尔巽等撰：《清史稿》，中华书局 1977 年版。

[36] 王钟翰点校：《清史列传》，中华书局 1987 年版。

[37] 朱寿朋：《光绪朝东华录》，中华书局 1958 年版。

[38] 印鸾章：《清鉴》，中国书店 1985 年影印版。

[39] 黄鸿寿：《清史纪事本末》，上海书店 1986 年影印本。

[40] 刘锦藻：《清朝续文献通考》，浙江古籍出版社 2000 年版。

[41] 王彦威辑：《清季外交史料》，书目文献出版社 1987 年影印版。

[42] 许同莘、汪毅、张承棨编：《清历朝条约》，（台北）文海出版社 1974 年版。

[43] 静吾、仲丁编：《吴煦档案中的太平天国史料选辑》，生活·读书·新知三联书店 1958 年版。

[44] （清）陈弢：《同治中兴京外奏议约编》，上海书店 1985 年影印版。

[45] 中国史学会主编：《第二次鸦片战争》，上海人民出版社 1978—1979 年版。

[46] 中国史学会主编：《洋务运动》，上海人民出版社 2000 年版。

[47] 中国史学会主编：《中法战争》，上海人民出版社 2000 年版。

[48] 戚其章主编：《中日战争》，中华书局 1998 年版。

[49] 罗惇曧：《中日兵事本末》，《中国近百年史资料初编》，（台湾）中华书局 1983 年版。

[50] 宓如成编：《中国近代铁路史资料》，中华书局 1963 年版。

[51] 国家档案局明清档案馆编：《戊戌变法档案史料》，中华书局 1958 年版。

[52] 佚名：《热河密札》，《近代史资料》1978 年第 1 期。

[53]《清代档案史料丛编》，第一辑，中华书局1978年版。

[54]《清康熙十年至十八年上谕选载》，《历史档案》1982年第1期。

[55]《康熙十七年南书房记注》，《历史档案》1995年第3期。

[56]《中和月刊史料选集》，《近代中国史料丛刊》（台北）文海出版社1970年版，第六十一辑，第600册。

二 工具书

[1] 郭廷以编：《近代中国史事日志》，中华书局1987年版。

[2] 钱实甫编：《清季重要职官年表》，中华书局1959年版。

[3] 钱实甫编：《清代职官年表》，中华书局1980年版。

三 年谱、日记、文集

[1]（清）鄂容安：《鄂尔泰年谱》，中华书局1993年版。

[2]（清）文祥：《文文忠公自订年谱》，清光绪八年（1882）刻本。

[3]（清）张廷玉：《张廷玉年谱》，中华书局1992年版。

[4]（清）李棠阶：《李文清公日记》，石印本，出版地不详。

[5]（清）李慈铭：《越缦堂日记补》，商务印书馆民国二十六年（1937年）版。

[6]（清）李慈铭著，吴语亭编注：《越缦堂国事日记》，《近代中国史料丛刊·续编》，（台北）文海出版社1978年版，第六十辑，594—599册。

[7]（清）李慈铭：《越缦堂日记》，广陵书社2004年版。

[8]（清）翁同龢著，陈义杰点校：《翁同龢日记》，中华书局1989—1993年版。

[9]（清）恽毓鼎：《恽毓鼎澄斋日记》，浙江古籍出版社2004年版。

[10]（清）赵烈文：《能静居日记》，《太平天国》，广西师范大学出版社2004年版。

[11]（清）刘铭传：《刘壮肃公奏议》，《近代中国史料丛刊》，（台北）文海出版社1968年版，第二十辑，第196册。

[12]（清）曾国藩：《曾文正公书札》，民国四年（1915年）铅印本。

[13]（清）曾国藩：《曾国藩全集》，岳麓书社1985年版。

[14]（清）龚自珍：《龚自珍全集》，上海古籍出版社1999年版。

[15]（清）李鸿章：《李鸿章全集》，海南出版社1997年版。

[16]（清）尹耕云：《心白日斋集》，《近代中国史料丛刊》，（台北）

文海出版社 1968 年版，第四十一辑，第 401 册。

[17]（清）张佩纶：《涧于集》，《近代中国史料丛刊》，（台北）文海出版社 1967 年版，第十辑，第 92 册。

[18]（清）张佩纶：《涧于集·书牍》，《中法战争文献汇编》，（台北）鼎文书局 1973 年版，第 4 册。

[19]（清）张之洞：《张之洞全集》，河北人民出版社 1998 年版，

[20] 许同莘编：《张文襄年谱》，商务印书馆民国三十五年（1946 年）版。

[21] 郭嵩焘：《养知书屋诗文集》，《近代中国史料汇刊》，（台北）文海出版社 1968 年版，第十六辑，第 152 册。

四 笔记小说

[1]（清）陈夔龙：《梦蕉亭杂记》，上海古籍出版社 1983 年版。

[2]（清）陈康祺著，晋石点校：《郎潜纪闻初笔》，中华书局 1984 年版。

[3]（清）陈康祺著，晋石点校：《郎潜纪闻二笔》，中华书局 1984 年版。

[4]（清）震钧：《天咫偶闻》，北京古籍出版社 1982 年版。

[5]（清）薛福成：《庸庵笔记》，江苏人民出版社 1983 年版。

[6]（清）薛福成：《庸庵文编》，"海外文编"，《近代中国外交史料汇刊三十种·清代编》，（台北）文海出版社 1973 年版，第 8 册。

[7]（清）继昌：《行素斋杂记》，上海书店 1984 年影印版。

[8]（清）何刚德：《春明梦录》，上海古籍书店 1983 年影印版。

[9]（清）何刚德：《客座偶谈》，上海古籍书店 1983 年影印版。

[10]（清）梁章钜：《枢垣记略》，中华书局 1984 年版。

[11]（清）刘体智：《异辞录》，中华书局 1988 年版。

[12]（清）刘禺生：《世载堂杂忆》，中华书局 1997 年版。

[13]（清）龙顾山人：《十朝诗乘》，福建人民出版社 2000 年版。

[14]（清）沈守之：《借巢笔记》，江苏省立苏州图书馆编纂委员会辑：吴中文献小丛书之十八，江苏省立苏州图书馆 1940 年版。

[15]（清）王闿运：《湘军志》，岳麓书社 1983 年版。

[16]（清）吴孝铭：《军机章京题名》，《近代中国史料丛刊》，（台北）文海出版社 1970 年版，第五十五辑，第 544 册。

[17]（清）吴振棫：《养吉斋丛录》，北京古籍出版社1983年版。
[18]（清）吴庆坻：《蕉廊脞录》，中华书局1990年版。
[19]（清）王士元：《訡痴偶笔》，大昌公司民国十年（1921年）铅印本。
[20]（清）文廷式：《闻尘偶记》，《近代史资料》1981年第1期。
[21]（清）夏仁虎：《旧京琐记》，北京古籍出版社1986年版。
[22]（清）姚元之：《竹叶亭杂记》，中华书局1982年版。
[23]（清）昭梿：《啸亭杂录》，中华书局1980年版。
[24]（清）周寿昌：《思益堂日札》，中华书局1987年版。
[25]（清）赵慎畛：《榆巢杂识》，中华书局2001年版。
[26]邓之诚：《祺祥故事》，《旧闻零拾》，邓氏五石斋1939年精印本。
[27]邓之诚著，邓瑞点校：《桑园读书记》，"新世纪万有书库"，辽宁教育出版社1998年版。
[28]费行简：《近代名人小传》，《近代中国史料丛刊》，（台北）文海出版社1967年版，第八辑，第78册。
[29]黄濬：《花随人圣庵摭忆》，上海古籍书店1983年版。
[30]胡思敬：《国闻备乘》，《近代稗海》第一辑，四川人民出版社1985年版
[31]何圣生：《檐醉杂记》，山西古籍出版社1996年版。
[32]老吏：《奴才小史》，《清代野史》第二辑，巴蜀书社1981年版。
[33]金梁：《光宣小记》，《近代稗海》，第十一辑，四川人民出版社1988年版。
[34]孙静庵：《栖霞阁野乘》，山西古籍出版社1997年版。
[35]沃丘仲子：《慈禧传信录》，崇文书局民国七年（1918年）版。
[36]许指严：《清史野闻》，国华新记书局民国二十四年（1935年）版。

五　相关学术专著

[1]陈生玺、杜家骥：《清史研究概说》，天津教育出版社1991年版。
[2]杜家骥：《清朝简史》，福建人民出版社1997年版。
[3]白新良：《清代中枢决策研究》，辽宁人民出版社2002年版。
[4]白新良：《清史考辨》，人民出版社2006年版。

[5] 樊百川：《清季的洋务新政》，上海书店 2003 年版。
[6] 高一涵：《中国内阁制度的沿革》，商务印书馆 1933 年版。
[7] 萨师炯：《清代内阁制度》，商务印书馆 1946 年版。
[8] 高中华：《肃顺与咸丰政局》，齐鲁书社 2005 年版。
[9] 李鹏年、刘子扬、秦国经等编：《清代中央国家机关概述》，黑龙江人民出版社 1983 年版。
[10] 林文仁：《南北之争与晚清政局（1861—1884）——以军机处汉大臣为核心的探讨》，中国社会科学出版社 2005 年版。
[11] 林文仁：《派系分合与晚清政治——以"帝后党争"为中心的探讨》，中国社会科学出版社 2005 年版。
[12] 茅海建：《苦命天子——咸丰皇帝奕詝》，上海人民出版社 1995 年版。
[13] 茅海建：《戊戌变法史事考》，生活·读书·新知三联书店 2005 年版。
[14] 钱实甫：《清代的外交机关》，生活·读书·新知三联书店 1959 年版。
[15] 秦国经：《明清档案学》，学苑出版社 2005 年版。
[16] 单士元：《我在故宫七十年》，北京师范大学出版社 1997 年版。
[17] 石泉：《甲午战争前后之晚清政局》，生活·读书·新知三联书店 1997 年版。
[18] 王钟翰：《清史杂考》，人民出版社 1957 年版。
[19] 王芸生：《六十年来日本与中国》，《民国丛书》第三编，上海书店 1991 年版，第 24 册。
[20] 吴相湘：《晚清宫廷与人物》，（台北）传记文学出版社 1979 年版。
[21] 吴相湘：《晚清宫廷实纪》，（台湾）正中书局 1982 年版。
[22] 吴福环：《清季总理衙门研究》，（台湾）文津出版社 1995 年版。
[23] 萧一山：《清代通史》，华东师范大学出版社 2006 年版。
[24] 许晏骈：《翁同龢传》，（台北）远景出版社 1986 年版。
[25] 庄吉发：《清代奏折制度》，（台北）台北故宫博物院 1979 年版。
[26] 张德泽编：《清代国家机关考略》，中国人民大学出版社 1981 年版。

[27] [俄] A. 布克斯基夫登：《1860年〈北京条约〉》，商务印书馆1975年版。

[28] [英] 季南（E. V. C. Kiernan）：《英国对华外交1880—1885年》，许步曾译，商务印书馆1984年版。

[29] [英] 濮兰德、白克好司：《慈禧外记》，陈冷汰、陈诒先译，珠海出版社1995年版。

[30] [美] 马士、宓亨利：《远东国际关系史》，姚曾廙等译，商务印书馆1975年版。

[31] [美] 马士：《中华帝国对外关系史》，张汇文等译，上海图书出版社2006年版。

[32] [日] 陆奥宗光：《蹇蹇录》，伊舍石译，商务印书馆1968年版。

[33] [日] 杨启樵：《雍正帝及其密折制度研究》，上海古籍出版社2003年版。

六 相关学术论文

[1] 杜家骥：《对清代议政王大臣会议的某些考察》，《清史论丛》第七辑，中华书局1986年版。

[2] 杜家骥：《康熙以后的议政王大臣会议》，《南开学报》1985年第1期。

[3] 白新良：《乾隆朝奏折制度探析》，《南开学报》1999年第4期。

[4] 陈潮：《19世纪后期晚清外交体制的重要特点》，《学术月刊》2002年第7期。

[5] 董蔡时：《论曾国藩与何桂清争夺江浙地盘的斗争》，《浙江学刊》1985年第2期。

[6] 邓之诚：《谈军机处》，载《北京大学百年国学文粹·史学卷》，北京大学出版社1998年版。

[7] 古历：《祺祥钱币问题》，《近代史资料》总36号，中华书局1978年版。

[8] 傅宗懋：《清代总理衙门与军机处之关系》，中华文化复兴运动推行委员会主编：《中国近代现代史论集》第七编，（台北）台湾商务印书馆1985年版。

[9] 高翔：《也论军机处、内阁和专制皇权》，《清史研究》1996年第2期

[10] 郭成康：《雍正密谕浅析——兼及军机处设立的时间》，《清史研究》1998 年第 1 期。

[11] 孔祥吉：《〈记名档〉与清人传记之撰写》，"中华文史网"，《史苑》2005 年第 13 期。

[12] 吕钊：《清代军机处的设立及其性质》，《历史教学》1963 年第 3 期。

[13] 刘子扬：《清代的军机处》，《历史档案》1981 年第 2 期。

[14] 刘绍春：《军机章京考选制度述略》，《史学月刊》1992 年第 2 期。

[15] 刘绍春：《嘉庆整顿军机处维护双轨辅政体制》，《清史研究》1993 年第 2 期。

[16] 刘绍春：《军机章京职权责利的若干问题》，《史学集刊》1993 年第 4 期。

[17] 刘光华：《清季总理各国事务衙门的职掌》，中华文化复兴运动推行委员会主编：《中国近代现代史论集》第七编，（台北）台湾商务印书馆 1985 年版。

[18] 林敏：《试论甲午战争前夕英俄的远东外交》，《四川大学学报》（哲社版）2002 年第 3 期。

[19] 李宗侗：《清代中央政权形态的演变》，存萃学社编：《清史论丛》第二集，《近代中国史料丛刊·续编》，（台北）文海出版社 1979 年版，第六十四辑，第 632 册。

[20] 李细珠：《近五年来晚清政治史研究述评》，《教学与研究》2006 年第 10 期。

[21] 南炳文：《军机处设立时间考辨》，《清史研究集》第四辑，四川人民出版社 1986 年版。

[22] 秦国经：《清代的奏折》，《清史论丛》2000 年号，中国广播电视出版社 2001 年版。

[23] 宋希斌：《论清代军机处的创立及其正规化》，《历史教学》2005 年第 11 期。

[24] 王家俭：《文祥对时局的认识及其自强思想》，中华文化复兴运动推行委员会主编：《中国近代现代史论集》第六编，（台北）台湾商务印书馆 1985 年版。

[25] 王思治:《清承明制说内阁》,《清史论丛》2000 年号,中国广播电视出版社 2001 年版。
[26] 王开玺:《辛酉政变与正统皇权思想——慈禧政变成功原因再探讨》,《清史研究》2002 年第 4 期。
[27] 王薇:《御门听政与康熙之治》,《南开学报》(哲社版) 2003 年第 1 期。
[28] 王剑:《近 50 年来清代奏折制度研究综述》,《中国史研究动态》2004 年第 7 期。
[29] 鞠德源:《清代的题奏文书制度》,《清史论丛》第三辑,中华书局 1982 年版。
[30] 俞炳坤:《热河密札考析》(上),《故宫博物院院刊》1982 年第 1 期。
[31] 俞炳坤:《热河密札考析》(下),《故宫博物院院刊》1982 年第 2 期。
[32] 俞炳坤:《军机处初设时间新证(上)——兼与七年说和八年说商榷》,《历史档案》1991 年第 3 期。
[33] 俞炳坤:《军机处初设时间新证(下)——兼与七年说八年说商榷》,《历史档案》1991 年第 4 期。
[34] 章士钊:《热河密札疏证补》,《文史》第二辑,中华书局 1963 年版。
[35] 赵希鼎:《清代内阁与军机处》,《开封师院学报》1962 年第 3 期。
[36] 赵志强:《军机处成立时间考订》,《历史档案》1990 年第 4 期。
[37] 赵志强:《雍正朝军机大臣考补》,《历史档案》1991 年第 3 期。
[38] 赵慧峰:《晚清清流与同光政局》,《烟台师范学院学报》(哲社版) 1996 年第 1 期。
[39] 朱金甫:《论康熙时期的南书房》,《明清档案与历史研究论文选》(上册),国际文化出版公司 1995 年版。

后　记

呈现在各位读者面前的这本书，是由我的博士学位论文修改而成的。

2001年秋，我考入南开大学历史学院中国古代史专业的硕士研究生，拿到硕士学位后，又于2004年继续攻读该专业的博士学位，先后在汪茂和先生和杜家骥先生的指导下从事清代政治制度史的研习。正是在两位业师的悉心指导下，才使资质愚钝的我得窥学术门径，渐悟史学研究之趣味。

杜家骥先生是知名清史专家，先生不但帮助我确立了本书的研究题目、研究方法和研究思路，而且还将自己关于内阁和议政王大臣会议的研究资料倾囊相赠，使我可以顺利开展论文的写作。清代大量的存世档案是清史研究一个发掘不尽的宝藏，正是在杜先生的指点与鼓励下，我才得以潜下心来阅读档案，并发现学界对军机处的认识尚有模糊之处，从而树立了研究信心。在烦琐而漫长的资料的收集整理过程中，杜先生的宽容与耐心使我得以安心检阅档案，拼接史料。而当我的研究陷入彷徨迷茫之时，杜先生适时的指点，又总能为我拨开迷雾。正是在杜先生的指导下，我才在清代公文运转程序之中发现了军机处职权演变的轨迹，并完成此书。在本书完成之后，杜先生又欣然赐序，师恩如海，实非言词所能表达。

拙著即将付梓，这既是我研究工作的一个阶段性总结，也是今后进一步研究的基础。在此，我要衷心感谢一直以来给予我关心、支持和帮助的老师和朋友们。感谢南开大学历史学院的白新良先生不但在百忙之中为我的论文提出了若干宝贵意见，而且还将自己的著作慷慨相赠，使我获益良多。感谢我在南开大学求学期间结识的诸位学友，沈一民、陈晓东、周海生、衣长春、张振国、熊亚平、孟繁星、韩家炳、周鑫、鲁鑫、张笑川、孔祥营等友人，都曾给我极大的帮助。诸学友间互相关心，砥砺学问，共同度过了一段美好的读书时光，本书亦是我们友谊的见证。

最后，我要感谢我的家人。感谢父母对我的养育之恩，正是他们多年的操劳和奉献才使我能够完成学业。感谢妻子杜晓燕对我的宽容和帮助。希望本书不会辜负他们的期望。

囿于学识，笔者恐未能从军机处档案这座储量丰富的金矿中淘出足够的真金。但通过本书的撰写，笔者加深了对军机处职权的了解，并尝试作"活的政治史"，在政治制度的研究中将政局变动及人事变迁等因素纳入考察范围，也许这便是我最大的收获了。几年间，本书虽数易其稿，但其中定有许多讹误疏漏之处，尚祈读者批评指正！

宋希斌
2014年4月